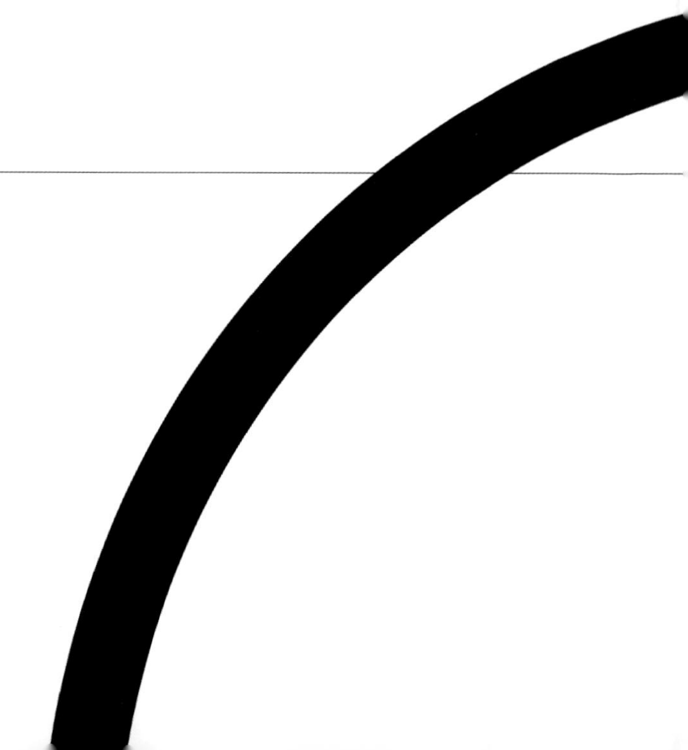

人力资源管理精选教材译丛

MANAGERIAL COMMUNICATION
STRATEGIES AND APPLICATIONS

管理沟通

策略与应用

[第3版]

杰拉尔丁·E. 海因斯（Geraldine E. Hynes） 著
贾佳 许勉君 译

北京大学出版社
PEKING UNIVERSITY PRESS

北京市版权局著作权合同登记　图字:01 - 2005 - 0298

图书在版编目(CIP)数据

管理沟通:策略与应用(第3版)/海因斯等著;贾佳等译. —北京:北京大学出版社,2006.1
(人力资源管理精选教材译丛)
ISBN 978 - 7 - 301 - 09274 - 3

Ⅰ.管…　Ⅱ.①海…②贾…　Ⅲ.劳动力资源 - 资源管理 - 教材　Ⅳ.F241

中国版本图书馆 CIP 数据核字(2005)第065970号

Geraldine E. Hynes
Managerial Communication: Strategies and Applications, third edition
ISBN: 0 - 07 - 231532 - 6

书　　　名:**管理沟通:策略与应用(第3版)**
著作责任者:杰拉尔丁·E.海因斯　著　　贾　佳　许勉君　译
责 任 编 辑:张静波　赵　菁
标 准 书 号:ISBN 978 - 7 - 301 - 09274 - 3/F · 1141
出 版 发 行:北京大学出版社
地　　　址:北京市海淀区成府路205号　100871
网　　　址:http://www.pup.cn
电　　　话:邮购部 62752015　发行部 62750672　编辑部 62752926　出版部 62754962
电 子 邮 箱:em@pup.pku.edu.cn
印　刷　者:三河市欣欣印刷有限公司
经　销　者:新华书店
850毫米×1168毫米　16开本　22.25印张　380千字
2006年1月第1版　2010年8月第3次印刷
印　　　数:7001—10000册
定　　　价:45.00元

丛书序

20世纪90年代以来，顺应我国经济体制改革与组织发展的迫切需要，我国各类院校的管理学院或商学院纷纷试点开展 MBA 教育和相关的管理培训活动，并且十多年来取得了令人注目的进展。与此同时，与我国数百万家企业组织对于造就优秀管理者的需求相比，MBA 教育的规模与质量都还远远不够。从工商管理教育的质量提升而言，我们在课程设计、师资队伍、教学模式和教材与案例建设等方面打下了坚实的基础。我们看到，在师资队伍方面，各校的师资力量在聘请和引进海外著名大学教师与毕业博士生回国从事 MBA 教学工作的基础上得到显著加强。在 MBA 的教材开发方面，近年来在国内多家出版社的努力下，已经翻译或者直接引进了一大批国外经典的工商管理教科书，这对我国工商管理教育水平的提高起到了很大的促进作用。但是，需要指出的是，迄今为止，我国各类出版社引进的教科书大多属于基础性或常规教材，例如，已有多种版本的《组织行为学》和《人力资源管理》等。在若干重要领域，还急需相对聚焦和整合性的教材系列。为了进一步提高我国工商管理专业教科书的水平，我们需要更加关注组织行为和人力资源管理的关键领域，例如，经理人员如何提高综合管理技能、如何与下属进行有效沟通、如何在组织中协调好团队关系，以及如何应对全球化与信息化的挑战等。这些问题无疑都是组织管理和领导力培养中的重要课题，同时也是导论性的组织行为学和人力资源管理教材无法系统介绍和深入讨论的。为此，北京大学出版社组织出版了这套《人力资源管理精选教材》，在专题系列教材和创新教材方面迈出了重要的一步，可谓高瞻远瞩。

自从霍桑实验发现企业组织不仅是一个技术经济系统，同时也是一个社会经济系统以来，组织中的人际与群体关系对工作绩效和员工工作生活质量的重要影响受到了广泛的重视，一系列新的概念不断产生，成为工商管理教育中的重要内容。因此，在学习中除了掌握和理解员工一般工作态度、价值观、个性特征、人际关系和工作行为以外，心理契约、组织公民行为、公司社会责任、决策技能、创业特质、团队引领能力、职业生涯管理能力、组织的变革能力和自我创新能力等新的要素，成为组织行为学和人力资源管理中的关键概念。同时，需要掌握和理解团队建设与管理的技能，需要具有制定团队决策的能力和激励团队成员的能力，需要具有有效的管理沟通能力，需要具有进行组织设计与组织变革实施的人力资源管理政策等。更重要的是，MBA 课程日益强调学习技能、整合框架和应用策略。这也要求在 MBA 教学活动中将学生对概念和技术的掌握、对这些基础知识的应用和技能的提高等内化到校园内外的教学活动和工作活动中去。《人力资源管理精选教材》正是这样的教科书。该系列教材的特色主要包括以下几个方面：

第一，这些教材都是在国外 MBA 教学中应用多年，不断修订和不断改进的高阶版本，其价值和有效性已经在多年教学实践中得到了验证，因此对我国工商管理教育具有重要的参考价值。

第二，与很多其他教科书相比，这些教材的最突出特点在于其内容的选取以具有大量而丰富的最新管理研究成果作为基础，而不是以一般观点为基础的普通教材。

第三，这些教材通过提供和编排大量高质量的练习、案例、自我评估工具，以及视频教学辅助材料的使用，使前后各个章节内容相互联系，将概念、方法的应用和实际技能的切实提高紧密地结合在一起。这样，在学完这些课程的内容之后，学生对管理能力的掌握将不仅局限在概念和框架层次上，而是可以深入到能够直接应用的水平。

近年来的管理教育讨论，日益提倡管理教育要接近实际、服务实际和能够学以致用。除了对教学案例的重视外，体验式的课堂练习与应用也取得了改进管理教育质量的实质性效果。这套系列教材通过加强学生在教学过程中的练习与应用来提高学生将课堂经历直接应用于实践的能力，为我们开拓了一种更符合我国现阶段工商管理教学为实践服务要求的新视角。我们期待着这套新专题教材在各类高校的工商管理课程教学中成为教师和学生喜爱的精品教材。

浙江大学管理学院　王重鸣
2006 年 1 月

译者序

和本书的作者一样，我也一直在寻找一本适合经济管理类学生的、为管理者而写的、关于工作中沟通问题的书。当看到本书英文版后，便被它的内容深度与广度所吸引。本书以坚实的研究成果为基础，注重沟通策略的把握及应用，内容全面丰富，尤其适合具有一定管理学基础知识或有一定管理工作经验的本科高年级学生、研究生及MBA学生使用。所以，当北京大学出版社的张迎新女士邀请我翻译此书时，我欣然同意了。

本书由我负责前两篇的翻译及审校，广东外语外贸大学英文学院翻译系的许勉君老师负责后三篇的翻译及审校，全书的统校定稿工作由我负责。中山大学岭南学院04级硕士生董玲玲参与了第2篇的初译工作，中山大学岭南学院国际商务系02级学生曾诚、王夕虹参加了译校工作。为了尽量减少“翻译腔”，使译文更加符合中文的语言习惯，我还在2005年春季学期管理沟通课上请本科班及研究生班的同学分章节通读翻译初稿并提出文字修改意见。我的家人在翻译过程中也给了我极大的支持和照顾，他们是译稿的“第一读者”。北京大学出版社张迎新、张静波两位编辑也付出了辛勤劳动。在此一并表达我最真诚的谢意！

正如本书作者在前言中所说的，对本书内容的改进并不会因为本书的出版而停止，同样，对于本书翻译的改进也不会停止。如果您在阅读过程中发现问题，恳请不吝指教，我将不胜感激。

贾　佳

2005年12月于广州康乐园

Preface

前　言

本书第 1 版诞生于 1994 年，作者是拉里·斯梅尔策（Larry Smeltzer）和唐·伦纳德（Don Leonard）。我参与了早期的改编工作。在那以前，我就一直在寻找一本适合研究生水平的、为管理者而写的、关于工作中沟通问题的书。所以，当年我应出版商欧文公司（即现在的麦格劳－希尔公司）的邀请为本书第 1 版写书评时说："我对此书很感兴趣，原因有三：（1）它全面囊括了当前的热点问题；（2）它是一本为商务人士而写的专业书；（3）书中兼顾口头与书面两种沟通技巧的介绍。"

在同类书籍中，第 1 版在以下几个方面较为突出：

- 采用策略式方法；
- 具有坚实的研究基础；
- 内容广泛；
- 兼顾口头与书面两种沟通方式；
- 着重介绍管理层人员而非初级人员的沟通问题。

本书第 3 版依然保留了这些特点，因为这些优秀特点不会因时间而改变。我的目标是保留原书的优点，并使其适应 21 世纪工作的新要求。为了满足当代忙碌管理者的需求，我对原书进行了精简，并增加了反映当代商务习惯的内容，如休闲着装规则，对管理人员的新称谓及对团队合作无所不在的依赖等内容。此外，我还删除了已经停播的情景剧中相关人物的例子。

为了适应当今社会的工作，管理者必须掌握一系列内容广泛的技能。他们既要对公司执行委员会负责，又要对顾客负责，还要能够处理好与下属的关系，领导好成员背景多样化的跨职能团队，清楚阐述复杂的规则，实现组织对自己有时并不明确的期望。由于这些技能并不一定来自工作经验，因此沟通教育在管理能力开发中已经成为至关重要的组成部分。

在编写第3版时，我想起了戈尔·维达尔（Gore Vidal）讲过的一个故事：维达尔看到他的朋友田纳西·威廉姆斯在修改一篇已经发表过的短篇故事，于是问他为什么还要修改，威廉姆斯回答道："显然这个故事并没有结束。"同样，本书也没有结束，而且希望其内容能够越来越好。

第3版创新之处

- 关注现代商务工作中管理人员需要具备的技能与策略。比如，学习如何进行工作面试，如何通过非语言行为察觉出欺骗行为，如何谈判，如何协调冲突，如何开虚拟会议，如何根据沟通受众及目的选择最佳的沟通渠道。
- 介绍了更多的高科技沟通媒介，如电子邮件、电子会议、视频会议、网络格式简历（Web Resumes），以及用于合作式写作（Collaborative Writing）的群件（Group Ware）。
- 内容的组织及结构适用于一个学期的教学。本书只保留当今最新、最重要的话题，并在不影响完整性的前提下将全书内容缩减为14章。
- 始终涉及如何管理并利用多文化背景员工的独有优势。

——杰拉尔丁·E. 海因斯

Acknowledgments

致　谢

首先，我要感谢拉里·斯梅尔策和唐·伦纳德，他们是这本教材的先锋，现在我才真正理解他们付出了多么巨大的努力。书中体现了他们高超的水平、优雅的文采及高度的敬业精神。我对他们深表敬意。

其次，我要感谢麦格劳—希尔公司的工作人员对我的支持。组稿编辑道格·休斯从一开始就确信此书具有非凡的意义；助理编辑梅甘·盖茨一路伴我而行；销售主管戴夫·福斯诺夫首先在1993年把这本书介绍给我，又在1999年向我提出了撰写第2版的想法，由于他的坚持与毅力，这本书才能以新的面貌出现在大家面前。

最后，我还要特别感谢我的学生。他们坚持不懈地努力提高对管理沟通技能及策略的应用能力，而且相信我能帮助他们实现这一目标。谨以此书献给你们。

——杰拉尔丁·E. 海因斯

Contents

目　录

第1篇　当代组织管理

第1章　当代组织中沟通的角色······2

1.1　管理沟通的简要历史回顾······3
1.2　当代影响沟通的权变因素······12
1.3　转变······18
总结······19
小组讨论案例······19
尾注······22

第2章　管理沟通过程······25

2.1　管理沟通的层面······26
2.2　策略分析法······26
2.3　反馈及效果衡量······36
2.4　沟通中的重要错误······36
总结······40
小组讨论案例······40
尾注······44

第3章　技术辅助沟通······46

3.1　技术辅助沟通的使用框架······47
3.2　将技术与信息相匹配······51
3.3　对未来的展望······55

3.4　管理挑战……59
总结……60
小组讨论案例……61
尾注……62

第2篇　管理写作策略

第4章　当代管理写作……66
4.1　合作式写作……67
4.2　管理写作的独特作用……69
4.3　步骤一：计划……70
4.4　步骤二：写作（或草拟）……73
4.5　步骤三：修改……89
总结……89
小组讨论案例……91
尾注……94

第5章　常规信息……96
5.1　受众适应性……97
5.2　策略……99
5.3　直接信息的几种特定类型……103
5.4　间接信息的几种特定类型……109
5.5　内部通信……114
总结……118
小组讨论案例……119
尾注……121

第6章　管理报告和提案……123
6.1　报告写作过程……124
6.2　策略考虑……125
6.3　备忘录和信件报告……130
6.4　正式报告的组成部分……133

6.5 视觉辅助工具……139
总结……144
小组讨论案例……145
尾注……147

第3篇 理解信息的策略

第7章 管理中的倾听……150
7.1 倾听的好处……150
7.2 倾听障碍……151
7.3 倾听的一般技巧……154
7.4 积极倾听的具体技巧……156
7.5 互动倾听的具体技巧……159
7.6 倾听非正式沟通……161
7.7 倾听整个环境……163
7.8 创造倾听氛围……164
总结……167
小组讨论案例……168
尾注……170
第8章 非言语沟通……172
8.1 非言语沟通的重要性……173
8.2 非言语信号的功能……174
8.3 动作……176
8.4 空间信息……179
8.5 个人外表……182
8.6 声音……183
8.7 暴露欺骗的非言语信号……184
总结……187
小组讨论案例……187
尾注……189

第 9 章　跨文化管理沟通……191

9.1　什么是文化……192
9.2　跨文化神话……193
9.3　彼此不同的某些方面……194
9.4　应该学习当地语言吗……197
9.5　对非言语信息的敏感性……198
9.6　良好的跨文化沟通者应具备什么条件……201
9.7　培养跨文化管理者……202
总结……203
小组讨论案例……204
尾注……205

第 4 篇　人际沟通策略

第 10 章　冲突管理……208

10.1　冲突的益处……209
10.2　沟通与冲突的关系……209
10.3　冲突的来源……211
10.4　解决问题：双赢策略……216
10.5　冲突与成功的管理……221
总结……221
小组讨论案例……222
尾注……223

第 11 章　谈判……226

11.1　谈判的策略模型……227
11.2　第一层：文化及氛围……227
11.3　第二层：信息发出者、接收者及目的……228
11.4　第三层：时间、环境、内容及渠道……231
11.5　第四层：核心策略……239
小结……241
小组讨论案例……242

尾注……244

第 12 章　面谈……246

12.1　有效面谈的障碍……246
12.2　促成有效面谈的问题……249
12.3　招聘面试……254
12.4　绩效考核面谈……260
总结……267
小组讨论案例……268
尾注……270

第 5 篇　小组沟通策略

第 13 章　管理会议和团队……274

13.1　团队工作的优缺点……275
13.2　会议的战略考虑……278
总结……290
小组讨论案例……290
尾注……292

第 14 章　发表正式演讲……294

14.1　计划演讲……294
14.2　组织演讲……296
14.3　准备视觉辅助……304
14.4　发表演讲……307
14.5　有效使用电子媒体……311
总结……313
观众分析指导表……314
小组练习……315
尾注……316

索引……318

第 1 篇

当代组织管理

1. 当代组织中沟通的角色
2. 管理沟通过程
3. 技术辅助沟通

Chapter **One**

3 第1章 当代组织中沟通的角色

持极端观点的人士认为，“沟通”就是让别人赞同自己。

——利奥·罗斯滕，美国作家及政治学家（生于波兰）

在新世纪，管理沟通既富有挑战又令人振奋。富有挑战是因为当今的组织越来越复杂，管理者面临的新生力量越来越多，工作日益复杂。造成这种变化的压力包括：竞争压力更大、产品周期更短、对产品质量及服务的要求更高、规则限制更多、对成本控制的关注更密切、环境保护的意识更强、人权保护的内容更新等。压力使管理者的工作变得越来越复杂，同时也使得管理沟通变得更加令人振奋。当代管理者与以往相比，能够为组织做出更大的贡献，也更能提高员工的工作效率和生活质量。这需要有效的管理沟通技能，而且，这些技能越来越复杂，也越来越难以掌握。

如今的工作环境与几十年前相比更加复杂多样，工作对管理沟通技能的要求也越来越高。20 世纪初，重工业是西方国家的工业基础，每年的产品种类基本不变，劳动力以白种男性为主。而今天，产品及管理体制日新月异，员工必须迅速进行自我调节。以电脑芯片生产商英特尔公司为例，1979 年，英特尔主要集中于电脑芯片 285 的设计。到 2001 年，英特尔已经可以支持
4 奔腾III和奔腾IV，并正在开发新一代芯片。同时，英特尔还面临 AMD 公司 Athlon 处理器[1]的强有力竞争。不光产品变化迅速，如今的工作团队也开始多元化。在英特尔这样的公司里，来自新加坡的设计工程师与来自爱尔兰的采购经理及来自美国加利福尼亚州的会计共事并不罕见，这意味着管理者必须具有高超的沟通技能，以适应不断变化的环境及成员日益多元化的团队。

科技帮助人们迎接新时代的沟通挑战，同时也对管理沟通提出了新的要求。电信业的发展提高了我们的沟通能力，但我们必须学会如何最好地利用

这种沟通能力。电信业的发展意味着我们能够与更多其他文化中的人们进行沟通，也要求我们成为更好的跨文化沟通者。此外，由于产品的不断升级，人们对服务水平的要求越来越高，这都要求我们必须能传递更为复杂的概念。

组织及组织中的沟通都将不断变化，因此，我们必须思考沟通在未来如何变化的问题。理解管理沟通的一种方法是了解管理沟通已经走过的不同阶段。当你阅读下面的章节并了解 20 世纪中管理沟通的变化历程时，不妨猜想一下在你将来的事业中管理沟通又将如何变化。回顾过去、展望未来不光有趣而且有意义，因为了解过去可以帮助我们更好地面对未来。

1.1　管理沟通的简要历史回顾

今天的管理者与下属的沟通方式与过去有许多不同之处，为了更好地理解这些变化，有必要回顾一下管理在不同时期的特征（见表 1-1），然后再讨论不同时期的管理沟通策略及技巧。

5 表 1-1　管理沟通历史回顾

时　期	特　征	沟　通
古代及中世纪时期	开始出现商业活动	书面记录
科学管理时期	明确工作职责、任务的时间要求及遵守规则	单方向沟通，十分依赖书面工作要求及规则
行政管理时期	强调权威及纪律	与科学管理时期类似，即单方向沟通
人际关系时期	认为管理人员及工人间的关系很重要	倾听、双方向沟通
行为科学时期	认识到组织行为及沟通的复杂性	难以将理论付诸实践
授权时期	权力被分配给组织内的每个人	双方向沟通；员工参与
权变理论时期	工作、组织及人员互相依赖	必须将沟通策略应用到具体情境

1.1.1　古代的管理沟通

人们所知的管理沟通最早的例子可能是约公元前 5 000 年由传教士萨马兰发明的簿记。后来埃及人也认识到将各种要求用书面形式记录的重要性——大约公元前 1750 年的《汉穆拉比法典》中就有书面工作规则的记录。大约在公元 325 年，亚历山大一世建立了工作小组，这或许就是史上第一个管理委员会。（你觉得当时的管理者会像今天的管理者一样，抱怨会开个没完吗？）

意大利的威尼斯是中世纪时期重要的商贸中心，商人们建造仓库，并使用一种商品目录系统（Inventory System）向市政府机关做定期汇报。[2] 上述这些例子说明，自从有了商业活动就有了某种形式的管理沟通。

1.1.2 工业革命和科学管理

尽管管理沟通自古有之，但管理者作为沟通者的系统性变革却始于工业革命时期。工业革命早期最为人所熟知的哲学思想是科学管理（Scientific Management）理论。这种哲学思想及提出的方法技巧强调对工作的科学研究及组织。在这一时期，人们认为可以通过制定极其精确且不容下属质疑的工作说明（Job Instructions）来获得最高的工作效率，管理者的权威不容置疑。

了解科学管理哲学观产生的背景，可以更好地理解科学管理理论与沟通的关系。弗雷德里克·泰勒创立了科学管理理论。19 世纪末，泰勒在费城米德韦尔钢铁公司担任主管时，对如何提高车床工作效率产生了兴趣。通过研究单个车床工人的工作情况，泰勒了解了他们工作过程的方方面面。他将
6 每个工作的各个方面做了细分，并尽可能对每个方面进行测量。他相信可以开发出一套最有效率、效果最佳的科学工作方法，而且可以在工作设计中用详尽的语言描述这种方法，并通过广泛的培训传授给广大员工。在这种科学管理方法中，泰勒将单个员工也看成是一种要素。[3]

泰勒科学管理理论的几位追随者将这些概念进行了进一步的拓展。弗兰克·吉尔布雷斯将对动作的研究推到了极致。为了保证精确度，他还发明了一种带有可摇摆秒针、能够记录 1/200 分钟的瞬时计。吉尔布雷斯最著名的成就在于对砌砖的研究。他仔细分析了砌砖工人的工作过程，将砌每块外墙砖的动作数量从每块砖 18 个减少到 4 个半，砌内墙砖的动作从每块砖 18 个减少到 2 个。

泰勒科学管理理论的另一位追随者是哈林顿·埃默森，他为铁路部门制定出 12 条效率准则。其中被人们提到最多的是训导（Discipline），内容包括遵守规则、严格服从。换句话说，他认为管理就是建立一套具体的规则并确保员工们服从这些规则。[4]

科学管理理论试图通过减少个体差异，将工作环境制度化。由于排除了特殊情况，管理者和工人的工作都变得简单了。在这种理论中，一切有悖于

准则的行为都是不被允许的，管理者只要将工作要求及相关工作准则传达给工人即可。

人们经常将科学管理理论与福特公司 T 型车的生产效率相联系。福特公司带来的高效率生产使今天很多人都能开上车。我们也看到，像麦当劳这样的公司今天依然十分依赖这种科学方法。雷·克罗克（麦当劳公司的创始人。——译者注）采用科学管理方法为快餐业带来了质量、服务、清洁及价值。在麦当劳，每位员工都有明确的岗位描述（Job Description），每项任务都有明确的完成日期，而且员工必须严格遵守这些规定。这些程序使得员工可以在短时间内完成培训，减少管理者必须处理的特殊情况的发生次数，管理者只需有限的策略性管理沟通技巧即可。[5] 各种规则及任务解释得清楚明了，员工只需照做就行了，管理者不希望与员工谈判，也不愿看到冲突的发生。

1.1.3　行政管理方法

正当科学管理理论引起广泛关注之时，早期管理思想的另一分支行政管理理论（Administrative Theory）也正在发展之中。尽管这种管理方法与科学管理理论产生于同一时期，但其关注点却截然不同。科学管理理论主要关注个体工人及公司运营层面的效率，而行政管理理论关注所有管理者都面临的更广泛的问题。

促进行政管理理论发展的关键人物是亨利·法约尔，他提出了 14 条管理原则。[6]表 1-2 中列出了其中有关管理沟通的 6 条原则。请注意，管理者及下属之间的双向沟通是有限的，更多强调的是管理者的权威。管理者的角色是发出指令、维持纪律，却很少注意倾听技巧。行政管理理论中也没有提及小组及参与式决策。这一方法很像传统军事管理，军官绝对专制——没人对军官的指令做出任何反馈，军官也很少倾听。行政管理理论还有些类似集权政府的政治体制。

6 条原则中的最后一条“等级链”在管理沟通中有着特殊的重要性。法约尔认为传统的组织层级对建立指挥链非常重要，同时他也看到同一层级的员工需要沟通时，这种“等级链”体系便显露出弊端。图 1-1 显示的是根据这种思想员工 B 与员工 J 的沟通方法。员工 B 必须先将信息传递至指挥链的最高层，然后信息再沿着另一条指挥链往下传递。对当代管理者来说，这种做法在效率及效果两方面的弊端都是显而易见的。

7 表 1-2 法约尔的 6 条管理原则

1. 工作分工。为了提高效率，一项完整的任务需要分割成若干部分，并分配给擅长各部分的工人。
2. 职权。管理者具有命令下级的正式职权。然而为了有效领导，管理者还必须在技术、经验、性格各方面具有个人权威。
3. 纪律。工人应当自愿遵守组织规则、服从领导命令。
4. 统一指挥。每位下属应当只接受来自一位上级的命令。
5. 个人利益服从集体利益。公司利益永远高于个人利益。
6. 等级链。从最高层管理者到最底层管理者的直线职权代表了一个等级链，命令、报告等信息应当按等级链传递。

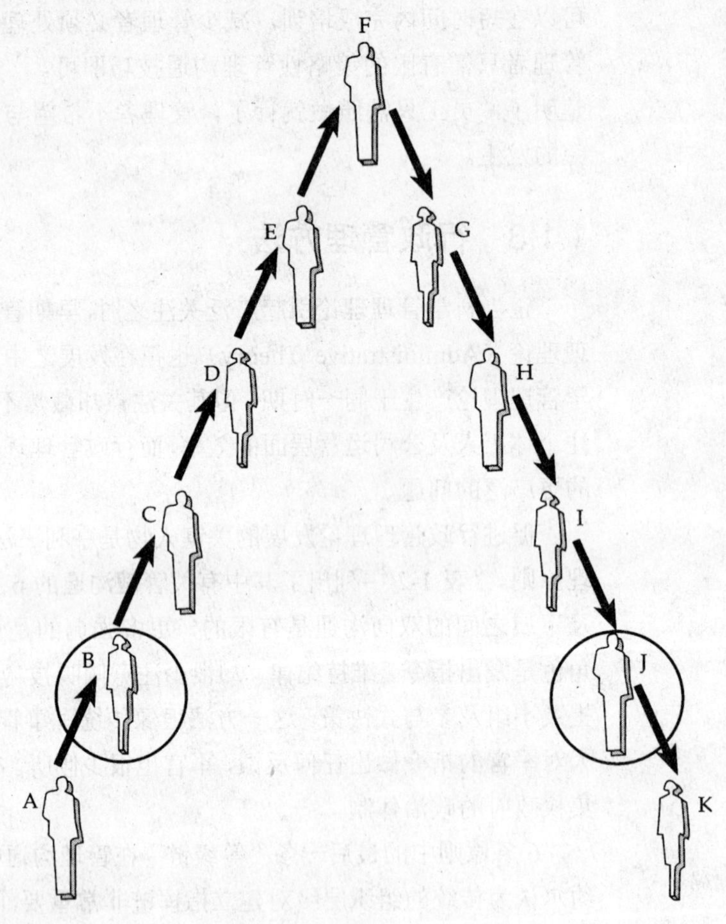

8 图 1-1 按等级沟通模式

为避免同级沟通的问题，法约尔提出了著名的跳板理论（Gangplank Theory）。根据这一理论，员工 B 与员工 J 如果都得到直接上级的允许并向直接上级汇报沟通情况，则可以直接平级沟通。图 1-2 描绘的是非正式网络及水平沟通。跳板理论第一次正式承认了水平沟通及非正式沟通网络的重要性，这种重要性已为当代大多数组织认可。然而，如今在一些组织中依然实行严格的指挥链制度。在本书中，我们将讨论不同组织之间的差异以及在沟通时应如何考虑这些差异因素。

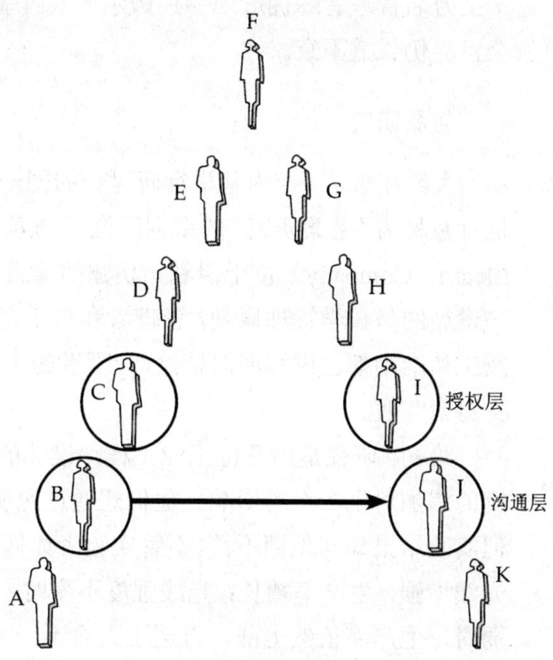

9 图 1-2　跳板理论

1.1.4　人际关系方法

20 世纪的最初十年中，管理的性质及管理者的工作成为关注焦点，而对管理者与员工关系的讨论则很少。但到了 20 世纪二三十年代，随着人们开始注意组织成员间的关系，这一情况开始发生变化。

戴尔·卡内基

戴尔·卡内基是最早将沟通技巧与管理成效相联系的作家之一。他从社会学及心理学的角度阐述了“怎么赢得朋友和影响他人”。[7]卡耐基认为，要使别人服从自己则要具有人际吸引力及影响力。他介绍了自己影响别人的方法，如倾听、对他人的问题表现出兴趣、让别人对自己有信心等。尽管他主要的写作对象不是管理者，但他向管理者传递的信息是清晰的，即要使员工对组织忠诚，不能只靠经济激励手段和管理者的职权，还要靠人际沟通技巧。这种观点对那些认为管理者可以“买到”忠诚的人来说，无疑是个巨大的转变。

在戴尔·卡内基1955年去世之前，已有近500万人购买了他的书，成千上万名管理者蜂拥般地参加戴尔·卡内基的研讨会。[8] 这种研讨会至今在全世界仍长盛不衰。

霍桑研究

大约在戴尔·卡内基举行研讨会的同一时期，哈佛大学的一些教授正在进行被称为“霍桑研究”的系列研究。[9] 该项研究是在西方电气公司（Western Electric Company）位于伊利诺伊州的霍桑工厂中实施的。该厂电话机的生产遵循的是科学管理原则，管理者和员工之间几乎没有个人沟通，岗位说明
10 及工作准则都已讲得清清楚楚，管理者的工作就是通过职权和纪律使这些条文付诸实践。

最初，研究是由几位工业工程师设计的，目的是证明工作环境中照明强度的增加对生产率的影响。他们想通过照明强度的实验找到最佳工作条件，但实验结果却与预期不符。不管实验者如何操纵光线强度，生产率总是增加：光线增强，生产率增长；光线强度不变时，生产率仍然上涨；甚至当光线减弱时，生产率依然上涨，直至工人看不清为止。

照明强度实验的研究结果令科学管理理论学派的工程师们大为吃惊。为了进一步搞清科学管理原则在实验中不适用的原因，研究人员将一组工人单独分开并对其进行研究。研究内容包括改变工人薪酬、休息时间、工作日程及工作方法。总体来说，不管工作条件如何变化，生产率总是增长。研究人员最终得出结论，认为研究人员与工人之间的关系（Relationship）是造成这种结果的原因。实验中，在与工人们交谈以及通告工作条件变化时，研究人员对工人表现出极大的个人兴趣。而研究人员和工人之间的关系，与工厂中其他管理者和员工之间的关系是大相径庭的，因而会造成这种结果。

由于实验结果与预期不符，工业工程师们对工作条件继续进行研究。在这一阶段，研究人员采访了几千名员工，了解了他们对工作条件、管理者及工作总体情况的看法。这或许是最早的大范围的工厂访谈。传统上，科学管理学派认为沉默的工人最好管理，而霍桑实验中的研究人员开始关注工人的情感，提问或访谈成为工作环境的组成部分。

实验中的访谈结果表明，在类似条件下员工对这些工作条件的体会有所

不同，并给各自经历赋予了不同的意义。实验得出结论，员工态度取决于工作小组的社会结构以及员工在小组中的位置。一位叫埃尔顿·梅奥的主要研究员建议，管理者应当与员工建立起友好的关系，倾听员工疾苦，让员工觉得可以参与决策，以满足其社会需求。[10]从许多方面来看，梅奥和卡内基的建议不无相似，并且与科学管理理论形成了鲜明对比。

梅奥和卡内基的观点真的与科学管理理论不同吗？这种人际关系理论是否真的与科学管理理论有差异？有人可能会说梅奥和卡内基鼓吹高度
11 控制型管理沟通策略的目的只是为了使工人们服从管理、增加工人对管理权威的认同。其实，人际关系方法的中心思想是关注工人的社会需要及让员工参与决策，以此来提高他们的士气，反过来，这种士气会使员工更加服从管理权威。在人际关系理论中，管理沟通被看成是控制组织过程的一种工具。

虽然这一时期的管理思想总体上具有控制性，人际关系理论指出了人际沟通的重要性。人际关系观认为小组管理、倾听、访谈都是管理沟通的内容。行政管理理论强调了组织结构的重要性，没有行政管理理论及人际关系理论，管理沟通的唯一关注点将只能是记录、发出指令和维持纪律。当然管理沟通远不止这些功能。不同时期人们对沟通的看法虽然各异，但却可以帮助我们更好地理解当代组织中的沟通以及未来的沟通类型。比如，今天有些组织不能完全接受跳板概念，到 2010 年这一概念会被接受吗？未来与员工沟通的合适准则又将是什么？

1.1.5　行为理论

20 世纪 50 年代，人们对管理沟通的看法又发生了变化。包括沟通在内的管理者行为受到了广泛关注。经济学、人类学、心理学及社会学都被应用在工作中对沟通问题的理解。当时人们总体趋向于将组织成员当成完整的人看待，而不只是完成工作的工具。

这一时期涌现出了许多理论，如麦戈雷格的 X 理论和 Y 理论、马斯洛的需求层次理论、李克特的管理四体系理论、布莱克和穆顿的管理方格理论及赫茨伯格的激励模型。[11]这些理论为说明什么是有效的管理沟通提供了重要信息，但对管理行为理论的解释过于复杂，大多数管理者无法理解也无法应用。为了帮助管理者应用这些理论，当时的人们开发出许多培训项目，然而收效甚微。

工作行为理论发展的同时，沟通理论研究也取得了进展。比如，J. L.

奥斯汀提出了话语行为理论（Speech Act Theory），指出为了保证沟通有效，必须遵循一定的沟通惯例。戴维·贝罗还提出了双向沟通模型。[12]这一时期，
12 人们把更多的关注放在社会对沟通的影响上，却很少有人关注管理者的社会情境（Social Context）。[13]

除此之外，组织结构的性质也受到广泛关注。人们认为20世纪50年代及60年代的组织与20世纪90年代初的社会组织有所不同。卡尔·韦克提出了一种组织理论，帮助我们理解组织性质以及沟通在组织中如何进行。韦克等人明确提出，组织并非稳定静止的实体，而是不断演变的，而且内部沟通网络和外部沟通网络都在不断演变，这一点管理者在沟通时必须给予考虑。比如，谣言及非正式沟通的重要性都受到了关注。另外，管理者需要的信息种类也日新月异。早期，法约尔的跳板理论承认沟通网络及组织结构的重要性，现在人们又重新关注整个组织及其结构了。[14]

管理行为和员工行为的本质、沟通学习和组织性质分析等对管理者如何更好地沟通都具有重要意义。然而如前所述，这些研究也导致知识体系越发复杂，管理者难以应用。于是，行为理论派生出员工授权理论。

1.1.6 授权理论

20世纪90年代被称为授权的时代。授权即权力分享，将权力或权威分派给组织内的下属。[15]传统组织中，决策权都集中在最高管理层，自从行为理论提出后，这种集权式管理模式发生了重大变化。向员工授权能够鼓励员工积极参与组织活动，将权力分配给组织中的员工，他们就能更自由地完成工作。

随着全球竞争越演越烈、技术发展越来越快，许多高层管理者认为放弃集权可以提高产品开发速度、灵活性及质量。在一项研究中，有74%的被调查的首席执行官认为，自己更注重参与性、意见一致性，更依赖沟通而不是命令，他们还认为独裁、专制甚至皇权并非有效的管理手段。[16]

1990年通用电气首席执行官在年度报告写给股东的一封信中提到了授权理论的一个例子。在信中，他认为管理者必须学会授权、协调、倾听、信任。他还谈到应当通过交流思想制定出通用电气这家巨型企业的远景规划。

共享远景意味着共享信息。传统组织中通常只有高层管理者了解公司财
13 务状况，但在授权型组织中，所有人共享信息。比如，密苏里州春田市的春田再制造中心公司中的一线工人对公司成本收益、部门生产力、优先战略等信息的掌握程度与总裁基本一样，而且管理者还教工人们如何读懂这些

信息。[17]

授权运动还出现在工会—管理层关系中。由于管理层提供的信息越来越多，工会成员也能参与管理决策。实际上，信息共享常常是合同谈判的内容。[18]工作质量及生产力促进团队中不仅有管理层人员，还有工会成员。

然而，授权并不总是一帆风顺。重型设备生产商卡特皮勒公司（Caterpillar Inc.）在 20 世纪 80 年代末采用了员工参与制，然而当行业遇到金融问题时，员工参与计划也不得不因为公司与汽车工人联合会之间的激烈矛盾而终止。工会管理层关系又恢复到原先的僵持状态，单向沟通次数也比实行授权时更加频繁。

尽管员工授权可能会遇到困难，但还是有许多对授权策略的尝试。这些策略都在努力增加对员工的授权，方法有：自治工作小组（Autonomous Work Groups）、自我领导（Self-leadership）、攻关小组（Work-out Groups）、质量圈（Quality Circles）等。当然，正如前面讨论行为理论时提到的，有些授权理论及行动计划过于复杂，难以应用，也并非处处适用。因此，到 21 世纪初又出现了另一种管理哲学：权变方法（Contingency Approach，有时也译做情景方法）。[19]

1.1.7　管理沟通权变理论

好的管理者善于发现工作各个方面、组织及沟通之间的相互依赖性。权变法的基本思想是：没有唯一的最佳途径。正确的沟通策略因情境而异，最有效率且效果最佳的策略往往要依赖许多因素，在某一时段效果很好的沟通方法在另一种场合中可能没什么作用。权变方法意识到将不同情境与不同沟通策略相匹配的重要性，比如科学管理理论在某种情况下适合，但另一情况下采取员工授权的方法可能更为有效。

举个例子，在危机管理过程中，管理者或许可以向下属大喊大叫，直
14 接明确地告诉他们该做什么，如果采取双向沟通则会浪费时间；但是在平和时期，管理者采取与下属讨论的方法可能更为适宜，因为时间允许这样做。每种沟通方式（直接专制式抑或是民主参与式）总是在不同的情境中才起作用。

简言之，从科学管理理论、行政管理理论、人际关系理论、行为理论、授权理论中我们都可以找到沟通的好方法，然而为了使沟通策略适应不同情境的不同需求，我们要创造性地进行分析。

1.2 当代影响沟通的权变因素

我们将在第 2 章讨论沟通的本质及管理沟通模型，现在讨论制定管理沟通策略时应当考虑的各种权变因素。我们当然不可能论述每个管理者遇到过的特殊情况，只能讨论当前社会中的主要事件对管理者所处环境的影响。下面这一小节将论述影响管理沟通权变的主要社会活动及商业活动，尤其是多样化、竞争与产品质量以及伦理。

1.2.1 多样化

今天，人口结构比几十年前更为多样化，对管理工作也提出了挑战，这种挑战意味着管理者必须与更加多样化的受众沟通。当代管理者尤其应该注意四种重要的多样化因素：性别比例、文化背景、年龄结构及教育水平。

性别比例多样化

在过去 20 年间，关于男性沟通方式与女性沟通方式差异的论述很多，
15 人们也在关注男性与女性之间如何沟通。这些问题包括：男性是否比女性更坚定？女性对同事是否表现出更多社会支持及同情？男性及女性在反馈的方式上是否有所不同？男性与女性的写作方式是否不同？女性做出的同一手势是否传达不同的非语言信息？男性之间的空间距离与男女之间空间距离是否不同？在劝说策略上男性与女性有无差异？

在许多情况下，上述问题及类似问题的答案并非显而易见，证据表明这些问题的答案随社会总体情况变化而变。性骚扰就是男女性别之间沟通演变的很好例证。研究女性工作环境问题的安德烈认为，性骚扰的定义自从 20 世纪 80 年代以来就一直不断变化。她说："有些人还没有意识到以前很平常的行为如今已经不为人接受了。"一位管理顾问说，男人谈到性骚扰时想到的是身体接触，而对女性来说，性骚扰可以是一种语气或其他的非语言信息，比如被男人盯住胸部等。[20] 同样，性骚扰的法律定义也在不断演变，外延不断扩大，这些都是女性观点的体现。

由于沟通的本质不断变化，再加上男女性别间的关系本质也在变化，因此很难说清沟通中的性别差异到底是什么。尽管如此，已经有人提出了强有力的证据，表明男女在沟通中存在差别。德博拉·坦纳在其畅销书中记载了男性与女性沟通方式差异的案例，还对男女间互相沟通之所以产生问题做了

有趣的解释，其理由包括男女天生特质及后天习得行为的差异。[21]

由于工作人口的性别比例越来越多样化，因此了解男女性别沟通风格的差异变得非常重要。如果不能有效地与异性沟通，不管是男性还是女性，要想成功都不容易。工业革命时期科学管理理论盛行之时，女性与男性从事不同类型的工作。女性的工作要么是日常性工作，要么是低层次生产或文员工作。如果想成为专业人士，女性只有两个选择：教师或护士。女性通常都是管家，而男性的工作选择面更广，如做管理者或工程师。男性多与男性共事，而女性工作中多与女性或儿童在一起。

现在女性有了更多的工作选择机会，可以进入大多数行业。1976 年，女性占就业人口的 40%，到 2000 年这一比例上升到 47%。[22]女性还进入了管理层。1983 年，管理层中仅有三分之一是女性，而根据美国人口调查局的统计，2002 年已有 46%的管理职位由女性担当。[23]《财富》500 强的前十名公司中女性首席执行官的比例从 1995 年的 8.7%上升到 2002 年的 13.9%。如果这种趋势继续下去，到 2014 年这些公司的首席执行官将有半数为女性。[24]

正如前面提到的，有一点可以肯定，即男性沟通风格与女性沟通风格有所不同，且异性间沟通时有困难发生。好的管理者应该对性别差异具有一定
16 的敏感度，并相应地调整自己的沟通方式。

文化背景多元化

管理者必须能与不同文化背景的人沟通。1993－2000 年间，美国新增加的劳动人口中有 30%是少数族裔，其中 27.5%是拉美人。[25]官方人口统计也表明拉美人是全美最大的少数族裔群体，2002 年达到 3 880 万人，比 2000 年增加了近 10%。非洲裔美国人大约为 3 830 万（占总人口的 13%），亚洲裔美国人约为 1 160 万（占美国总人口的 4%）。[26]

少数族裔聚集程度因地而异，比如，密西西比州、南加利福尼亚州、路易斯安那州的人口中黑人占 30%以上；全美亚洲人中约 32%居住在加利福尼亚州或得克萨斯州；新墨西哥州人口中 35%是拉美人。[27]了解这些信息非常重要，因为文化不同，工作价值观及沟通方式也会不同，管理者必须学会与所有文化背景的其他管理者及员工沟通。预计到 2010 年，美国就业人口的 33%将是有色人种，到 2050 年，美国将不存在某一种多数民族。

管理者必须能处理好组织内部及组织外部的多元文化问题。随着交通及电信的发展，管理者与来自其他文化的员工及管理人员的沟通将会越来越频

繁。1992 年，美国三大汽车公司的首席执行官与日本五大汽车公司首席执行官进行贸易关系谈判这一事件生动地反映了这一发展趋势。这些 CEO 们被指责为只是谈论国际贸易中存在的问题，而没有就问题进行沟通。[28]职位低于 CEO 的高级管理人员如采购经理，也因为国际业务的增加必须熟悉跨文化沟通。[29]建立国际采购联盟的努力常常因为沟通不畅而失败。我们把这种沟通叫做跨文化或跨国沟通（Cross-cultural or International Communication），具体内容将在第 9 章中论述。

年龄结构多元化

美国人的寿命在增加，员工平均年龄也在增加。美国劳动人口平均年龄从 1970 年的 28 岁增长到 20 世纪 80 年代初的 30 岁。根据美国劳工统计局的数据，劳动人口平均年龄在 2008 年将达到 41 岁。

2004 年，年龄为 30 岁的工人所经历的生活与 60 岁的工人所经历的生活截然不同。1974 年出生的 30 岁的工人没有经历过越南战争时的国家动荡，
17 生活一直相对富足，尽情地欣赏 MTV，经济保障也不是大问题。而 60 岁的人尚能依稀记得朝鲜战争及越南战争，还经历过 20 世纪 70 年代末高达 13%的通货膨胀，对他们来说，经济保障与国家稳定可能是最为关注的问题。

这些年龄及经历的差异可能会比文化差异带来更大的沟通问题。比如，一位韩国女后裔及一位拉美女后裔，都为 30 岁，都生长在达勒斯的郊区，在得克萨斯－达勒斯大学上学，在达勒斯工作。这两位女性有更多的共同点，两人互相沟通可能比领导她们的 60 岁拉美女性或亚洲女性更为容易。跨越年龄层次的沟通可以是一个很大的挑战，公司可能经受不住这种挑战。2002 年平等就业机会委员会（Equal Employment Opportunity Commission，EEOC）报告中说，在过去的七年中，对私人雇主歧视的起诉增长最为迅速。劳动人口老龄化可能是导致这种增长的原因，因为对年龄歧视的起诉占 14.5%。显然，雇主除了不得不消除各族及性别歧视外，还必须注意年龄歧视，避免惹上代价昂贵的官司。

教育多元化

劳动人口的教育水平也在不断变化。根据美国人口普查局 2002 年的调查，25 岁及以上年龄的美国居民中 84%是中学以上学历。人口普查局还报告说几乎每个种族、民族群体及国家的受教育水平都达到了历史最高点。民事劳动人口中大约 30%有大学文凭，比 1970 年增加了 16%。[30]教育水平的

提高意味着员工更容易质疑管理者。在弗雷德里克·泰勒的科学管理观时代，管理者告诉有文化的员工该做什么，而今天的管理者发现让员工帮忙并不那么容易。《财富》500 强中约有一半的公司拥有多元化管理队伍[31]，管理者的职责各不相同。有些公司如高露洁和通用电气，为管理人员提供个性化帮助，并组织专业培训项目。面对越来越多的挑战，大多数管理者可能会寻求这种来自公司的帮助。

1.2.2　竞争及对质量的追求

20 世纪 60 年代末，法国记者施赖伯因其《美国的挑战》（*The American Challenge*）一书而备受批判。[32] 在书中，他警告欧洲人说美国的工业已大大领先于其他工业国家，还说美国的领导地位将不断加强。然而在 1992 年，《质量还是其他：世界商业革命》（*Quality or Else: the Revolution in World Business*）等书则强调指出，美国若要保持其竞争力，必须提高其产品质量。[33] 如今，
18 美国及世界其他许多地区的经理都接受了“商业是全球竞争性游戏，而质量是取胜的关键”这一思想。在当今的商业活动中，竞争优势及质量已经成了常用词。但是，这两个词到底意味着什么？

竞争意味着双方或更多方通过独立地提供最具吸引力的条款，从而获取第三方业务。竞争力意味着公司与竞争对手相比，能更快更好地生产出产品或提供服务。而且，这种服务或产品还必须在同等或更低的成本条件下具有更高的价值，不允许出现错误，次品率必须降到最低；不允许或几乎不允许出现返工，只能容许极少的产品维修；交货周期必须很短。在降低成本的同时，必须不断地努力寻找新方法，以改进产品或服务质量。

为了在当今市场上获得竞争优势，组织必须具有如下能力或特点：

- 获得能源；
- 增加价值；
- 提高员工的技能基础；
- 吸引投资；
- 发展对其他市场具有吸引力的非价值特征；
- 具有价格竞争力；
- 高效率；
- 利用技术；
- 创新。

这组特征要求中，有多少直接依赖于管理者沟通能力？今天的管理者必须能够收集信息及观点、分享数据、促进并说服他人，以确保业务持续进步。

这对于管理沟通来说意味着什么？意味着管理者在变化万千、竞争激烈的环境中必须既快又好地沟通，他们用来放松及思考沟通策略的时间非常有限。比如，摩托罗拉公司希望赶在日本竞争对手之前在市场上推出一种手机新技术，为了在竞争中取胜，工程管理者们长时间地工作。工作小组之间在交换信息时都是争分夺秒，开会时根本没有时间就会议议程争吵或偏离议程，因此议程必须清晰，组织安排要得当，项目进度报告也必须明了、全面；如果报告不够清晰，员工也没有时间问问题，更没时间得到更多的解释。但同时，如果要确保高质量，又不允许出错。摩托罗拉在手机无线领域保持竞争优势的一个原因是其强调既有效率又有成果的管理沟通。

19 为了提高竞争力，许多组织都采用跨职能工作小组（Cross-functional Work Teams），这种小组中的员工能学会几种任务并共同完成。这种方法与科学管理观完全相反。采用跨职能工作小组时，管理者必须了解并协调几种活动，必须能从几种角度进行沟通。

在许多组织中，整个组织的文化必须从轻视质量的文化转变成“质量至上”的文化。福特汽车公司经常使用这个警句，许多公司也正在努力进行企业文化的变革。此外，管理者必须表现出对质量的真正兴趣，必须愿意倾听员工关于改进质量的观点。2003 年，当福特公司庆祝成立 100 年周年时，董事长兼首席执行官比尔·福特说：“我们的成功总是由我们的产品和员工促成的……我们将新颖的思维方式和创新的技术应用于每一件事，从基础业务流程到奠定公司地位产品等每一件事。”这种致力于改善质量的做法似乎也得到了回报，在美国 J. D. Power 调查公司《2003 年新车初期质量调查》中，福特公司连续两年成为美国国内进步最大的汽车制造商。

这里是有关组织质量文化的例子。福特公司的一位组装线工人认为，他有更好的方法安装车门镜，他与部门经理谈了几次之后，公司便开始实施他提出的更好的流程。[34] 如果管理者不愿意倾听关于改进质量的意见，他们就无法在实施必要的公司文化变革中获得成功。

1.2.3 伦理

1998 年对美国最受瞩目的总统比尔·克林顿的伦理指控导致了对总统的弹劾案。许多人说，他们之所以在 2000 年大选中反对阿尔·戈尔是因为他是比尔·克林顿的副总统。尽管戈尔的个人伦理并非选举运动中的主要问题，然而选民对他的反感是连带负罪（Guilt by Association）的典型例子。另一位前总统理查德·尼克松于 1974 年因"水门事件"被迫辞职。20 世纪末还有其他一些知名的管理者由于重大的伦理问题而受到指控——玛莎·斯图尔特生动多媒体公司首席执行官玛莎·斯图尔特因阻碍司法及虚报股票销售情况而受到指控；迈克尔·米尔肯因垃圾股问题受到指控；查尔斯·基廷因挪用退休人员上千万的资金用于投资而受到指控。

不只是被媒体关注的千万富翁，所有阶层的管理者都面临着伦理的两难境地及诱惑。管理沟通中伦理问题的例子有：

- 一家旅行社的主管注意到代理人只要每月为某家汽车租赁公司带来 100 位或更多的客户就能得到丰厚的红利，而客户一般都希望按成本
20 最低原则挑选租车公司。代理人是按佣金计酬的。这位主管应该"警告"其代理人还是应该相信其能够做出最佳判断？
- 一位零部件分销厂的高级管理人员要求员工在没有存货的情况下仍然告诉电话客户说有存货。补仓只需一两天，没有人会因为这一两天的延误而受到损害。公司向电话客户隐藏这一信息是否道德？
- 一个咨询项目的项目经理不知道是否应该将某些事实从报告中删除，因为如果保留这些事实，那么购买报告的市场总监将会难堪。这位项目经理的道德责任是什么？
- 一位在国外运营的北美生产商被要求给政府官员支付现金（一种贿赂），并被告知说这样做虽然在北美是非法的，但却符合当地习惯。这位生产商应该支付这笔钱吗？

要回答这些问题并不容易。在今天这种愤世嫉俗、缺乏信任的环境中，不能出错。第 2 章将讨论沟通气候这一概念，并指出信任对于培育积极的沟通气候至关重要。可惜的是，有那么多明目张胆的信任缺失的例子，每位管理者又面临着不同的伦理要求，因此很难培育信任感。

世上没有具体成套的伦理规则，也没有规律可循。许多行为都未形成规则，管理者们必须对不断出现的准则及价值观保持敏锐。对沟通中的伦理细节保持敏感是维持员工信任的唯一途径。

由于不存在放之四海皆准的规律，一些人认为道德的事对另一些人而言则可能是不道德的。受贿问题便是一个很好的例子。受贿在某一国家符合伦理要求，而在另一个国家可能是非法的。组织要帮助管理者处理沟通中面临的道德边界问题。许多公司为管理者开设伦理培训课程。由大约 250 家公司组成的"商业圆桌"（Business Roundtable）协会在一份报告中指出，大多数

公司要求管理者参加某种形式的伦理培训，这种培训帮助 Nynex 公司（后来成为贝尔大西洋公司及 Verizon 无线公司）的管理者在 20 世纪 80 年代面临重大伦理指控时做出正确决策。[35]

另一个为许多公司采用以提高沟通伦理的策略是开发出一套正式的伦理规则。这些规则明确指出公司对员工行为的期望，并指明公司期望员工认识到公司行为及沟通的伦理要求。一套行为准则可能内容非常宽泛，也可能非常具体，大多数都提出了管理沟通的问题。比如，下面是从锦标国际公司（Champion International）的公司价值观声明中节选的内容。

21 锦标公司希望能因公开、诚信而为世人所知。我们承诺在与顾客、供应商、员工、社区及股东的关系中执行最高标准的商业行为规范。在所有追求的目标中，我们将明确支持当地法律，不容许出现合法性受到质疑的行为。

另一种可能实行的策略是建立一个伦理委员会或选出伦理监察官。这一方法要求指派一名高级管理人员或一个高级管理人员小组负责监督组织的伦理，并为其他管理者提供咨询。这样，管理者能够在遇到伦理问题时向某人或某一组人征求意见。在施乐公司中，伦理监察官向首席执行官直接汇报，显示了这一职位的重要性。

1.3 转变

本章是全书的引言，对管理沟通做了历史回顾，总结出权变理论是当前最适用的，并分析了影响偶然性的三种因素：多样化、竞争及对质量的追求、伦理。但是组织的管理及相应的沟通始终处于不断的转变中。今天的管理者与一二十年前相比，沟通方式已有所不同。我们面临的挑战是理解管理沟通并开始为这些变化做准备。

1982 年，约翰·奈斯比特（John Naisbitt）写了一本名为《大趋势》（*Megatrends*）的畅销书。[36]在书中，他提出了十条预测，其中有四条与管理沟通相关。首先，他说我们将从工业社会转变成信息社会。由于计算机技术及全球电信业的巨大影响，这一变化已经发生。

另外三种趋势与第一种趋势紧密相关：决策从集中到分散；参与治理取代代理治理；网络的重要性超越传统的等级。每一种趋势都意味着书面沟通和管理沟通会变得更频繁、更紧密。如今为管理者开设的沟通培训课程很多，更强调工作小组的作用，各级管理者对决策的影响力也越来越大，这些都证明趋势已经出现。在过去的几年中，这些趋势似乎越来越重要，在《大趋势》一书出版八年后，奈斯比特和阿伯迪恩（Aburdene）又写了第二本书，取名《大趋势 2000》。[37] 在书中，作者再次重复了第一本书中提到的趋势，此外还强调了跨文化沟通的趋势。管理沟通不仅更为频繁、更为重要，而且其跨国及跨文化的重要性亦将更强。本书还讨论有效管理沟通所要求的策略及应
22 用。但如前所述，讨论不可能涉及每种可能出现的情况，管理者在许多独特而有挑战性的沟通情况下必须既要有创新又要讲策略。

总结

从古代及中世纪以来，管理沟通已经历许多变化。本章分别阐述了几个时期的管理沟通：古代及中世纪、科学管理时期、行政管理时期、人际关系时期、行为时期、授权时期，以及权变理论时期。不同时期的模型对管理沟通给予了越来越多的关注。

为了更好地理解不同的管理情况，本章还介绍了当代影响沟通的几种因素，回顾了几种不同的多元化类型：性别多元化、文化多元化、年龄多元化、教育多元化。未来的劳动人口在这几方面的多样性都一定会增加。

通过提高产品及服务质量获得竞争优势的努力也会影响沟通。结果，每件事的处理周期都变短，又由于质量的要求，错误存在的空间也将更小。

伦理是当代另一个必须考虑的变化因素。尽管管理伦理可以生成不同的沟通决策，组织还要通过培训课程、制定行为准则等方法对员工提供帮助。除了这些影响当代沟通的变化因素外，各种趋势还表明，沟通随着其重要性的增加，将会变得更频繁、更强烈，涉及的文化种类也将更多。

小组讨论案例

案例 1-1　通用汽车的顶级新买家

1992 年春天，洛佩兹的管理作为像暴风雨般震撼了底特律——通用汽车公司的总部所在地。通用汽车公司因陷入困境，亟待解困，于是公司总裁任命洛佩兹为全球采购副总裁。洛佩兹为公司在欧洲市场节约了上千万美元，并准备在全球范围内开展节约资金计划。

洛佩兹像军队司令员那样为完成任务而努力。他把员工叫做“勇士”，提拔了一批年轻管理者到关键岗位。他召开了一系列激烈的会议，并使用了许多战争语言修辞。在会议上，他坚持认为西方世界正在受到袭击，还说拯救通用汽车就是拯救西方文明。

洛佩兹为公司带来了激变。会后，他立刻给所有通用汽车的供应商发出
23 指令，要求必须将成本降低10%。所有合同取消，供应商必须重新上交计划书。洛佩兹说只有供应商们保证每年都降价，通用才会与他们合作。有些供应商非常气愤，而有的则非常高兴能有机会与汽车公司中的这位巨头做生意。

洛佩兹由于负责价值几十亿美元的零部件采购工作而受到众人广泛关注，然而，有些关注甚至敌对的产生源于他的沟通方式。比如，到达底特律后，他就发表了一份长达44页的题为“培养勇士精神”的声明。他要求员工必须遵从他的饮食计划以保证在采购时有足够的竞争力。此外，他还要求包括公司总裁在内的每个人将手表戴在右手，以提醒自己公司面临的麻烦。

尽管有人猛烈抨击洛佩兹，但有些人却对他充满赞美之辞。“洛佩兹跑过来在你头上猛地一击，让你鲜血直流，然而他为你包扎，帮你愈合伤口。”一位管理人员这样说。当被指责可能在组织中造成过大压力时，洛佩兹只是耸耸肩说：“我们没有时间。如果有三年时间，我们可以把每件事都做得令人舒服，也就没有人会感到害怕。”

问题

1. 评论一下洛佩兹先生的风格与本章论述内容的关系。洛佩兹从哪个管理思想时期借鉴的经验最多？
2. 他尝试过为员工授权吗？
3. 多元化文化对洛佩兹先生的做法会有何反应？
4. 他如何制造工作压力？

案例1-2　120年的差别

一位历史学家曾这样评论乔治·卡斯特（George Custer）：“领导士兵的将军难得；赢得战役的将军更难得。难怪自从林肯总统以来，人们视他为偶像。毕竟，全世界都喜欢胜利者。”1874年6月26日，卡斯特的261名士兵在小巨角战役中被杀。有一位历史学家提出：“卡斯特是英雄还是笨蛋？”

1991年2月27日，由诺曼·施瓦茨科普夫（Norman Schwarzkopf）领导的沙漠风暴联军在一次战役中战胜了伊拉克总统萨达姆·侯赛因的军队，

这次胜利很快名扬世界，被称为“100 个小时的战争”。据说在这次战争即将开始前，施瓦茨科普夫说：“我告诉过我的家人，在任何军事运动的头一个月里，负责军事运动的人都是英雄，但此后便开始走下坡路。”

24 通常，我们不会把军事领导人看成管理者，但他们在关键时刻领导着众多下属。为了执行任务，他们必须是有效的沟通者。卡斯特及施瓦茨科普夫两位将军显示了过去 120 年中管理沟通中发生的变化及区别。

卡斯特将军带领 261 名士兵骑在马背上在蒙大拿州的东南部征战；施瓦茨科普夫将军在利雅得的君悦酒店四楼舞厅中快步走向讲台，向全世界 200 名记者发表讲话。对比这两位将军，毫无疑问这两位管理者有着不同的沟通支持体系，也肩负不同的责任。卡斯特将军管理着 261 名骑兵，施瓦茨科普夫协调着一支超过 50 万人的包括美国海陆空军、英国第一坦克师、埃及和沙特阿拉伯及法国军队在内的国际军队。

这是多么大的差别！但他们两人接受的培训在某些方面十分相似，都在西点军校上过学，从利文沃斯堡的军事战争学院毕业，在莱利堡驻扎过，都有一线战争经验，都经历过成功与失败。

问题

1. 比较这两位管理者的管理沟通体系。他们有何相似之处？技术在其中起到何种作用？
2. 这两位将军谁的工作容易些？思考这个问题时要格外小心，因为卡斯特管理的团队要小得多，而施瓦茨科普夫拥有更复杂的技术及组织结构。
3. 两位管理者中，谁更需要先进的管理沟通培训？为什么？
4. 怎样比较这两位将军与同时代的商业管理人员？

案例 1-3　有其“祖父”必有其“孙女”吗

20 世纪初，克拉伦斯在蒙大拿州开了一家农产品商店。村中的邻居就是他的顾客，每个走进他商店的人都感觉非常舒服。实际上，这些顾客通常会坐一坐，喝杯咖啡，吃点花生，聊聊世界大事，然后才开始买东西。克拉伦斯知道许多农业知识，并以拥有这些知识为荣，他还免费为客户提供咨询，告诉他们最好用哪种牌子的去虱液为牛杀虱子，用哪种补药治马绞痛最有效。到克拉伦斯退休并由儿子塞思继承生意时，公司已经在三个镇上拥有三家商店，全职员工 14 名。

25 塞思年轻时曾在州立大学获得农业商务学位。他非常迫切地想将所学知识应用到家庭生意中。他坚信，成功的关键在于掌握技术而非个人关系。继承父业后，塞思努力将父亲所有的手写记录转换成电子文档。最终，他安装了一套用于追踪仓储、人事、财务信息的完全计算机化的系统。有时他会自夸是个创业家，但克拉伦斯却对“创业家”这个词不屑一顾。“只要做对顾客有益的事，其实就是在做对自己有益的事。”他常这样责怪儿子。

塞思退休后，他的女儿凯西接管了公司，此时公司在三个州拥有 23 家分店共 228 名员工，还全权拥有 18 家加油站中的一家。凯西制定的公司远景不仅包括供应农产品，还要提供范围更广的产品。她希望推销家庭农场的形象，商店里出售西部风格的服装、靴子、帽子、珠宝、家具，甚至乡村音乐及西部音乐 CD。

凯西经常往返于总部办公室及不同商店之间。要管理好每件事没有时间可不行。在公司总部，凯西有 12 名专业人员辅佐，另外计算机网络、电子邮件、传真都极大地帮助了她。

问题

1. 20 世纪初，克拉伦斯的沟通要求与 21 世纪初凯西的沟通要求有何不同？
2. 你认为克拉伦斯和凯西的管理行为有何不同？
3. 你认为克拉伦斯和凯西作为公司总裁有何相似之处？

尾注

1. "Inside Intel," *Business Week*, June 1, 1989, pp. 86–94.
2. C. George, *The History of Management Thought* (Englewood Cliffs, NJ: Prentice Hall, 1972), chaps. 1 and 2.
3. Edwin A. Locke, "The Ideas of Frederick E. Taylor," *Academy of Management Journal*, January 1982, pp. 41–44.
4. William F. Muks, "Worker Participation in the Progressive Era: An Assessment by Harrington Emerson," *Academy of Management Review*, January 1982, p. 101.
5. "McRisky," *Business Week*, October 21, 1991, pp. 114–17.
6. Henri Fayol, *General and Industrial Management* (London: Sir Isaac Pitman and Sons Ltd., 1949), pp. 3–13.
7. M. Richetto, "Organizational Communication Theory and Research: An Overview," in *Communication Yearbook* 1, ed. B. D. Rubin (New Brunswick, NJ: Transaction Books, 1977).

26 8. Dale Carnegie, *How to Win Friends and Influence People* (New York: Simon & Schuster, 1936).

9. F. L. Roethlisberger and W. Dickson, *Management and the Workers* (New York: John Wiley & Sons, 1939).

10. E. Mayo, *The Human Problems of an Industrial Civilization* (Boston: Harvard Business School, 1947).

11. Most of these theories are explained in comprehensive management principles textbooks.

12. J. L. Austen, *How to Do Things with Words* (Oxford: Oxford University Press, 1962); and David K. Berlo, "Human Communication: The Basic Proposition," in *Essay on Communication* (East Lansing, MI: Department of Communication, 1971).

13. Larry R. Smeltzer and Gail F. Thomas, "Managers as Writers: Research in Context," *Journal of Business and Technical Communication* 8, no. 2 (April 1994), p. 186.

14. K. Weick, *The Social Psychology of Organizing*, 2nd ed. (Reading, MA: Addison-Wesley, 1979).

15. Edwin P. Hollander and Lynn R. Offermann, "Power and Leadership in Organization," *American Psychologist* 45 (February 1990), pp. 179–89.

16. Thomas A. Stewart, "New Ways to Exercise Power," *Fortune*, November 6, 1989, pp. 52–64.

17. John Case, "The Open-Book Managers," *Inc.*, September 1990, pp. 104–5.

18. Stephenie Overman, "The Union Pitch Has Changed," *HR Magazine*, December 1991, pp. 44–46.

19. Robert L. Rose and Alex Kotlowitz, "Strife between UAW and Caterpillar Blights Promising Labor Idea," *The Wall Street Journal*, November 23, 1992, p. 1.

20. Susan B. Garland and Troy Segal, "Thomas vs. Hill: The Lessons for Corporate America," *Business Week*, October 21, 1991, p. 32.

21. Deborah Tanner, *You Just Don't Understand* (New York: Ballantine Books, 1990).

22. Howard N. Fullerton, Jr., "New Labor Force Projections, Spanning 1988–2000," *Monthly Labor Review*, November 1989, pp. 3–12.

23. "Women Lag in Highest Salary Levels," *Bryan-College Station Eagle*, March 25, 2003, p. 4B.

24. "Study: Women Decades from Catching Up," *Houston Chronicle*, May 4, 2003, p. 2D.

25. Fullerton, "New Labor Force Projections," p. 10.

26. Ricardo Alonso-Zaldivar, "Hispanics Surpass Blacks in Census," *Bryan-College Station Eagle*, June 19, 2003, p. A2.

27. William Dunn, "Minorities: A Larger Part of the Population," *USA Today*, June 21, 1989, p. 1.

28. "Automakers Talking Past Each Other," *Fortune*, February 10, 1992, p. 90.

29. Michiel R. Leenders, Harold E. Fearon, and Wilbur B. England, *Purchasing and Materials Management*, 10th ed. (Burr Ridge, IL: Richard D. Irwin, 1993), p. 480.

30 30. *Statistical Abstracts of the United States*, 180th ed. (Washington, D.C.: National Data Book, U.S. Department of Commerce, Bureau of the Census, 2002), Table 647.

31. Julie Amparano Lopez, "Firms Elevate Heads of Diversity Programs," *The*

Wall Street Journal, August 8, 1992, p. B1.

32. Jean-Jacques Servan-Schreiber, *The American Challenge* (New York: Atheneum Publishers, 1968).
33. Lloyd Dolyns and Clare Crawford-Mason, *Quality or Else: The Revolution in World Business* (New York: Houghton-Mifflin, 1992).
34. Netpiper Auto News, July 6, 2003. Retrieved from www.autoemirates.com/netpiper/news/details.asp?NID = 997
35. "Nynex Unplugs Its Raucous Image, Dials New Number," *The Wall Street Journal*, May 5, 1992, p. B4.
36. John Naisbitt, *Megatrends* (New York: Warner Books, 1982).
37. John Naisbitt and Patricia Aburdene, *Megatrends 2000* (New York: William Morrow and Co., 1990).

Chapter **Two**

28 第2章 管理沟通过程

今天，管理本身也成了问题。如今的社会第一次变成了“过度沟通”的社会。我们发出的信息一年比一年多，然而收到的信息却一年比一年少。

——阿尔·里斯，特劳特和里斯广告公司主席

不管在医院、工厂还是服务型公司，经理人花在沟通上的时间已超过其总时间的75%。想一想，一名经理人一天需要处理的信息量有多么庞大，这个比例就不会令人吃惊了。[1]可以说，有效沟通是计划、领导、组织、控制组织资源以实现既定目标的关键所在。

作为经理人计划、领导、组织、控制的重要过程，沟通并非易事。对经理人员所传达信息的正确理解取决于信息接收者的理解及对信息的阐释。如果是与一群人沟通，这个过程将会更加复杂，因为人们会有各种不同的理解及阐释。

在沟通过程中，符号（如话语及手势）组成了信息；理解则取决于这些符号所指的共同意义或构架。发送信息时，经理人自己头脑中对这些符号可能已经非常清楚，但是，如果接收信息的人对这些符号赋予了不同的含义，那么信息就会被误解。符号的含义对不同人来说可能各异，而且随着经历变化，相同的人在不同时期对这些符号的理解也会不同，因此沟通的过程变得更加复杂。

本章中，我们将研究与管理沟通有关的符号的形成及交换，讨论哪些人
29 为因素会帮助或阻碍信息理解。此外，我们还将提出经理人在形成信息时可以使用的沟通策略模型。最后，我们将讨论经理人沟通效果方面必须避免的三个关键错误。

2.1 管理沟通的层面

管理沟通通常可被分成五个层面：自我沟通、人际沟通、小组沟通、组织沟通、跨文化沟通。[2]不能说哪一个层次更加重要，因为沟通可以在所有五个层面的其中任何几个上同时发生。

第一个层面是自我沟通，主要研究人的内在行为，如观察、倾听、阅读。这些活动中大多数都涉及信息的索取，因此，这一层面的沟通对管理决策及解决问题尤为重要，因为有效的决策需要准确的信息。

第二个层面是人际沟通，在这一层面，两个或两个以上的人交换想法，他们可能是为了分享信息、提出反馈，或者只是为了维持一定的社会关系。

第三个层面是小组沟通，最常见的小组沟通形式是会议，分为正式会议或非正式会议。正式会议的各种功能将在第 12 章阐述。

第四个层面是组织沟通，发生在连接公司内部员工的网络中或连接不同公司的网络中。组织沟通还研究一组任务的完成与整个工作的完成之间的关系。

第五个层面是跨文化沟通，研究来自不同文化的人们如何互动。如前面所述，由于通信及交通的日益发达，跨文化沟通也越发频繁。[3]鉴于跨文化沟通的重要性，第 9 章将专门介绍这部分内容。

沟通是我们一生都要进行的活动，经常被看做是理所当然的事。一个人可能坐到管理职位但从未仔细分析过自己的沟通方式，因为沟通已经太平常了。然而，决策时缺乏策略会导致沟通出现问题。正如复杂的财务交易会引发许多不同的会计决策，不同的沟通情境应当采取不同策略性的沟通决策。会计不会凭直觉将一笔交易计为借或贷，他会做出一系列的分析决策以确保每笔交易都正确无误。然而，这名会计可能会在关键场合进行一种看似无误、实则没有经过策略分析的沟通。

2.2 策略分析法

下面我们将从策略的角度分析沟通的各个独立因素。当然，这些因素变
30 量并非独立发生，也不能在管理情境中独立分析，实际上这些因素相互依存
而又相互影响。比如，信息发送者的权力、希望的信息接收者、信息的目的、组织等因素都是交织在一起的。每个策略构成都是互相依赖的。尽管下面我们将分别分析这些构成，但请记住，每个变量都会受其他变量影响。

策略分析法可以比做一只洋葱，策略是洋葱的核心，但是要得到这个核心，必须将外面的皮一层层剥去。我们首先讨论洋葱的最外层，也就是沟通所处的文化情境。

2.2.1 第一层

第一层包括沟通氛围及文化。

沟通氛围

以往的沟通，比如员工与管理者是否互相信任、坦诚或封闭、有防御心理等，都会产生累积效应。组织中互信、坦诚的氛围有利于沟通的顺利进行，沟通坦诚度与信任之间似乎存在某种正相关关系。

成功会带来更多成功。[5]有效的沟通会带来信任与坦诚，进而有助于提升业绩；因为已经建立了信任，以后的沟通也会变得更加容易。然而，一两次重大的错误产生之后，积极的环境会立刻变得缺乏信任、沟通不畅，从而使将来的沟通更加困难。下面几章中要介绍的技巧与准则对避免沟通错误非常重要，管理层必须避免可能导致负面氛围的沟通错误。

文化

所有的沟通都产生于某种文化之中。文化这种社会力量通过共同的价值观、符号及社会理想，将各国、各组织紧紧联系在一起。一般来说，人们总是很自然地知道应如何感知、思考、体会，因此文化是下意识的。但文化又是无所不在的。

很大程度上，国家文化决定了我们的沟通方式。不同文化中的语言固然各异，但是管理者还需要留意交谈中许多更加细微的东西。比如，美国经理人可能认为其英国同事沉默，而意大利朋友则很外向。

组织文化也影响着经理人的沟通。在某些组织中，人们可能在提要求或建议时喜欢用电子邮件，而另一组织中的人们会使用口头沟通。在印度，专制的管理风格能为人接受，但在美国，人们更喜欢参与成分较多的管理方法。

31 对文化进行分析不能帮我们提供最终答案，但能使我们理解被人们广泛接受的价值观，沟通时必须考虑这些价值观。比如，如果人们崇尚独立，那么更需要说服而不是命令；如果人们偏爱正式文档，那么一封正式的打印备忘录可能比一个电话更好；如果组织文化中看重大量的技术细节，那么所有的报告可能都需要有技术内容的解释。

因为文化及组织氛围提供了为员工广泛接受的沟通方式，因此我们把它看成是分析的最外层，用我们的比喻来说就是洋葱的外层，如图 2-1 所示。我们在形成沟通策略时必须分析这一层。

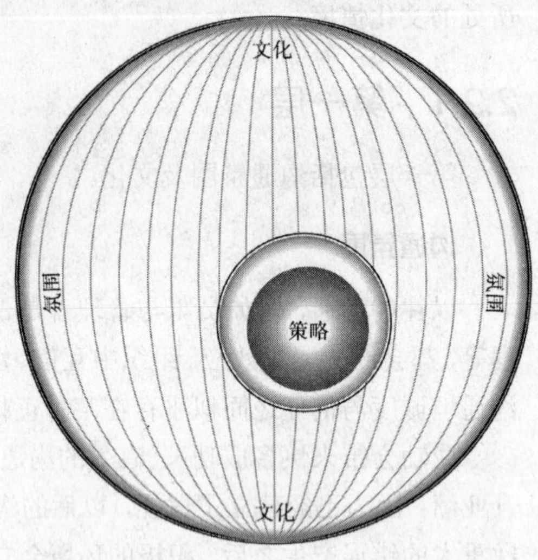

图 2-1　洋葱模型第一层

2.2.2　第二层

除了考虑沟通情境的氛围及文化因素，管理者还要考虑信息发送者、信息接收者及沟通的目的。在图 2-2 中，这三个变量是洋葱的第二层。请注意，这三个变量之间的关系是交互的，每个变量同时影响着其他两个变量，三者无先后之分。为了便于讨论，我们将管理者看成是信息编码人。

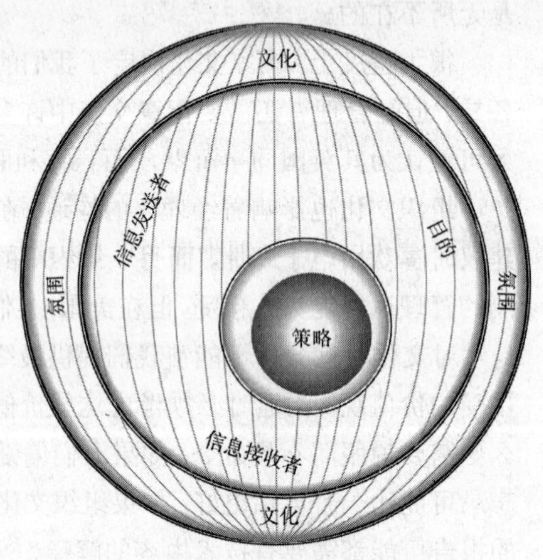

图 2-2　洋葱模型第二层

信息发送者（编码人）

管理者根据自己的性格及经历将信息的含义进行编码。他们必须分析自己的参考框架及沟通偏好，以决定如何影响沟通结果。[6]

比如，要说服一个工作小组接受某种新流程，应当采用什么策略呢？若一位管理者意识到自己最喜欢与人单独交谈，交流时虽说语法不完全精确但措辞通常准确，能够耐心地倾听他人意见，而且在公司中的职位决定了自己不能对别人发号施令。因此，这位管理者最好和工作小组的员工单独面对面交谈，以说服其接受新流程。这样他就完成了沟通的策略分析。

信息接收者（解码人）

现在我们来看第二层中的第二个要素：信息接收者，或者说解码人。为了保证有效沟通，管理者必须针对不同的信息接收者不断地调整自己的沟通方式。

我们需要分析信息接收者的几方面特征：与信息发送者的个人关系、地位、对信息的兴趣、对信息的情结、对信息主题的了解，以及自身的沟通技巧。这些特征共同作用可能会扭曲信息，有时被称为“内部噪音”。管理者可以针对信息接收者的这些特征进行分析以确定采用何种沟通策略。

人际关系。关系友好的人比关系一般或关系敌对的人更能互相容忍错误
33 及最初的误解。[7]关系友好的人比关系敌对的人沟通时所需时间及精力要少。比如，假设一位经理和同事讨论一份报告，同事认为报告中的某表格很难读懂，若两人关系友好，同事会比较包容，并愿意就看不懂的地方提问，而若两人关系敌对，同事则可能会批评这份报告，既不会提问也不会提出建设性批评意见。

地位区别。信息发送者及接收人的地位区别也应引起我们的注意。地位不同则沟通中可能需要注意特定的传统习俗。比如，管理者可能需要称呼某人阁下、先生、女士、博士或老总，以避免冒犯信息接收者。另外，与比自己地位高的人交谈时，管理者可能需要保持站立姿势，与同级或比自己地位低的人交谈时则可以坐着。不同地位的人对话语及手势或许会有不同的解读。[8]假设一位管理者说：“我能跟你聊几分钟吗？”这句话可能是请求，也可能是命令，具体视信息接收者的理解而定。显然，语气强调要视不同的受众而有所不同。

信息接收者的兴趣。第三种“噪音”源于信息接收者的兴趣水平。管理者也必须在策略上给予考虑。[9]如果信息接收者兴趣不高，沟通时需要增加

说服性，以引起其关注，特别是沟通的目的只是告知事实时更应如此。受众的兴趣水平可能影响沟通目标。管理者必须根据信息接收者的兴趣而非自己的个人兴趣来调整信息性质。

*信息接收者的情感状态。*沟通时信息接收者的情感状态也会影响信息的接收。面对忧心忡忡的信息接收者及心情放松的信息接收者，采取的沟通策略也应当有所不同。信息接收者忧心忡忡时，信息发送者需要首先面对这种情绪，努力使信息接收者心情放松，使其更容易接受主要信息。此外，对可能发生的情绪反应进行策略分析，还可以使信息发送者不易为这种情绪左右。

*信息接收者的知识。*记住：如果每个人都能理解，那么技术性术语及例子是可以使用的。可是，如果信息接收者不理解，使用技术概念则会引起更多混乱。你觉得这样问是否合适："你检查了 LAX 中 VOR 的 FAR 了吗？"面对某一特定读者或听众，应该使用多少技术名词？某些概念是否需要解释？错误地假定信息接收者有相应的知识可能会使沟通失败。但是假定信息接收者的知识水平太低又会浪费时间，甚至羞辱信息接收者。可以通过提问及接收反馈的方法迅速了解信息接收者的知识水平，最好就某一问题提出开放性问题，并从信息接收者的回答中看出其就这一问题的知识水平。

*信息接收者的沟通技巧。*和信息发送者一样，信息接收者也应当有较强
34 的沟通能力。[10]接收人能否准确清晰地沟通？接收人在沟通时会不会紧张？如果接收人不能清晰地表述概念或者在沟通时紧张，管理者必须表现出极大的耐心，尽可能地帮助他或使其放松。

总之，在沟通开始前管理者应该考虑信息接收者的六方面特点：人际关系、地位、对信息的兴趣、情感、知识及沟通技巧。然后，管理者需要对信息的目的进行分析，以便在重要的条件下做到有效沟通。

信息的目的

除非管理者分析其沟通目标，否则结果可能只是浪费时间和精力。在反省沟通目的之前，管理者应当首先确定用言语传达信息是否是沟通的最佳方法。

管理者选择沟通有四个主要理由。第一，与同事沟通这一行为本身可能就令人愉悦。沟通并不一定总意味着工作，当然不应将工作与社交混为一谈。在工作中，管理者的一些社交活动可以提高员工士气。

第二，管理者为传递信息而沟通。第三，为获取信息而沟通。具有讽刺

意味的是，并非所有管理者都能将传递信息与获取信息区分开来。许多管理者在努力获取信息时往往滔滔不绝。虽然将自己知道的所有东西都告诉别人是人的天性，但是若想获取信息，管理者必须克制住自己的这种倾向。

第四，管理者为劝说他人而沟通。[11] 以劝说为目的的管理者必须采取合适的劝说策略。最佳方法是晓之以理，还是动之以情？由于目的可以是多重的，因此沟通目的这一问题可能十分复杂。比如，沟通目的可能是告知下属一种新流程，同时劝他接受这一流程。在这种情境下，管理者需要明确目标并采取适当的策略，否则，两个目标可能一个也达不到。

沟通目标或者说目的常常决定了在特定情境中何种策略合适，正由于此，高效的管理者都十分清楚自己的沟通目标。下面的几章中将解释如何将策略与受众及目标联系起来，并将介绍几个例子。比如，在讨论备忘录及信件时，我们将解释为什么在某些情境中应当使用演绎法而非推理法。

2.2.3　第三层

管理者还需考虑以下四种要素，以确定高效的沟通策略：

- 信息的具体内容
- 信息的传递渠道
35
- 信息的物理环境
- 沟通发生的时间

图 2-3 描述了策略性管理沟通的完整模型。这四种要素出现在最内层，因为它们要取决于信息发送者、信息接收者、信息目的、文化及氛围。为了讨论，我们将对每个要素进行分别分析。但是和前面一样，请记住：在现实生活中，一位管理者形成沟通策略时要考虑它们之间的互相联系，在分析关键情境时疏忽任何一个要素都可能导致沟通的失败。

信息内容

为了简化讨论，我们将信息内容分为四类。

首先，信息接收者会把信息看成是积极的、负面的，还是中性的？如果信息是积极的，最佳策略是立即说出好消息；然而，如果信息是负面的，最好先说出中性信息，再说负面消息。[12] 为了确定消息是积极的还是负面的，需要考虑信息接收者的观点。对管理者来说，看似积极的消息在信息接收者眼里则可能是负面的。

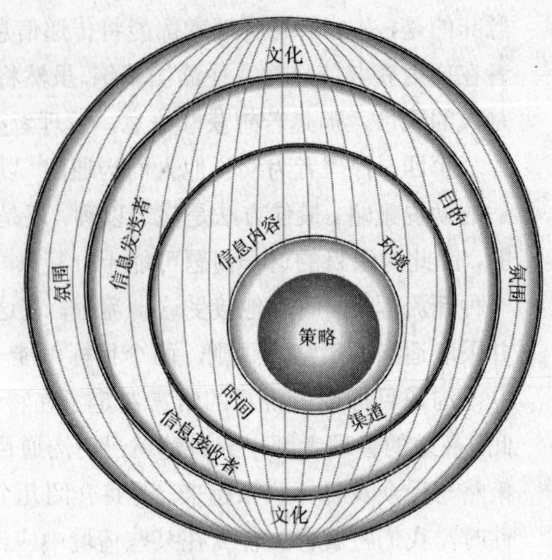

图 2-3 完整的洋葱模型

比如，一家会计师事务所的经理兴高采烈地宣布，事务所与一家正在成长的公司签订了新合约，但是员工们听了却怎么也高兴不起来，因为他们都觉得工作已经过度劳累了。

36 第二，信息的内容是事实还是观点？事实建立在具体信息之上，而观点则主要建立于假想之上。管理者可能对自己的观点十分有把握，从而把观点作为事实传递给他人，因此应仔细分析信息的客观基础。如果管理者将观点当成事实传递给他人，信息接收者可能会受到蒙蔽。

第三，对于信息接收者来说，信息的重要性如何？如果信息对管理者来说很重要，但对信息接收者来说可能并非如此，管理者便不得不花心思引起接收人的注意。管理者应当根据信息接收者的需要而不是信息发送者的需要组织信息，他需要确定如何使信息内容对接收人来说重要，并将这种重要来性整合到信息中。比如，一则下午两点开员工大会的通知可能没法引起员工的兴趣，但如果通知中说会议议程之一是讨论一种将要实施的新的激励项目，员工们则更可能予以关注。

第四，信息会在多大程度上引起争议？会引起争议的消息需要使用中性言语以减少抵触情绪。在某种情况下，有些信息会使接收者变得具有抵抗心理，从而产生冲突，比如“你一定已经认识到……”、“每个人都相信……”、“你难道看不出……”、“你必须明白……”等。

有效管理沟通要求我们分析信息的上述方面，即负面信息和积极信息，事实和观点，对信息接收者的重要性、争议性。必须将这些要素与信息发送者、接收人及目的同时加以考虑，因为在形成策略性管理沟通时它们是互相影响的。

信息渠道

随着高度发展的通信及隔夜交货业务的出现，如何传递信息这一问题变得越来越复杂。人们的习惯使信息选择渠道更加复杂。管理者通常在找到自己喜欢的沟通渠道后，一直使用相同的方法，甚至当这些方法不合时宜时也不放弃。

哪种信息用哪种方法传递合适？书面沟通（备忘录、信件、报告）可以留下永久记录，而且非常精确清晰，但无法得到即时反馈。电子邮件在永久性方面稍逊一筹，而且通常是草草写成，但电子邮件有快捷的优点。口头沟通通常比书面信息更能说服人。打电话很快捷，但通常无法将谈话永久地记录下来，而且，电话交谈只有口头反馈，无法观察到非言语信息。沟通牵涉的因素如此之多，很难说哪一种渠道更好。

如何用最低的成本达到最佳沟通效果呢？基本的可选方式有：(1)口头；（2）书面；（3）口头加书面；（4）视觉手段。现在将这些选项分成正式和非正式两种。表 2-1 显示了一些具体方式。但是当我们把选项再进一步复杂化，加入电视电话会议、电子邮件、传真等技术来协调沟通的时候，我们可以看到，选择正确的渠道并非易事，这也正是第 3 章用于全面讨论技术协调沟通渠道的原因。

37

表 2-1　沟通渠道

	非正式	正式
口头	个人联系 会见和咨询 长途电话 带领新员工参观工厂（入职培训）	全体工作人员会议 广播系统 协商会 发出并说明指令 简报
书面	公告板 每日消息文摘 电子邮件	公司政策手册 管理时事通讯 企业内部网 公司报告 公司网站
口头加书面	事先已交换书面信息的上司与下属之间的面对面交流	已准备好书面报告和资料的公司会议
视觉手段	有声音效果的演示 闭路电视 卫星连线	电影、短片 幻灯片放映 图表讨论

信息应当一次仅向某个人传递还是向小组传递？尽管个人沟通可以让管理者将信息发送给每个人，但小组沟通速度更快且成本更低。管理者需要判断是否根据个体情况做相应调整，以及考虑小组沟通省下时间是否更加重要。我们将在第12章具体讨论这一问题。

个人及小组的问题是说服性沟通的关键。有些情况下，可能很容易说服一组人，而有些情况下，一对一沟通则更加有效。管理者必须对所有因素进行策略分析，以决定在某一特定情况下哪种形式最好。

当然，成本影响着渠道选择的所有问题。一封信需要草拟、打印。一次小组会议需要许多个人投入时间，这些时间加起来或许非常昂贵。当然小组
38 会议使不同员工有机会提出建议和做出反馈，这也是考虑成本平衡时需要注意的。打电话很快捷，但长途电话费可能很高。一份正式的报告写起来可能非常耗时，但别人以后还可以再用，相比之下，口头汇报则是转瞬即逝的。因此，管理者在选择合适的沟通渠道时需要平衡好成本及时间因素。

物理环境

沟通发生的环境对沟通也有明显影响。正如信息接收者的特点可能引起"内部噪音"一样，物理环境的因素也可能引起"外部噪音"，造成信息扭曲。分析策略性沟通的环境因素需要考虑四个问题：

- 是公开场合还是私人场合？
- 是正式场合还是非正式场合？
- 信息发送者和接收人的空间距离有多远？
- 你对环境熟悉还是陌生？

这四个问题的答案会对沟通策略产生很大影响。

隐私性。在公开的会议上，祝贺性评论最为得体，而敏感问题最好在私下场合提出。公开及私人的场合有时很容易选择，但有时则较为困难。比如，一个团队的业绩问题应当与团队成员单个讨论还是在公开会议上与团队所有成员讨论？

正式程度。场合的正式程度不光影响受众的反馈，还影响信息的措辞。因此，正式头衔在正式口头报告时使用或许很合适，但用在非正式的小组讨论中则会限制沟通的效果。另外，正式场合中往往难以获得反馈，因为有些问题不好问，或者大家羞于提问。最后，人们在正式场合中的非语言行为往往更为矜持，因此也更难解读他们的反馈。

空间距离。要考虑的第三个变量是信息发送者和接收人之间的空间距

离。在口头沟通中，空间距离会弱化语气及音量，还有人的手势及身体姿势。因此，当距离较远时，这些沟通方式的效果会大打折扣。在书面沟通中，距离还会影响到反馈及时间。对从俄亥俄寄到加利福尼亚的报告做出的反馈意见与对同一座大楼里送来的报告的反馈意见相比，前者可能不够及时，作用也更小。随着距离的增加，管理者得到的反馈可能会越来越不全面。距离还
39 增加了劝说的难度，因为没法及时传递不同意见。管理者需要判断是等到能够面对面交谈之后劝说，还是为了节省时间而跨越更远的距离劝说。

熟悉程度。环境中最后一个需要考虑的因素是对环境的熟悉程度。熟悉程度这一概念要从管理者及信息接收者两方面进行分析。熟悉的环境会使双方放松心情，这在有分歧及涉及情感因素时尤为重要。在不熟悉的环境中沟通时，管理者应当预测会有什么干扰因素出现。在自己熟悉的环境中已经习惯的干扰因素如果出现在不熟悉的环境中，可能会令人紧张不安，有时，连办公室窗外看似寻常的拥挤的交通都可能是干扰因素。

时间

时间影响着管理的方方面面，也无处不在地影响着沟通。显然，“时间就是金钱”的格言用在这里非常合适。管理者要考虑为沟通做准备所需的时间以及沟通过程本身所需的时间。计算沟通成本及效率时需要考虑管理者及信息接收者两方面的时间。因此，尽管会议一开始看来很具有建设性，因为会议的形式使员工易于提问及做出反馈，但是由于召集员工需要时间，开会效率可能并不高。因此，在某些情况下使用电子邮件可能效率更高。这是管理者必须做出的时间决策。

还要记住：时间就是权力，时间就是地位。日程总是排得很满的人往往被认为比随时都能约到的人更重要。下属想要见经理必须提前预约，而具有更高地位的经理可以随时找下属。地位还体现在等候时间的长短上。

沟通的时机也非常重要。在某一时间适合的沟通行为在另一时间可能不合时宜甚至具有破坏性。在别人马上要参加重要会议前打扰别人肯定不合适。一份星期五下午才姗姗来迟的报告也不太可能引起太多注意。又如，请考虑一下，一家在市区拥有几座大楼的医院为了改善排水状况，花了几年时间进行园艺改造。工程完工时地面的确很漂亮，但不久后，医院宣布了员工
40 下岗通知，这样一来，园艺改造工程似乎是以员工工作岗位为代价的，很多员工对医院使用资金的方法产生微辞。

2.3 反馈及效果衡量

策略性管理沟通的一个必要部分是反馈及效果衡量。这两个变量因为无所不在，因此在洋葱模型（图 2-3）中没有标出，它们被包含在每个变量中，无法分离。反馈的重要性有两方面：一是必须不断地获得反馈信息以确定变化对总体策略的影响。比如，一位管理者认为关于新流程的备忘录写得不够清晰，因为大家有很多疑问。基于大家的这些反馈，他立即召开会议来说明新流程，在这一事件中，沟通渠道改变了，目的是改进沟通策略。

二是即使策略已经来不及改变，从反馈中我们仍然可以判断策略是否有效。遗憾的是，许多管理者都会避免这种反馈，因为他们认为即使提出反馈也来不及改变了。比如，一家广告公司提交了一份广告活动计划书，当合同被送到另一家公司后，人们就不再去评估这份书面计划书的有效性，因为已经无法更改了。其实这是一个全面评估计划书各个方面的时机，包括分析客户、书写风格及时机。评估的教训应该在下次写计划书时引起注意。

获得反馈并衡量其效果可能非常困难。在某一案例中，一位保险区域经理对销售情况很失望，为了激励她的独立销售代表，她给他们写信，打电话，还亲自与他们面谈，但销售业绩依然下滑。于是，她请管理咨询公司帮她确定如何改善激励策略。但是难以判断销售业绩的不佳是由于她与销售代表的沟通问题造成的，还是保险产品本身的问题。管理沟通与其他因素密切相关，常常很难判断沟通的有效性。

2.4 沟通中的重要错误

尽管考虑了前面所述的所有因素，管理者的沟通仍然会出问题。沟通过程依赖于当事人的性格特点及周围环境。这种过程创造了一种动态互动关系，如“洋葱”模型所示，这种互动是不完美的。

即使人们相信自己传递的信息是真实的，他们也只是在传递自己认为真实的信息。由于经过大脑过滤（Mental Filter），所以客观的真实与主观的真
41 实并不总完全一致，这种不一致性在人们传递客观真实事件中得到证实。这些产生于我们大脑过滤器的重要但却常见的错误是：假设—观察型错误（Assumption- observation Error）、不能区分型错误（Failure to Discriminate Error）及无所不知型错误（Allness Error）。[13]

2.4.1 假设—观察型错误

假设即不加证实地认为某事合理或正确。我们每天都会根据假设而行动，比如，我们假设餐厅的食物没有毒（尽管我们总开玩笑地说食物有毒），假设办公室的天花板不会掉下来，假设报告中的数据是正确的。假设对于分析事物、解决问题及制定规划等活动具有至关重要的意义。

把一封信放入邮箱后，我们假设它会在一段时间后达到目的地。但是这种假设完全准确或绝对安全吗？有证据表明，这封信可能会丢失、延误，甚至被毁。然而，我们所冒的风险是经过精打细算的，寄信这种行为看起来相对安全。如果这信封里装贵重物，我们还可以为所寄物品购买保险。

什么时候需要保险？换句话说，什么时候假设是安全的，什么时候有风险？策略型沟通一直以来在努力回答这一问题。讲策略的沟通者必须避免做出可能不正确或不可靠的假设，避免造成沟通不畅的假设。请看下面这个例子。

质量控制部的经理注意到新来的药剂师比尔非常尽职，每天下班都至少多呆半个小时检查所有数据。经理被比尔的敬业精神深深地感动了，于是在他的个人档案里写了一封特别的感谢信。后来，经理发现其实比尔在实验中总有很多困难，下班后留下来正是为了改正他通常会犯的种种错误。

为了避免这种假设—观察型错误，管理者应该问：“事实是什么？”我们必须正确认识某一论断在特定情况下正确的风险有多大。一旦确定了风险范围，就应以事实或假设的语句陈述出来，如“我看见我们进了一批铜”。另外，像“在我看来”、“我觉得好像”、“我猜想”等这样的表述也有助于区分事实与假设。这些语句能使管理者在使用假设时理清思路，而且还能使听众更好地理解信息。

2.4.2 不能区分型错误

不能区分即不能觉察和传递个人之间的重大差异或情境的变化等信息。
42 不能明确区分或分辨事物会造成对差异的忽视及对相似之处的过分强调。威廉・哈尼（William Haney）把其中一种后果称为“分类僵化”，下面是哈尼的话：

> 我们中的大多数人喜欢分类。如果给某人看一种他从未见过的东西，他很可能一上来就问：“这是什么？”如果遇到一个陌生人，我们总想把他划归为某一类，否则会很不自在，比如他是做什么

> 的？他属于哪种人？是销售员、水暖工、农民、老师，还是画家？是新教徒、天主教徒、犹太教徒，还是无神论者？是民主党、共和党，还是无党派的？是低层、中产，还是上层“阶级”？[14]

这种僵化的分类可能造成对事物的刻板印象，因为人们可能会将其对某类事物的固有印象扩大到这类事物的所有个体，并产生成见。一个常见的例子是，在管理者面试应聘人员时，如果招聘者将应聘者所上学校的毕业生归为不太理想一类，那么招聘者就不大会用心地倾听应聘者的陈述。分类僵化还会使人在沟通时光注意大的分类而忽略小的细节，从而丢失很多重要信息。比如，“乔伊斯是工会会员”这句话就忽略了乔伊斯是部门里最具资格的检验员这一事实。

对什么事都进行分类的人往往意识不到自己有这种倾向，这也带来了潜在危险。这种盲目使得不能区分事物差异成为一种非常难以克服的倾向。然而，哈尼为此提出了两条具有价值的建议。[15]第一条是将事物是独特的这一前提内在化（Internalize），也就是说要培养对世界上所有差异的敏感度，毕竟没有两样东西是完全一样的。第二条建议是把对事物的评价分类，就是对每个人、每件物或事都应根据其特征分类，这样便很容易看出每件事、每个人都是独特的，从而进一步增加对事物差异的敏感度。

两极分化是“非此即彼”（Either-or）型思维的特殊形式。有些情况确实可以用“非此即彼”的二分法分析，如某位员工要么出勤要么缺勤，某人非男即女。但是还有许多情况是不能用“非此即彼”来描述的，如某件产品非好即坏，一个人的工作速度非快即慢。如果某种情况有渐进或中间区域，但某人却用严格的“非此即彼”思维进行处理，那么他就犯了“两极分化”的错误。因此那些说自己在工作上成功或失败的人，可能真的认为没有中间地带。反过来，如果某人被告知唯一的选择是成功或是失败，那么他有可能会相信不存在任何中间可能性。管理者意识到“非此即彼”型论断后，就能更准确地区分两件事物的差异程度，也能更准确地观察世界。

对事物的评价一成不变是另一种不能区分型错误，即看不到人物、地点
43 或事件可能发生的变化。世间万物都是变化的，对万物的评价也不能静止。虽然很容易看到商业活动的一个主要特点是不断变化，然而要想根据这种不断的变化做出及时调整却并非易事。一成不变的评价会造成对世界的错误感知，并导致管理失误。

避免对事物评价一成不变的关键是记住所有事物都是变化的。管理者如果不断地问什么时候发生了什么变化，就不会认为事件都是静止的，从而可

以避免这种常见沟通错误的发生。管理者不妨问这样一个简单的问题：“我对这件事有成见吗？”

2.4.3　无所不知型错误及抽象过程

管理者必须小心避免的另一种错误是无所不知型错误。犯这种错误的人在沟通时表现得好像自己已经将有关信息阐述得一条不漏。然而明白人都知道现实是复杂多样的，没有人能了解事物的全部。即便如此，还是有人会犯这种错误。哈尼说，认为自己无所不知的人通常有两种错误想法：（1）存在了解并描述某事物全部内容的可能性；（2）我所说的（所写或所想的）包括了主题的所有重要内容。[16]

人们讲话时都会将事物抽象化，这种正常的沟通方式也会促成无所不知型错误的发生。抽象即是关注某些细节而忽略其他细节的过程。沟通时，我们需要选择某些细节而忽略其他。然而，这种抽象过程本身会掩盖我们已选择性地忽略某些数据这一事实。结果听者（有时是说话人）不知道有些信息已经被排除在外，有时省略的信息越多，越难以认识到说话人对信息有省略这一事实。

正如赫塔·墨菲（Herta Murphy）和查尔斯·佩克（Charles Peck）所述：

> 一个很引人注意的例子是：一位中学二年级的学生与一位毕生后研究植物学的著名科学家聊天（中学生并不知道他的身份）。这个自鸣得意的中学生说：“噢，植物学？我上个学期就学完了所有植物学的东西。”正如伯特兰·罗素（Bertrand Russell）所说：“一个人的肯定程度与他的知识成反比。”[17]

我们对所做的差不多每件事都有一定程度的抽象，因此要克服无所不知型错误，不能只是简单地省略抽象，而应该意识到抽象的程度。一个人
44 一旦意识到抽象程度的大小，便可以相应地组织信息，如“据我所知”、“根据我所掌握的信息”、“这是我所认识的重要信息”等。要想防止自己在倾听时犯无所不知型错误，可以问这样的问题：“哪些东西被省略？”“还有别的吗？”此外，还可以在句子后面加上“等等”，并询问这些“等等”包括什么。

我们主要从自我沟通（Intrapersonal）及人际沟通（Interpersonal）的角度讨论上述三种关键性错误：假设—观察型错误、不能区分型错误、无所不知型错误。然而，管理沟通远不止在这两个层面上进行，随着牵涉人员的增

多，沟通过程会越发复杂。在会议中，这三种错误都会存在，另外还要考虑小组固有的特殊问题；部门经理与其他部门的小组沟通时，还有组织层次的因素要考虑。在这两个例子中，都可能发生本章所述的三种基本错误，当然潜在的特殊类型的错误也需要注意。第 13 章将更多地讨论小组沟通及组织层次的沟通，着重讨论会议及小组动态因素（Group Dynamics），第 9 章将讨论跨文化沟通。

总结

管理沟通有五个层面：自我沟通、人际沟通、小组沟通、组织沟通、跨文化沟通。本书都将一一介绍。

本章还提出了一种策略性管理沟通模型，帮助管理者在关键情况下减少错误。当然我们不可能列出适用于每种情况的具体规则，而是探讨了管理者在沟通前应该考虑的因素有哪些。

在洋葱模型中，这些因素被分为三层：第一层包括环境及文化，即沟通策略必须与国家文化及组织文化一致；第二层包括信息发送者、信息接收者及信息目的；第三层包括沟通的信息、渠道、环境和时间。对沟通因素的合理应用在很大程度上依赖于对这三层变量的把握。

然而，在发展阶段仅仅考虑这些因素还不能足以保证沟通取得成功，为了不断改进沟通技巧，管理者还必须寻求他人的反馈以衡量沟通效果。

本章最后分析了沟通过程中的关键错误，最常见的是：（1）假设—观察型错误；（2）不能区分型错误；（3）无所不知型错误。假设—观察型错误是指在对某事没有可以观察到的证据时，管理者就将该事作为事实传达给他人；不能区分型错误是指因为觉察不到事物的变化或不同事物间的显著差别，从而在沟通中无法传递这些变化；无所不知型错误指的是在就某一主题
45 进行沟通时，沟通者表现得似乎已经涵盖了关于这一主题的所有信息。管理者在沟通时需要考虑所有上述因素及人们通常具有的缺点。

小组讨论案例

案例 2-1　制定宣传册

米奇·芬利，29 岁，拥有金融学位，两年前在一家银行做信贷员，之后为其他公司提供财务规划方面的咨询。他的职业目标是建立自己的公司。

最近，芬利终于有了一家自己的公司，并建造了两座有套房（包括起居室、卧室、厨房）而非单人间的酒店式大楼。

两座酒店坐落于两个重要的石油城之间。芬利并不租赁房间，而是将房间卖给大石油公司，用于满足娱乐及其他需求。

芬利一直使用建筑师制作的宣传册，但他感到并不满意。他收集了其他公司及自己认为不错的宣传册，决定请广告公司设计新的宣传册及专用标志。

在与广告公司的首次洽谈中，芬利说需要一个新的公司专用标志及能装散页传单的宣传册。最重要的是，由于对他来说时间就是金钱，标志与宣传册必须尽快做成。

广告公司代表（一位新手）说他的公司能设计标志和宣传册，然后问了芬利几个普通的问题——项目业务是什么，位置在哪儿，周围环境怎样等。广告公司代表说将在一周内回来汇报其设计思路。

两个半星期后，芬利打电话给广告公司，问设计得怎么样了。那位广告公司代表当天下午带着设计思路来找芬利，广告公司主要围绕“用套房打败酒店游戏”的硬推销（Hard Sell）主题。本就对时间延误有些不满的芬利看到广告公司的方案与他自己想象的项目形象不符后更是沮丧，说：“不行，这不是我想要的。”广告代理人吃了一惊，沉默了一会儿之后沮丧地说：“那您是怎么看这个项目的呢？”并且还提醒说他给的时间有限。芬利说他并不把酒店看成是竞争对手，希望宣传册和公司标志采用软推销（Soft Sell）方法将他的想法作为一种投资介绍给高级管理人员。

46 第二天，广告公司代表带着一份较为保守的软推销风格的设计回来了。芬利说：“这有点像我想要的，但还不完全是。”

芬利不明白为什么第一次没能得到他想要的设计，因为在他看来，“他们是干这行的，应该知道怎么设计。”

问题

1. 造成芬利的沟通问题的可能原因有哪些？造成广告公司代表的沟通问题的可能原因有哪些？
2. 请指出案例中的假设如何引起沟通问题。
3. 你会给广告公司代表何种建议以避免类似问题再次发生？
4. 你认为案例中有沟通僵局吗？如果有，当事人应当如何解决这一问题？

案例 2-2　琼斯为什么变了

金融投资公司位于得克萨斯州休斯敦市，才成立两年就被当地杂志评为“值得关注的公司”。公司人员包括三名投资分析师和四名秘书。公司面积不大，秘书们共用一间办公室，分析师们的办公室紧挨其后。

公司的首席高级分析师琼斯先生是个不太随和的人，用铁腕政策经营着公司，总是第一个上班，最后一个下班。“准时”是他的座右铭。

办公室里的女士们觉得已是中年的琼斯很有魅力。一位秘书曾对另一位秘书说：“真不知道嫁给他会是什么样子。他长得很帅，但太自命不凡，要他做老公可不一定有趣。”琼斯从不跟这些人说话，脑子里似乎只有生意。

最近，琼斯上班没那么早了，下班提前了，午餐时间也长了。一位秘书说：“唉呀，琼斯先生的变化真大啊。不知道为什么？”另一位秘书回答道：“没错，我也注意到他的变化了，大约是从那位新来的女士到来后开始的。”

秘书们不喜欢办公室里新来的女同事，她个子高挑，是漂亮的金发女郎，说话不多，几乎不会打字，对电脑知之甚少。其他秘书不屑地称她为“愚蠢的金发女郎”。

一位秘书对另一位说：“老琼斯不光午饭时间比以前长了，而且最近心情很好，他今天竟然跟我说话了！”另一位秘书说：“我注意到了，我还看到他的新秘书紧跟着他回来的。几乎每天下午六点都有一个女人打电话找琼斯
47 先生，可他 4:30 就离开办公室了，没法接电话。”另一位秘书说：“我猜到是怎么回事了，你们呢？”

问题

请判断下列说法是对（T），是错（F），还是可疑（？）。在判断之前不要重新阅读故事，判断之后也不要更改答案。

1. 金融投资公司位于得克萨斯州休斯敦市。
2. 金融投资公司是休斯敦市成长最快的公司。
3. 公司有四间办公室。
4. 琼斯是个不太随和的人。
5. 琼斯很准时。
6. 琼斯拥有这家公司。
7. 琼斯是个铁腕人物。
8. 琼斯大约 45 岁。
9. 琼斯已婚。
10. 琼斯雇了个新秘书。

11. 新秘书是位非常漂亮的金发女郎。
12. 新秘书打字打得很好。
13. 琼斯回到办公室时总是心情不错。
14. 办公室的秘书们认为琼斯和漂亮的金发女郎有恋情。
15. 琼斯跟新秘书共进午餐。
16. 琼斯下班后没回家。
17. 一位女士每天下午六点都给琼斯打电话。
18. 琼斯的妻子可能在找他。
19. 琼斯正在经历中年危机。

这项练习表明了哪些重要的沟通错误？请说明。

案例 2-3 向电视台辞职

简·赖伊是州立大学广告专业的学生，下学期即将毕业，目前正在当地一家电视台的销售部做兼职。当初被雇佣时，赖伊觉得自己能获得这份工作很幸运，不光因为薪水，还因为能从中获得工作经验。

销售经理帕特·特伦特当时雇佣了赖伊，是她的直接上司。赖伊工作十
48 分出色，特伦特对她也很支持。实际上，这位销售经理向高层汇报赖伊的工作时全是赞美之辞。特伦特常常对赖伊说，她的工作非常突出，愿意等她毕业后永久性地雇佣她，让她领导台里新成立的媒体研究部。看起来，这项工作既有挑战性，又有很好的回报。

赖伊对此有些受宠若惊，但同时她对这个新职位并不感兴趣，因为她对目前正在做的工作并不满意。然而，她从来都没有告诉过特伦特她对当前工作及对将来工作的想法。因为特伦特培养了赖伊，并且对每个人都夸赞她，赖伊因此对销售经理也十分忠诚并心怀感激。因此，赖伊觉得如果拒绝这项工作的话就等于背叛了特伦特。但六个星期后，赖伊还是决定辞职，去大学做兼职，但她不知道该如何面对上司特伦特。

赖伊觉得很难对特伦特说出令其不高兴的事，便一直等到她要辞职的那一天。那天，销售经理准备上午出差。赖伊只好走进特伦特的办公室，当时还有两个人正在里面讨论着什么。特伦特问赖伊有什么事，赖伊回答说："我想辞职。"

销售经理特伦特大吃一惊，问赖伊为什么要辞职，心里还想着该怎么处理赖伊正在负责的项目。赖伊为未能早些通知她道歉，并解释说从明天开始就将在学校里做兼职。特伦特对这位下属非常失望，说："如果你早点告诉

我就好了，我就能慢慢将项目交给其他人，现在可怎么办？”

问题

1. 赖伊应该怎样处理辞职一事？
2. 你认为赖伊应该在何时、何地、以何种方式提出辞职？你觉得如果换一种环境，特伦特会理解她吗？
3. 特伦特的哪些做法使得赖伊不愿沟通？
4. 赖伊处理辞职一事的方法可能会产生哪些长期影响？

尾注

1. Henry Mintzberg, *The Nature of Managerial Work* (Englewood Cliffs, NJ: Prentice Hall, 1980), pp. 38–39.
2. Lee Thayer, *Communication and Communication Systems* (Burr Ridge, IL: Richard D. Irwin, 1968).
3. Harry C. Triandis and Rosita D. Albert, "Cross-Cultural Perspectives," in *Handbook of Organizational Communication*, ed. F. Jablin, L. Putnum, K. Roberts, and L. Porter (Newbury Park, CA: Sage Publications, 1987), pp. 264–95.

49 4. M. S. Poole, "Communication and Organizational Climate: Review, Critique, and a New Perspective," in *Organizational Communication Traditional Themes and New Directions*, ed. R. D. McPhee and P. K. Tompkins (Beverly Hills, CA: Sage Publications, 1985), pp. 79–108.

5. Raymond L. Falcione, Lyle Sussman, and Richard P. Herden, "Communications Climate in Organizations," in *Handbook of Organizational Communication*, ed. F. Jablin, L. Putnam, K. Roberts, and L. Porter (Newbury Park, CA: Sage Publications, 1987), pp. 195–227.
6. John Petit, Jr. and Bobby C. Vaught, "Self-Actualization and Interpersonal Capability in Organizations," *Journal of Business Communication* 21, no. 3 (1984), pp. 33–40.
7. Joseph N. Cappella, "Interpersonal Communication: Definitions and Fundamental Questions," in *Handbook of Communication Science*, ed. C. R. Berger and S. H. Chaffee (Newbury Park, CA: Sage Publications, 1987), pp. 184–238.
8. C. L. Hale and J. G. Delia, "Cognitive Complexity and Social Perspective-Taking," *Communication Monographs* 43 (1976), pp. 195–203.
9. Kitty O. Locker, "Theoretical Justifications for Using Reader Benefits," *Journal of Business Communication* 19, no. 3 (1982), pp. 51–66.
10. Gary F. Soldow, "A Study of the Linguistic Dimensions of Information Processing as a Function of Cognitive Complexity," *Journal of Business Communication* 19, no. 1 (1982), pp. 55–70.
11. Mohan R. Limaye, "The Syntax of Persuasion: Two Business Letters of Request," *Journal of Business Communication* 20, no. 2 (1983), pp. 17–30.
12. Mohan Limaye, "Buffers in Bad New Messages and Recipient Perceptions," *Management Communication Quarterly* 2, no. 1 (1988), pp. 90–101.

13. Much of this discussion is drawn from William V. Haney, *Communication and Interpersonal Relations: Text and Cases*, 6th ed. (Burr Ridge, IL: Richard D. Irwin, 1992).
14. Ibid., pp. 359–81.
15. Ibid., p. 368.
16. Ibid., pp. 320–57.
17. Herta A. Murphy and Charles E. Peck, *Effective Business Communication*, 3rd ed. (New York: McGraw-Hill, 1980), p. 20.

Chapter Three

50 第3章 技术辅助沟通

组织将越来越像只有一个印第安人，而其余都是酋长的部落，这位印第安人当然就是计算机。人们必须学会在这样的组织中做管理者。

——托马斯 L. 惠斯勒（Thomas L. Whisler），芝加哥大学商学教授

对技术辅助沟通的讨论应该从何谈起呢？技术变化日新月异，有时让人觉得难以在这个话题上找到焦点。40 年前，一位沟通理论家说：“沟通本质上是一种社会活动……但是现代生活越来越多地依赖于采用电话、电报、收音机、打印等技术手段进行沟通。”[1] 我们不妨回想一下过去 40 年中涌现了多少新技术。

仅仅几十年前，长途电话便带来了通信革命。在 20 世纪二三十年代，打长途电话可是件大事。今天，从纽约给旧金山打三分钟叫号长途电话（Station-to-station Call）只需 75 美分，而在 1915 年则要 20.70 美元。如果汽车工业的技术进步也能像通信业那样突飞猛进的话，那今天只需 500 美元我们就能开上崭新的奔驰车以每加仑 200 英里的速度行驶了。

25 年前讨论电信问题时需要解释什么是软盘，什么是个人电脑。20 年前许多教科书花大量篇幅解释硬件与软件的区别、调制解调器的作用以及文字处理系统将如何很快取代电子打字机。今天，我们已经向前跨越了一大步，许多经理人或未来的经理人对个人电脑、激光打印机、视频会议、掌上电脑、
51 无线局域网等都耳熟能详，而我们面临的挑战是如何最好地应用这些技术。

本章将提供一个框架，以分析技术辅助沟通时应采用何种战略决策。但是，我们首先要弄清楚什么是技术辅助沟通。我们认为，任何帮助管理者准备信息并发送信息的系统都可称为技术辅助沟通系统。在这种定义下，横跨大草原的烟雾信号可以被看成一种技术系统，因为烟雾能传递信息；一台打字机也可以是一种技术系统，因为它能帮助人们准备信息。

但是，随着硅芯片、微处理器及卫星的发明与运用，技术产品早就不只是打字机或电话机。电子打字机已经被使用复杂软件图像包（Software Graphics Packages）的文字处理系统代替。硬件的发展使文字处理系统能与电子邮件系统联网，并开始运用大型的数据库。最初的电话机只是安装了信息记录器，而现在来电转接、图像、电话会议、语音邮件都已成为电话系统的常见功能。电话与电脑整合在一起便成为在全世界实现信息发送的非常经济的方法。所有这些系统都是技术辅助沟通的组成部分。

3.1　技术辅助沟通的使用框架

由于牵涉许多变量因素，使用电话、电子邮件或电话会议的决策可能非常复杂。

这些变量的具体内容请参见第 2 章及对沟通策略的讨论。有了技术辅助沟通，便可通过科技渠道传递沟通信息，此时主要差别便在于渠道的使用。不过，其他的变量因素也受技术影响。下面四种概念可以帮助我们理解技术辅助沟通：带宽、感知个人亲近度（Perceived Personal Closeness）、反馈、符号象征互动观（Symbolic Interactionist Perspective）。[2]

3.1.1　带宽

沟通依赖于五种感官渠道：视觉、听觉、触觉、味觉和嗅觉。[3]带宽是指可用感官渠道的信息传输容量。两个相距一臂的人面对面沟通具有较宽的带宽，因为沟通中可以用到所有五种渠道。当一位管理者初次接见一位应聘者时，两人通常都会握手，同时也在交换视觉、听觉、触觉、嗅觉信号，因此这种沟通的带宽也较大。

52 技术辅助沟通通常会省略这五种渠道中的某一种或几种。比如，视频会议就没有触觉和嗅觉的渠道及信号；电话省略了触觉、嗅觉及视觉信号。

大脑在同一时间能理解多少由不同渠道发送的信息？几个世纪以来，这个理论问题一直困扰着沟通研究学者，如今讨论技术辅助沟通时该问题仍然没有答案。为了帮助理解这一问题，不妨想象一个“Y”字形状。假设每条沟通信息都是球状物，经过 Y 的两个分支传向大脑。Y 的两个分支代表两个不同的沟通渠道，如果两个球在同一时间到达 Y 的交叉处，而只有一个球能通过时会发生什么情况呢？会发生信息拥塞。根据信息理论，此时会产生选择性关注，于是信息接受者只注意两个信息球中的一个而忽视另一个。换句话说，大脑决定了哪只球能够到达 Y 的底部（参见图 3-1）。

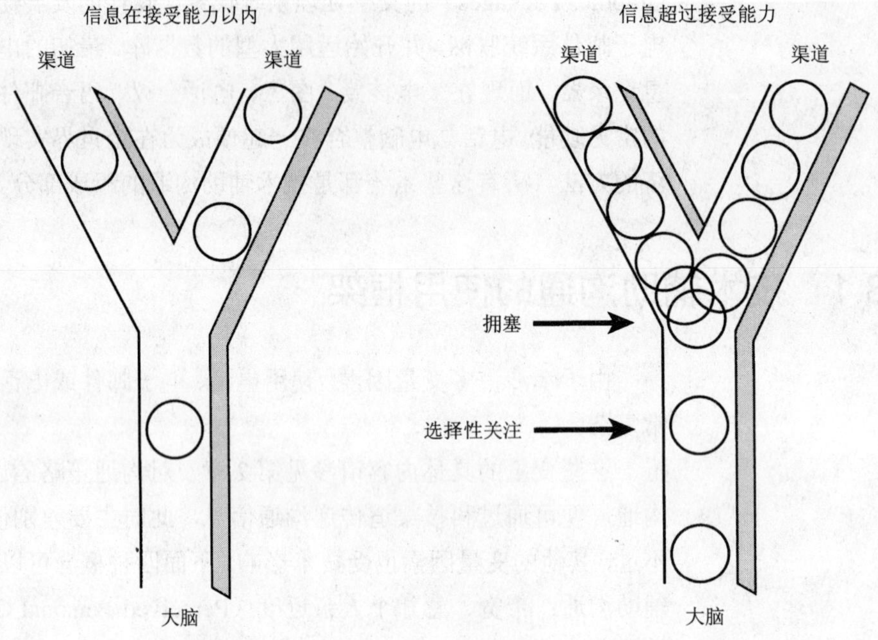

图 3-1　信息过程

中央神经系统的目的是避免信息阻塞，尽可能多地处理信息。大脑同时能处理多少不同来源的信号呢？[4] 这涉及渠道间冗余（Between Channel Redundancy，BCR）这一概念。

当某一信息分布在听觉、嗅觉、触觉、味觉或视觉等渠道中时，BCR
53 便促成多渠道沟通。以面试应聘者为例，当听觉与视觉渠道传递的信息相同时，BCR 是完整的。这种情况会在应聘者着装整洁、语言流利时出现，这时视听两种信号互为补充，都说明应聘者比较专业。如果不同渠道传递的信息有冲突或不一致，那么 BCR 就是混合的或不完整的；当每种渠道传递的信息完全不同或互相矛盾时，BCR 为零。理论上来说，当 BCR 完整且其他条件相同时，信息传递效果最佳，而 BCR 为零时则干扰最多。

信息理论并不能完全确定人类所能处理的是哪些信息及应当如何处理这些信息。然而，它可以给出下面两个结论：首先，我们所能处理的信息数量是十分有限的；其次，某些类型的信息量比其他类型的信息量更强大。[5]

这两条结论对战略管理沟通具有重要意义。管理者必须确定不同情况下多少信息量是最有价值的。只采用有价值的信息或信号，这种人的信息处理能力才不会被无用的信号制约甚至控制。

人们经常面临视频会议与电话会议之间的选择，这也反映上述观点在技术辅助沟通中的重要性。管理者可能喜欢使用视频会议，因为除了语音信号外，它还有图像信号。但是，视频会议的成本比电话会议高得多，并不划算。图像信号有时可能没什么价值甚至是重要语音信息的干扰，而这些语音信息由电话会议就完全可以传递。

除了带宽这一概念，电子接近理论（Electronic Propinquity）（也称感知个人亲近度）也为理解技术辅助沟通提供了一种框架。

3.1.2 感知个人亲近度

沟通双方会觉得互相之间有亲近感或距离感。同一房间内的两个人可能感觉相隔万里，而身处不同大洲的人却有“天涯若比邻”的感觉。许多因素都会影响这种亲近感，比如两人以往的相互沟通。这里尤其值得一提的是，媒介对亲近感或接近感（Propinquity）的影响。

许多研究表明，电子媒介影响人们互相间的亲近感。比如，有些人害怕使用电话自动留言功能，有些人打个普通的电话都感到不舒服。[6] 某人如果有这种焦虑，那么电话交谈不会帮助他与他人拉近心理距离，反而可能会因为伴随的焦虑而拉大距离。有多少人对电话有焦虑心理，这谁也不知道，据说，美国电报电话公司（AT&T）的一位资深策划及研究经理曾说过：“有
54 些人就是怕打电话。”[7] 有人说造成这种焦虑的原因是打电话的人不能看到对方的非语言沟通信息。[8]

然而其他人可能更喜欢利用技术手段沟通而非面对面沟通。实际上，有些人甚至对技术很有亲近感。比如，年轻人就很喜欢通过手机与朋友沟通。如果某人对技术产生了亲近感，那么沟通时的心理距离也会减小。

电信的发展或许会增强人与人之间的亲近感。有项研究发现，实验中的受试者在某些情况下更喜欢有技术辅助的小组会议，而非每人都必须到场的传统会议。[9] 另一种技术作为人际沟通工具的例子是文本信息（Text Messaging）。文本信息也被称为即时信息（Instant Messaging，IM），已经成为年轻人长距离沟通的媒介，与电子邮件相比它更像是电子交谈，网上的年轻人中约有四分之三使用这种手段，而且大多数人每次上网都会使用。[10] 口袋大小的 IM 装置随处可见，大多数手机也有收发短信的功能。今天全世界 2000 万名 IM 用户中约有三分之一在工作时使用这种沟通手段。据分析家预计，到 2006 年 IM 将取代电子邮件，成为工作中最主要的沟通工具。[11]

总之，电子媒体对人际亲近感的影响到底有多大还难以确定，但是，技术的使用和亲近感之间似乎不存在简单的反向关系。管理者必须知道不同情况对感知个人亲近度的要求到底有多少，以及不同类型的技术对信息收发者之间的亲近感有何影响。如果不解决这些问题，不合理的技术使用只会给管理沟通带来破坏性而非建设性的结果。

除了带宽及亲近感，在讨论技术辅助沟通时，我们还应考虑反馈意见。

3.1.3 反馈

反馈将信息收发双方联系起来，使得他们能真正沟通。只要寻求反馈，就总能得到反馈。为了充分理解这句话对技术辅助沟通的意义，必须着重考虑带宽及感知个人亲近度的影响。

技术辅助沟通可能会减少接收反馈的渠道。如，使用电话时，我们看不到对方的面部表情，反馈量减少。另外，如果管理者对使用某种媒介感到不舒服，也可能忽略潜在的反馈信号。比如由不同地方的五个人参加的电话会议上，电话交谈需要的技巧和普通交谈不同，管理者对此可能不是十
55 分适应；对反馈的控制也需要不同的技巧，管理者的焦虑也可能会使其减少对反馈的关注。

反馈还与时间有关。有了技术，反馈周期就会被大大缩短。比如，阿科公司（Arco）的采购经理给供应商传真一份内容较长的合同。之所以使用传真是因为合同内容太长、太复杂，长得没法用电子邮件发送。一发完合同，采购经理就到另一间办公室里开会。会议结束后，采购经理回到办公室检查自己的语音邮件系统，发现合同接收方打来电话说已经收到合同并正在审阅。两个小时后，采购经理收到一封电子邮件，说供应商想在第二段做些修改。尽管沟通发生在两座距离 1 000 英里的城市，但所有这些在几个小时内就完成了，并且整个过程不受电话的干扰，也不需要秘书起草信件。

视频会议在如下几方面影响反馈。首先，尽管有图像信息，这种反馈还是减少了。另外，不可能有目光交流。当然，用于筹备沟通的时间大大缩短了。视频会议的主要优点是，它省下了花在旅途中的时间，这也是许多公司使用它的原因。[12] 这点也是在地理分布上较分散的公司采用视频会议的重要原因。

与此同时，反馈时间的减少也带来了问题。根据前面提到的信息理论，我们处理信息的容量是有限的，然而由于技术进步带来了大量信息，管理者

被迫接受大量信息并做出迅速反应。想象一下，某位经理在接收电子邮件，由于电子邮件这种媒介代表了速度，因此暗示这位经理要立即回复，于是对其产生了压力。

3.1.4　符号象征互动论

符号象征互动论是可以用来解释社会学及心理学现象的理论框架。在想象的象征互动中，我们将社会看成是沟通的动态网络。互动具有象征意义是因为人们通过互动赋予事物及事件意义，随着时间的变化，组织内许多符号也在演变，获得了被大家认可的意义。[13]

管理者选择何种沟通渠道也许部分是基于象征原因。有人认为，管理中的沟通行为是为显示能力、智力、权力及理智的仪式性反应。[14]比如，面对面沟通这种方式可能象征着关心或关爱。如果某位经理用电子邮件的形式向
56 下属服务 25 周年表现祝贺，这种形式也许象征了个人关怀的缺失，而一封手写的祝贺信或一份特殊的卡片则象征了更多个人温暖的问候。

一项对管理者及其沟通媒介的全面研究表明，渠道选择具有高度的象征意义。[15]实验中接受采访的管理者表示，为传达团队合作的愿望、建立信任、表达良好意愿、体现随和，他们会选择面对面的沟通形式。面对面沟通与电话沟通都象征情况紧急，体现个人的关心及对喜欢这种沟通方式的沟通对象的尊重。相比之下，书面媒介则可以传达权威，给人留下深刻印象，同时也更加正式规范。使用书面媒介还可以获得更多关注，也符合礼仪。

总之，管理者在决定最佳技术辅助沟通时应该考虑四种因素：带宽、感知个人亲近度、反馈及符号象征互动意义。如今对技术的选择非常复杂，要视情境而定，但还是可以得出一些大概性结论。

3.2　将技术与信息相匹配

迄今为止，我们都在强调采用技术辅助沟通时沟通渠道的选择可能会产生的变化。现在我们要讨论如何将信息与技术较好地匹配，因为并非所有的技术都适合所有类型的信息。为了便于讨论，我们将信息按图 3-2 所示分为敏感程度、消极程度、复杂程度、说服力程度四个连续的统一体。[16]我们所面临的挑战是如何将信息划归不同的类别，以及如何把信息与适合的技术相匹配。

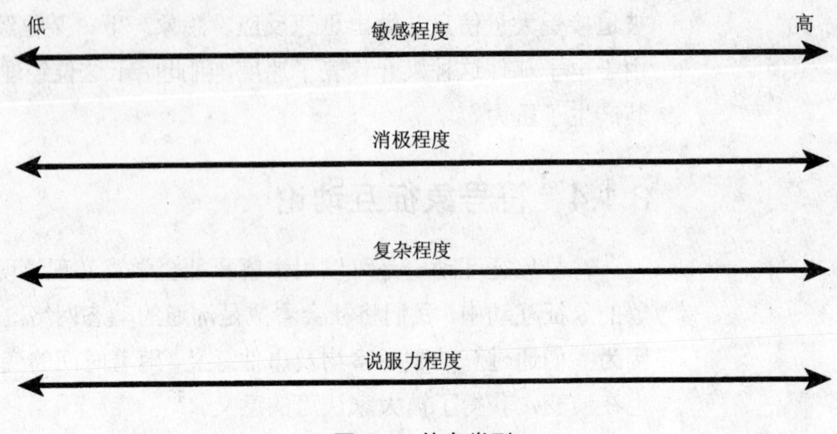

图 3-2 信息类型

57

3.2.1 信息敏感程度

选择技术时，管理者必须知道信息的敏感程度如何。一条敏感的信息会激起沟通对象的情绪反应。中立的信息会使读者理性而非情绪化地做出反应，这种信息的接收者不会感到不安，但也不会变得欣喜。

传递敏感型信息时，应该运用面对面的沟通方式，以显得更加人性化（Personal Element）。一个极端的例子是，一名美国士兵在战争中牺牲后，军方代表亲自接见牺牲士兵的亲属，并告知此事，这种情况下当然不能考虑电话通知。另一个例子是，会议日程安排可以用电子邮件传发，然而下岗通知却不宜用这种渠道。

如果不能用面对面的形式传递敏感信息，那该怎么办呢？比如下岗通知。这种情况下应该使用带宽最大的技术。另外，如果可能，还应使用能带来反馈的互动系统，以表达出高度关切。比如，一家分布于几个州的公司不得不让5%的员工下岗，CEO显然无法及时地视察所有部门。公司选择通过互动视频会议宣布总体计划，所有的员工集中在公司各地区的会议室及餐厅里。CEO宣布了下岗通知后，便开通电话让员工提问。[17]

这个例子中所使用的技术虽然不是当面的个人沟通，但却具有一个明显的优势，就是允许信息同时在公司各地传播，这样所有员工就能同时收到信息，因此限制了谣言的产生，将员工的紧张情绪降到最低程度。没有这些技术的支持，便不可能产生这种效果和优势。

3.2.2 信息消极程度

在这个类别中，信息介于积极与消极之间。传递消极信息时，管理者一般应该留意信息接收者的感受。信息的消极程度与敏感程度是紧密相关的，有些特征也存在于其他类别中。

传递消极信息时除了留意信息接收者的感受，还有另外一个重要的考虑因素。通过技术渠道得知坏消息的人可能会认为发出信息的管理者躲在技术背后而不是直接面对信息接收者，或许管理者显示出不想对信息负责。

几乎每个人都有过投诉的经历，或是服务质量差或账单寄错了地方，而等到的回复经常是用文字处理系统制成的标准格式的回信，这样做令人更加
58 气恼甚至由气生根。简言之，技术使沟通失去人性化（Depersonalize）。于是，当代组织都在“高科技”与“感动”间努力平衡。比如，在群发邮件中使用客户的姓名来称呼。

3.2.3　信息复杂程度

从信息复杂程度来看，利用技术的原则就更加清楚了。随着信息复杂程度的增加，管理者应该尽量使用：（1）更大带宽的技术；（2）增加心理亲近感的媒介；（3）能提供最多反馈的技术；（4）与复杂程度一致的象征意义。

以制定包括日期及数字的复杂团队项目进度表为例。假设分布在四个地区的七位管理者组成一个“虚拟团队”，队员们无须碰面，可以通过几种方法传递复杂的信息，如采用传真、电子邮件附件、共享数据库、电话会议等电子通信形式。相对较宽的带宽、较多的反馈等信号都能说明任务的重要程度。

研究表明，传递复杂详细的信息不一定要面对面地互动。[18]比如，要说明一项复杂的工程公式，用语音加图像的沟通方法可以与真人现场解说效果一样。下面要讨论的计算机会议由于使信息接收者的注意力更为集中，从而可以帮助传递复杂信息。

计算机会议

复杂的信息可以通过计算机网络传播。这种方法传递的书面信息没有听觉信息作为补充。这种系统已经在许多公司中普遍应用，如霍尼韦尔公司（Honeywell）及西尔斯百货公司（Sears）。在这些公司中，通常所有的个人电脑像电话线一样互相连接，这样员工就可以通过在自己的电脑上敲打信息的方式“开会”，这一过程可以通过“会议呼叫”来完成。所有的员工都在自己的电脑上工作，互发文本或图片信息。我们把这种活动叫做“互动式计算机会议”。研究表明，这种方式用在处理复杂但非敏感的问题时比较有

效。[19]然而，计算机会议也被应用在比较有争议的信息中，比如，灰狗巴士公司（Greyhound-Dial）使用互动式计算机会议的方法，不到两个小时内就完成了对公司任务声明的重要调整。

另一种观点是，这种方法不需要所有当事人都同时守在电脑旁，方便时回复信息即可。这再次显示了技术的灵活性。

59

3.2.4 信息说服力

说服性信息旨在促使信息接收者采取某一种特定的行为。说服不是愚弄、诱惑或操纵信息接收者，而是要让员工遵从符合组织目标的行为规范。提到说服，可能人们就会想到销售人员，其实管理者也经常要运用说服及影响策略来影响员工按特定方式工作。如引进新工作流程、改进团队合作或改变企业文化，都需要进行说服沟通。从亚里士多德时代起，人们对说服这一话题就很感兴趣。但是最近一位颇有影响力的研究者这样写道："尽管关于说服的文章及研究不胜其数，我们还是觉得其中可信并与社会活动相关的宝贵知识少之又少，这不能不让人担忧。"[20]

《影响：新现代说服心理学》（*Influence: The New Psychology of Modern Persuasion*）一书中提出了关于说服的三条结论，非常切合我们现在讨论的话题。[21]首先，管理者较容易说服喜欢自己的人；其次，把劝说者看成权威的人较易被说服；第三，管理者与他人心理距离及物理距离较近时更容易说服他人。

被自己喜欢的人说服

大多数情况，我们会对认识并喜欢的人所提出的要求说"是"，对于这一点大家都不会怀疑。此外，我们会喜欢上与自己相处时间长的人，即使这种相处并非自愿。

上述研究结果对我们的讨论十分重要，因为两人通过技术手段相处的时间，在质量上与两人真实地身在一处是不同的。换句话说，不管视频会议使我们与他人花了多长时间沟通，它也是不能代替当面沟通的。

被自己相信的人说服

第二条原则也并不奇怪。我们愿意倾听对某一话题很有权威的人的谈话，并被他说服。这一点对于电视台的管理者来说非常重要。新闻播报员必须令人信服，不管是吉姆·莱勒（Jim Lehrer，美国著名电视主持人。——译者

注）还是汤姆·布罗考（Tom Brokaw，美国著名电视主持人。——译者注），新闻工作者的成功，部分由于他们看上去或听起来都像是权威。

如果普通管理者必须使用视频或电话技术说服他人，情况会怎样呢？对于他们来说这似乎并不是优势。只有在时间及成本都有严格限制的情况下，他们才利用这些技术去说服他人。

60 之所以对这种技术的使用有限制条件还有另一种原因：直接面对别人的目光，你会觉得更难以拒绝。我们可能喜欢某人或认为他是权威，但当与之距离较远时我们更容易说“不”。这正是销售人员要向客户当面推销产品或服务的原因。

被靠得较近的人说服

现在很多人花费不少工夫准备进行说服性视听演讲，然而这种演讲不及劝说人面对听众时效果好。如果可能，最好是劝说人能亲自到场。即使权威不能亲自现身，也可以让可信度稍逊一筹的人精心准备演讲。通常演讲者会将电子版的幻灯片发送给受众。那么，亲自到场与可信度之间的平衡点在哪里？这是必须考虑的问题。在说服性管理沟通中，我们必须记住一个原则，即一个人亲自到场比仅仅出现在技术辅助手段里的沟通更有说服力。

3.3 对未来的展望

电子邮件、传真机、视听会议、复杂的文字处理系统、语音邮件……今天人们拥有所有这些技术并越来越频繁地使用这些技术。任何一种技术的发展都会在将来影响管理沟通，有几种趋势是可以准确预测的。第一，技术将会被使用得更频繁；第二，决策将受技术影响；第三，工作及组织设计将发生改变；第四，技术辅助协作将变得常见。下面将一一介绍这些趋势。

3.3.1 技术渗透

本章描述了组织中各种沟通技术的优点和缺点。技术存在的问题包括：感官负载过多无用信息（阻塞）、带宽狭窄、没有个人亲近感、反馈机会减少。尽管有种种缺点，网络型组织却越来越普遍。因此，管理者的战略性决策便不再是是否使用技术媒介，而是哪种电子媒介最适合及如何使其功能得到最大发挥。

据估计，全世界每天发送的电子邮件多达 110 亿封，是 1999 年的三倍。

几乎十名工人中就有一人说如果休假两周，则要花两天甚至更多时间用于处
61 理电子邮件。[22] 同时，电子邮件的影响力也在增长。《今日美国》调查的工人中，有 56%的人认为电子邮件提高了工作效率。另根据电子存储公司维尔（Veritas）的调查，三分之一的首席信息官认为一周无法使用电子邮件系统所造成的破坏力比离婚还严重。[23] 感官负载信息过量带来的风险并没有促使管理者忽略技术媒介，而是不断刺激其发展各种应对技能。比如可以让助手整理并分类源源不断的大量信息。此外，大多数电子邮件程序都具有根据发件人或主题分类、过滤信息的功能。

当今技术导向的管理人员中也不乏例外。苹果电脑公司前任 CEO 约翰·斯库利（John Scully）就因禁止员工给他发电子邮件而名声不佳。西南航空公司总裁科琳·巴雷特（Colleen Barrett）连电子邮箱都没有，不用掌上电脑，也不上网，最近才刚有了一部手机。她认为电子邮件是一种“非常没有人情味……可怕的沟通方式”。[24] 但有些管理者和员工则充分使用技术手段进行沟通，比如，比利时平价食品连锁店 Colruyt 利用科技手段，最大限度地实现横向及纵向信息共享，隐私性被降到最低程度，最大限度地实行决策授权。在这种组织中，权力不再等同于对信息的获得程度。

在网络化组织中，等级制文化被分解。对身处这一网络并了解其他每个人工作情况的员工来说，头衔高低并不十分重要。今天，管理者管理的不再是信息，而是人的网络。团队成员间不管地理距离多远，都可以使用群件（Groupware）及小组决策支持系统（Group Decision Support Systems，GDSS）开展合作。除了提高效率，技术还能减少集体审议（Groupthink），缓解情绪化问题，提高决策的创造性。

3.3.2 决策

管理决策可以定义为发现并解决问题的过程。决策前，管理者必须搜集相关信息。人们一般将决策过程分为两个主要阶段。一是发现问题阶段。在这一阶段里，要对相关情况的信息进行监控，以确定员工工作表现是否符合预期，并找出造成不足的原因。第二阶段是解决问题阶段。在这一阶段里，要考虑多种可能的方法，选择并实施其中一种。在两个阶段中，信息越多越有可能做出有效决策。当然，技术越多，信息也就越多。

快餐连锁店汉堡王（Burger King）便是沟通技术影响决策的很好例证。汉堡王的每家分店都通过电脑与中心办公室实现联网，每次销售情况都被传
62 送到中心办公室并记录下来。如果某家分店产品不足，无须电话通知，中心

办公室就能发现这一情况并供货。这种系统有点像电子邮件，只是信息是自动生成并传送的。这种沟通技术有助于实现决策的第一个阶段，即发现问题阶段。

随着组织规模越来越大，可以使用的信息系统越来越复杂，技术沟通系统也可以被用于许多情境。以世界上最大的微芯片制造商英特尔公司为例，它在亚利桑那州及北加利福尼亚州都有制造及研究设施。为了解决复杂的技术问题，经常需要不同的专家群策群力。比如说，为了解决某一特殊问题，需要一些技术含量很高的信息，而只有亚利桑那州立大学的科学图书馆里才有这种信息。于是，加利福尼亚的工程师可以通过其办公室里与位于亚利桑那州滕比市的科学图书馆相连接的特殊终端获得这一信息，复制文件的时间只需以秒计算。

迅速获得信息有三个显著意义。第一，任何人想保持竞争力都要知道从哪里及怎样获得信息。

第二，被大量信息狂轰滥炸的管理者会发现有效决策的可能性降低了。如果管理者收到的相关及不相关的信息都很多，那么重要的事实及数据可能被忽略，由此产生问题。人脑处理的数据量是有限的。前面图 3-1 中讲到，在某一点处，大脑会将增加的信息排除在外，尽管有时这些信息是有价值的。虽然技术带来了更多信息，但是由此产生的结果并不一定更好，也许更糟。

第三，沟通技术的发展使管理者能迅速更改决策。比如一位管理者写了一份并购地产用于开设零售店的比较分析报告，报告的建议都写完了，只等上交高级管理委员会。然而在最后时刻，这位管理者又从公司订购的数据库中获得了新信息，因此可以在最后时刻对报告进行修改。正如第 2 章中所述，管理者面临的挑战是知道从哪里获得信息，何时以何种方式将此信息呈现给他人，以及何时及如何使用这些信息。在某些方面，信息技术使决策过程变得更容易，但在另外一些方面，它又使决策更加复杂。

3.3.3 工作及组织设计

越来越多的沟通技术使管理者可以密切地监控员工业绩。比如，一位销
63 售代表负责拜访家具店，说服店方让他在店里摆设特殊展台。这项工作的标准是每天拜访两家，每拜访十家获得三个展台。销售代表每天下班前通过电话或手提电脑上网向公司汇报一天的活动。如果有问题，他可以给语音信箱留言，经理随后会通过传呼机或手机回答这些问题。当然还能通过电子邮件不断地交换信息。

这种高互动性的交流在过去是不可能实现的，以前必须把报告邮寄到公司，几天都等不到公司的反馈。技术辅助沟通使得互动交流成为可能，管理者也更容易控制员工的业绩。

技术辅助沟通不仅改善了管理者对特定工作岗位的控制，还改变了组织关系。我们一般认为，组织里的各种工作是纵向或横向连接的，横向沟通发生在同一级别的员工之间，同一层级的管理者需要一起协调各种活动、解决问题、调解冲突或者分享信息。此外，除了技术的发展，横向沟通也更为频繁。比如，一家分布在八个不同地区的医院总部的董事会要求各人力资源经理在各医院开展安全培训。这些经理希望能一起讨论如何最有效地开展这一项目。这种情况下，他们无须长途旅行，只要有视频会议或电话会议就可以解决问题。在这个例子中，技术帮助人们用更低的成本实现了更好的整合。

纵向沟通是指集团内部上下级之间的协调，遗憾的是，组织内部各阶层之间似乎一般都很难有较为良好的交流。[25]不过就交流形式而言，正如前文所提到的，间接的交流对纵向沟通会起到一定的辅助作用。透过有声邮件、信件、电邮、电话等媒介，管理者与下属反而能更好地相处，同时距离与时间也不再成为问题。

通过媒介可以消除时间与距离的障碍，下属可以随时向管理者咨询，而管理者也能随时与下属交流。

横向与纵向沟通的发展源自于工作与组织结构的巨大变化。不少报告指出，管理者的工作已经变成以信息为导向，而且组织中所需要的管理者人数也在不断下降。[26]

3.3.4 协作

试想这样一种情景：五位管理人员围坐在一张特别的会议桌旁，每人面
64 前一台个人电脑。这些电脑不是由一台终端机控制，而是以墙壁上的屏幕作为共享的输出设备；由于使用特殊的软件，管理者们可以同时编辑同一份文件，对文件做出的任何改动都可以立即通过屏幕被其他人看到，当然也不会建立任何程序去阻止任何人更改或删除他人的文件内容。

具备这种装置的会议室正在成为一种模式。[27]它的优点就在于可以让多个人同时进行文件写作。然而，这种合作式写作（Collaborative Writing）要求一个人先完成报告或者备忘录的一部分，再交由另一个人进行修订，而这个人又把修订完的版本继续传递下去。如果过于频繁地使用这种方式，既会浪费时间，也会产生协调上的困难，结果也就无法利用他人的洞察力进

行改进。

合作式写作通过技术使经理人能产生协同作用，令他们能比较并讨论彼此的不同观点，经过讨论之后会产生更好的结果且能避免摩擦。由于合作式写作正在变得越来越重要，所以我们将在第 4 章进行更广泛的讨论。

小组决策支持系统与合作式写作十分相似，它也是通过技术的辅助来发挥团体的力量。小组决策支持系统的根本目标就是支持合作式工作，如思维创新、信息交流、工程计划、文档准备、共同产品开发以及联合筹划决策等。[28]

小组决策支持系统可为成员分散的团体所用，这些团体的成员可以位于不同的会议室、办公室、住所或是其他的地点，其他系统只能支持在某一具体地点所发生的面对面的交流，如在会议室或董事会。这种最简单的系统在技术设计上避免了常见的沟通障碍。通过技术辅助，系统可以立刻把所有观点反映在大屏幕上，个人可以根据偏好投票，以匿名的方式发表观点和做出选择，并可以通过电子技术与其他成员交流意见。小组决策支持系统还包含了预算模型与多种数量分析工具。最复杂的小组决策支持系统是计算机辅助式小组沟通，同时系统还就如何选择并运用人际沟通准则给出专家的建议。[29]

3.4　管理挑战

这些变化对管理者来说意味着什么呢？意味着他们必须对在不同情况下使用何种沟通方式与渠道十分敏感；意味着管理者必须学会运用先进技术；还意味着管理者必须在管理沟通中增加考虑层面。

65 让我们具体来看。有研究表明，管理者对沟通媒介选择的敏感性与其管理业绩之间有着密切的联系。例如，面对信息复杂或高度敏感的任务时，高效管理者更倾向于选择带宽大的沟通渠道。[30]

管理者的工作中已经出现了新的内容，即理解并选择合适的沟通技术。随着新技术的出现，管理者越来越需要做出合适的战略决策。

如果管理者不学习如何做出战略选择，他们的工作处境将会十分危险。在美国，每年有 10 000 亿美元用于信息科技，而美国的国内生产总值大约为 90 000 亿美元，相比之下不难看出，美国的商界是何等看重信息技术。公司当然希望管理者能使这种投入为公司带来回报。

如果管理者能用表格的形式总结出如何最好地利用技术，那么技术使用
66 的回报就能增加。然而，这样的表格是画不出来的，因为现实中何时采用何种技术还必须考虑许多偶然因素。图 3-3 指出了选择技术时必须考虑的问题。

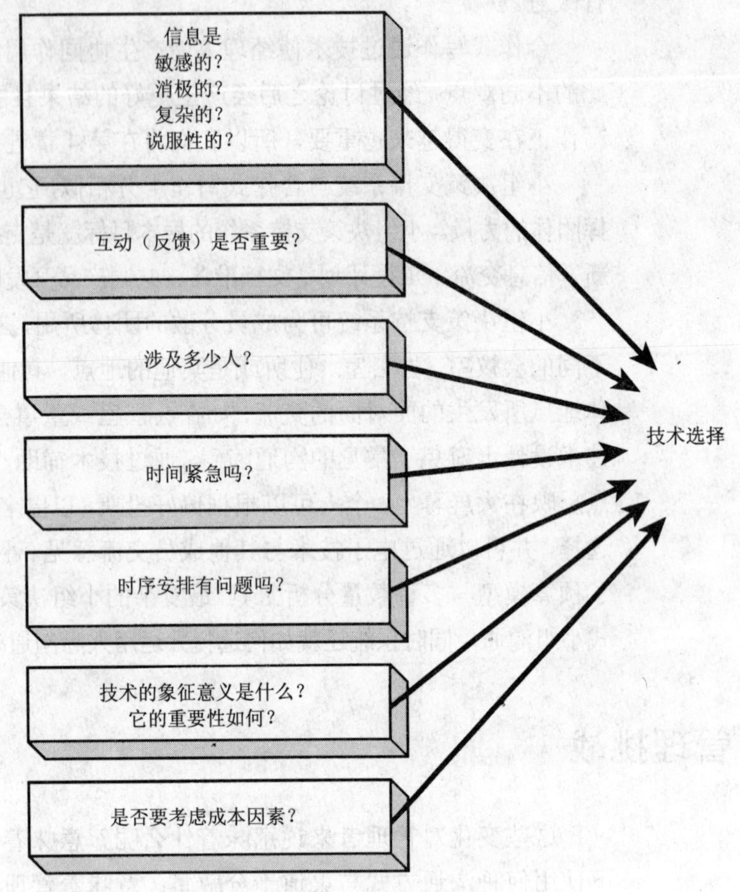

图 3-3 技术选择中的偶然因素

总结

为了更好地理解技术对管理沟通的影响，本章从以下四个部分进行了讨论：第一，采用技术辅助沟通时，通常会有一种渠道被忽略，因此带宽受到了影响。第二，由于电子媒介影响人们相互间的亲近程度，因此沟通时要考虑感知亲近度或电子接近程度。第三，由于技术的使用，信息反馈循环时间缩短，这也是必须考虑的重要因素。最后，由于不同技术有不同的象征意义，我们选择技术时还要考虑符号象征互动观。

为信息选择沟通技术时，必须考虑信息的四种因素。第一，信息敏感程度。对敏感的信息，最好采用带宽大的沟通渠道。第二，信息消极程度。在传递消极信息时，管理者应避免令人感觉是躲在技术背后而不愿直接面对沟通对象。第三，信息复杂程度。电话会议及计算机会议可以有效传达某些复杂信息。第四，信息说服力。必须考虑信息接受者对发送者的喜爱程度及在信息接受者眼中发送者的权威性。总体来说，通过技术辅助手段沟通时，说服力不十分理想。

将来，技术很可能在决策、工作与组织设计、合作式写作、小组决策支持系统等各方面影响管理沟通，未来的管理者在制定战略决策时将不得不面对新技术的挑战。

小组讨论案例

案例 3-1 技术的潜力

比尔·埃默里是一家银行的运营副总裁，这家公司位于加利福尼亚州，共有 48 家支行，各支行规模各异，小至仅有 10 名员工，大致有 150 名员工。人员流动率一直是困扰各支行的主要问题，而且一直找不到任何有效的解决办法。高流动率给员工培训带来了特殊的麻烦。

67 人力资源部负责员工培训，并向各支行征收培训费用。然而最近银行不断变化的服务使培训项目一下子膨胀起来，培训费用也非常高。于是，埃默里决定实施新的培训策略，以降低成本。他认为，许多先进的沟通技术可以帮助节约培训成本，尤其能为离公司总部 400 英里以上的支行节省成本。(以前，培训人员必须到各支行所在地，住在当地，讲授一两天培训课程再返回总部。埃默里想要节省下培训人员的旅途与住店费用。)

埃默里曾经随意地对人力资源部经理琼·泰森提过，让她调查一下哪些沟通技术可以运用在培训中，但泰森没有采取行动。因此，埃默里决定写一封有说服力的信给泰森，鼓励她的员工对这个方案开展调查。

问题

写一份能满足埃默里目的的备忘录给人力资源部经理琼·泰森。列举一两种可能适合的沟通技术，指出它们的优点以及在沟通上可能产生的影响。同时应当特别注意对支行出纳员的培训，比如，培训中应包括出纳员记录不同交易的程度及出纳员应如何与顾客沟通。

案例 3-2 ServeNow 连锁店的进步

ServeNow 是一家连锁杂货店，在美国东南部共有七家连锁店。

ServeNow 以不超过 5 万人的小城镇为目标，以求在这些地区占据绝对统治地位。其总部设在人口约 7.5 万人的小镇，这也是所有连锁店所在城镇中最大的一个镇。在它的销售网络中，每两个商店起码相隔 50 英里。

杂货店老板爱德华·布希利（Edward Bushley）发现，由于旅行所带来的问题，他很难监控旗下分店的经营活动。正由于这个问题，长期以来每个分店的经理都有很大的自主权力，许多定价与存货方面的决策都是由各分店自主决定。当然，大部分购买活动还是通过设在总部的中央采购办公室完成的。

但是，在过去的两周中，已有三个经理离开 ServeNow，自己开设了网上百货代理公司，这令布希利十分意外，由于自己是位企业家，所以布希利也理解这三人对拥有自己事业的渴望。除了有三位经理辞职，又有一名经理即将退休，布希利暂时很难找到合适的人选来接替这些精力充沛、富有创造力的经理。

布希利本想在员工中找到具有潜力的人选成为经理，但发现公司并没有良好的人力资源规划，现有员工中似乎没人有能力或希望成为分店经理，于是他不得不从公司外面寻找合适的人选。

68 布希利雇用了一位名为索兰吉·德皮尔斯（Solange DePeres）的小企业咨询师。德皮尔斯专门处理人事问题，也认为当前公司内部确实没有员工具有成为经理的潜力，虽然分店的经理助理可以在过渡期接管店内事务，但是始终还是需要聘请新经理的。她认为布希利不得不雇用对商店业务并不熟悉的经理，同时必须花比以前更多的时间与这些经理一起，尤其要花时间对这些经理进行培训，解答运营方面的问题。

布希利问德皮尔斯："我怎么可能花更多的时间呆在分店呢？我现在已经忙得无法兼顾家庭了。"

问题

假设你是小企业咨询师索兰吉·德皮尔斯，请你给布希利提出建议，帮助他保持对分店的控制并寻找合适的管理人员。请解释你的理由。

尾注

1. C. Cherry, *On Human Communication* (New York: John Wiley & Sons, 1961).
2. Selection of these variables is partially based on C. Heeter, "Classifying Mediated Communication Systems," in *Communication Yearbook*, vol. 12, ed. James A. Anderson (Newbury Park, CA: Sage Publications, 1988), pp. 477–86.
3. Felipe Korzenny and Connie Bauer, "Testing the Theory of Electronic

Propinquity," *Communication Research* 8, no. 4 (1981), pp. 479–98.

4. For further discussion, see Larry R. Smeltzer and Charles M. Vance, "An Analysis of Graphics Use in Audio-Graphic Teleconferences," *Journal of Business Communication* 26, no. 2 (1989), pp. 123–42.
5. Steven H. Chaffee and Charles R. Berger, "What Communication Scientists Do," in *Handbook of Communication Science*, ed. C. Berger and S. Chaffee (Newbury Park, CA: Sage Publications, 1987), pp. 99–123.
6. N. L. Reinsch, Cam Monroe Steele, Philip V. Lewis, Michael Stano, and Raymond W. Beswick, "Measuring Telephone Apprehension," *Management Communication Quarterly* 4, no. 2 (1990), pp. 198–221.
7. Sonnly Kleinfield, *The Biggest Company on Earth: A Profile of AT&T* (New York: Holt, Rinehart & Winston, 1981), p. 16.
8. N. L. Reinsch, Jr. and Raymond W. Beswick, "Voice Mail versus Conventional Channels: A Cost Minimization Analysis of Individuals' Preferences," *Academy of Management Journal* 23, no. 4 (1990), pp. 801–16.

69

9. Larry R. Smeltzer, "An Analysis of Receivers' Reactions to Electronically Mediated Communication," *Journal of Business Communication* 23, no. 4 (1986), pp. 37–54.
10. Jim Louderback, "IM's: No Longer Just a Teen Thing," *USA Weekend*, January 3, 2003, p. 4.
11. Jennifer Tanaka, "You Pinging Me? IM has Already Arrived at the Office," *Newsweek*, May 12, 2003, p. E12.
12. Earl C. Gottschalk, Jr., "Firms are Cool to Meetings by Television," *The Wall Street Journal*, July 26, 1983, p. 1.
13. R. L. Daft and K. E. Weick, "Toward a Model of Organizations as Interpretation Systems," *Academy of Management Review* 9, no. 2 (1984), pp. 284–95.
14. M. S. Feldman and J. G. March, "Information in Organizations as Signal and Symbol," *Administrative Science Quarterly* 26, no. 1 (1981), pp. 171–86.
15. R. L. Daft, R. H. Lengel, and L. K. Trevino, "Message Equivocality, Media Selection and Manager Performance: Implications for Information Systems," *MIS Quarterly* 11, no. 2 (1987), pp. 355–66.
16. This categorization was largely drawn from Ronald E. Dulek and John S. Fielden, *Principles of Business Communication* (New York: Macmillan, 1990).
17. Larry Smeltzer, "Announcing Organizationwide Change," *Group and Organization Study*, March 1991, pp. 5–24.
18. R. E. Rice, "Evaluating New Media Systems," in *Evaluating the New Information Technologies: New Directions for Program Evaluation*, ed. J. Johnson (San Francisco: Jossey-Bass, 1984), pp. 53–71.
19. B. Gallup, B. DeSanctis, and G. W. Dickson, "Computer-Based Support for Group-Problem Finding: An Experimental Investigation," *MIS Quarterly* 12, no. 2 (1988), pp. 277–96.
20. Gerald R. Miller, "Persuasion," in *Handbook of Communication Science*, ed. C. Berger and S. Chaffee (Newbury Park, CA: Sage Publications, 1987), pp. 446–83.
21. Robert B. Cialdini, *Influence: The New Psychology of Modern Persuasion* (New York: Quill, 1984).
22. Kevin Maney, "How the Big Names Tame E-Mail," *USA Today*, July 24, 2003,

p. 1A.

23. "She Hates E-Mail," *Newsweek*, May 12, 2003, p. E18.

24. Maney, "How the Big Names Tame E-Mail," p. 2A.

25. Gerald M. Goldhaber, *Organizational Communication* (Dubuque, IA: Wm. C. Brown, 1983), p. 156.

26. "The Portable Executive," *Business Week*, October 10, 1988, pp. 102–12; and Mark Memmott, "Thousands of Good Jobs Gone for Good," *USA Today*, August 21, 1992, p. B1.

27. J. D. Beard and J. Rymer, eds., "Collaborative Writing in Business Communication," special issue of *Bulletin of the Association Communication* LIII, no. 2 (1990); and David Kirkpatrick, "Here Comes the Payoff from PCs," *Fortune*, March 23, 1992, pp. 93–102.

70 28. R. Johansen, *Groupware: Computer Support for Business Teams* (New York: Free Press, 1988).

第 2 篇

管理写作策略

4. 当代管理写作
5. 常规信息
6. 管理报告和提案

Chapter **Four**

73 # 第4章 当代管理写作

如果说写作必须是一种精确的沟通形式，那么我们应当像对待精密仪器一样对待写作，要不断地磨砺它，而不是随随便便地使用这种形式。

——西奥多 M. 伯恩斯坦（Theodore M. Bernstein），《纽约时报》编辑

管理者大约有75%的时间花在了沟通上。[1]级别越高，花在沟通上的时间也越多。大部分沟通包括口头沟通及面对面互动，有些沟通也会用到电子邮件、备忘录、信件和报告。所有这些沟通方式都可能对管理者及组织取得成功起到关键作用。

读者可能会有疑问，既然写作费时费力，那么管理者为什么还要采用写作的方式而不是口头沟通呢？文字形式的管理沟通方法在策略上具备几种优势：经济、高效、准确和正式持久性。

写作比打长途电话经济，与长途旅行相比更能节约成本。而且，写作很直接，无论对方能否立刻接收信息，管理者都可以立即把要沟通的内容写下来。

写作效率高，因为管理者可以独立完成，还可以在措辞上斟酌一二。除此之外，电子邮件的应用还使邮件接收者能够在方便的时候再阅读电子文件，避免了电话沟通时找不到人而浪费的时间。

准确性高是写作的另一大优势。与口头交流相比，写作在遣词造句上更具可控性。反过来，这种准确性又可以避免信息混乱，确保明晰，从而增加沟通经济性，提高沟通效率。

最后，写作还是一种正规记录，可供日后回顾和检查。在当今这个越来
74 越倾向于诉诸法律以解决问题的社会，文件记录的重要性不容忽视。法律审判究竟是支持还是反对，常常取决于当事人是否能够提供足够的证明文件。

管理者一旦采用写作这一沟通渠道，就应当考虑写作在商务环境中的两

个特点：合作性和独特性。本章将讨论商务写作的合作性及其独特作用。

4.1　合作式写作

当代企业的一个主要进步就是合作式写作（Collaborative Writing）的出现。团队合作越来越受重视，团队常常由拥有各种特长的成员组成，由于他们的各种特长才使得重大项目得以成功完成。因此，合作式写作也越发流行。

合作式写作虽然形式各异，但在当代职业写作中占有一席之地。一个研究小组对两个州共 200 位商人进行了个人访谈，发现有 73.5%的被访者经常性地至少与一个人一起合作完成写作。[2] 另外一组研究人员则发现，有 87%的被访者有时作为团队或小组的一员与他人一起写作。在美国西部航空公司（America West Airlines），大部分的报告都是合作完成的。[3] 在美国埃森哲公司（Accenture）也是如此。

合作式写作有着各种各样的合作形式。有时管理者要求员工先进行调研，并且写出一份文件，然后自己亲自编辑。有时合作表现在文件的策划过程，而草拟与修改则由一个人完成。有时，文件的策划与草拟由一个人完成，修改工作由大家合作完成，同事间互相提出批评意见。还有的时候，合作贯穿了整个文件形成的全过程。[4] 最近有研究表明，一份文件在发给目标读者之前，通常要经过三至五次修订。

4.1.1　合作式写作的好处

合作式写作之所以越来越流行，主要在于人们认识到小组决策的好处。运用这种写作方式创作文件时，由于运用了众人的思想与观点，因此往往比一个人完成写作更好。此外，真正对文件的形成做出贡献的人往往能够更好地理解文件中的指令，也更加愿意执行这些指令。

合作式写作在以下几种情境中尤其有用：当任务量较大或者由于时间有
75 限而需要不止一个人来完成写作时；当某项工作要求不止一个领域的专业知识时；当任务的目标之一是综合各种不同观点时。[5]

格布哈特（Gebhardt）指出，合作式写作的理论基础是："听众的修辞感，同事间互相影响的心理作用，学习转移原理（即评论他人作品时获得对自己写作的洞察力），以及反馈原理（通过读者反馈，了解写作的沟通效果）。"[6]

特里·培根（Terry Bacon）发现，合作式写作可以从几个重要方面促进员工交流。比如，教新员工编写公司职能及历史简介，从老员工的行为中总结公司价值观及理念，这样可以使新员工更好地适应公司环境。另外，合作式写作还有助于打破部门间障碍，有利于沟通及权威的非正式链的形成，因为公司工作的完成往往依赖于这种非正式链。[7]

最后，也许最重要的是，合作可以提高写作的质量。[8]在没有外界的指引下，人们会对彼此的草稿给予尖锐、集中而又十分到位的评论。[9]最近技术的发展也为合作式写作提供了便利。New Aspects 和 Lotus Notes 等软件不仅可以使人们写出更好的文件，还能避免合作者间情绪上的冲突。

4.1.2 合作式写作的弊端

合作式写作的某些弊端与小组决策有关：有些成员不能完成分给他们的合理任务；协调开会日程都可能复杂得让人头疼；有时不同成员间的性格冲突几乎可以令整个团队的工作停滞不前。有人认为，写作这种麻烦的工作由一个人单独完成可能比一组人合作完成还要省时。合作式写作还有一点坏处是，尽管只是某一个人做得不好，可是小组的每个人都要为最终结果负责。

一项研究中的受访者认为，合作的主要成本是时间和自我。其中一位受访者说，在合作中必须“把自我关在门外”，必须“对自己的能力有信心，然而同时还要听得进批评意见”。[10]

另一组受访的专业作家谈到了合作式写作的几个问题。比如，风格差异；合作式写作比个人单独写作更耗时；任务分配不均；个人满意度、所有权及创造感缺失等。[11]

合作式写作存在的最严重的问题是这种方式不能有效地处理冲突。有人认为所有的冲突都是有害的，于是便想忽略冲突或是将冲突掩盖起来。这些人意识不到有些冲突是有益的，可以帮助团队创造性地解决问题。

76

4.1.3 有效合作式写作的原则

丽萨·伊德（Lisa Ede）和安德烈亚·伦斯福德（Andrea Lunsford）对几种职业中人们的合作式写作做了广泛研究，总结出有效合作式写作者的特征如下：

> 他们具有灵活性且彼此尊重；关注倾听与分析；口头及书面表达能力强；值得信赖并能按时完成任务；能够合理分配并愿意分担

> 责任；能够领导也愿意服从；听得进批评意见，同时对自己的能力也充满信心；乐于接受有创造力的冲突。

总体来说，这种人有能力与他人共同工作，而且随着合作逐渐成为一种标准而不仅仅是一种期望，对这种人才的需求将越来越大。

要想实现成功的合作式写作，除了上述特征中隐含的方法外，还有其他途径。一个基本原则就是确保工作分配公平。如果某位小组成员感到与其他人相比承担了过多的工作量，那么他的士气一定会受到打击。

原则二，写作团队应当运用电子技术进行合作；电子媒介能缓冲情绪，同时提高工作效率。

原则三，所有合作式写作的团队应当有一位领导者，哪怕他没有正式的权限。这位领导者应当负责协调团队的合作，使团队达成共识，并且协调解决个人之间以及各职能部门之间的矛盾。倘若这位领导者没有正式权限，那么他必须具备很好的人际沟通技巧才能做到最后一点，即协调矛盾。

尽管没有人能够保证所有的合作式写作都一帆风顺，但是我们相信如果按照上述三种原则去做，那么遇到难以克服的困难的几率也会变小，更有可能在小组写作中取得较大的成功。

4.2　管理写作的独特作用

近些年来，研究写作的各种学科越来越关注话语团体（Discourse Communities）。话语团体是对如何沟通、需要解决什么问题、如何解决，以及什么是有效知识等问题持有相似观点的一群人。话语团体的规模大小不一，任何一个组织都可能包含若干话语团体。

管理者在公共的环境中扮演公共的角色，这使得他们成为一种独特的话语团体。他们的角色包括：策划组织的目标、建立组织的功能、带领员工实现既定目标、控制组织活动以确保组织朝着正确的方面前进。

77 在定义管理写作者话语团体时，与管理者角色一样重要的是管理者的工作环境。环境是影响组织中的写作者干什么、如何看待、阐释和评价自己工作的最有力的因素。在接下来的内容中，我们将从几个方面讨论管理写作所处的独特环境。

管理写作环境中最重要的一点是管理者的工作日具有被分割的特性。许多人以为管理者尤其是高层管理者每天的工作都是精心安排的，而且有助理帮助其计划不被打乱。亨利·明茨伯格（Henry Mintzberg）则发现事实恰恰相反。明茨伯格和同事们记录了若干管理人员的活动，发现这些管理者的日程安排不断地被打断，一般来说，每四天才有一个不受打扰的半小时。[14] 需要写作时，大多数管理者都喜欢找个安静的地方，以保证在一段完整的时间内不被打扰，而真正能享受这种奢侈的管理者少之又少。

管理写作环境的另一内容是合作和任务分派的程度。如前所述，在商务工作中，合作变得越来越普遍，要求管理者能够与人共同完成任务。另外，管理者可以选择将部分常规性写作的琐事分派给下属。[15] 不过管理者在授权前应了解他们是否有意愿及能力去处理写作任务。

组织的规模及文化也是管理沟通环境的重要元素。在小型公司中，很多事情都可以通过口头沟通，而公司规模越大，就越需要把东西形成文字记录，书面文件也趋于正式化。至于组织文化，官僚型组织结构讲究正式文件，而参与型组织中的文件并不是很规范。

权威和政治在管理写作中亦起着举足轻重的作用。《马克斯·韦伯词典》中描述了三种类型的权威：传统型权威、魅力型权威和法律型权威。[16] 管理者在员工心目中具有哪种权威，很大程度上影响着管理者传递信息的方式。此外，还必须把商业组织看做政治体系。如果不考虑工作中的政治力量，管理者可能很快就会失掉在组织中的工作。

社会中的法律诉讼事件越发频繁，政府在商业活动中的力量也在不断增强，对法律的关注也成了管理写作环境中的另一个重要因素。在许多文件中，文件写作者都被看做公司的法律代理人。他们必须对污蔑、诽谤、隐私以及机会均等许多法律问题时刻保持警觉。

对于管理者而言，话语团体现象意味着他们身处在独特的管理写作环境中。管理者必须谨慎地分析他们所处组织的文化，找到最佳的时机和地点来进行写作，而且还须谨记写作在管理工作中所具有的独特作用。

决定采用文字沟通渠道，并且分析了管理写作在组织环境中的特征之后，
78 管理者便可以开始写作。写作过程可分为三个步骤：计划、写作和修改。如果管理者能够按照这三个步骤去做，那么写出的东西就有可能实现既定目标。

4.3 步骤一：计划

管理写作者的写作计划与新闻工作者的写作计划训练有很多相似之处。这种相似性是符合逻辑的，因为这两种人都可算是职业写作者，都要在工作中花大量的时间去写作，并且阅读其作品的人都比较匆忙。因此，写作前他

们要先回答五个“W”和一个“H”的问题，即“什么”（What）、“为什么”（Why）、“为谁”（Who）、“什么时候”（When）、“哪里”（Where），以及“怎样”（How）。

79 4.3.1　什么

“写什么”这个问题指的是信息的本质。在计划的最初阶段，管理者就应当非常清楚需要沟通什么，是否需要确定的信息，写作的目的是同意还是拒绝他人的请求，是通知下属政策有变还是希望员工在实施某种程序时进行配合。

如果读者觉得某条信息的观点摇摆不定，或是觉得某些信息啰唆，前后不一，不免心里产生疑问：“这人到底想说什么？”在这种情况下，很可能作者本身都不知道他究竟想说什么，或者他想要达到的目的是什么。

4.3.2　为什么

回答“为什么写”与回答“写什么”一样重要。而且，不仅作者自己知道“为什么写”，读者也同样需要知道作者为什么要写。糟糕的是，许多沟通不畅的情况都是因为信息发送者不知道为什么要传递信息，或者不愿费事告诉读者发送信息的目的。

比方说，许多企业的政策、程序和法则都是在不做任何解释的情况下施加到员工身上。如果员工们理解实施这些指令的必要性，或许会更容易接受。人就是这样复杂的动物，喜欢研究因果关系。如果把结论强加给他们，却不解释原因，那么很可能引起他们的抗拒。

4.3.3　为谁

写作计划中最重要的因素之一就是回答“为谁写”的问题，即谁是消息的接收者。

读者的年龄、性别、教育程度、政治派别、职业头衔等特征有助于作者了解其阐释信息的观点倾向。然而，在组织环境中，读者的这些特征不能说明作者与读者的关系，我们也不能从中看出对成功传递信息起关键作用的组织和部门的特征。

为了真正全面地分析读者，并且适应读者的信息接受方式，作者应该考虑以下几点：

- 作者与读者之间相对权力地位；

- 组织对读者和作者的沟通要求；
- 作者与读者所在部门的职能；
- 作者与读者之间沟通的频率；
- 读者对作者以往信息的反应；
- 信息的相对敏感度。

分析读者的时机随信息重要程度而变。对于特别重要的信息，写作者要仔细审查所有能够得到的资料，从而决定最恰当的措辞、最合适的组织方式、最适当的媒介、最佳的时机以及信息的最优来源和送达地。就算是常规信息的写作，有了读者分析和适当调整后，写作效果也会有所改进。

4.3.4 什么时候

“什么时候”这一问题的重要性随所传送信息的常规性和重要程度而变。许多常规信息是定期发送的，如销售报告。我们不需要决定何时将报告发出，因为日期是先前设好的。同样，对于不重要的信息也无须太过考虑这一问题。

然而，对于非常规性信息，何时发送信息会直接影响信息的接收。比方说，某纺织厂的经理不得不告诉员工，虽然公司上季度盈利但还是不会加薪。管理层选择在员工放假前夕用信件传达这个决定。这种信息传递时机不仅会令许多员工过不好假期，而且还很可能导致不少员工利用假期寻找跳槽的机会。

对于时机选择这一问题，管理者应当时刻注意，消息的发布太早或太迟
80 都不合适。例如，会议日程表以及相关材料发出得太早，等真正到了开会的时候，信息接收者可能早已忘了。但是如果材料发得太晚，与会者又可能没有足够的时间做准备。通常来说，提前两到五天通知比较合适。不过，会议的时间越长，相关材料越多，准备期就应该给得越长。

4.3.5 哪里

“哪里”这一问题涉及沟通域的两端，即信息应该从哪里来，又应该送到哪里去？信息应该由某级别的经理发出，还是应该由组织里职位更高的人发出以使信息更有权威性？

我们还要决定沟通域的另一端，即读者应从哪里收到信息？比如，有些公司就为公司时讯的分发问题而头疼：发送到员工家里还是在上班时直接发给员工。发送到员工家里可能会引起全家的兴趣，但也有可能被视为侵犯员工隐私及个人时间。

4.3.6　怎样

“怎样”的问题很多时候是媒介选择的问题。即便采用书面方式，也仍然面临很多媒介选择，如信件、备忘录、报告、电子邮件、宣传册、时事通讯、手册、电子公告牌。媒介的选择，至少部分取决于信息的个人化程度、信息发布范围，以及信息达到接收者的速度要求。

除此之外，关于媒介选择管理者还应当记住一条准则，特别是当管理者惯用某种特定的媒介时尤其要注意，选择与惯用方法不同的媒介可能传达出紧迫感或信息的重要性。比如，某位管理者通常亲自与下属沟通，但某次却选择了备忘录的方法传递信息，这可能说明信息不同寻常，值得格外关注。

尽管我们依次单独讨论了写作计划中的各种因素，但实际上这些因素相互依赖，不应单独对待。好的管理沟通者应观察这些因素间的相互关系，并且把这五个“W”和一个“H”的问题当成完整的决策案（Decision Package）看待。

4.4　步骤二：写作（或草拟）

顺利经过计划阶段后，管理者就可以根据目的构建信息了。说得再具体些，就是管理者必须着手写文章了。遣词造句都要精挑细选，并且文章要组织得清晰、全面、连贯。管理者遣词造句时，应当遵循下列原则，以写出符合当代要求的文件。

81

4.4.1　措辞

词语是组成信息内容的符号，因此选择词语应当慎重，这样整体内容才能达到传递信息的目标。每个词都可能增加信息的传递效果，也有可能导致误解，因此应该对措辞多加留意，确保信息的有效性，避免误会。下面的原则可帮助写作者实现这些目标。

原则一：恰当选词

有些商务文件（如合同、职位录取通知、业绩评估等）对精准程度要求较高，如果管理者在所有商务文件的写作中都注意措辞的准确性，则不失为明智之举。同时管理者也应注意，词语既有内涵也有外延。

外延是客观的、有所指的、描述性的。大多数人认为，字典里词语的定义就是外延意义，词的定义来自于其习惯用法。大多数人对词语外延意义的理解相同，也就是说，只要没有发音及拼写都接近的词语混淆，人们对词语的外延意义理解相同。比如，请为下面每一句话选择正确的词语。

- 我的打印机已（continually 连续，continuously 一刻不停地连续）五年正常运行。
- 经理跟我们保证，他已经向上级（appraised 表扬，apprised 通报）了有关海运的问题。
- 秘书对咖啡厅里发生的事做了（illusion 幻想，allusion 暗示）。
- 为了说服上级实施这项活动，我们需要一位完全（uninterested 不感兴趣的，disinterested 公正的）专家做证明。

同样，请思考下面从给政府机构的信中选出的两句话的用词问题。

- “我非常气愤，你们污蔑我儿子是文盲（原文为 illiterate，正确的用词应为 illegal，意为“私生子”。——译者注）。这是恶意的谎言，其实在儿子出世前一周我结婚了。”
- “除非能很快拿到我丈夫的钱，否则我的生活将不朽（原文为 immortal，正确用词应为 mortal，意为“必死的”、“终有一死”。——译者注）。”

在商务写作中，用词不当产生的“最好”后果是令人尴尬的幽默，最坏后果是引起严重的纠纷。对管理者的职业生涯来说，哪种后果都是不愿见到的。

而内涵是主观性的。词语的内涵意义因人而异，很大程度上取决于读者的以往经历及读者对词语及所指对象的联想。

82 尽管内涵带有主观性，人们仍然可以控制语言的使用，以表达积极或否定的意思。若想表达积极的内涵，可以使用“委婉语”。比如，“苗条”和“修长”这两个词显然要比“骨瘦如柴”和“皮包骨头”委婉得多。

广告公司以及其他一些行业都竭尽所能把生活描绘得很美好，所以委婉语已经成为了美国人生活的一部分。但是，当委婉语被试图用来遮掩人类和环境方面的悲剧时，我们必须认识到这是对语言的滥用和无力的掩盖。举例来说，当“附带损害”被用来形容战争中无辜市民伤亡的时候，我们不得不质疑那些使用这种措辞的人对于人类生命的价值观。

管理者以及其他职业的人都承担着对委托人尽量准确使用语言的责任。管理者应当尽量准确、坦诚地与人沟通，尽量避免侮辱读者的智慧。此外，使用词语作为控制工具及变革工具时，他们还应尽量表现出高度的责任感。

原则二：使用短词

温斯顿·丘吉尔（Winston Churchill）曾说过："伟人微言，微人伟言。"真正可靠的人喜欢使用易于理解的简单词语。与长词相比，短词通常不会引起太多疑惑。而长词语，尤其是和其他几个长词连在一起使用时，会使写作者和读者之间产生沟通障碍。

书面商务沟通应当经济而高效。下面列出了许多在商务写作中被滥用的长词及推荐用词（下表左右两栏中的词语意思相同或相似，但左栏中的英文拼写较长且较为正式，故作者推荐使用右栏中更简洁的用法。——译者注）。

不要用	推荐用
建议 advise	tell
改善 ameliorate	improve
赞同 approbation	approval
开始 commence	begin
显示 demonstrate	show
遇到 encounter	meet
期望 expectancy	hope
说明 explicate	explain
地点 locality	place
修改 modification	change
敏锐 perspicacity	sense
之后 subsequent to	after
结束 terminate	end
使用 usage	use
利用 utilization	use
利用 utilize	use

83 并不是说使用左栏中的任何词都会使信息表达得含混不清，我们的意思是说要避免不必要的长词及生词的使用。过多长词及生词会增加读者的理解负担，影响读者耐心，形成有效沟通的障碍。

原则三：措辞具体而不抽象

讨论一个话题的时候，作者可以在一个大范围内取词。我们可以把这个范围（或者称为区间）想象成作者攀爬的阶梯。这个阶梯的最低一级是具体的（明确的）词语，最高一级的是抽象的（概括的）词语。

具体的词语一般比较明确，能够在读者的脑海中形成清晰的图像。抽象的词语就不那么明确，含义更广泛也更概括。如图 4-1 所示，阶梯的底层是容易想象的事物，越往上越抽象，甚至有些含糊。

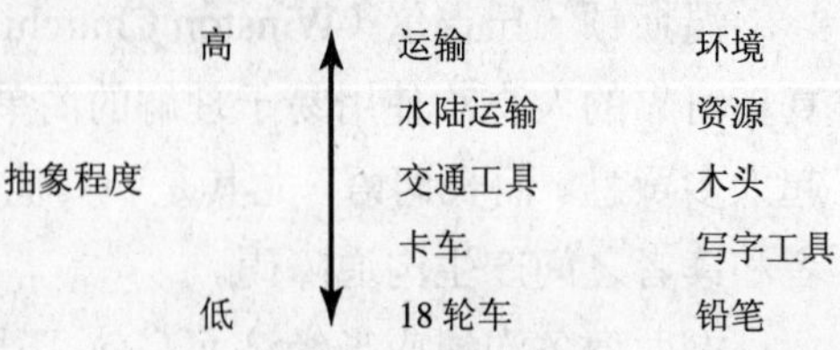

图 4-1　抽象阶梯

使用何种抽象或具体程度的词语部分取决于读者的背景、需要和期望。抽象的词句会吓住一些读者，使之产生不信任感和疑惑，不知道文本到底是否回答了“何时”、“多少”、“谁”、“什么程度”、“哪一个”等具体问题。请比较下面几组表达中的不同信息含量。

使用抽象词语	使用具体词语
她是一个好学生。	她在有 68 名学生的班里排名最高。
在近期	到 6 月 19 日（星期五）为止
显著的利润	28%的涨幅
可观的节省	平时价格打五折
尽早	在本周五营业结束前

含义具体的词语往往能够产生鲜明生动的图像，并激发读者的兴趣。构思具体的词句可能需要花更多的时间和心思，但也更加有效，与抽象的词句相比，更能激发读者读下去。另外，阅读具体化的文本更省时，对信息的理解也更好，与阅读抽象化的文本相比，读者较少需要重复阅读。[20]

84 **原则四：用词简洁**

1656 年，科学家帕斯卡给朋友写了一封 20 页长的信。在附言中，他为信的长度而感到抱歉，并且说道：“希望你能原谅我写了这么长一封信，但是我没有时间把它缩短。”帕斯卡的例子证明，要做到用词简洁需要花更多的时间和付出更大的努力。

提倡文笔简洁有一条非常务实的原因：冗长的文章会花费公司的钱。多余的话不光要作者花宝贵的时间去写，还要读者花宝贵的时间去阅读，而且还浪费纸张和其他资源。请对比下面两个版本的商业信息。

- 附上一张价值 82.56 美元的支票。如果核对记录时，您发现支票数目有误或是无效，请尽快在您方便的时候告知我们。（Enclosed Please find a check in the amount of $ 82.56. in the event that you find the amount to be neither correct nor valid, subsequent to an examination of your records, please inform us of your findings at your earliest convenience.)

- 附上一张 82.56 美元的支票。如果数目有误，请告诉我们。(Enclosed is a check for $ 82.56. If this amount is incorrect, please let us know.)

第一种说法用了 41 个字，而同样的意思用第二个说法只需 15 个字，减少了 63%的用词量（按英文原文计算。——译者注）。

为什么文字可以缩减时有些商业人士还那么啰嗦呢？有两个可能的理由。一是写作者在学校写长篇论文时养成了这种习惯，因为老师批改学生文章时，数量有时和质量一样重要。

另一个原因是，未经训练的商务写作者遇到写作任务时，往往希望从已有文件中找到模版。如果所谓的“模版”中充斥着专业术语以及冗长的句子，而写作新手又模仿这些写作模式，那么用词浪费的传统就将代代相传。请看下面的例子，左栏中冗长多余的表达通常可以被右栏中的简洁词语替代（英文原文中左栏中多用词组，较正式，而右栏中的词语多为单个词语，更为简洁。——译者注）。

冗长的/多余的短语	替代选择
鉴于……事实 due to the fact that	因为 because
为了……目的 for the purpose of	为了 for
由于……原因 for the reason that	因为 since, because
为了 in order to	为了 to
在……情况下 in the event that	如果 if
关于 with reference to	关于 about
依照你的要求 pursuant to your request	按要求 as requested
……之后 subsequent to	……之后 after
根据……的话 along the lines of	像 like
真实的事实 true facts	事实 facts
要求的必要步骤 necessary steps required	要求 requirements
基本原则 basic principles	原则 principles
随信附上……请查阅 enclosed herein please find	这是 here is
用期待的心情等待着 look forward with anticipation	期待 anticipate
意见的完全一致 consensus of opinion	一致意见 consensus
从……的观点来看 from the point of view of	从 from

85

续

冗长的/多余的短语	替代选择
由于 inasmuch as	由于 since, because
根据 in accordance with	根据 as
基于……原因 on the grounds that	因为 because
在迟些时候 at a later time	之后 later (or a time)
一年时间之内 within a period of one year	一年内 within one year
把……考虑进去 take into consideration	考虑 consider
对……的数目进行核算 a check in the amount of	核算……a check for
对……没有作用 for which there was no use	无用 useless
不能收回的……that could not be collected	无法收回的 uncollectible
经不住……的事实 not withstanding the fact that	尽管 although

如果商务写作也需要控制成本的话，那么左栏中的写作习惯都必须统统被右栏代替。[21]尽管文笔简洁在一开始的时候比较费时，但最终还是可以成为相对容易的写作习惯。

原则五：避免陈词滥调和专业术语

陈腐之词或陈词滥调的意义虽为众人公认，但这些词只能组成缺乏创造力的呆板信息。虽说读者也能理解写作内容，但由于作者没有任何创新，因此信息内容看起来没有人情味。

另外，陈腐之词通常很快就过时了，所以这样的写作（包括写作者）显得很守旧。下面列出了一些该避免使用的词及其替代词语（下面左栏中是一些英文中的成语，英美国家在商业环境中注重信息传达的简洁明了，不提倡过多地使用成语，这与中国人的表达习惯略有不同——。译者注）。

使用过度的词组	替代词语
像床单一样白 white as a sheet	苍白 pale
像蜜峰一样忙碌 busy as a bee	忙碌、工作 busy, working
像回旋轮一样聪明 smart as a whip	智慧 intelligent
沿着……的足迹 follow in the footsteps of	从事同样的职业 pursue the same career
沉着冷静 get it all together	解决问题 get organized, resolve the problem
夸大事实 stretches the truth	夸张、说谎 exaggerates, lies
像口哨一样干净 clean as a whistle	卫生、清洁 sanitary, clean
直布罗陀的岩石 rock of Gibraltar	可靠、可信赖 realiable, dependable
真正地脚踏实地 really down to earth	现实、诚实、真诚 realistic, honest, sincere
命运的安排是 as luck would have it	不巧、碰巧 unfortunately, luckily

上述例子中的最后一个短语说明了陈腐之词的明显缺陷，即可能有不止一种意思。而且，陈腐之词的含义有时简直模糊不清，有时还不太符合逻辑。比如，下面的例子说明了这些缺点：

“早些时候……”或“在您方便的时候……”

人们通常在提出某种信息要求或帮助请求后使用这些词组，使用这些词
86 组的人一般不想显得太过急切。但是他们没有认识到两点：第一，读者所说的“最方便的时候”可能与作者希望的时间相去甚远；第二，商人成天都在赶工期。如果作者希望在某段时间内从读者处得到某些东西，并简明有礼地解释为什么需要在这一时间前得到这些东西，那么读者一般不太会觉得这是种冒犯。比如：

“为使我们尽快供货，请您在3月21日之前将信息发送给我们。”

另外两个令有些读者觉得说话人自以为是的陈词滥调是：

“提前表示感谢……”和“请允许我说……”

第一种表达除了过时、机械和冷漠之外，似乎还暗示着这种意思：“我希望你按我的要求去做，但是我不想事后再费时间去感谢你，所以我现在就对你表示感谢。”第二种表达看似征求读者许可，但其实写作者在得到允许之前就已经把想说的统统说出来了，所以不要使用第二种表达方式，而第一种表达可以用下面的说法来替代：

“我感激您在这件事上能给我的任何帮助。”

专业术语（Jargon）是科技语言，或是已成为某组织或学科日常词汇的特定用语。内行知道这些词都是什么意思，但是外行或消费者可能并不知道。专业术语包括了技术术语、首字母缩略语以及特殊用法的一些词条。给组织外部的读者写作时，管理者应当避免使用专业术语，而尽可能使用非专业人士的语言，以避免读者误解信息。[22]另外，有些组织规模非常之大，一个部门的员工可能并不理解另外一些部门员工的专业术语。下面说明了如何将商务术语简单化：

专业术语	针对非专业人士
TQM	全面质量管理
应收账款	欠公司钱的其他公司或人员
应付账款	为公司所拥有的数额

续

专业术语	针对非专业人士
HVI 分红	对机器销售数量多的额外报酬
到期日	付款最终截止日期
给料	石化业生产所需的原材料
转接	复印术语，意思是在纸的双面复印
FAA	联邦航空局
概述	财产的历史
按天地	每天
估定价值	应税目的的财产价值
流动比率	流动资产对流动负债的比例
CRM	客户关系管理

87 右栏的描述都比左栏的专业术语长，如果这些冗长的表达可以确保读者理解其含义、减少疑问的话，那么多花些工夫、多用些词也值得。对这一问题，管理者在写作时必须做出决策。

最后要说的是首字母缩略语。在某些情形下，使用某些首字母缩略语完全合适，但是在另外一些情形下，则可能引起麻烦。例如，在埃克森（Exxon）公司的某部门，DHR 是指人力资源总监（Director of Human Resources）；但在其他部门，DHR 代表化学清洗过程的副产品（By-product of the Chemical Scrubbing Process）。

原则六：使用礼貌的积极性词语

前面说过，书面沟通是一种刺激，可以带来响应。一般来说，作者的刺激越积极，读者的响应就越积极。相反地，刺激越消极，响应也越消极。比如，行为科学家告诉我们，下属要么能够实现管理者所传递的期望，要么让管理者失望。[23]

一位经理，无论是和下属、上级、同事、客户、供应商，还是其他什么人打交道，都希望别人很好地接收自己的信息。传达一个请求、一条信息，哪怕一个坏消息，如果措辞积极，那么接收者做出积极的或者至少是中性的反应的可能性将增大。

措辞积极和措辞消极的区别不在于信息内容，而在于强调点不同。消极的信息强调的是某种情况最不好的方面，因此可能引起读者防御性或对抗性的响应。

有效的沟通者必须在信息接收者心中树立一定的可信度并建立良好的关系，措辞的积极与彬彬有礼将有助于沟通者实现这些目标。下面的例子说明积极的措辞和消极的措辞所产生的不同效果：

我不能在明早之前把报告准备好。

我可以在星期三下午 3:30 之前完成报告。

你不应该用格式 A 写每周销售报告。

格式 B 是每周销售报告的格式。

我们很遗憾地通知您，我们不得不拒绝您的晋升请求，因为你没有获得足够的进修学分。

您若再获得六个进修学分，我们就能马上着手处理您的晋升请求。

您说电脑算错了您的罚金，其实是您搞错了，写在原始通知单上的数额是正确的。

根据您的要求，我们检查了您的罚金算法，发现您原始通知单上报告的罚金数额是正确的。

88 在上面的例子中，每条信息的第二种说法中，作者都陈述了将来应该做的和已经做了的事情，而没有去说什么是不应该做的或是还没有做的事情。

一些词组的使用会显得不礼貌，有可能激怒读者。为了营造积极、礼貌的沟通氛围，应避免使用这些词语。尽管不能完全避免负面的词语，但是我们可以尽量少用负面词语，比如，“不可原谅的”（inexcusable）、“你声称”（you claim that）、“你影射”（your insinuation）、“你没能够”（you failed to）以及“很显然你忽视了”（obviously you overlooked）等。我们将在下一章常规信息中做进一步解释。

为了在选词上做到积极、礼貌，还需要使用中性语言。在写作中，作者一般不必说明所指之人是男是女。

如今，我们使用中性词语来描述工作。同样，在两种性别都应当被涵盖在内的描述中，如果使用一种性别的代词和名词（如 manpower），那是不可接受的。同样，还应当尽量避免使用贬低某一性别行为或特点的表达方法。下面是应当避免使用的词语和人们能接受的词语。

应当避免的词语	
男人 man	工时 man hours
人造 man-made	乘务员，女乘务员 steward, stewardess
人力 manpower	主妇 homemaker
成年 grow to manhood	女性 fairer sex
商人 businessman	女性 weaker sex
摄影师 cameraman	老人，养家糊口的人 old man, breadwinner
消防员 fireman	职业妇女 career woman
领班 foreman	女医生/律师/房地产经纪人 lady doctor/lawyer/ realtor
推销员 salesman	工人薪酬 workman's compensation

人们能接受的词语	
商务人士（如医生、律师、编辑）business executive	工时 work hours
	摄影师 camera operator
人类、人们 human beings, people	消防员 firefighter
个人 person	主管 supervisor
人力、工人 human power, workers	销售代表、销售人员、销售职员 sales representative, salesperson, salesclerk
劳动力 work force	
员工 employee	乘务员 flight attendant
	工人薪酬 worker's compensation

在写作中的性别歧视问题上，一个特别棘手的问题就是“他”这个统称。直到大概30年前，在无人称的句子中，当两种性别都包含在内的时候，标准的惯例都还是使用“他”，如“每个人都有他自己的问题需要解决。”权威人士指出，这样的选词会让商界女性感到被忽视。

89 好在管理者可以有方法避免这种代词的使用，其中一个方法是使用复数名词或复数代词，比如，“管理者应该激励他的员工”可以改成“管理者应该激励他们的员工”。

另外一种选择就是使用“他和她”，或是“他的/她的”。尽管这样做并不优雅，但还是可以接受的。不过写作时要特别小心，不能太频繁地使用这种语言，因为这种语言可能会影响写作风格和可读性。

另一种技巧，也是本书中最常用的一个方法，就是交替使用男性和女性代词。在一段中可以使用“她”作为普通代词，在下一段可能用“他”。这种方法可以避免全篇使用“他”作为普通代词，也不会像使用“他或她”那样破坏写作风格。而且，这种处理方法至少部分地避免了传统用法。

第四种非性别歧视性语言技巧不大受到语法学家喜欢，就是用复数代词表示传统的单数先行指代词，例如，“每个人都有他们要解决的问题”这一方法已为人们广泛采用。最后也是最好的一条建议是，用第二人称代词（你/你们）替代第三人称代词（他/她）。这种方法不仅避免了性别问题，而且还直接把读者纳入其中。比如：“如果你会迟到，请打电话给主管”就比“如果员工会迟到，他/她应该打电话给他/她的主管”要好。

原则七：用口语化的风格

写作时使用日常用语能更有效地沟通，也就是说，应使用人们面对面交流时使用的词语。口语化的风格是指使用口语词汇来写作。通常这样的词汇中不应当包含有俗语、俚语或者专业术语，而应当是大多数人在日常商务往来中使用的词汇。

在商务信件中，口语化的风格尤为重要，因为它有助于形成“你的观点”。“你的观点”是指要考虑读者的观点，它有助于写作者进行信件的个性化写作。在商务通信中，大多数读者都比较欣赏这种观点。[24]

在写作之前，写作人需要确定读者是谁，读者对于信息的需要，以及尽量多地去了解读者的知识水平、专长、兴趣、文化和价值体系。

即使是模板章节及套用信函，作者也可以在脑海中想象某一类型读者的特征，这些读者可能有一些共同关注的问题。模板章节和套用信函也可以用口语化的风格来写，让人感觉是由人而不是由满肚子专业术语的电脑写成的。技术的发展也使设计个性化的模板章节及套用信函变得更容易。

90 上述七个原则主要集中于措辞。每个词语都对整个信息有影响，所以每个词语的选择都应当得到足够的重视。管理者也需要从策略的角度去分析词语的搭配和组合，从而确保有效的沟通。以下几个原则将着重说明组词造句，以获得最佳效果。

4.4.2　有效组织词语

下面四条原则讨论的是传递信息时的组词原则，读者对文件的理解很大程度上取决于作者如何运用这些原则。

原则八：保持句子简短

在商务写作中，我们有时会遇到冗长啰嗦的句子。造成这种没完没了的句式形成的原因可能有几个。一个是前面提过的，作者想给人留下深刻印象。请看下面从政府报告中引用的一句话：

从田地深度不足的有关评估中，明显可以排除任何对这块田地进行经济利用发展的可能性。(It is obvious from the difference in elevation with relation to the short depth of the field that the contour is such as to preclude any reasonable development potential for economic utilization.)

读者可能需要花很多时间和精力研究这条信息，才能明白其实写作者就是想说：

这块田地太陡，不适合做耕田。(The field is too steep to plow.)

另一方面，有些人创造冗长、拐弯抹角的句子，是为了避免看起来太急切，正如下面的例子：

在过去的两周里，我们一直想知道，迄今为止您是否可以告知我方您是否能够对我们提出的报价做出决定。(During the past two weeks, we have been wondering if you have as yet found yourself in a position to give us an indication of whether or not you have been able to come to a decision on our offer.)

大多数商人每天都要面对各种截止日期的压力，因此如果直截了当地向他们提问，他们并不会觉得是种冒犯，比如上一句话可以改为：

您对于我们两周前的报价做出决定了吗？（Have you decided on the offer we made you two weeks ago?)

另一个导致长句的原因是，作者想用一句话来表达主题。请看下面例子可能带来的困惑，以及第二种说法的不同。

尽管我们部门（采购部）有17个人出席了研讨会，但是他们中的9个人包括Jerry Stoves，对由芝加哥采购协会组织召开的研讨会的讨论主题（高级谈判技巧）都没有任何经验。(Although 17 people from our department (purchasing) attended the workshop, 9 of them, including Jerry Stoves, had no background for the topic of the workshop (advanced negotiating technique) offered by the Purchasing Association of Chicago.)

91 上周我们采购部门的17个人出席了一个关于高级谈判技巧的研讨会。这个研讨会由芝加哥采购协会组织召开。在这17个人当中，Jerry Stoves 和另外 8 个人都缺乏相关背景的工作经验。（Last week 17 people from our purchasing department attended a workshop on advanced negotiating techniques. The Purchasing Association of Chicago offered the workshop. Of the 17 who attended, Jerry Stoves and 8 others lacked the necessary background.）

缩短句子的一种方法是避免使用语助词结构，如“It…that…”“There is…”或“There are…”。语助词在句中没有语法上的先行词，并且经常代替或省掉句中的人称，让人搞不清信息的重点所在。例如，在“It is thought that interest rates will fall”中，“it”这个词没有先行词，但是它却是强调的重点，而读者无从知道谁持有这种观点。更好的措辞是“I think that interest rates will fall”。另外，不要说“t is suggested that you rewrite this proposal”，而应该直接说“Please rewrite the proposal”。一般来说，“there is”和“there are”这种结构只会增加句子的长度，浪费读者时间。与其说“There are three options from which you can choose”（有三种选项，你可以从中选择），还不如说，“You can choose from three options”（你可以三选一）。

不必要的长句会使读者花太多的时间去理解句子的意思。而且理解信息所需要的时间和耐心越多，读者越不容易明白信息的意图。

有效的写作应该能使读者不费力气地很快理解写作内容。有研究表明，好的商业写作中，一句话一般有 15—20 个词。而且每 100 个词语中，长词（指 3 个或 3 个以上音节的词）不超过 10 个。

有效的句子每次只表达一个主要的意思，句中的词组或从句都应该说明这一意思。如果在一句话中放入两个或者更多的重要观点，其实只会降低每个观点的重要性，让读者感到困惑。

原则九：多用主动语态，少用被动语态

主动语态是以英语为母语的人所习惯的正常语序。句子的主语是行为主体，发出由谓语动词所描述的动作，而动作的发生对象是宾语。下面句子都是主动语态。

- David Lopez directed the meeting.（戴维·洛佩斯主持了会议。）
- Donna Hebert enforced the policy.（唐纳·赫伯特推行了这项政策。）
- Ridley Gros promoted the university.（里德利·格罗推荐了这所大学。）

被动语态的语序与之相反，主语由宾语发出。

- The meeting was directed by David Lopez.（会议由戴维·洛佩斯主持。）
- The policy was enforced by Donna Hebert.（政策由唐纳·赫伯特实施。）
- The university was promoted by Ridley Gros.（这所大学由里德利·格罗推荐。）

92 除了顺序颠倒、句子变长，被动语态还把动作的主体变为宾语，中间用“by”连接，这样削弱了句子结构。而且，被动语态还促使写作者使用更长、更迂回的表达方法。[25] 例如，有些人不说：

The new president reorganized the administration.（新总裁重组了管理层。）

却说：

A reorganization of the administration was effected by the new president.（管理层被新总裁重组了。）

尽管管理者写作时应当多用主动语态，但是偶尔还是可以使用被动语态。被动语态的句子有外交辞令。请注意，如果省略被动语句中的“by”从句，那么就省略了动作实施主体。在传递敏感信息或向上级沟通时，这样做是合适的。请注意以下的辞令变化：

主动语态：The director of purchasing has been soliciting bids from unauthorized vendors.（采购总监一直以来从未经许可的经销商那里招标。）

被动语态：Bids from unauthorized vendors have been solicited by the director of purchasing.（一直以来，未经许可的经销商的投标被采购总监采纳。）

去掉了“by”从句的被动语态：Bids from unauthorized vendors have been solicited.（未经许可的经销商的投标被采纳了。）

原则十：合理地组织段落

段落把相互分离的思想连接起来，传达一个重要的观点。一个段落就是把句子连接起来形成信息。单独来看，这些句子可能没有逻辑，也不一定说明同一问题。

遵循下列五条原则可以有助于形成有效段落（参照表 4-1）。第一，在一段话中只陈述一个主要观点及对这一观点的形成有帮助的必要信息。[26]

我们称之为段落一致性。

第二，确定演绎法和归纳法哪种更合适。演绎式段落在第一句就表述出中心思想，其余的句子都是补充解释这一中心思想。归纳式段落以细节或是论据开头，最后才点出中心思想。最常用的是演绎法，但在说服别人时归纳法也很有效。

表 4-1　形成有效段落

1. 一段中表达一个主要思想
2. 确定演绎法和归纳法哪种更合适
3. 在一段中使用多种句型结构
4. 把段落结构调整得重点突出
5. 保持较短的段落篇幅。

93 第三，在一个段落中使用多种句型结构。段落全由简单句型构成将非常乏味，变换使用句型结构可以引起读者的兴趣。

第四，把段落结构调整得重点突出。可以采用以下几种方法：

- 重复关键概念。
- 用独立分句表达中心观点，用复杂句描述补充信息。
- 使用引人注意的词语。
- 使用版面设计符号，如着重号、加框、斜体、引号或者是数字编号。

第五，保持较短的段落篇幅。短段落容易阅读，并且容易强调所包含的信息。阅读时，读者在视觉和精神上都需要一些间歇，以消化信息；文章中的段落短小，读者便可以有更多的间歇。在商务信件和简短备忘录中，每个段落的平均长度通常有 4—6 行；在报告中，平均有 8—10 行。不过，段落长短并非要一成不变，有时为了强调，段落可以更短；文件复杂程度高时，段落可能较长。

原则十一：前后连贯

连贯性强的写作中，句子间的关系清晰明了，前后连接得自然顺畅。这种意思的转移需要通过过渡句来完成，过渡句有时被形容为连接思想的桥梁。有的过渡非常自然，而有的则会比较生硬。

如果意思内容可以很自然地从第一句发展到第二句，那么就是自然过渡。下面是一份求职信的开头，第一层意思向第二层意思转换得非常自然。

目前狄龙（Dillon）制药公司正在扩张其西部业务，贵公司难道不需要训练有素且经验丰富的销售代表负责新地区的业务吗？本人拥有营销学的学位及八年制药销售的成功经验，我相信我能胜任销售代表的工作。

例子中，第一句引入了培训和经验这两个概念，第二句话是建立在第一句话基础之上的。

不过，写作者不能总靠思想内容的内在逻辑来表达句与句之间的联系，有时必须使用机械过渡方法，比如：（1）重复关键词，以告诉读者讲的都是同一主题；（2）使用代词和同义词，避免显得太重复；（3）使用过渡词语，连接不同意思内容并显示其意思间的关系类型。表 4-2 列示了一些常用的过渡词。

表 4-2 常用过渡词

但是 but	相应地 accordingly	尽管如此 even so
下面 next	此外，再次 again	另一方面 on the other hand
因此 thus	相应地，从而 consequently	此外，而且 furthermore
然后 then	另外，否则 otherwise	总而言之 in summary
最后 finally	此外 besides	同样地 similarly
因此 hence	相反地 conversely	结果 as a result
仍然，尽管如此 still	举例说明 to illustrate	相反 in contrast
同样 also	另外 in addition	后来，随后 subsequently
而且，和 and	然而 however	例如 for example

除了确保段落内思想连接顺畅之外，写作者还应使这种前后一致贯穿全文，包括信件、备忘录或是长篇报告中都是如此。

更加具体地说，同句与句一样，段与段之间的联系也要清晰。有时候，这种联系是通过前面所说的过渡方法体现出来的；有时候，整段的首句或者是末句被用来承上或启下。

如果报告长且复杂，要做到连贯就更加艰巨。例如，在一份 25 页的报告中，有一部分共有 5 页，在它之前可能需要一段引导词以简要说明这部分的内容，在它之后也可能需要一两段话进行总结，并说明这个部分的内容与整个报告之间的关系如何。在长篇报告中保持连贯性的另一种方法是使用标题和副标题。下一章将详细阐述标题的使用。

在结束关于文章连贯性的讨论之前，可能还得提醒大家：虽然说运用一些过渡方法有助于说明句与句、段与段之间的相互关系，但是结构合理才是文章连贯的基础。写作者必须非常清晰地了解为什么要以某种方式组织信息，必须有合理的文章结构规划，毕竟过渡方法的使用要建立在真实存在的关系基础之上。

4.5 步骤三：修改

第三步是修改和编辑，这也许是最需要练习的重要步骤。很少有人能一下就写出结构清晰、语句通畅的文章。[27] 大多数写作原则、写作方法和语法规则都提出，所有人写完后都必须进行检查。修改是对读者的一种服务。所以说，作者在开始修改前应当转变角度，与写出的东西保持一定距离，假想
95 自己是读者。然而，作者往往很难真正从读者的角度客观地检查所写的信息，不过下面这些问题有助于作者将修改过程系统化：

- 我的目的是什么？
- 我的写作中有没有包括读者为了理解信息可能想知道的或者必须了解的全部信息？
- 我的文章能否回答读者所有的问题？
- 有没有哪些信息对于读者来说没有必要，可以删去？
- 我有没有写到读者可获得哪些利益？

接下来，修改过程包括：（1）通读所写内容，检查是否清晰、简洁、准确，语气是否恰当；（2）确定语法是否准确；（3）调整结构以保证连贯性[28]；（4）替换使用不当的词语或句型；（5）重新编排内容，增加例证，增强过渡。写作者不能觉得修改一两遍就行了，很少有人的文章只需修改一两遍就很好。[29]

有多少内容需要重写取决于写作者的个人技巧。有一点是肯定的，即所有写作能手都要修改，有时他们还请别人读他们的作品，然后根据别人提出的建议做最后修改。通常，别人往往能够检查出写作者自己容易忽略的错误及模糊不清的表达，因为作者检查自己写出的东西时，由于太熟悉想表达的信息，往往对错误总是视而不见。

尽管修改可能既费时又枯燥，但这种努力是值得的。通过修改，文章将更加清晰易懂，使读者受益，也减少了日后读者要求作者解释的麻烦。总之，从长远来看，修改文章既节约金钱，又节约时间。

总结

书面管理沟通有几个策略上的优势：经济性、高效性、准确性及正规长

久性。

另外，管理写作还有两个特点：(1) 创作文件时经常可以采用合作式写作；(2) 管理者的工作环境对写作有着特殊要求。首先，合作是现代组织生活的一种现象，除了可以发挥群策群力的优势，合作式写作还有助于员工通过不同方式熟悉组织，提高写作质量。当然，写作中集体决策也有弊端，如有人支配小组决策或有人不愿出力。此外，时间协调、自尊心受挫、风格差异以及冲突，都会给有效合作式写作带来障碍。

尽管这些问题可能存在，但我们还是可以找到一些能够成功进行合作式写作的人，他们灵活、有礼、注意力集中、表达清晰、有责任感、自信，能够与人很好地合作。

为了有效地开展合作式写作，必须注意一些原则，如组员间要公平分配任务，要积极看待冲突，小组领导应当做好协调工作，形成小组的共识并且解决冲突。

96 其次，管理者共属于一种话语团体。他们的管理写作环境因素包括：工作时间被分割，合作和任务分派的程度各异，组织规模与大小不一，必须处理权力和政治问题，写作中还要具有法律意识。

清楚地认识到这些特有因素后，管理者就可以开始动笔写作了。写作过程由三步构成：计划、写作和修改。在计划阶段，管理者要弄清楚"什么"、"为什么"、"为谁"、"何时"、"哪里"和"怎样"等相关问题。在写作阶段，作者应结合相应的策略进行遣词造句。下列原则是关于信息清晰度、易懂性和连贯性的注意事项。

遣词

- 恰当选词；
- 使用短词；
- 措辞具体而不抽象；
- 用词简洁；
- 避免陈词滥调和专业术语；
- 使用礼貌的积极性词语；
- 用口语化的风格。

造句

- 保持句子简短；

- 多用主动语态，少用被动语态；
- 合理地组织段落；
- 前后连贯。

在修改阶段，作者可参照上述11条原则检查文章并做相应调整。此外，管理者还需要检查语法错误，因为表面的错误也会影响文件实现既定目标，而且有可能破坏作者和读者之间的关系。

小组讨论案例

回到中学

你擅长写文章，因此人力资源部主管要求你召开一次研讨会，向需要提高写作技巧的员工介绍如何有效进行书面沟通，内容涵盖书面沟通的基本原则、信函、备忘录和正式商业报告的写法。以前一直有管理人员向人力资源
97 部主管抱怨员工们不会写作，为了证明这一点，他们还给人力资源部主管看了员工马虎写成的电子邮件。可是，员工也有抱怨，说参加写作研讨班就像是回到中学，要因为微不足道的标点错误而受到语文教师没完没了的训斥。

问题

1. 你如何确定什么人应该参加研讨会？
2. 你如何吸引员工自愿参加研讨会而不是强制要求？
3. 你如何组织研讨会？你将使用什么样的材料？
4. 在研讨会中你将讨论什么题目？

小组练习

A. 重写下列句子，剔除意义混淆和过长的单词。

1. Bill received excessive remuneration for his promulgated work according to his professional colleagues.
2. What form of personal conveyance shall we solicit between the airport and the hotel?
3. The best operative unit for this interaction is the computer-assisted storage system.
4. Extrel, the computer company, has an inordinate influence on your purchasing agent.
5. The company terminated their contract with the city as a consequence of

their ineffetual payment procedures.

6. The audience was demonstrating engrossment with the audio-visually mediated presentation.
7. We received approbation from the executive committee.
8. This antiquated procedure could be liquidated with a new word processing system.
9. Last year's profits were exorbitant in that division.
10. Our assets cannot be utilized to the maximum due to the unavailability of trained human resources.

B. 用含义具体的词语重写下列句子。

1. We received a lot of responses to our survey.
2. The personnel department has expanded in the last several years.
3. Profits are up throughtout the industry.
4. If we don't receive the order pretty soon, we will have to cancel it.
5. Please send your reply as soon as possible.
6. We would like to receive as many bids as possible.
7. We need the shipment by sometime next month.

98 8. Extel is a large company.

9. Is it possible to meet next week?
10. We are expecting a rapid rate of inflation.

C. 缩短下列句子的长度。

1. Record sales were set by the top division, from \$48.2 million to \$51.4 million; the home appliance division decreased from \$67.2 million to \$58.4; the big shock was in the electronic division, which saw a drop from \$17.2 million to \$14.9 million; but all in all top management was generally pleased.
2. Management attributed the decline to several significant business environment economic factor conditions including higher borrowing interest rates.
3. At this point in time pursuant to your request we find it difficult to meet your stated requests as made in your letter.
4. The task force has been given the special responsibilities to accomplish the goals as stated in the letter sent yesterday by the executive vice-president t the task force chairperson who was assigned the position.

5. On the grounds that this action could be completely finished in a period of one year, it was not seen as a totally practical action to take.
6. The past history of the new innovations indicates that the product innovation department should be terminated and ended.
7. We received your recent inquiry of last week regarding our new products we just came out with.
8. For the reason that all the information was not completely available, no immediate decision could be made then.

D. 重写下列句子，剔除老套的表达方式，提高明晰度。

1. Enclosed please find a check in the amount of $40.
2. Please be advised that your order will be shipped within a short period of time.
3. I enclose herewith an order to which you will please give your earliest attention and forward, with as little delay as possible, as per shipping instructions attached.
4. Your letter dated July 25 has been duly received and noted.
5. Referrring to your letter of the fifth, we wish to state that there has been an error in your statement.
6. With reference to your letter of the tenth, permit me to state that there will be no interference with the affairs of you department.

99 E. 改变下列句子中的否定语气，使用更多礼节性说法。

1. We cannot deliver all 100 units by Friday, March 6.
2. We don't provide second mortgages.
3. We are sorry that your total deposit on the trip cannot be refunded.
4. No. An extension will not be permitted.
5. We do not feel that you qualify for the excessive request that you made.
6. You are not qualified for this position.
7. The competition provided a much more favorable bid, and they have a reputation for fine service.
8. Sorry, but the product you requested is no longer available.

F. 根据本章所述的原则，使用段落和过渡阐明下列句子所包含的信息。

Most managers would agree that there are advantages to both the telephone and letters. Letters are more effective in some situations whereas the use of the telephone is best in others. So now the question is, "What are the advantages of each?" The telephone has the advantages of speed, immediate feedback, consuming less time, and cost. An advantage of the business letter is that a hard copy is available. Also, future reference can be made to it for legal reference. Also, enclosures can be included. One of the disadvantages of the telephone is that the conversation cannot be filed for future reference. Another advantage of the letter is that it can be circulated to other people who may be involved with the topic involved. Another disadvantage of the telephone is that you may not know if you are disturbing the receiver at a busy time during the day. The letter can be read when the receiver is ready to read it. All of these advantages and disadvantages must be considered when strategically determining the most effective communication tool. The greatest mistake may be to communicate via the most " convenient" media without considering the alternatives. Analysis of the situations is required to assure that the most effective technique is used.

尾注

1. Henry Mintzberg, *The Nature of Managerial Work* (Englewood Cliffs, NJ: Prentice Hall, 1980), pp. 38–39.
2. Lester Faigley and Thomas P. Miller, "What We Learn from Writing on the Job," *College English* 44, no. 6 (October 1982), p. 567.
3. Lisa Ede and Andrea Lunsford, *Singular Texts/Plural Authors* (Carbondale, IL: Southern Illinois University Press, 1990), p. 60.

100

4. Nancy Allen, Dianne Atkinson, Meg Morgan, Teresa Moore, and Craig Snow, "What Experienced Collaborators Say about Collaborative Writing," *Journal of Business and Technical Communication* 1, no. 2 (September 1987), p. 71.
5. Ibid., p. 85.
6. R. Gebhardt, "Teamwork and Feedback: Broadening the Base of Collaborative Writing," *College English* 42, no. 1 (September 1980), p. 69.
7. Terry R. Bacon, "Collaboration in a Pressure Cooker," *The Bulletin*, June 1990, p. 4.
8. A. M. O'Donnell, D. F. Dansereau, T. R. Rocklin, C. O. Larson, V. I. Hythecker, M. D. Young, and J. G. Labiotee, "Effects of Cooperative and Individual Rewriting on an Instruction Writing Task," *Written Communication* 4 (1987), pp. 90–99.
9. Rebecca Burnett, "Benefits of Collaborative Planning in the Business Communication Classroom," *The Bulletin*, June 1990, p. 10.
10. Allen et al., "What Experienced Collaborators Say about Collaborative Writing," pp. 82–83.
11. Ede and Lunsford, *Single Tests/Plural Authors*, p. 62.
12. Ibid., p. 66.

13. Bacon, "Collaboration in a Pressure Cooker," p. 5.

14. Henry Mintzberg, *Mintzberg on Management: Inside Our Strange World of Organizations* (New York: Collier Macmillan, 1989), p. 8.

15. Marie Flatley, "A Comparative Analysis of the Written Communication of Managers at Various Organizational Levels in the Private Business Sector," *Journal of Business Communication* 19, no. 3 (Summer 1982), p. 40.

16. Max Weber, *The Theory of Social and Economic Organization*, translators A. M. Henderson and Talcott Parsons and ed. Talcott Parsons (New York: The Free Press, 1947), pp. 324–86.

17. James G. March, "The Business Firm as a Political Coalition," *Journal of Politics* 24, (1980), pp. 662–78.

18. Barbara Czarniawska-Joerges and Bernward Joerges, "How to Control Things with Words: Organizational Talk and Control," *Management Communication Quarterly* 2, no. 2 (November 1988), pp. 170–93.

19. Sarah Ellen Ransdell and Ira Fischler, "Effects of Concreteness and Task Context on Recall of Prose among Bilingual and Monolingual Speakers," *Journal of Memory and Language* 28, no. 3 (June 1989), pp. 278–79.

20. James Suchan and Robert Colucci, "An Analysis of Communication Efficiency Between High-Impact Writing and Bureaucratic Written Communication," *Management Communication Quarterly* 2, no. 4 (May 1989), pp. 454–84.

21. "Weak Writers," *The Wall Street Journal*, June 14, 1985, p. 1.

22. Peter Crow, "Plain English: What Counts Besides Readability," *Journal of Business Communication* 25, no. 1 (Winter 1988), pp. 87–95.

23. Sterling Livingston, "Pygmalion in Management," *Harvard Business Review*, September–October 1988, pp. 121–30.

24. Kitty Locker, "Theoretical Justification for Using Reader Benefits," *Journal of Business Communication* 19, no. 3 (Summer 1982), pp. 51–65.

25. Pamela Layton and Adrian J. Simpson, "Deep Structure in Sentence Comprehension," *Journal of Verbal Learning and Verbal Behavior* 14 (1975), pp. 658–64.

101 26. Thomas L. Kent, "Paragraph Production and the Given-New Contract," *Journal of Business Communication* 21, no. 4 (Fall 1984), pp. 45–66.

27. Larry Smeltzer and Jeanette Gilsdorf, "How to Use Your Time Efficiently When Writing," *Business Horizons*, November-December 1990, pp. 61–64.

28. Larry Smeltzer and Jeanette Gilsdorf, "Revise Reports Rapidly," *Personnel Journal*, October 1990, pp. 39–44.

29. Jeanne W. Halpern, "What Should We Be Teaching Students in Business Writing?" *Journal of Business Communication* 18, no. 3 (Summer 1981), pp. 39–53.

Chapter **Five**

102 # 第5章 常规信息

当然，在你们的广告中，精明的商人获得了成功，方法是用苹果电脑创造出美国式的商业产物：一份尖锐的备忘录。

——戴夫·巴里（Dave Barry），幽默大师和专栏作家

正如前面几章中强调的那样，书面沟通是管理者工作中很重要的组成部分。研究人员对837位有不同年限工作经验的商学院毕业生进行了调查，发现有四分之一的人将工作时间花在了写作上。[1]在不同类型的写作中，电子邮件、信件和备忘录占据了被调查对象书面管理沟通的绝大部分。[2]另一项研究调查了某写作研讨会的188位与会管理人员，发现其中63.1%的人每天都要写信，76.3%的人每天都要写备忘录。[3]

电子邮件、信件和备忘录这几种书面沟通方式，在本书已讨论过的沟通策略因素中受益最大。简洁的信息、管理者相对独立的写作氛围，都有助于读者运用策略分析原则。

可是很多管理者把常规信息写作视为当然。或许因为写得太多，信件和备忘录成了没人情味儿的东西，死板地传递着信息。许多信息只是对某类情况的回复，而不是对某一特定事件的回复。有些管理者用通用答案回复，忽略了（至少是部分忽略了）独特性及受众的特殊性。

另外，由于电子邮件、信件和备忘录的普遍性及相对非正式性，管理者往往会放松对信息质量的控制。一项研究调查了13个行业中的信件，发现其中43.7%的信件有标点错误，52.2%的信件中用词不当，45.3%的信件中句式结构有误。[4]

103 也许由于日常信件受传统格式的限制较大，语言的使用也成了问题。常规信件等沟通媒介中往往充斥着僵化的词组和陈词滥调，信息也似乎成了仪式性的表达。充斥这种语言的文件往往只能传达很少量的信息。

本章从策略上研究电子邮件、信件和备忘录的写作，重在介绍如何尽可能使信件适应目标读者的需要。本章还将介绍管理者常用的两种通用信件模式，以及适用于特殊情况的特殊格式。当然，这些模式只是基础，正如第二章所说，管理者写的每封信或备忘录都应适应读者及情况的需要。

5.1 受众适应性

在写作时，作者通常不一定十分了解信息的读者，甚至可能根本就不知道读者是谁。管理者必须仔细考虑用何种策略传递信息，以获得最大收益。幸好有一些写作策略能够适用于大多数信件的写作。

5.1.1 对方态度

“对方态度”（You Attitude）是接下来将要详细说明的组织策略。持这种态度的作者在写作时会结合读者的兴趣，具体方法是站在读者的角度思考问题。抱有“对方态度”的作者会在一开始就自问：“在这种情况下，如果我是他，我会有怎样的感觉呢？”

“对方态度”要求具有同理心，即领悟别人感受的能力。比如，我们会对遇到麻烦的同事说“我明白你的意思”或“我知道你正在经受着什么”，这就表明了我们的同理心。

“对方态度”的基础

以读者为导向的“对方态度”源自于一种意识，即大多数人倾向于关心自己的利益，在商业活动中尤其如此。在阅读信息时，人们希望知道能够从中得到什么，或怎样将损失降至最低程度。因此，在积极的情形下，作者试图增加信息的积极影响；而在消极的状况下，作者在努力减少负面影响时还会强调读者如何获益。

104 在积极的情况下使用“对方态度”时，很少有人会觉得困难，但是在消极情况下使用“对方态度”，有人则犹豫不决，担心暴露弱点。这种观点是不对的。

预想读者的问题

作者应当预先猜想读者会有什么问题，这样写出来的东西才有效。因此，写作时应当自问，读者可能对哪些问题有疑问，然后回答这些疑问，这样就省去将来花时间答复的麻烦。预想读者问题时应牢记上一章中讲到的五“W”问题，即谁、什么、何时、哪里和为什么。

强调读者利益

有了“对方态度”，作者便会努力向读者表明读者将如何获益。这并不意味着作者对读者让步，而是说在设计内容时，作者要善于利用读者对作者及事件的积极态度，或消除读者对作者及事件的消息态度。比如，一个商人想要向客户收取过期账款，那么他可以向客户强调，客户需要支付账户差额以维持其在商场的信用特权以及其良好的信用评级。这样做要远比只强调公司的利益而成功说服的概率大得多。

避免否定说法

避免使用否定或有否定内涵的词语，尤其在消极的情形中更要注意，因为这些词语通常会在文中显得很刺眼。特别要慎用这些词语：索赔、推诿、问题、损坏、遗憾等。否定词语会对读者的观点产生很大影响，影响其客观地阅读其余内容。

非语言因素和对方态度

对方态度可以通过很多种方式表现出来，有些很明显，有些则不那么明显。其中有一种方式就是元信息传递（Metacommunication），即信息接收者不用看一个字就能判断信息发送者及其对读者的态度。

信纸的选择及操作键盘的功夫都可以向读者传递某些信息。一封信虽然内容积极，但在打印中被弄脏了、颜色太淡、有打印错误、占上了污渍、有手工改动的痕迹或是纸质不好等，都会给沟通带来不便，虽然文字信息表明作者很重视，可是文字载体中的某种物质元素却暗示着作者的漠不关心。相反，如果一封信没有错误，白纸黑字打印清晰且纸质上乘，会使人觉得很有专业精神，显得作者十分在意读者的感受。

措辞

对方态度也影响着信息写作的措辞。如果读者的兴趣很关键，那么写作时就得表现出以读者为中心。如果读者说：“这与我有什么关系？”则表明
105 他不太确定作者使用的是第一人称“我”、“我的”，还是“我们”、“我们的”。更好的选择是使用第二人称“你/您”、“你的/您的”。比如，与其说“我们会把为 Reality Industry 公司的新型抽水机设计的广告小样寄给您”，不如说

"很快您将收到为新型抽水机而设计的三个广告小样"。第二种说法中关注的焦点是读者而不是作者。

5.2 策略

到目前为止，我们已经讨论了几种使信息更加个性化，从而方便读者更好地理解与接受的方法。除了已经介绍过的方法，还有一个重要因素要考虑——总体策略。如果组织信息时不考虑预期的读者反应，那么前面所介绍的考虑读者的建议就没法达到目标。让我们来看看以下两个基本策略，如果使用得当，它们能够很好地照顾到读者的反应。这些策略不仅有助于作者塑造良好形象，还有效地传达了信息。

5.2.1 直接策略

直接策略适用于传达好消息和中性信息。直接策略使接到好消息的人读完之后心情愉快，也会感激作者让他很快得知消息。但是，如果消息的主要内容被埋没在文章的中间或末尾，那么满腔热情的读者就会渐渐失去兴趣，最后还可能因为浪费不少时间在寻找主要观点上而沮丧。这种沮丧会影响到读者对作者的态度："为什么不能开门见山呢？"因此，本来有利于建立良好关系的消息，由于表达方式拐弯抹角可能削弱甚至破坏消息的积极影响。

开头

较好的策略就是把主要观点放在文章最前面，在此之前或许需要一个简短的介绍，使读者对全文有个大概的了解，但是这段介绍不应当妨碍主要观点在开头出现。

主体

使用直接策略的文章，紧接着开头的是支持主要观点的细节内容，如决策的原因或是读者需要遵循的程序。当然，这些细节内容将支持作者或是作者所代表的公司，所传达的信息对读者来说是种帮助时更是如此。

结尾

直接信息一般都有积极的结尾。结尾可以是提出某种帮助，表示感谢，或是复述读者下一步需要采取的行动。

106

5.2.2 间接策略

然而并非所有信息传达的都是好消息和中性消息。写作内容常常是拒绝请求、否决提案、拒绝聘用等。读者自然不会高兴，但是这类文件又不得不写。有效传递坏消息的方法是在传达信息的同时把读者可能产生的怨恨程度降到最低。如果可能的话，还应帮助公司与读者建立良好意愿，因为读者可能成为消费者、客户或未来的员工。

传递负面消息的一个好方法是间接策略。使用这种策略时，作者顺理成章地将读者引至坏消息面前。写得好的话，信息能够把读者的消极反应降到最低程度，并且建立友好关系。直接策略与间接策略的比较见表 5-1。当然，并非所有间接信息传递的都是坏消息。劝说性信息就是间接策略的特殊类型，本章稍后部分将详细阐述。

表 5-1　直接法与间接法的比较

直接方式	间接方式
• 开头	• 开头
主要观点	中性缓冲
• 主体	• 主体
支持性信息	解释原因、提出否定消息
• 结尾	• 结尾
积极的结尾	建立良好意愿

开头

间接信息的开头是缓冲，即与读者及作者的共同目的紧密相关的中性或肯定陈述。开头可以表明同意读者的某种观点，也可以对读者直率的来信表示感谢，或者也可以是赞美。

传递坏消息时，好的开头使读者慢慢地失望，并为文章主体部分的解释做好铺垫。正如传递好消息时使用直接策略时看到的那样，读者期望事情如他们所愿地发展。当间接的开头使得他们意识到不能满足原来的期望时，那么接下来自然就到了拒绝或说出坏消息的时候了。

主体

接下来是情况分析，或者说明导致坏消息的事实细节。这一步难就难在要有说服力，因此应使用合作的语气。作者不一定要说“让我们来看看事实吧”，但是读者应当感受到这一点。

接下来就可以暗示或直接表达否定的信息了。当然，作者传达坏消息时不能含蓄得让读者感到悬而未决。但是，任何直接的表达都应当有技巧而且
107 不生硬。最好的方法就是把坏消息置于段落的中间，而不是让它在一段话的开头或结尾出现。

结尾

这一步很重要，在信的最后，作者应当努力与读者建立友好的关系。可以根据具体情况做出相应的选择。一种选择是，建议读者采取另一种可行方案，如回复货物索赔信时，推荐其他更耐用或更适合读者使用的产品；否决某项提案时，可以为这种提案提供其他出路。

最后，使用积极友好的语气为间接信息结尾。通常只需表示出良好意愿就够了。有时候还需要再加强些，管理者可以表示愿意提供某种服务或信息，比如，在给老客户的信中附上一份产品目录，并表示期待与读者继续合作。

处理负面影响

一般来说，间接信息传递坏消息，其影响可能是负面的。为了最大限度地降低消息对公司名声的影响，擅长写作的管理者一般都避免使用否定词语，尽管这做起来很难，但是从长远来看还是值得的，因为这样可以使文章整体的语气积极向上。下面三个原则是做到这一点的关键：

- 把否定性信息放在低强调点上。
- 可能的话，避免使用“不”字。
- 避免使用有否定内涵的词语。

第一个原则，把否定性的事实放在从属结构（Subordinate Structure）中（从句、附加说明或修饰语），不要放在主句或句子中，以弱化其消极效果。在段落中，负面信息不应当放在明显的位置。以下两段话都是告知申请人公司目前相关领域没有职位空缺的，请比较其不同之处。

> 我们 Baytown 公司在短期内不会有任何的职位空缺，因为在你申请的领域中我们正在裁员。你可以到 Rumfield 或 Bennington 公司求职，他们正在招人。（We do not anticipate any openings in the Baytown Company anytime soon since we have been laying off people in your field. You might apply at Rumfield and Company or Bennington, Inc., since they are adding to their staffs.）

作者可以把否定性词语调换到不显著的位置，这样便很容易达到弱化否定的效果，比如：

我建议您申请 Rumfield 或 Bennington 公司目前正在招募的工程师职位，而不是向我公司求职，目前我们 Baytown 公司需求的是其他领域的人才。（I suggest that you apply for one of the engineering positions now open at Rumfiled and Company or at Bennington, Inc., rather than at Baytown Company. Currently Baytown's personnel needs are in other areas.）

第二个原则，避免使用否定性词语（即尽量避免使用“不”）。这一方法
108 乍一看挺困难，做起来其实没那么难。在下文例子中，作者不断地进行修改，逐步强调能做什么，而不是不能做什么。

在您告诉我们餐厅目前使用烤架的尺寸之前，我们无法执行您的订单。

（We cannot fill your order until you tell us what size grill your restaurant currently uses.）

您一告诉我们餐厅使用烤架的尺寸，我们马上就能执行您的订单。

（We can fill your order as soon as you let us have your restaurant's grill size.）

请您告知我们烤架的尺寸，以便我们能够尽快地执行您的订单。

（Please specify your grill size so that we may fill your order as quickly as possible.）

第三种原则，避免使用有否定含义的词语，这是最重要的原则之一。尽管“声称”（claim）和“说明或声明”（state）意思非常接近，但内涵迥异。当写信给某人时说：“你接下来声称……”听起来好像在说读者错了。有很多词语如果出现在坏消息里，就可能会刺激甚至激怒读者，比如：

allege	argue
failure	mistake
claim	damage
regret	error
careless	broken

5.3　直接信息的几种特定类型

在管理者面对的大多数写作情形中，直接和间接策略都有用。然而，有些情况出现得特别频繁（如询问），另一些又特别敏感（如拒绝索赔），所以就出现了几种直接和间接模式的特定类型。表 5-2 是本书中将要讨论的七种具体形式。

表 5-2　直接信息和间接信息的类型

直　接	间　接
• 询问和请求	• 对询问和请求的否定回答
• 对询问和请求的肯定回答	• 拒绝索赔要求
• 索赔信	• 劝说性信息
• 对索赔的积极回答	

这里所建议的模式并不是绝对的。经过策略分析，管理者可能会认为另一种方法更合适。这种调整是值得鼓励的，因为它可以避免照搬机械的模式。下面，我们将首先讨论使用直接模式的几种信件，然后考虑使用间接模式的几种类型。记住，对于好消息、中性消息及信息型消息（Informative Messages），使用直接法即可。

109

5.3.1　询问和请求

也许最常见的直接信息就是请求了。商界各个领域的管理者在日常工作中都需要大量信息。一位管理者可能想知道某样产品的性能；另一位管理者可能想知道某位客户的信用评级，或希望知道某位求职者的资格。因为大多数读者都认为这些要求既常规又合理，因此会比较愿意回答这些问题。

如果站在收到询问信的读者的角度考虑问题，你就会明白为什么直接的方法是合适的。如果你是读者，你很可能手头正忙着其他的事情，需要很快知道到底需要做什么。当你收到一封让你一开头就知道作者想要做什么的询问信时，你会感谢作者的直言。

开头

让你的询问从一开始就清晰明了。一种有效的方法是，一开头就提出问题，通过问题总结作者的写作目的。例如，你想打听某人是否适合某项工作，可以一开头就问："您能不能就玛丽·凯恩斯成为管理实习生的资格问题发表您的看法？我们 Infovend 公司正在考虑她的职位申请，她提到了您作为证明人。"这样的问题开头能使读者立刻明白你的目的。

主体

在多数情况下，询问的第二步是解释询问目的。在刚才的例子中，提出问题后马上就说明作者所在公司正在考虑是否给凯恩斯工作机会。在解释目的时提供多少信息要视情况而定。如果向别人询问某人是否适合某项工作，你需要向读者做出保密的保证。

询问的主体部分需要有效地组织，不能成为仅仅为获得信息的"审前调查"（Fishing Expection）。即使在目的明确之后，通常还需要引导读者较好地回答询问。刚才那个关于玛丽·凯恩斯的例子中，读者看完之后可能会对作者的需求有不同的理解，因此回答询问的方式会不同，或许回答根本不就够细化。所以，接下来应当写明哪些地方需要信息以及其他相关的必要信息。将问题编号对读者回答也有帮助。

结尾

询问应当以友好的、有利于建立良好关系的方式结尾。在有些情况下，可以提出将提供某种类似服务。如果作者接着会向读者购买产品，作者可以请读者迅速回复。

让我们来看看关于玛丽·凯恩斯的完整信件。注意，在这种关于人的询问中，作者强调了保密性，这一做法在写此类信时是明智之举。

110 尊敬的雷顿教授：

您能不能就玛丽·凯恩斯成为管理实习生的资格问题发表您的看法？我们 Infovend 公司正在考虑她的职位申请，她提到了您作为证明人。当然，我们将对您给出的任何信息保密。

1. 凯恩斯管理时间的能力怎样？她的工作准时吗？
2. 您有机会观察过她在压力下的表现吗？如果有的话，她处理得好吗？还是压力影响了她的业绩呢？
3. 她和她周围的人相处得如何？请您评价一下她与周围人的关系，如她是一位领导者还是追随者、她喜欢社交还是比较害羞等这些方面的问题。

我期待着您对凯恩斯的资格评价，也感谢您能与我们分享所有观点。

您诚挚的

蒂姆·英曼

5.3.2　对询问和请求的积极回答

询问自然需要答复。如果对询问的回答是赞成性的，则可以直接回复，因为读者会乐意接受询问的信息或事项。

开头

首先指出你要回复的请求是什么，必须在信的第一句话中明确指出这一点。开头还要使读者清楚地知道他的请求被同意了。

- 根据你们 6 月 5 日询问的主题，我认为玛丽·凯恩斯是我教过的学生当中最有前途的学生之一。
- As-Best-As 档案橱柜具有您在 3 月 4 日来信中提到的所有特性，并且还具有您可能有兴趣知道的其他几个特点。
- 我很高兴回答您 9 月 14 日的关于 M-102 安全系统的问题。

你的开头可以直接简要地回答所问问题，如上述第一、二两个例子，也可以表示愿意回答他人提出的问题，如第三个例子。

主体

根据原始询问方式的不同，回复信息的组织方式也有所不同。如果对方只询问了一个问题，那么回复内容的细节可以按重要性排序。如果回答几个
111 问题，那么通常就以它们提出时的顺序来回答。如果问题其实是一个请求，如“我们能不能使用您的场地举办一次俱乐部会议”，那回复的主体就要给出必要的使用条件。

并不是所有对询问的回复都是好消息或坏消息。尽管管理者愿意回答大多数的问题，但有些事是需要保密的。在这种情况下，要把拒绝放在从属的位置，解释原因之后才提出拒绝。例如，对于有关 M-102 安全系统方面的询问，在回复时因为安全考虑需要保留一些细节。

结尾

对询问的肯定回复需要保持到信件的末尾。以下这几句结尾与前面提到

的开头是对应的。

- 如果我能够向您提供有关玛丽的任何其他信息，请打电话给我或写信给我。
- 如果您需要有关 As-Best-As 档案橱柜如何能满足您储存需要的其他信息，请告诉我。
- 如果我们能就有关 M-102 安全系统回答您其他问题的话，我们将不胜荣幸。我想您会对这个系统感到满意的。

5.3.3 索赔信

第三种直接信息的应用类型是索赔信。通常，不满意的消费者会写信来投诉，并要求一个解决方案或索赔。不妨设想自己是位管理者，当你收到索赔信时感觉如何。消费者的不满不仅会导致公司商誉和收入受损，还会令人觉得你作为管理者的能力有待提高。于是自然地，你要尽快找出问题所在并解决问题。

开头

尽管索赔信的内容是负面的，但写得比较直接。从作者的角度看，直接会加强索赔力量。事实上，有些读者会把间接表达看成是索赔人对索赔要求缺乏信心。因此，间接方式是一种策略上的错误。

在索赔信的开始部分，你应当写明错误产品、服务或销售的细节信息。至于写下哪些细节则要视具体情况而定，一般应当包括发票号、日期和产品识别码或序列号。

另一种使信息更具说服力的好策略是指明某一问题对你本人或对你的生意带来的影响。例如，一家仓库的对讲机系统坏了，仓库的经理可以这样写：

> 您发来的新对讲机系统（发票号 16798）发生故障，导致我公司仓库处理订单的速度减慢。

主体

接下来的步骤不言而喻，需要对事情的情况做详细说明。在对讲机的例子中，你要说明系统是怎样瘫痪的，以及可能的原因。当然，你的分析不需要非常专业，但是你提供的事实越多就越有说服力。如果需要的话，你也可以详细说出问题导致的损失是什么。

当然，细说问题时也需要方法和克制。指出产品问题时你会感觉自己理直气壮，但是不要攻击销售或安装产品的人或其生产厂家。辱骂或谴责几乎不会起什么作用，而且还会激起读者的愤怒，这样往往就导致事情得不到很好的处理。辱骂性的信件最好不要发出。

信件接下来的部分就是陈述你想要什么，即事情该得到怎样的处理。可惜的是，有些信件还没有提到这点就结束了。抱怨完了却忘记说想要什么了。通常最好说清楚你期待的措施或希望对方补偿的数目。偶尔当情况较为常规时，可以让读者制定处理方案。

你还需要给解决措施的实施制定期限。很显然，最后期限需要一些东西作为支持。有位权威人士建议，在信中写明：如果事件得不到解决，索赔人将要并且能够采取怎样的威胁措施或最后通牒。[6]但你需要仔细权衡威胁程度，因为威胁可能会起到反作用。

结尾

再一次说明，在结尾避免使用否定性语言。如果你威胁说会另寻合作伙伴，那么读者可能就会失去所有的合作动力。在结尾处，可以表达你对读者良好信誉的信心，或表达对于问题得到尽早解决的感激之情。

让我们来看看对有故障的对讲机进行索赔的信件的余下部分，看看它是怎样说明这些要点的。

尊敬的帕卡德先生：

您发来的新对讲机系统（发票号 16798）发生故障，导致我公司仓库处理订单的速度减慢。

虽然刚安装完毕时系统运作正常，但是后来我们发现暴风雨天气时就会出现问题。下雨的时候，静电干扰了大部分的信息。最终，在一次倾盆大雨中主发射机停止了运转并且开始冒烟。

我们将通过布朗快递公司把主发射机寄给您。我们希望能修好或是换置一台。您及时的关注将帮助我们的仓库恢复正常运作。

您诚挚的

帕特里夏・穆兰卡

113 在这封信中，经理详述了她遇到的问题，而且没有使用指责性语言。她陈述了关于这个系统的使用过程，并且给制造商提供了诊断问题的足够信息。信的结尾语气十分坚定，但也十分积极。

5.3.4 对索赔要求的积极回复

直接信息策略的第四种应用类型是对索赔的积极回复。尽管在这种情况下使用直接策略毋庸置疑，但对知道读者有不愉快经历的作者来说仍然是一种挑战。读者可能已经在销售上损失了，或者已经经历了不愉快或麻烦，作者面对的挑战是与读者建立良好的关系并帮助读者重树对产品的信心，因为如果读者不再信任这种产品，以后便会选择其他产品。有时，顾客会写来一封指责性的、令人不太舒服的索赔信，但千万别动怒，尤其是当顾客已经怒气冲冲时。

开头

以好消息来开始你的回信。读者需要一些提示以回顾当时的情形，但是这种提示应当一带而过。因此，回复那封有关对讲机的索赔信应该这样开头：

> 贵公司的主发射机现在处于正常运转状态，将用卡车于几天内运送到锡达拉皮兹。

主体

说完好消息，主体部分如何写就要根据具体情况而定了。常规情况只需要少许解释。不过在大多数情况下，读者还是需要更多解释。通常需要解释到底是什么出了问题，而且要强调问题已经被解决并且不会再次发生。

有时，需要向读者说明产品的正确使用方法，因为读者意识不到其实是自己的使用方法不当造成了问题。在这种情况下，需要维护与读者的良好关系。此时的解释应当很有技巧，如果能像下面第二句话那样用无人称的方法解释，则效果最佳。

- 你把加热器的阀门一直敞开着，结果加热器就不停地运转，以致最后发生故障。
- 必须紧闭加热器的阀门，从而减少加热器的运转。

在解释性的内容中以及结尾处都要避免道歉。按照一般的礼节，似乎需要道歉，但是这往往会揭开旧伤疤。

对于所有给您带来的麻烦，我们感到非常抱歉。（We are so very sorry for all the problems we must have caused you.）

看到这里，读者就会想起遭遇的所有不便，与作者间的良好关系也会荡然无存。

114 **结尾**

索赔回复信的结尾应该是肯定的，展望一下将与客户继续保持良好的关系，也可以介绍公司提供的其他产品和服务信息。你可以通过谈论产品的优点来建立良好的商誉。虽然你已经采取措施防止机器将来出故障，但是仍然不要说故障的产生是由于对方而非自己制造方的失误。

尊敬的穆兰卡女士：

贵公司的主发射机现在处于正常运转状态，将用卡车于几天内运送到锡达拉皮兹。运抵之后，请打电话给您的电工进行安装，以保证保修期内生效。

您说过，系统在雷雨天气里会产生静电，系统停止运作时便会冒烟。我检查了新专利产品可熔接地线，发现已经融化，它的设计就是这样，目的是为了保护主发射机和您的安全，以免遭电击。

您的电工师安装好主发射机后，请他检查一下机器的接地装置。目前看来，下雨时机器如果不完全接地就会发生短路。

您可能对我们的新安全警报系统会感兴趣，它可以嵌入目前的对讲系统。详情信息请见随信附上的产品手册。我们将会乐意和您探讨新系统的安装问题。

您诚挚的

罗伯特·帕卡德

5.4　间接信息的几种特定类型

大多数管理者都不能完全满足他人提出的要求。在这种情况下，最好用间接法组织回复信息。

5.4.1 拒绝询问

当我们对询问的回复是否定性质时，需要好好思考和计划回复策略。拒绝他人要求时，可使用坏消息策略，即首先说明拒绝的原因，接下来才是拒绝。

开头

开头应当提醒读者他之前提出的请求是什么。最开始的表达应当起到缓冲作用，不应当暗示回复是积极还是消极。而且，开头应当自然引出主体部分。

115 举个例子，假设你收到了一封来自某研究人员的信，问你们公司制定市场策略时使用的是何种人口样本。这种问题涉及公司机密，所以你必须回绝这一要求。但同时你又不想直接拒绝，你的回信可以这样开头：

> 您的人口抽样调查的结果应该很有意思，不过大多数公司都保护这类数据，因为它们对于公司制定营销策略来说至关重要。

这样的引入语不会使读者错误地以为会听到肯定的回复，也没有直接拒绝请求。不过，它已经为拒绝做了铺垫，信中其余部分再一一展示。

主体

从这里开始解释为何请求不能被答应。要站在读者的角度考虑，选择一些例子或论证，让他们相信你的方案是唯一可行的。以上一封信为例，为了引起读者的兴趣，你可以先说研究人员为了形成某一观点必须花费数个小时，然后再说，同样你所在的公司也花费了相当多的人力、物力才开发出适合自己需求的思想观点。

阐明理由后，你就可以提出拒绝了。有时候，作者拒绝得很含糊，以至于读者仍然对请求抱有希望。好的拒绝信可以通过讲道理让读者放弃原先的请求。不过，讲道理时不能说读者原先的请求不好或是有问题。

结尾

积极地结尾以建立良好的关系。结尾时可以祝读者事业成功，或提出对读者有用的其他建议信息。但是，要避免道歉，因为道歉意味着谈判之门仍然开着。

在这封拒绝提供策略信息的信中，注意该如何暗示拒绝，而不是直接拒绝。同时，也应注意不要因为拒绝而道歉。

尊敬的利珀女士:

您的人口抽样调查的结果应该很有意思，不过大多数公司都保护这类数据，因为它们对于公司制定营销策略来说至关重要。

在 Flo-Sheen 织布公司，我们首先让试销市场检验我们的新织布产品，然后才开发营销策略。在确定任何一项策略之前，我们都要用同样的试销市场检测出所有市场选择。作为研究人员，您一定能理解开展一次营销活动要花费若干个小时的时间投入。

116 我们的试测市场对我们的产品和营销策略提出了非常宝贵的反馈意见，这样我们便可以在进行全国范围内的营销之前进行相应的调整，以反映试测市场的需求。

对于市场分析的人口样本，我们会保密，这样既保护了被测试者的隐私，又有助于我们保持自己的竞争优势。如果竞争对手事先知道我们将引入何种新产品，以及我们会使用何种战略，那么他们在竞争中就可能拥有不公平的优势。

如果您只对普通的人口抽样感兴趣，那么您可以参考关于统计抽样的文章，这些文章会告诉您管理者在选择人口样本时必须考虑哪些内容。

您诚挚的

希拉·赫伯特

5.4.2 拒绝索赔

比拒绝询问更具挑战性的是拒绝索赔要求。在大多数情况下，索赔人都坚信自己的要求是合理的，是糟糕的产品或服务损害了自己的利益。面对这样的索赔，有时出于某种原因，你仍然决定要拒绝。

拒绝索赔时必须避免使用否定性语句，应该努力建立良好关系。做到这一点的关键就是移情。想象一下，如果你身处这种情况，你希望别人如何合理地对待你。拒绝索赔时以命令或居高临下的口吻回信都是愚蠢的，语言必须是积极谨慎的，因为读者很有可能对表达方式上的任何细微之处都很敏感。

开头

与其他否定信息一样，索赔拒绝信的开头要有缓冲。缓冲的方法是将信的主题设置为关于读者的索赔，也可以对读者表示感激，这是一种将作者和读者自然联系在一起的方法。

好的开头能暗示接下来的推理思路。比如，一封信的开头是："Whitlow 公司确实承诺，如果井底抽水泵在正常情况下正常使用，可以保修 18 个月。"这样的开头不仅提醒了读者原先的索赔条件，还介绍了"正常使用"和"正常情况"的推理思路。还可以这样开头："您最近的来信表明您希望被公正和坦率地对待。我们已经对您提出的问题进行了调查，相信您会对我们的调查结果感兴趣。"

主体

主体部分要详述你的调查结果。所做的解释应当客观且令人信服，但是
117 应当避免"你"、"我"立场的两分局面。有些情况下，比较有效的策略是描述你在调查相关事件时所做的努力。例如，拒绝保修索赔时可以强调指出对故障部分已经进行了实验检测。这样做之所以有效，是因为通过描述这一细节能够说明你对这件事很关注，你所做的决定并不是对类似事件的自动回复。

在主体部分说清楚原因后再提出拒绝。当然，拒绝应当处于低强调点。如果拒绝的依据是公司政策，那么就需要把政策解释得非常清楚。不过要记住，客户一般都不喜欢管理者用公司政策做"挡箭牌"，应该尽量用逻辑说服客户。

结尾

大多数索赔拒绝信的结尾部分都会争取再次合作。如果能合理、公平地对待客户，那么客户可能还会购买公司的产品，因为毕竟不是公司的错。通常好的结尾方法是，离开索赔话题，提及即将发生的销售，或赠送最新的产品目录。当然，结尾时不要道歉。如果有理由拒绝索赔，为何还要道歉？道歉可能会使客户接着写信来要求解决索赔问题。

尊敬的克拉克女士：

Whitlow 公司确实承诺，如果井底抽水泵在正常情况下正常使用，可以保修 18 个月。收到您的来信后，我们对您所提出的问题进行了仔细调查。

我们在实验室里检查了退回的水泵，发现整个机器都曾被水泡过一段时间。这一点与报纸上对您所在城镇上个月发生洪水的报道相符。显

然，机器放置的地方被洪水淹没了。这款水泵是处理普通渗漏的，所以要放置在离地下室地板至少 18 英寸以上的地方，以保护机架以及水泵。和大多数电动装置一样，在正常条件下，水泵必须保持完全干燥。

或许您会对我们的另一款水泵感兴趣，即 SubMerso 型号的水泵。它的防水机架能够经受得住长时间的浸泡。随信附上产品手册，其中详细介绍了它的性能。我们将很乐意回答您关于这款水泵的任何问题。

您诚挚的

莱昂内尔·纳奎因

5.4.3　劝说式信息

劝说式信息是适合使用间接策略的另一种信件类型。管理者使用间接劝
118 说策略，以说服别人去做通常不愿做的事。比如，写信说服客户支付账单，或者写电子邮件说服同事在某项目中支持你。

开头

劝说式信息在开头就应当引起读者的兴趣。[7] 一种有效的方式是向读者表明，他的目标就是你的目标。证明这种目标一致性的最好方式是说明信件内容是他感兴趣的事。同时，因为信息必须抓住读者的注意力，所以开头必须简短。

主体

主体由几部分组成。首先，它必须陈述你和读者共同面对的问题。然后，提出问题的解决方法，当然必须是你和读者都接受的解决方法。这个部分所使用的策略必须谨慎，必须预料到读者可能拒绝的理由，并且做出回应。在这部分（可以由几段组成），你必须强调指出，你的解决方法的结果会给读者带来利益。[8]

结尾

结尾很重要。有效的劝说式信息不会在表述完提议后就到此为止。读者的兴趣被激发起之后，需要将兴趣转化为行动。否则，兴趣就会衰退，以至于最后什么问题也解决不了。行动应当是具体的，如一次会议、一份订单、一项支付、一次面谈、一个程序上的变化。行动还必须迅速，延误只会削减行动的可能性。[9]

下文的求职信就运用了劝说式策略。

尊敬的哈里斯先生：

既然 Lynch's 公司即将在琼斯伯勒市开设第三家分店，难道您不需要足够的兼职员工作为全职员工的补充吗？我相信我拥有足够的背景和能力，成为您最有价值的兼职员工中的一员。

我是州立大学营销学专业的大三学生，正在学习营销课程。我可以把在未来两年里学习的东西运用到我在 Lynch's 公司的销售工作中。随信附上的简历中列出了几位证明人，他们将证明我是一个充满活力并且对工作富有热情的人。

我认为我会成为您的一名优秀兼职员工的另一个原因是，我非常希
119 望毕业后能在 Lynch's 公司工作。我会把这两年当做是证明自己的一个考验阶段，同时您也可以用这两年的时间来决定贵公司是否同样对我感兴趣。

如果我是 Lynch's 公司想要的兼职销售人员，不知能否获得一次面试的机会，以进一步与您讨论工作问题？我的联系电话是 992-8403，您方便时可随时联系我。

您诚挚的

约翰·莫里斯

5.5 内部通信

信件是公司之间最常用的沟通媒介，备忘录和电子邮件则在组织内部最常用。[10] 备忘录是一种有效的、直接的沟通方式。它常常以电子版方式发送，就像电子邮件一样。电子邮件也越来越普遍地被用于日常的外部沟通。一种混合模式就是以电子邮件附件形式发送商务信函，这种方式可以确保信件的设计和格式等元素在文件被打开的时候不会改变。

作者需要结合读者的特点调整备忘录的写作策略，尤其是当备忘录写给组织里不同级别的某位员工时，或者读者对于某个主题缺少专门知识时，抑或是当备忘录所处理的是敏感问题的时候。尽管内部信息往往都是日常的、非正式的信息交换，但在写作时仍然要很仔细。

5.5.1　格式

不同备忘录的格式在细节上有所差别，但是它们一般都包括四个标准的标题：收件人（To）、发件人（From）、主题（Subject）和日期（Date）。在电子邮件中，这些标题都自动给出了。“发件人”很少会出问题。当然，如果需要的话，作者也可以加上其他人的名字，以提高其权威性，前提是已经得到他人的同意。

“主题”这一栏显然在引起读者的注意方面有很大价值。要把话题和目的都说得具体点，在“主题”栏里使用关键词，这样可以方便读者日后从电脑文件中找到该备忘录。

正如面对面互动一样，在组织内发送的备忘录也有大家应当遵守的礼节。也就是说，应当注意常用格式，还要留意备忘录是发给谁、抄送给谁等
120 细节。[11] 通常用“抄送”（cc）告诉读者该备忘录也发送给某位老板，这样可以说明此人与老板的关系比较接近。同样，当你与上司的上司联系时，别忘了抄送给你的上司。一般来说，抄送给你的顶头上司可以使他知会整个事情的过程。即使他个人并不直接与此事相关，他也会希望了解事情的情况。不过，在大多数组织里，电子邮件“抄送”功能的广泛应用应当引起注意，不要用过量的“供参考”（For Your Information，FYI）的信息塞满了人们的信箱。

另外一个需要注意的格式问题是需要在备忘录文件上签上姓名的首字母缩写，或是签上名字。这样，如同信件上的签名一样可以证实备忘录的真实性。最后要注意，制表符和标号之类的设计可能在电子邮件接收方的电脑上难以显示，我们可以在段落之间留双倍行距以突出重点。

5.5.2　应用

备忘录在组织中应用广泛，下面列出了最常见用法。你在工作中可能会看到更多的应用。

与小组沟通

管理者需要把同样的信息跟多个人同时沟通时，就可以用备忘录。备忘录不仅能节省谈话时间，而且还能确保每个人得到的信息相同。

确定职责

备忘录在其他方面也是一个非常有价值的工具。例如，它可以明确行为的职责。使用备忘录来分配任务，如果事后在职责上产生问题，管理者就可以有书面记录作为凭证。

与反对者沟通

管理者很快就会发现，需要与合不来的人沟通时，备忘录是种很好的方式。在任何组织中，人与人之间的反感随时可能出现，而备忘录能为产生隔阂的人之间搭一个沟通的桥梁。两派人无须见面就能了解信息。不过，用非常情绪化的电子邮件来"激怒"读者是不恰当的。记住，所有备忘录都具备永久保存性，无论是书面的还是电子版本的。决不要写在会议中或法庭上无法辩解的任何内容。

与无法会面的人沟通

在与很难见到的人（尤其是上司）沟通时，备忘录非常管用。备忘录或电子邮件可以帮助我们找到那些很忙的人或无法会面的人。如果出现问题，备忘录还能证明我们曾联系过老板。[12]

121 下面是一个清楚的、简明的、信息含量丰富的备忘录例文。

> 备忘录
> 收件人：所有领薪员工
> 发件人：艾伦·雷诺兹，人力资源部经理
> 日期：2004年10月3日
> 主题：工资单发放变动
>
> 在过去几个月里出现了工资发放延误的问题，对此我们已经在工资发放程序上做了不少修改，相信应该能够解决部分问题。
>
> 首先，工资单不再邮寄。在每个月的最后一个工作日，月工资的支票将发放到个人。如果你只用一个账户作为直接存款账户，那么存款就会直接划拨到你的活期账户或存款账户上。
>
> 其次，每月20号前提出差旅和费用报销申请，则可以在当月工资里打入报销费用。报销不再像以前那样用个人支票来支付。当然，这些报销费用不用报税。
>
> 相信工资单发放方法的改变将有助于确保工资的及时发放。

5.5.3　备忘录的类型

备忘录大致可分为两类：通知和请求。这两种常见类型都可以对公司里的大群体（尤其是通知）为目标，也可以个人为目标。

通知

通知（Announcements）包括政策的变化、会议的召开以及人事变动（包括升职）。其他类型的通知包括现状报告，如进展情况、阶段汇报等。下文的电子邮件就是典型的通知。

> 收件人：萨姆·布鲁诺，助理审计员
> 发件人：约翰·奥蒂特，审计员
> 日期：2004 年 7 月 23 日
> 主题：费用削减的程序制定
>
> 122 在季度会议上，董事会做出了指示：在下一个财政年度里，公司的总支出要削减 15%。审计办公室将协助确定从哪些方面进行削减。
>
> 请制定出一套程序，以决定下一个财政年度公司可以在哪些方面进行削减，且不会对公司的生产和公众形象产生较大影响。这套程序应当把公司所有级别的组织都考虑在内。
>
> 我希望在本周五之前得到你的推荐程序，下周二我将向主席汇报。如果有任何疑问，请来找我。

行动要求

行动要求（Requests for Action）备忘录的本质决定了它的结构。当管理者要求的行动属于其权限范围之内时，直接命令是合适的，备忘录可以用明确的主题句开头。当要求可能遭到反对的时候，主题句不应太过具体，策略的劝说性应更强。不管是直接提出还是间接提出，备忘录通常要求列出行动步骤，为了行动成功还要在措辞上花费一番工夫。注意，前面的备忘录除了有通知作用之外，还对下属提出了行动要求。

表格式备忘录

有时，某种类型的备忘录被频繁地使用，以至于人们将它形成表格。表格式备忘录（Form Memos）被用来报告组织中常规性的问题、活动或者开销，作者只需在空白处填上相应信息。

有一种表格式备忘录叫做“文档备忘录”（Memorandum to File）或“档案备忘录”（Memo for Record）。它记录了关于会议、电话会谈、对人的印象、对于潜在问题的观察等信息，以及作者可能想到的其他想法。通常，这种备忘录不经常使用，只在后来需要回顾某些事实的时候才会派上用场。如果新观点被记录下来，人们就能在将来回顾、发展，并在适当的时候实施这些新观点。

5.5.4 商务中的政治用途

前一章提到，管理者属于一个“话语团体”，他们的写作有着自身的特点和作用。备忘录就是管理者策略工具的一个例子。在组织中，管理者表面上利用写作传达通知和行动要求，同时他们还将写作用于其他策略性的应用中。具体用法详述如下：

备忘录的一个政治用途就是抄送名单。管理者可以通过把某些人包括进或排除出“抄送”名单，从而达到保护自己、公开联盟以及表明喜好的目的。

另一种应用方法是写备忘录作为会议总结。表面上，这样的备忘录是为
123 了“存档”需要，然而它对会议或谈话的记录却能够影响人们的理解。会议记录成为了事实，而且还可以证明某观点最初是由谁提出的。

另外，备忘录还有一个政治策略应用是为同事的备忘录附上说明备忘录（Cover Memo）。如果原来的备忘录被认为很糟糕，那么在说明备忘录中可以提出另一种观点。

对于管理者而言，如果把任何东西都写下来，那么将使其成为永久性的记录，这样做带来的教训可能是惨痛的。在有争议的情况下，在书面上形成自己的观点时，管理者需要三思而后行。“常规”文件也能对管理者的有效管理产生重要影响。

总结

在写作信件、电子邮件和备忘录时注意策略的运用将带来很大益处。而在实际工作中，这些书面文件经常是自动生成的非个性化信息。写作常规信息时应当考虑读者的要求，关键在于确立“对方态度”。有“对方态度”的

作者会将自己置于读者的位置，做好与读者沟通的准备。“对方态度”也影响文章的格式：好消息和中性信息适合用直接策略；坏消息需要用间接策略。直接策略把主要观点放在开始；间接策略则把主要观点放在后面。

在信件的写作中要小心处理否定性语言。作者应当把否定信息放在次要的位置上，避免使用“不”以及有否定内涵的词语。

直接信息的常见类型有询问、对询问的积极回答、索赔信和对索赔要求的积极性回复。

间接信息包括对询问的否定回答、对索赔的拒绝以及劝说式的信息。

备忘录是组织内部最常用的书面沟通方式。它是一种有效的、直接的信息，要求一定的策略考虑。对于经理来说，备忘录可以用来与小组沟通、确认职责、与反对者沟通、与无法会面的人沟通等。备忘录可分为两种类型：通知和行动要求。对于常规及经常使用的备忘录，往往有表格形式。

另外，打印出的备忘录、电子版备忘录、电子邮件都是办公室中的常用沟通手段。

小组讨论案例

案例5-1　索赔拒绝信

你是某家具制造企业的销售经理，最近刚刚收到海勒姆·布莱洛克先生
124 写来的措辞强硬的投诉信。海勒姆·布莱洛克先生在邻近城市拥有一家大型酒店，最近正在装修，并向你特别订购了115套特殊规格的床头板。

他订购的床头板比常规特大号床要窄1.5英寸，同时还专门指定与此类床头板的常用油漆不同的油漆，最后还要求每张床头板上压印酒店的标志。你完成了这个订单并且在一周前已交货。

他还从一家现在已经破产的制造商那里直接订购了床垫。该厂商在破产前交了货，比你公司的床头板早一周到达酒店。但问题是所有这些床垫都是按照常规尺寸制造的，而不是根据较窄设计的床头板尺寸制作的。

布莱洛克要求你取回现在的货物，要么根据常规床垫大小修改尺寸，要么发送另一套尺寸的货物（当然，同样要求使用特殊的油漆并且压印酒店标志）。

显然你不能同意他的要求，所以要写一封得体的有策略的拒绝信。事实上，这件事对你有利，他订购并收到了根据其要求尺寸和指定油漆制作的床头板。然而问题是不能使用否定性语言或用说教性的措辞。如果他一定要改

变订单床头板的尺寸，当然是可以的，不过要收费。最重要的是，你需要留住布莱洛克这个客户。

案例注意事项

这个案例会诱使作者写信时使用与布莱洛克的索赔信同样的强硬方式。作者在做出否定性答复时，应采用适当的间接策略，在提醒布莱洛克时应避免给人以说教的感觉。提供选择方案（如改造床头板）是一种策略，不过不能让布莱洛克觉得是因为感到愧疚才提出这一方案的，因为如果信件让布莱洛克感到作者有愧，那么作者将会面临更多的问题。

案例 5-2 询问信

你是一家保险公司的人力资源部经理助理，这家公司的业务范围包括你所在的州和邻近的其他三个州。你的公司最近修订了退休和雇用福利政策，你的任务是与所有员工就这些变化进行沟通。

由于有些政策变化很复杂，你必须到所负责区域的四个地点与公司的代
125 理及其员工会面。在每一个地点，你都需要为员工安排酒店住宿，你还需要一间有屏幕并能播放幻灯片文件的会议室。

因为公司今年的业绩非常好，所以管理层希望员工可以在酒店里过得尽兴，因此你还需要询问酒店的娱乐和餐饮设施。

Beacon 酒店位于临近州的一座大城市里，你要写一封询问函给该酒店。这封信询问的信息将帮助你决定该酒店是否是合适的会议地点。在信中应明确表明你还会寻找其他的酒店，以寻找最佳的服务价格。

案例注意事项

这个案例中最常见的一个问题是信件不够明晰。这封询问信实际上比看上去要复杂。有些人很容易把它写成简短的信件，导致酒店市场经理无法详细答复。除了内容详细之外，信件还应该建立良好关系，作者可能有兴趣与读者在将来进行更多的业务往来。

案例 5-3 请求拒绝信

你是 Flosheen 公司总裁 R. D. 斯宾塞先生的行政助理。Flosheen 的工厂和公司总部雇用了 300 多名员工。每年这些员工都为城市的年度筹款活动慷慨解囊。斯宾塞先生还组织了一个志愿者项目，让一些员工在工作时间从事慈善项目。

今天，在办公桌上你发现了一封给斯宾塞先生的信。这封信来自一个全国性的青年组织，他们打算在你工厂附近为他们正在开发的一个项目举行筹款活动，并请求得到你们公司的许可。这个组织打算为其出色的成员建立一个奖学金。

斯宾塞先生在信件的下方写了个简单意见，要求你拒绝他们的要求。按照指示行事，还要与该青年组织保持良好关系。措辞要积极坚定，不能让该组织搞不清楚其要求到底有没有被拒绝。

案例注意事项

因为这封信必须体现善意，作者必须在拒绝请求时有技巧。一种方法是提出或许可以将该组织放在公司明年的捐款目录中，但是不要让信件的读者认为如果他们再写一封信便可以达到第一封信没有达到的目的。信中还需要解释为什么公司总裁没有答应这一请求。

尾注

126 1. Gilbert C. Storms, "What Business School Graduates Say About the Writing They Do at Work," *Bulletin of the Association for Business Communication* XLVI, no. 4 (December 1983), pp. 13–18.

2. JoAnne Yates, "The Emergence of the Memo as a Managerial Genre," *Management Communication Quarterly* 2, issue 4 (May 1989), p. 486.

3. Mary K. Kirtz and Diana C. Reep, "A Survey of the Frequency, Types, and Importance of Writing Tasks in Four Career Areas," *Bulletin of the Association for Business Communication* 53, no. 4 (December 1990), pp. 3–4.

4. Edward Goodin and Skip Swerdlow, "The Current Quality of Written Correspondence: A Statistical Analysis of the Performance of 13 Industry and Organizational Categories," *Bulletin of the Association for Business Communication* L, no. 1 (March 1987), pp. 12–16.

5. Stephen B. Knouse, "Confidentiality and the Letter of Recommendation," *Bulletin of the Association for Business Communication* L, no. 3 (September 1987), pp. 6–8.

6. Marlys Harris, "Gaining Through Complaining," *Money*, May 1982, pp. 174–75.

7. Mohan R. Limaye, "The Syntax of Persuasion: Two Business Letters of Request," *Journal of Business Communication* 20, no. 2 (Spring 1983), pp. 17–30.

8. Chadwick B. Hilton, William H. Motes, and John S. Fielden, "An Experimental Study of the Effects of Style and Organization on Reader Perceptions of Text," *Journal of Business Communication* 26, no. 3 (Summer 1989), pp. 255–70.

9. Jeanette Gilsdorf, "Write Me Your Best Case For . . . ," *Bulletin of the Association for Business Communication* LIV, no. 1 (March 1991), pp. 7–12.

10. Marie E. Flatley, "A Comparative Analysis of the Written Communication of Managers at Various Organizational Levels in the Private Business Sector," *Journal of Business Communication* 19, no. 3 (Summer 1982), pp. 35–50.

11. Gerald J. Alred, Charles T. Brusaw, and Walter E. Oliu, *Business Writer's Handbook*, 6th ed. (New York: St. Martin's Press, 2000), p. 434.

12. Max Rose, "A Memorandum About Memos," *Supervisory Magazine*, March 1980, pp. 6–8.

Chapter **Six**

127 第6章 管理报告和提案

读过官方文件的人都知道，在长篇累牍的报告中，重要的事实是多么容易被那些看似坦白而无所不说的语句所掩盖。

——伍德罗·威尔逊（Woodrow Wilson），美国第28任总统

报告是组织中最重要的沟通方式之一。它们形式各异，功能各不相同，保证了数据在组织内部的有效传递。管理报告应当结构清晰、内容客观，传递的信息可以被证实，并有助于达到某一目的或解决某一问题。

有证据表明，在商业活动中，报告的重要性短时间内不会很快降低。在一项调查中，商科专业的近期毕业生中，有65.6%的被访者表示经常写信息型报告，有31.3%的被访者表示有时写信息型报告。此次调查还显示，40.6%的被访者经常写分析型报告，而43.8%的被访者有时写分析型报告。[1]

另一项更大规模的调查对最近的商科毕业生进行了访问（837 名被访者），有74%的人有时、经常或非常频繁地写短报告。同一项调查中，有42%的受访者有时、经常或很频繁地写长报告。[2] 另一位研究者发现，在私营企业里，报告的写作量在不同级别上有差异：中层经理比低层经理写得少一些，而高层经理又比中层经理写得少。[3]

报告的读者可以是组织内部的，也可以是外部的。在写报告时，管理者会非常注重内部报告在管理上所能起到的作用。报告是管理者控制组织行为的重要工具。管理者的工作任务包括策划、组织、执行、评估和改进，并需要某种媒介以完成这些任务。内部报告是实现这些目的的一种工具。有些内
128 部报告描述的是现状或工作进展情况，有些则是报告前一阶段管理决策的实施结果，还有的传达管理者对于结果及绩效的评价，并对目前政策和程序应如何变化提出建议（或是命令），以期带来更好的效果和更高的效率。

管理者的报告有时也会针对组织外部的读者。例如，公司的年度报告就

是写给公司股东和其他股票持有者的。政府监管部门也常常要求公司定期递交报告。对于这么多不同的报告写作情形，管理者必须掌握写作方法，知道如何分析问题、解决问题，并且把结果同组织内部及外部的读者进行沟通。

6.1 报告写作过程

一般来说，管理者写报告不外乎三种原因。最常见的原因是有人要求他们写报告。比如，如果一位高层经理发现某个领域的信息不够，或是有问题需要解决，就会要求下属补充信息或是解决问题。第二个原因是，报告是公司日常事务的一部分。所以，写作或定期报告是管理者的常规职责。第三个原因，管理者可能会自发地写报告，也许是自己补充缺失的信息，也许是与同事分享信息或提出变革建议。

6.1.1 基础准备工作

当然，管理者并非一坐下来就能一份接一份地写出报告来。通常他们都必须先做基础准备工作。往往预备工作比真正的写作还要耗时，这一点令一些人对写报告望而却步。[4]

确定问题和目标

在接到报告写作任务后，管理者必须确定写作能带来最佳结果。作者的时间不仅对于公司来说是宝贵的，对于作者本人来讲也是如此。盲目浪费宝贵的时间对个人精力和公司资源都是损失。

首先，报告作者必须明确需要研究的问题或目标是什么，授权写此报告的人想了解些什么。问题可能是某位管理者想向你了解一些信息，比方说，关于某种食物口味的数据和消费者市场状况介绍；也可能是某位管理者需要你的分析意见，因此你必须从几种选择中挑出一个，并提出行动计划。

制定方案

一旦问题和目标确定后，收集数据前的一个步骤是形成解决办法或行动
129 项（Action Item）。管理者必须分析变革需求，并确定最佳改进方案。例如，某工厂的生产率下降，管理者需要明确下降的原因并提出解决方案。生产率下降的原因可能包括原材料短缺、设备故障、过多的病假或是各种原因综合作用的结果。

分析完原因后，作者便可以制定解决方案。在确定哪种计划最合理时，还要考虑各种限制条件，如资源限制和时间期限等。

寻找数据

分析完问题并确定需要哪些信息后，管理者就开始搜集数据以支持自己的观点。大多数商务报告所需的数据都是原始数据，即作者通过访问、调查、实验和观察收集到的数据。有时候也引用二级研究数据，即已经出版的数据。

下一步就是收集并分析数据。最后，管理者把分析结果整合成读者容易接受的更加明了的格式。挑选和描述辅助数据时必须仔细，以更好地达到写作目的。

6.1.2 报告的分类

了解最终报告将采取何种形式有助于作者估算出需要花费多少工夫，还有助于作者制定时间和资源预算。

给报告分类有不同的方法。也许最有效的一种分类方法是根据正式程度分类。这种连续统一体以最不正式的报告为开始，这种报告很像表格，管理者只需填空即可，或是简单地叙述或描述。这种报告的例子有旅行报告、费用报告和考勤报告。

连续统一体中接下来是信件或备忘录报告。这两种文件都可能长达几页纸（十页的信件报告也不是什么新鲜事）。

连续统一体中再接下来的报告就更加正式了，需要有前页。因此，作者要加上一个传送文件（Transmittal Document）、扉页以及目录。可能还需要附录和术语表等附属资料。在本章的后面，我们讨论正式报告中这些要素的具体内容。

6.2 策略考虑

跟其他类型的沟通方式一样，报告应当反映精细的策略决策。这些决策包括很多方面，其中有一些非常细微但很重要。

130

6.2.1 格式

报告的格式是写作者精密策略决策中的一个环节。一般来说，报告的内容越重要，格式就越正式。同样长度也要与格式相适应，较长的报告看起来更正式。下面是影响格式的其他几个因素。

读者

报告的目标读者至少部分地决定了该报告的格式和正式程度。一位管理者写报告推荐购买某种元件，如果读者是公司审计员，可以选择备忘录的形式；如果读者是CEO，就可能采用（有书名页的）简短报告的形式。与CEO会面时，我们的着装要比与下属见面时正式得多；同样，我们的报告也要根据读者对象的不同而进行修饰和调整。

努力程度

决定报告形式的另一个重要因素就是花在调研和准备报告上的工作时间。通常与时间相关的就是报告的长度，长度通常能反映付出努力的程度。只需要打一些电话，花半个小时写作的报告在形式上就没有太多要求，但是经过数星期精心策划，对试验仪器进行管理和评估后，并花上几天时间写成的报告就不同了。努力程度越高，越要采用正式的报告形式。

重要性

我们也必须考虑报告发现的价值。有些发现要比其他发现更为重要，例如，写一份门卫服务新内容的报告与写一份推荐新生产线的报告所花费的精力相当。但是不难想象，后者的重要性要求其报告形式比前者更为考究。

任务要求

报告作者应当运用任务要求中的线索。如果管理者对你的任务要求是"找到答案后立刻给我发封电子邮件"，而你却准备了一份正式的报告，可能就没有必要。如果同一位管理者给你布置了另一项任务，并要求你把报告抄送给高层管理者，那么这一份报告应该更加正式。

惯例

报告采取的格式也同惯例有关。新上任的经理最好了解一下公司对于某些类型的工作通常采用何种沟通形式。许多公司都制定了明确的标准指南，比如，美国埃克森公司（Exxon）、霍尼韦尔（Honeywell）公司和埃森哲公司（Accenture）。定期性的报告需要在形式上与以前的报告保持一致，因此管理者要考虑以往惯例。

131 6.2.2 观点的排列

报告写作者必须考虑的另一个策略决策是信息在报告中出现的顺序。

直接顺序

如前一章所述，直接顺序是把主要观点置于首位，然后再详述细节。在传递好消息或中性信息时，适宜使用直接顺序。另外，在短报告中读者可能同意作者观点的情况下，也最好使用直接顺序。

大多数人接到报告时的态度是中立的，而且读者需要作者的建议以决定采取何种行动，因此读者对报告的观点了解得越早越好。当读者信任作者时，最好也使用直接顺序。如果读者需要对任何观点进行核实，可以在正文部分找到详细的阐述。

间接顺序

间接顺序通常适用于长报告和提案中。传统的“介绍+主体+结论”的归纳型文章结构在这类报告中仍然比较常见。当读者会把结尾理解为坏消息时，无疑应当使用间接的方法。同样，在提案或劝说式报告中，如果读者不同意报告的结论，那么就要使用间接顺序，一步步引导读者得出结论。

6.2.3 主体部分的组织

不管作者使用直接顺序还是间接顺序，报告的主体也都需要精心组织。主体部分通常介绍结论的根据及建议的原因，这一部分需要考虑一致性因素，从而保证材料以最清晰、最有效的形式组织起来。

如何组织主体部分要视具体情况而定，根据研究的问题、信息的本质和读者的需求不同而各有差异。最常见的组织顺序是根据时间、地点、数量或标准（或因素）。所选定的组织顺序应当能够通过一系列明显关联的部分，使读者的阅读从主体的开头直至结尾顺畅无阻。[5]

时间

时序组织法显然适用于按时间先后顺序排列的材料。任何记叙活动的报告都适用这种顺序。例如，季度报告按月组织内容。时序组织法对作者来说非常方便，可以根据时间顺序从后往前写或从前往后写。一旦确立了以时间为顺序，先写什么后写什么就很容易解决了。

132 **地点**

按地点来组织比按时序来组织更复杂。这种模式适用于同时发生但事件不同的活动报告中，例如，公司中几家子公司的活动月报。地点顺序也适用于描述性报告。在复杂的报告中使用空间组织可以说明事物发展的顺序。例如，介绍美国各区域时可以采用顺时针的方式。

数量或规模

如果使用的数据是量化的，那么可以按照数量或规模组织主体部分的内容。例如，研究城市家庭特点的报告可以按家庭人口或家庭收入来组织；讨论城市的报告可以按人口数量来组织；而销售报告则可以按销售情况排序，首先介绍销售得最好的产品。

标准或因素

按照标准或因素来组织主体部分是最后一种方法。这种方法包罗万象，使用广泛，也是最有用的一种。在这种方法中，报告的主体按照导致结论的相关因素来组织。在一份信息型报告中，这些因素即信息的类别。例如，同类销售市场特点的研究报告就可以按照收入、年龄、教育水平和消费品位来组织。

在评估型报告中，结论和建议总是基于某些评判标准或依据。例如，管理者写人事报告推荐某位求职者时，可以按照该职位的最适宜特点来组织报告。例如，评估某人是否适合做办公室助理时，可以从计算机技能、沟通技巧和办公室工作能力等方面入手。

推荐型报告可以根据可选解释方案来组织。建议书的每个主要部分详细阐述某一种可能的选择。例如，一份建议买车的报告，开头可以先概述一下总体标准，如安全性能、舒适度、价格及可信度。然后，分别详细描述备选的三四种车。最后，读者需要比较的性能在报告的某一处集中列出。例如，可以在报告中单独用一页纸比较各种车的价格。报告最后总结并建议购买其中某一款车。

6.2.4 标题

所有的商务报告（不只是正式报告）都需要使用小标题。标题告诉读者
133 接下来内容的相对重要程度。标题还是指引读者阅读报告的有效路标。在报

告中，使用标题可以留出空白空间，从而在视觉上吸引读者的注意力。下面的几段将介绍报告标题的写作原则。

内容

写标题的时候要时刻为读者着想。标题应当描述接下来的内容，而且要简短。一般来说，一级标题不超过七个字，再次级的标题字数应该更少。

报告作者可以从不同标题体系中进行选择。下文及图 6-1 中所示的标题体系可以满足大部分的需求。

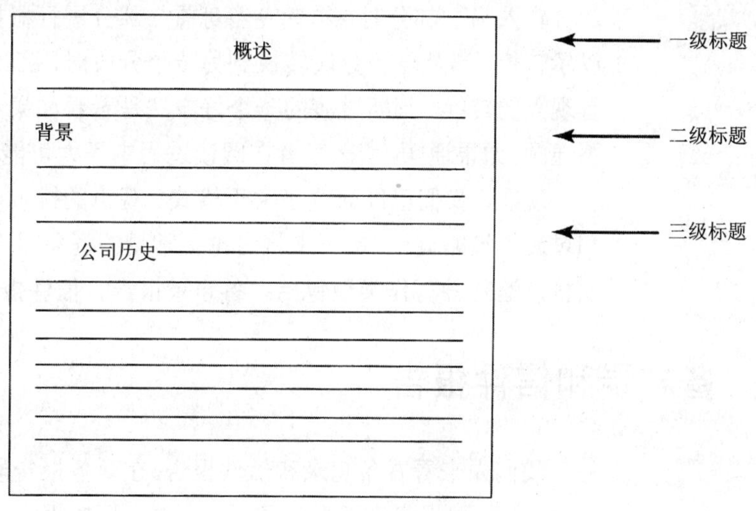

图 6-1　报告标题格式举例

一级标题

一级标题用于报告各主要部分，包括序言（如简明摘要和目录）、引言、报告主体的各主要部分及结尾。为了显示标题的重要性，可以居中、加粗、用大字号或全部大写。如果报告使用双倍行距，一级标题要与正文保持三倍行距。作者可以自由选择使用哪种设计，但一旦选定一种设计，必须在报告全文中前后一致。

二级标题

二级标题表明其下方的内容从属于报告主体的主要部分。这些标题通常从左边空白处顶格写，使用加粗字体，重要词语的首字母大写。二级标题下面空两格开始写正文。

134

三级标题

一般来说，报告分到三级标题就足够了。作者可以缩进三级标题、加粗、大写首字母（标题中的专有名词所有字母都大写）。通常要在三级标题后加上一个句号，然后空两格，在同一行继续写正文。

6.2.5 过渡

标题可以起到过渡作用，除此之处还可以使用其他过渡法。从一个主要部分转入另一部分时，作者应当对前一部分进行概括，并且提示下文的内容以示转换。当从一个分段转换到另一个分段时，应当用一句简短的话提示读者观点的转换。判断过渡的一个好方法是看看如果没有标题，正文读起来通不通顺。如果通顺，那么读者在阅读过程中不太可能找不着逻辑或感到困惑。

现在，我们已经研究了关于格式、观点的排列、主体内容的组织、标题和过渡等策略问题，接下来将讨论更常见的商务报告的几种写作类型的内容安排，这几种写作类型包括：备忘录报告、信件报告和正式报告。

6.3 备忘录和信件报告

我们先来看看备忘录和信件报告。在商务报告非正式到正式的连续统一体中，这两种报告靠近非正式报告一端。短幅报告被越来越多地以电子文档（如电子邮件附件）的方式传递，而不再是纸张文件。无论是纸张文件还是电子文档，都应当遵循下列原则。

6.3.1 备忘录报告

备忘录是在组织沟通中最不正式的一种报告，但非常高效实用。备忘录中总是有固定形式的标题——收件人、发件人、主题和日期，它们位于报告的最上部，以便有效地发送，读者亦可迅速理解其目的。上一章讲到的主题词的编写原则同样适用于此。在间接顺序的报告中，主题栏不能透露结论。

引言

备忘录报告开头简短的引言部分通常告诉读者报告的目的以及是由谁委托的。例如，“受您 6 月 8 日的委托，此报告评估了三种复印机并建议购买其中一种。”更适合的说法不要求那么正式，如“前不久您要我调查购买复印机的事”。

135 在报告中说明信息的获得途径也非常合适，如“我给三家生产商的销售代表打了电话”或“我看了三家公司提供的销售材料”。虽然问题的调查范围通常是显而易见的，不过在报告中介绍这一范围也是恰当的。

采用直接方法的报告会在开头部分表明报告的结论或建议。在前面关于复印机的例子中，使用直接方法的作者可以在第一段的最后一部分就写明建议购买哪一种复印机。

主体

无论报告采用的是直接或是间接顺序，备忘录报告的主体部分都要详述作者得出某结论的原因。为了使人一目了然，标题常常与内容分开，或者居中，或者居左。标题可以引导读者阅读具体内容，读者只需扫一眼就知道该部分讨论的内容是什么。

列表也是写作备忘录报告时很有用的内容组织工具。作用必须写入列表，不过通常不超过一句话。列表可以削减文章长度，而且由于简单明了，也有助于读者理解和记住报告内容。为了便于读者理解，列表应当使用相同的语法结构。例如，在关于复印机的报告中，作者可以像下面这样陈述。

我对复印机的性能评价归结为以下四个方面的内容：

- 能耗
- 运行成本
- 运行速度
- 维修频率

当然，写作者必须小心，不要让备忘录退化成列表的组合。管理者在努力提高报告效率的同时，要避免将报告变成大纲或短语的堆砌。

在备忘录报告中，管理者也可以运用视觉辅助工具（稍后讨论），以帮助读者识别中心观点和支持性材料。

结尾

备忘录的结尾需要认真对待。如果报告使用的是间接顺序，那么最后一段应当给出结论和建议。如果使用的是直接顺序，那么可以谈完最后一个观点后就结束文章。为了表明文章到了结尾，作者在最后一段中可能会使用过渡性词语，例如，“最后，我对复印机的运行情况进行了检测，发现……”通常这种过渡足以表明文章到了末尾。

136 6.3.2 信件报告

信件报告与备忘录报告类似，但是有三个根本的区别：格式、语气和读者。

格式上的区别是必然的，如信件报告中要有收件人的姓名与地址（英文信件中要有此类信息。——译者注）；格式上的区别还在于惯例不同，如信件中要有称呼语和结尾问候语。信件报告中必须写收件人的姓名与地址，因为报告的读者来自于组织外部，而备忘录只需要在组织内部传递即可。

两者之间更细微的差别在于语气。因为信件报告是送递到组织外部的，所以成了建立良好关系的工具，因为意味着更多的业务合作。所以，信件报告要比备忘录报告更强调读者的利益，常常在结尾处表示希望保持良好关系，期待继续合作等。

组织

信件报告可以使用直接顺序也可以使用间接顺序，不过大多数情况还是偏向于间接方式，因为与读者有一定距离，所以往往难以把握他们的反应。如果报告的发现对读者来说毫无疑问是积极的，可以用直接顺序。在这样的情况下，一个清晰的主题栏就可以告诉读者问题的实质及报告提出的解决办法。

引言

与备忘录报告一样，信件报告需要一个简短的引言，让读者熟悉该报告的目的。通常只用一句话就可以说明写作目的及受谁委托（或指出是受谁的请求而写）。例如，“根据您上周信中的要求，以下是我们使用 Ace 维修服务的情况报告。”另外，有时还可以介绍一下报告的范围和具体细节所使用的方法，当然这些将在主体部分具体论述。

主体

信件报告没有固定长度，8—10 页也不稀奇。

在信件报告中使用标题是有益的，尤其对于长篇报告更是如此，因为标题可以迅速地告诉读者各部分的重点是什么。有时管理者写的报告是对读者一系列问题的回复，所以标题也可以反映读者的问题。与备忘录报告一样，在信件报告中也可以应用使用列表（Bulleted Lists）。

结尾

如果结论和建议留到报告的最后才讲，那么应当把它们放在最后一段之前。信件报告的最后一段一般用来表示希望建立良好关系，因为读者希望看
137 到作者的个人投入，而作者也希望能够以肯定的语气结尾，并表示期望与读者进一步合作。

6.4　正式报告的组成部分

虽然你可能不需要经常写长篇正式报告，但是一旦需要写这种报告，你就会想把它写好。正式报告往往是以打印文档的形式递交给读者，较少用电子文档，不管是给内部读者还是给外部读者都是如此。下面，我们首先讨论报告的前页，然后回顾一下报告本身，最后看报告的附加材料（见表 6-1）。

表 6-1　正式报告的组成部分

文　前	报告主体	附加资料
标题页	引言	参考书目
扉页	主体	参考文献
传送文件	综述	附录
目录	结论	
图表目录	建议	
简明摘要		

6.4.1　文前

这部分放在报告之前，通常与报告的长度和正式程度直接相关。报告越长、越正式，前面内容越多，每部分内容占据一页纸的空间。

138 **标题页**

有些正式的报告（通常是长篇幅报告）以标题页作为第一页，在这页上只有标题出现。此标题是报告中的一级标题，位于整页的垂直中心稍上的位置。如果需要，标题可以分布在连续的几行，在第一行下的几行更短一些，全部居中。

拟定报告题目时，作者必须简明和完整地描述报告的目的和主题。正是由于标题要能完整地反映内容，因此商务报告的标题通常要比文学作品的标

题长。

扉页

扉页是大多数正式报告的第一页。一般来说，由四部分组成：标题、读者和作者的完整身份信息、日期。完整的身份信息包括：姓名、职位、组织、城市和州名。在介绍读者和作者信息之前通常会有“呈送给……”或“为……准备”和“由……准备”等字眼，如果读者和作者的组织和城市名一样（如内部报告），则组织名及城市名可以略去不写。这些信息应该均匀分布在扉页上，并且横向居中。

传送文件

正式报告中接下来的是传送备忘录或信件(不过有些作者会把它夹在报告的封面上)。在内部报告中称为传送备忘录，在外部报告中称为传送信件。一般说来，如果报告不是作者亲自递交给读者的话，那么传送文件就起到了代替作者和读者所要进行的谈话的作用。

传送文件中的第一段有三个作用。首先写明“这是……的报告”，另外还要简单地陈述报告的性质，以及有关报告写作的授权细节。注意所有这三个目的应当用一句话来表达，比如，“根据您 7 月 10 日备忘录中的要求，此报告是有关成本控制的选择方案。”

传送文件的主体内容随具体情况而变。一般来说，主体部分可以激发读者阅读、理解并运用报告的内容。此外，作者还需对在报告的调研及写作过程中给予过帮助的人表示感谢。

一般来说，在传送文件的结尾作者会提出行动请求（如“读完报告后，请给我电话”)，并表示出希望建立良好关系的姿态。在结尾处还要感谢读者把这项报告任务交给你，并表示愿意继续提供服务。对有些人来说，对给你布置任务的人表示感谢似乎有些难以理解。持有这种怀疑态度的人要记住，写报告的任务是展示你的分析能力和沟通技巧的绝好机会，当有升职机会时，别人会仔细地考察和评估你的这些能力和技巧。

目录

紧接着传送文件的是目录。现代文字处理软件可以根据正文的标题和副标题自动生成目录。目录的真正价值在于可以使报告的各部分一目了然，读者可以根据页码很快找到感兴趣的部分。

如果你必须亲自创建目录，那么就要确保目录里的标题和正文中的一致。此外，为了使页码和条目相连，可以使用指引虚线（由交互的句点和空
139 格组合而成，与条目排成一行）。页码应当右对齐。

图表目录

对于有超过五个图表的报告来说，可以使用表格和图形目录，如技术报告等。如果需要并且空间也足够的话，这个目录可以从目录下方空几行处开始。题头就写“图表目录”，格式与总目录一样。大多数作者都把图表目录分成表格目录和图形目录。先写表格和图形的编号，紧接着写标题，然后是指引虚线，最后是页码。

简明摘要

在正式报告中，接下来的序文部分就是简明摘要。简明摘要也称为摘要、大纲、综述，是对报告内容的概括。[6]管理者往往只对报告的要点感兴趣，往往只阅读报告的简明摘要而不是通读整个报告。简明摘要的写作难点是提炼出报告的主要事实、分析和结论，在涵盖每个关键要点的同时将篇幅控制在报告长度的十分之一左右。

6.4.2 报告主体

报告正文部分先是引言，然后陈述所有信息，最后提出结论或建议。下面几段将详述各部分的内容。

引言——必要部分

正式报告主体的第一页是引言，一般用一级标题表示。引言部分由很多因素组成，有些因素必不可少，有些则视情况而定。这些因素没有统一的顺序规定，但下面介绍的顺序对大多数情况都适用。

首先，每个引言都应当包含报告的目的。一般来说，报告目的可以告诉读者将要研究的问题是什么。[7]你可以直接阐述报告的目的，如“这篇报告的目的在于……”或者“这篇报告建议采纳新程序，以便……”

另一个大多数报告都不可或缺的部分是授权人信息。通常可以一笔带过，如“根据您12月10日的要求，本报告……”或“根据布鲁斯·费林先生3月5日的委托，我们写出此份报告，以解释……”指明报告是受谁的委托而写很有用处，这样可以建立一条清晰的责任链，说明为什么要投入时间、

精力和资源撰写这份报告。只有一种情况下不需要指明，即作者自己主动写报告的时候。

报告的引言中还应说明研究方法。一般来说，读者都想知道写作者是怎样找到数据的，因为知道了其研究方法就可以推测出内容的权威性。如果报告引用的是在图书馆中找到的研究成果，那么作者只需说明使用的是二级调研资料（Secondary Research）。如果材料来源于一级调研（Primary Research），作者就要详细描述收集数据所用的方法，这样读者可以判断研究质量。

最后一个必要的、往往置于引言最后部分的内容，是告诉读者报告的结构，即报告的主体部分以何种形式组织在一起。这一部分内容极其重要，标志着报告即将转入主体部分，同时也使报告的主线清晰地印在读者脑中。报告的结构介绍通常可以简单地写成："此报告首先……然后……最后……"报告必须严格按照引言中介绍的顺序展开叙述。

引言——可选部分

根据读者和作者的需要，引言中还可以包括其他部分。例如，说明报告受到哪些外部条件的限制，并具体说明这些条件因素对报告调查范围产生了哪些影响。最典型的限制条件是财政限制，作者的预算常常有限，无法广泛进行调研或开展详尽的人口抽样调查。时间是另一种常见的约束条件。报告提交的最后期限往往限制了调研的深度。

引言中另一个可以写的内容是报告研究范围。在描述范围时，作者需要思考读者期望从报告中得到什么。如果他们的期望和报告的内容不一致，那么作者就要简要描述一下报告涵盖了哪些领域和没有涵盖的领域。例如，在为工厂推荐一个新厂址的报告里，作者需要在报告范围说明中指出，报告只研究了四个最佳厂址，不包括建筑和工程等方面的细节，这些细节将另外介绍。

有些报告的引言中需要对某些词语进行定义。如果有几个关键术语贯穿报告始终，且读者不熟悉这些术语，那么就应该在引言部分对之进行定义。如果只有少数几个术语且只出现几次，那么应该在术语第一次出现时进行定义。如果有很多词汇需要定义，那么应当使用术语表。

有时，需要简单地介绍报告所讨论的问题的背景情况。有些作者将背景介绍放在引言部分，有些人将背景介绍放在报告正文中。简短的背景介绍更适合放在引言中，而非放在报告主体中。

141 **主体**

紧接着引言的是报告的主体。由于大多数的提案报告采用间接顺序，所以结论和建议在报告的结尾才出现（但是位于所有附加文件之前）。如果是信息型报告或内容不敏感的报告，可以使用直接顺序，结论和建议直接放在引言之后。

在正式报告的主体部分中，通常使用标题以突显信息的内容，本章前面提到了标题的部分写法，当然也可以采用其他写法。值得注意的是，标题不能满足所有过渡要求。有必要的话，需要重复标题里的信息，以便更好地过渡。

报告的主体内容应当结构合理，前面已经讨论过文章的结构组织原则。报告的主体内容应当连贯，使读者感觉顺畅。必要时还要使用相应的过渡技巧，使报告的主要部分和次要部分连接自然。

报告主体还应当显得客观。一般来说，劝说式报告（比如给潜在客户的提案）不像信息型或分析型报告那么冷静客观。但是在所有的报告中，作者都要区分事实和推断。如果是假设或推断，则应使用明确的词语表明这一点，如“假设……”“这些数据表明……”如果将假设或推断当成事实陈述给读者，那么整个报告的可信度将因此受到影响。

英文报告的主体部分还要有正确的时间观念。时间观念指的是陈述报告结论时或参照报告中其他部分内容时所用的时态。如果调查的时间比较接近写作时间，且数据没有发生变化，则可以使用现在时。例如：

“Fully 68 percent of our employees *believe*（此处动词为现在时。——译者注）that their benefits are adequate.”

同样，作者在引用报告其他部分的内容时也可以使用现在时。例如：

“Table 2, in the previous (or next) section, *presents* the responses to questions 4,5 and 6 of the questionnaire.”

如果数据已经发生变化，比如引用别人几前年的研究成果时，应当使用过去时。例如：

“In the Gifford study, 51 percent of the respondents *reported* dissatisfaction with their benefits.”

为了保持一致，提到报告前面部分的内容时使用过去时，提到报告后面将要提到的内容时使用将来时。

总结、结论和建议

大多数正式报告的最后一部分内容是总结、结论和建议。信息型报告最后只需总结即可，分析型报告的结尾需要有结论或建议，提案的结尾通常将建议部分单独列出。

142 结论部分只需列出作者的分析结果。如果作者讨论的是新工厂选址的几个备选方案，那么可以在结尾处总结说明："地点 A 是价格最低且最方便的地点，而地点 B 对公司来说最大、最近，也最安全。"

建议比结论更进一步。为了写好建议，作者必须对如何解决问题做出决策。然而有时候，报告的委托人可能只想得到结论，而不是建议。也就是说，读者只想知道作者的调研结果，至于到底如何决策，读者将自己做出判断。

结论部分不应当介绍任何新信息，报告的主体部分要能够支持所有的结论。当然，建议可能是种新信息，但是建议来自于结论。另外，不能出现论据与结论不统一的情况。

一般来说，使用直接顺序的正式报告在报告的开始部分就介绍结论和建议。对于这种报告来说，最好结尾有个总结，或者也可以在报告最后一部分清楚地告诉读者报告已经接近尾声。

6.4.3 附加资料

是否需要附加资料要视具体情况而定。许多正式报告并没有附加任何资料，但同样是完整的。下面是附加资料的几种类型，作者可根据情况使用一种或几种附在报告最后。

参考书目/参考文献

如果报告中使用了别人的研究成果，或读者有可能需要从资料出处找到原始资料，那么就需要在报告中附上参考书目。也有人将参考书目写为"引用文献"（Works Cited），顾名思义，作者需要将引用的书名、文章名一一列出。此外，作者还可以列出其他对读者可能有用的相关资料信息。不管是直接引用的参考书目，还是没有直接引用但对读者有用的其他书目，都应按照标准的参考文献格式来写。

附录

补充材料应当以附录的形式出现在正式报告中。补充材料包括：财务数据表、图表、工作样本、图片、访谈笔录，以及实体模型等。简而言之，如果觉得读者需要更多信息，但由于信息太长或细节太多，放在报告主体部分会破坏报告的连贯性，那么就可以把它们放在附录中。

附录的格式一般是：每张表格、图形或其他信息都应当单独列在一页，并且编上序号，加上标题。附录的页码应当延续报告正文的页码。报告的目录部分也应当包括附录。

143 本章接下来将介绍商务报告中常见的几种视觉辅助工具（Visual Aids），并介绍如何最有效地使用这些工具。

6.5 视觉辅助工具

视觉辅助工具是一种常见的、非常有效的工具，它可以清晰地用语言表达读者不太容易理解的趋势和关系。大多数关于视觉辅助工具的研究表明，表格和图形可以增进人们对内容的理解。[8]

视觉辅助工具适用于各种长度的报告，常出现在正式报告中。位置可以是报告的主体部分或附加材料部分。视觉辅助工具有许多种形式，例如表格、线图、条形图、饼图和统计图表。报告作者使用哪种形式的视觉辅助工具，取决于所讨论材料内容的性质及读者的需要。

为了更好地解释视觉辅助工具对读者适应性的作用，我们将视觉辅助工具放在从生动性到信息性的连续统一体中。一般来说，比较缺乏相关经验及对商务报告内容不熟悉的读者喜欢生动的辅助工具。所以，一份比较公司在过去三年里产量数据变化的年度报告中，最好使用统计图表。玻璃公司在制图时可以用一个小瓶子来代表成百万个瓶子。这些生动的视觉辅助工具可以明确地表示产量的上升或下降，但却不能显示更加细微的变化。代表百万个瓶子的小瓶子没有办法精确地说明一百个瓶子的问题，我们可以将确切的数量或比例标注在图表旁边以增强信息的力度。

另外，交给上级管理人员的正式报告应当根据他们对数据精确程度的要求使用相应的视觉辅助工具。例如，使用表格比较不同产品几年中的产量情况时，应该注意到，表格虽可以提供大量信息，但却不够生动形象，读者必须自己分析数据，即使分析完数据，读者或许仍然觉得没有什么信息令人印象深刻。

在从生动性到信息性的连续统一体中，处于中间位置的视觉辅助工具是线图。线图对趋势的表现力很强。使用线图可以让读者一下就看出图形所展示的产出率、利息率或收入的变化，以及数量级别所代表的含义。

6.5.1 一般原则

有几个一般原则适用于所有的视觉辅助工具，这些原则能帮助作者创造出清晰的、适合读者需求的辅助工具。

144 **适合性**

第一，视觉辅助工具应当对报告的相关章节起到进一步说明的作用，所包含或象征的数据对正文来说应该是一种补充，而不是重复。仅仅重复正文内容的视觉辅助工具应当放在附录中，而不应当放在报告中，以免造成混乱。除此之外，应当根据数据选择合适的视觉辅助工具类型。

提及和位置

第二，如果运用了视觉辅助工具，作者应当在正文中提及这些工具。最好的办法就是在视觉辅助工具出现之前，在正文中先提及它们。一种简单的说法是“见表××”。另外，要尽量把视觉辅助工具放在接近语言叙述的部分。如果作者把视觉辅助工具放在附录里，那么在正文中可以说“参看附录××”等。

内容

第三，视觉辅助工具的内容应当和文中正在讨论的话题相关。不要在一个图表中放入过多的数据。有些数据可能更适合报告后面部分才出现，有些可能适合在报告中出现两次或两次以上。

除了要和内容相关之外，表格还要简洁。要尽量使视觉辅助工具看起来简单易懂，尤其是条形图、饼图和线图。视觉辅助工具中的内容应当清晰地反映所讨论的问题。为了简化辅助工具，可以使用缩写和通用符号。尽管报告的文字部分通常不使用符号，但视觉辅助工具的简洁特性要求使用符号这种特殊指代方式。当然，作者必须通过图例说明，确保读者能够理解所使用的符号和缩略语。

惯例

视觉辅助工具还有一些使用惯例。第一个惯例是，作者在报告中通常将“图”和“表”区分开来，“图”包含“表”之外的所有视觉辅助工具。第二个惯例是，“图”和“表”要分开编号。所以，一份有三个表格和四个图形的报告应当这样编号：表 1、表 2、表 3、图 1、图 2、图 3、图 4。

第三个惯例是，表和图的标题要能反映所包含数据的内容。在为视觉辅助工具定标题时，作者要记住两点：简洁性和完备性。也就是说，在标题中要用有限的词语描述出图表所传递的信息。下面讨论的就是商务报告中最常用的几种辅助工具：饼图、柱形图、线图和表格。

6.5.2　饼图

饼图适用于表示某一单位的各部分比例。一个饼形被分成若干个楔形，
145 令人觉得形象生动，不过各部分之间的差别要足够大，这样才能让读者从视觉上区分出各部分图示的大小。作者可以在不同的楔形部分使用不同的颜色、明暗或交叉影线，以增强效果。

如果为每块楔形标上所代表的相应数字，那么饼图的信息含量将会增加。除非空间不够，否则饼图中各楔形部分的比例数字应当标注在楔形内。如果楔形部分空间容不下数字，可以将数字写在饼图旁边，并用连接提示符和短指示箭头将楔形与数字相连。图 6-2 是个典型的饼图。

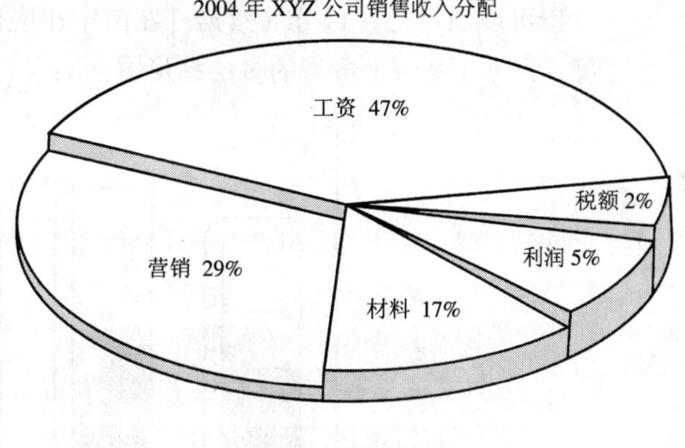

图 6-2　饼图示例

6.5.3　柱形图

饼图在表示整体与部分关系方面很有用（例如，某年的收入来源），但是不适合用来比较整体与整体的关系或部分与部分的关系。当两个饼形或饼形的楔形部分并排放在一起时，我们很难用肉眼分辨出孰大孰小，在这种情况下，柱形图更为适合。

最简单的柱形图可以用来比较某一时间点上的不同单位。复杂的多层条形图表不仅可以比较总量，还可以比较其组成部分。

简单柱形图

柱形图由水平或垂直方向的柱状物组成（通常垂直走向的柱形多些，水平走向的叫条形图。——译者注）。柱状物所在的轴线分别代表单位和数量。

多层柱形图

在多层柱形图中，（代表某一总数的）每一个柱状物上都标示出了组成部分。这种图形便于做总量和各组成部分的量的比较。

比如，为了显示某一年新车销售的构成情况，作者可以画一条柱状物代表新车销售总额，然后把它分成若干小格，每格代表公司的销售情况。显然，如果对比不同年份的情况，这样的柱形比饼图更便于比较。与饼形相比，柱状物更容易区分出总量的差别，而且矩形也比圆形中的楔形更容易显示出各部分的差别。

柱形图中也可以使用不同颜色、交叉影线和阴影效果。不过使用这些效果的时候，作者都应用图例说明各部分代表的意思。另外，若可行的话，作者也可以通过把各部分的数据打在图中相应位置，以增强柱形图的信息力度。图 6-3 是一个典型的多层柱形图。

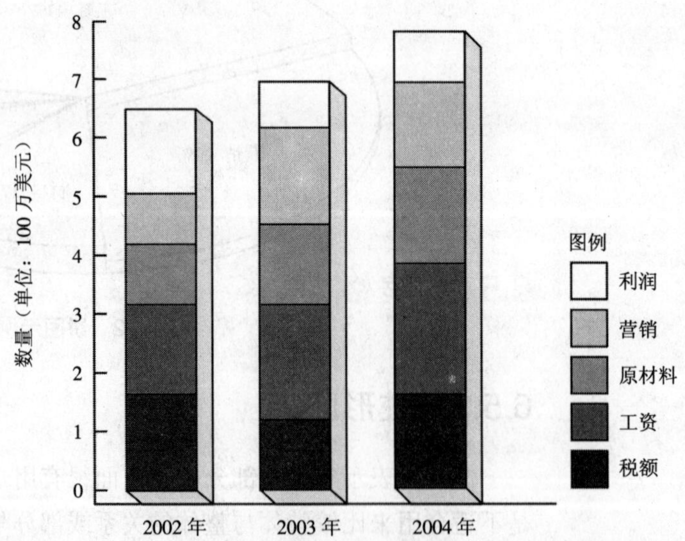

图 6-3 多层柱形图示例

6.5.4　线图

线图代表了信息性与生动性的平衡。线图反映了事物在不同时间段的变化，其中包括总体变化及具体的日期和数量的变化。线图可以让读者比较几种要素的变化。你可以在一张线图中划几条线（一般不超过四条），每条线代表一种产品或要素。同样，色彩的运用往往能使读者增进对线图内容的理解。如果色彩不足以区分几条线，可以使用不同类型的线条（如实线、虚线、点线）来描绘各个要素。参看图 6-4 中的典型线图。

线图必须准确地反映信息。同一线图中的单位应该一致。不能通过加工图形的方法来歪曲事实。

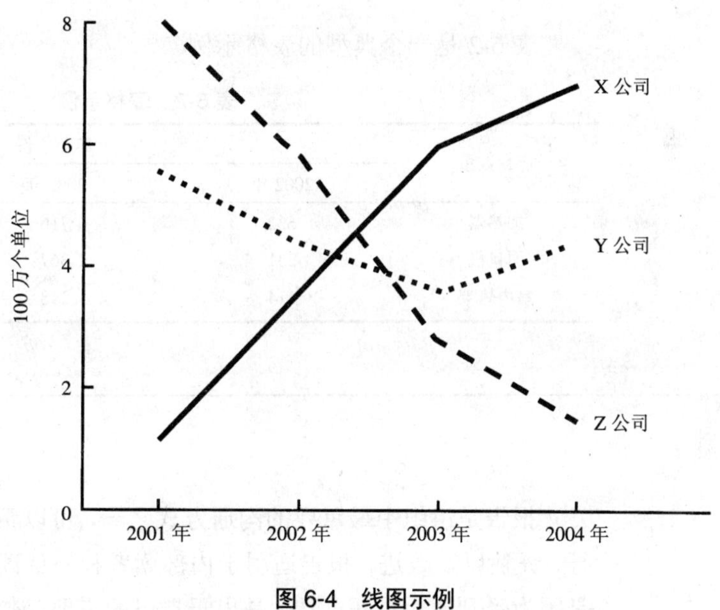

147 图 6-4　线图示例

6.5.5　表格

表格是一种非常有用的视觉沟通工具。表格中的数据一般十分精确，便于做统计比较。正如前文所提到的那样，表格的信息性很强，但是不如其他视觉辅助工具生动。表格不能直观地告诉读者趋势，也不具有图形的某些优点。[9]尽管如此，它们对帮助读者掌握复杂的统计数据或事实数据方面仍起到一定作用，这些数据放在表格中远比叙述出来更容易理解。

表格的内容范围较广，可以只是为了帮助读者理解内容的非正式列表，也可以是复杂、正式的参考表。表格由纵列和横行组成。以下是构建表格的规则：

- 给每个参考表都编上号并加上标题（如果需要还要写明资料来源）。
- 在左侧纵列及表根中写下项目名称，这一列从左至右在水平行里详细说明各项目具体情况。
- 列标题（即水平排列的第一行）表示其下面每一纵列的内容。
- 必要的时候使用划线区分列标题和表根，但是划线不能用得太多，以免表格显得混乱。
- 适当使用缩略语和符号。
- 数字按小数点对齐，没有小数点的数字右对齐。
- 在表格中留出足够的空白，尽量使表格简单而不混乱。

表 6-2 是一个典型的表格示例。

148 **表 6-2　表格示例**

产品数量	年份		
	2002 年	2003 年	2004 年
加热器	632	716	805
面包机	231	367	592
室内烤架	114	298	613

总结

报告是组织中最重要的沟通方式之一，可以帮助管理者策划、组织、执行、评估以及改进。报告适用于内部读者和外部读者。管理者写报告，要么是因为受到他人委托，要么是出于自己的需要。在准备写作报告的时候，作者必须首先对问题进行定义。如果报告是分析性的，就需要进行研究并给出一个可行的解决办法。

报告的分类方法有很多种，最有效的一个分法是按照正式程度分类。报告的正式程度取决于几种策略因素：读者、调研和写作报告所花的精力、报告的价值、任务委托人以及公司政策。

报告采用什么顺序也很重要。在传递好消息及中性信息的报告里，适宜使用直接顺序，在报告开头就提出主要结论和建议。而传递坏消息或提出建议的报告里，适宜使用间接顺序，将主要观点放在最后。报告的主体内容可以按时间、地点、数量和要素来组织。

标题可以起到引导读者的作用。标题的设计和位置能说明相应部分内容的相对重要性。

备忘录报告是组织中最常见的非正式报告。必要的时候也使用标题，以将各部分内容区分开来。信件报告与备忘录报告有共同之处，不过信件报告主要针对组织外部的读者。另外，管理者通常会通过信件报告努力与读者建立良好关系，这一点在备忘录报告中则不那么重要。

正式报告一般由文前、正文和附加资料组成。文前包括标题页、扉页、传送文件、目录、图表目录和简明摘要。一般来说，报告越长，格式就越正式，文前内容就越多。报告正文包括引言、组成报告主体的各主要部分，以
149 及总结或提出建议的结尾部分。附加材料部分是不适合放在报告主体中的补充性信息。

视觉辅助工具可以出现在报告正文当中，也可以放在附录里，是从生动性到信息性的连续统一性。选择何种视觉辅助工具取决于读者需要，而且形式应当与内容相适应，其位置可以紧靠初次提到此部分内容的地方，或放在附件里。饼图适合表达整体中的部分信息，生动性很强，还可以通过标明相应数字以提高其信息含量。条形图也很直观，传递的信息也很丰富。多层柱形图特别适合对不同单位（或单位的组成部分）进行比较。线图可以显示随时间发生的变化，既含有丰富的信息，也很生动，但是画线图时要特别注意准确。表格不如其他类型的视觉辅助工具那样生动，但是与描述性方式相比，表格对于读者理解内容还是非常有帮助的。

小组讨论案例

案例6-1 推荐报告

你是一家大型批发企业负责营销的中层经理，这天早上，你的老板把你叫到办公室，通知你公司销售车队的126辆轿车准备更换。她要求你写一份调查报告为这些即将淘汰的车提出采购推荐建议。

选出四种可比较的车型，如福特Taurus、本田Accord、雪佛兰Malibu和丰田Camry。在选择某种车型前，你可能需要对驾驶轿车的销售人员的要求以及是否需要运送样品等信息做些假定。在这份报告中，我们假设你已经考虑了其他同类车型，并选择了最合适的前述四种车型。

下一步任务是确定车型的选择标准。记住：研究报告的质量将取决于你

是否全面地找出相关标准。确定了标准及其子因素后，便可以着手进行调研。《消费者报告》及 car.com 等网站都是宝贵的信息来源，但也不要忽略其他相对不明显的资源，比如经销商。

收集整理完信息之后，便可以开始撰写报告。报告应该采用什么样的形
150 式？确定报告形式时应考虑哪些策略因素？如果你选择正式报告的格式，那么前言应该包括哪些内容？引言应包括哪些部分？报告的正文应如何组织？报告的结尾部分应当包括哪些内容？

案例注意事项

这种报告应该采用直接、正式的形式，因为报告是写给上级的，而且包含的信息属于中性。报告的文前部分必须包括传送信，说明作者之所以撰写该报告是由于受高层管理人员的指示和授权。接下来的引言部分应该包括报告使用的方法、目的和范围。报告应该包括所有待选的车型以及每种车型的数据情况表，以便决策委员会做出最终决定。在陈述报告结论时要注意方法，要能引导管理层做出与作者相同的决策。

案例 6-2 信息型报告

首先，制作一份调查问卷，内容包括商务人士面对的 10 种典型道德困境，选项包括：同意、不同意、不能确定。比如，“如果行贿在某国被人认同，那么美国商务人员在该国行贿官员的行为是可以接受的。”又如，“为了开除工作表现差的员工而向其提供一份好的证明信的行为是可以接受的。”

在调查问卷的结尾部分，可以询问一些使分析结果更有趣的人口统计信息。你可以询问受调查者的性别、阶层、年龄、商业经验，或是否信教等。

下一步，在校园、商场或者学生会大楼随机分发调查问卷，至少回收 100 份。调查样本越大，调查结果越具有统计意义。你甚至可以带个投票箱以证明调查的保密性。

在收集完数据并分析其结果之后，你可以准备将信息写入报告并呈递给主管，需要回复以下几个问题：报告将采用什么样的形式？决定报告形式时应考虑哪些方面的因素？报告包括哪些部分？是使用直接顺序还是间接顺序？如何组织报告的主体部分？

151 我们还可以对这份报告做个有意思的变动，即将调查问卷分发给商务人员。在人口统计部分，可以不询问阶层，而询问其在组织内的级别；不询问是否有商业工作经验，而询问工作年限。你甚至可以询问婚姻状况及是否有子女。此外，还可以询问其接受正式教育的年限。

如果可以既在校园又在商务人士中分发调查问卷，那么可以对结果进行全面的比较研究。

案例注意事项

这个报告应该采用非正式和间接方式，因为调查结果可能不受管理层欢迎。

尾注

1. Anita S. Bednar and Robert J. Olney, "Communication Needs of Recent Graduates," *Bulletin of the Association for Business Communication* 50, no. 4 (December 1987), pp. 22–23.
2. C. Gilbert Storms, "What Business School Graduates Say About the Writing They Do at Work: Implications for the Business Communications Course," *Bulletin of the Association for Business Communication* 46, no. 4 (December 1983), pp. 13–18.
3. Marie Flatley, "A Comparative Analysis of the Written Communication of Managers at Various Organizational Levels in the Private Business Sector," *Journal of Business Communication* 19, no. 3 (Summer 1982), pp. 35–50.
4. Patricia Dorazio, "Preparing Technical Proposals: Planning and Prewriting Considerations," *Bulletin of the Association for Business Communication* 55, no. 3 (September 1992), pp. 49–52.
5. James Van Oosting, "The 'Well-Made' Report," *Bulletin of the Association for Business Communication* 45, no. 4 (December 1982), pp. 9–10.
6. Frank Weightman, "The Executive Summary: An Indispensable Management Tool," *Bulletin of the Association for Business Communication* 45, no. 4 (December 1982), pp. 3–5.
7. F. Stanford Wayne and Jolene D. Scriven, "Problem and Purpose Statements: Are They Synonymous Terms in Writing Business Reports?" *Bulletin of the Association for Business Communication* 54, no. 1 (March 1991), pp. 30–37.
8. Becky K. Peterson, "Tables and Graphs Improve Reader Performance and Reader Reaction," *Journal of Business Communication* 20, no. 2 (Spring 1983), pp. 47–56.
9. Jeremiah J. Sullivan, "Financial Presentation Format and Managerial Decision Making: Tables versus Graphs," *Management Communication Quarterly* 2, no. 2 (November 1988), pp. 194–216.

第 3 篇

理解信息的策略

7．管理中的倾听

8．非言语沟通

9．跨文化管理沟通

Chapter Seven

155

第7章 管理中的倾听

倾听是一种努力，仅仅听见并不算什么优点，即使是鸭子也能听见。

——伊戈尔·史特拉温斯基（Igor Stravinsky），俄国作曲家

在过去几十年间，倾听在商务及管理中越来越受关注，超过35项研究显示，倾听这一沟通形式对于：

- 胜任初级职位最重要；
- 区分下属效率高低最关键；
- 培养管理能力最关键。

然而，这些研究也同时表明，下属和管理者都严重欠缺倾听技巧。[1]

倾听不仅仅是听见，高效的管理者能够区分听见和倾听：听见是机械的，是一种很难避免的自然结果。喇叭的鸣响、沉重的建筑设备的嗡嗡声、操场上孩子们的叫喊声，所有诸如此类的声音，即使人们不主动倾听，也都可以听见。听见通常不需要身心的特别努力。

相反，倾听是注意力集中的结果，要求身心努力。由于身心因素会影响倾听过程，所以需要特别注意。本章我们将讨论影响倾听的身心障碍，然后分析减少这些障碍的技巧。首先，我们来分析为什么要努力倾听。

7.1 倾听的好处

许多基本的管理技巧都涉及倾听。

第一，决策所需要的很多信息来自于对员工谈话的倾听，而缺乏技巧的倾听者会错过重要的信息。

第二，倾听使人变得可信。善于倾听的人能更好地服从指令，少犯错误，

少说蠢话，而且通常人们喜欢向善于倾听的人寻求建议和指导。

156 第三，好的倾听者更容易受到共事者的尊敬和喜欢。管理者的倾听是对他人的一种肯定，实际上等于告诉被倾听对象，他们的说话值得管理者倾听。[2]这一特点可以促成和谐的劳工关系，因为雇员通常信任和支持那些“留心倾听”他们心声的人。[3]

第四，良好的倾听能够使管理者消息更加灵通。我们更多的是通过倾听而不是说话来了解周围的世界。

第五，良好的倾听能使人避免很多尴尬。在很多情况下，人们可能会因为不善倾听而错过某个名字，或因为做“白日梦”而不得不要求别人重复关键信息，更糟的是，由于倾听不力，可能无法直截了当回答问题。这些尴尬的情形会很快给管理者贴上“漠不关心”或“无动于衷”的标签。

最后，培养有效倾听的主要原因是为了建立人际关系。人都需要被倾听，无论是出于对自己情感健康考虑，还是为了达成人与人之间的理解。相互理解才可以建立相互信任的关系，而相互信任的关系又是所有工作小组所需的。

如何使倾听成为一种重要的管理技巧呢？一些成功的组织提供了几种模式。哈雷一戴维森（Harley-Davidson）公司在过去一百年间经受了考验，而且不断壮大，成为世界上主要的摩托车制造商。该公司首席执行官杰弗里・布鲁斯坦（Jeffrey Bleustein）将其成功的原因归于尊重顾客的愿望。他说：“虽然其他公司也谈顾客忠诚度，但是我们拥有的顾客忠诚度超过绝大多数公司。”另外，布鲁斯坦以善于倾听员工心声而著称。一位零售商说：“他出去拜访经销商，并切实在公司里倡导强有力的团队气氛。”[4]

宝洁公司也非常明白倾听在管理沟通中的重要作用。《哈佛商业评论》最近介绍了该公司如何制定一个详尽的体系来调查员工、顾客和其他股东的意见，从而获取改善产品、生产过程和服务的新点子。[5]

7.2　倾听障碍

沟通不是孤立进行的，而“障碍”一词可能使我们想起某种机械的东西，而不是像倾听这样一种互动的、动态的过程。因此，“倾听障碍”这个题目可能在一定程度上歪曲了倾听的含义。如果把这些动态的、互动的过程进行归类列表，就更容易讨论。表 7-1 列出了几种倾听障碍。

157 表 7-1　倾听障碍

1. 听与说的差异（25-75 问题）
2. 动机
3. 意愿
4. 内部及外部噪音
5. 偏离
6. 辩论
7. 时间

倾听的最大障碍之一来自我们自身的身体局限。人的说话速度大约只有思维速度的 25%，因此，虽然绝大多数美国人每分钟只能说 125 个单词，但他们的思考速度至少是说话速度的四倍。这一障碍被称为 25-75 问题。[6] 结果，有些人不是仔细倾听，而是考虑其他事情，只花一小部分精力关注讲话内容；他们对缓慢的话语感到不耐烦，并开始考虑其他话题，而不是别人所说的内容。于是，无法说得更快就成了倾听的障碍。听与说的差异，即 25-75 问题，被列在第一位是因为注意力不集中是导致其他很多倾听障碍的部分原因。

缺乏动机是另一种倾听障碍。很多人发现，保持倾听所需的持续动机是一种挑战。本应仔细倾听的管理者可能在做白日梦，制定自己的计划，甚至是专注于某个感情问题。

研究人员早已知道，动机是倾听过程的一个普遍问题。大约 30 年前的研究表明，当人们事先知道即将被测试时，他们的听力成绩会比当他们以为只需要倾听时好。[7] 更近的研究也显示，随着倾听动机的提高，听力测试的成绩也会提高。[8] 因为倾听是一件苦差事，所以当目标清楚而且倾听者可以预料努力倾听可带来积极结果时，人们会付出更大的努力。这也是倾听目标之所以重要的原因，我们将在后面具体讨论。

缺乏意愿是一种与动机相关的障碍。管理者可能不想倾听，甚至在需要倾听之前，他已经失去了倾听的愿望。我们前面讨论过，缺乏动机是一种倾听障碍，这里我们必须区分意愿和动机二词。这两个概念紧密联系，我们假定缺乏意愿是在倾听开始前就已经形成。这可能是意愿高于所有其他倾听障碍的原因。如果一个人有意或无意地决定不倾听，那么倾听技巧就没有用处。为霍尼韦尔（Honeywell）等公司的员工做泛听训练的曼尼·斯泰尔（Manny Steil）经常提到倾听的 LAW 原则，即倾听（Listening）=能力（Ability）+意愿（Willingness）。

为什么管理者会缺乏倾听的意愿呢？有几个原因可以解释这一态度。第一，绝大多数人喜欢说话而不喜欢倾听他人谈话，甚至当别人回答他们的提问时，也经常会不等别人讲完一句话就打断。[9]第二，倾听者可能会很快地
158 把讲话人按其刻板印象归类为没什么贡献、不值得倾听的人。第三，倾听者可能不想接收负面信息，因此面对传递“坏消息”的说话人，倾听者还能有什么倾听意愿呢？防卫行为会抵制倾听。有些管理者把别人对他们某个观点的最轻微攻击看做是对他们个人的攻击，因此，他们就会进行防卫。这种防卫行为通常包括对别人进行言语攻击，这种情况下倾听往往没法继续。

内部噪音是不能忽略的另一种障碍。我们的神经系统会本能地关注某些事情，如头痛、腿痛、肚子饿等，一个人很难既关注这些内部干扰又同时全神贯注地倾听。与主要话题不一致的外部环境噪音也是一个障碍，在喧嚣的铸造厂很难倾听说话轻柔的下属的话，在电话线的静电干扰下很难倾听电话交谈。在这些情形下，区分讲话人的声音与所有的环境噪音可能会使人筋疲力尽。

偏离又是另一种障碍。倾听者可能由于一个短语或概念而分心，并跟着分心的事偏离下去。分心的事接着激发另一个比信息的中心点更有趣的次要话题，结果，思想就偏离到更有趣的话题上。偏离（Detouring）与偏见（Bias）密切相关，例如，倾听者对一个特殊习惯的偏见会使他偏离信息的内容。如果说话者说话时把手放在嘴巴上，或不断地玩弄铅笔，或不看倾听者，这些特殊习惯可能会引起分心，阻碍信息的传递。

辩论是第六种障碍。倾听者可能突然发现自己不同意讲话人的观点并开始思考如何反驳。在思考如何反驳时，倾听者就会排斥讲话人，从而错过一些信息。例如，倾听另一个部门投诉的管理者，可能会在对方解释事件的时候准备进行反驳，结果，管理者造成了防卫的气氛，错过了最重要的信息。

最后，时间是每位管理者日常工作中的一个重要因素，也可能是一种倾听障碍。“我没有时间听这个”是管理者们的普遍反应。当人们不得不倾听他们不感兴趣的事情时，时间变得特别难熬。当倾听似乎占用太多时间时，管理者们就会停止倾听。有些人结束倾听的一个方法就是匆忙下结论，这一时间压力可能会导致过于匆忙地进行判断、评估、赞同或不赞同一个人的陈述的倾向。为了实现真正的沟通，很重要的一点是避免匆忙下结论。

前面的内容仅仅是倾听障碍的部分小结，第 2 章中提到的个人因素也都可能成为倾听障碍，这些个人因素包括知识、文化、身份、态度、情感、沟通技巧等。尽管如此，研究表明倾听技巧是可以改进的。管理者若能从策略

159 上分析沟通的关键因素，并运用下面建议的技巧，那么他们的倾听技巧和效果就会提高。[10]

7.3 倾听的一般技巧

首先让我们确定两种不同类型的倾听：积极倾听和互动倾听，这样我们便能够根据具体情景调整倾听技巧。

为了方便本次讨论，我们可以进行这样的简单解释。积极倾听发生在管理者少有或没有机会对讲话人直接做出反应的情境中。比如，身处于众多听众中时、听录音信息时，以及观看录像时，人们使用的都是积极倾听。当人们可以通过提问或总结与讲话人进行言语互动时，他们使用的是互动倾听，互动倾听出现在管理者与一个人进行交谈或与很多人开会时。

我们对倾听的投入程度经常取决于所涉及信息的相关性和重要性。一般来说，倾听的强度可分为三个水平：随意性倾听、事实性倾听、移情性倾听。表 7-2 显示了不同情境中的倾听强度。当所讨论的具体信息或技术性信息不重要时，人们采用随意性或边缘性倾听（Marginal Listening），在这种情况下，管理者对特定信息没有确定的目标，因此不需要像在其他情景下那么警觉。例如，社交谈话或听收音机时就是使用随意性倾听。尽管随意性倾听的强度不如其他很多类型的倾听，但其重要性不容忽视。管理者可以通过倾听员工谈论生活中的特殊事件，从而表达出自己对员工的社会支持。通过倾听，管理者传递着这样的信息："你是一个重要的人。"[11]

表 7-2 倾听情境实例

	积极倾听情境	互动倾听情境
随意性倾听	广播节目	社交谈话
事实性倾听	信息型演讲	会议
移情性倾听	布道	咨询会

需要提醒的是，一个人认为是随意的信息在另一个人眼里可能非常重要，信息的重要性不是信息本身固有的。因此，同一情境中，不同的人可能会使用不同强度的倾听。

在获取具体信息时需要使用更高强度的倾听，即事实性倾听。或许，事实性倾听是商务会谈或会议中最常见的倾听类型，绝大多数人谈到倾听这一话题时可能想到的都是事实性倾听。在事实性倾听中，倾听者应该提问并从讲话人那里获得反馈，从而确保沟通顺畅。

160 如果管理者想通过一个人的内心参照框架（Internal Frame of Reference）来了解这个人，而不是按照自己的参照框架了解他人，他会使用移情性倾听。移情的倾听者试图深入了解讲话人的思想和感情。当倾听者用言语或非言语方法表达“我明白”、“我支持你”、“我理解”等信息时，同时也表达了他的感情移入。移情性倾听不容易做到，因为我们自然地倾向于根据自己的观点来劝告、提醒、同意或反驳别人。然而，我们应该努力成为一个移情的倾听者。如果讲话人看到管理者努力理解自己的意思，就会信任这个管理者，更愿意与他谈论、探讨问题。移情倾听的影响力很大，哪怕只是部分地达到了移情，这种尝试移情的行为本身就是沟通的开始。

总而言之，管理者倾听前应该先确定他需要达到的倾听水平：随意性倾听、事实性倾听，还是移情性倾听。为了做到这一点，他可以先确定一个“倾听目标”，即对倾听目的做出具体陈述。在绝大多数沟通中，随着交流的深入，需要调整倾听目标。

但调整倾听目标并非易事。请仔细考虑下面这个例子，安迪·威尔逊是沃尔玛的一个地区副总裁，他每周至少去一个不同的沃尔玛商店，一边到处逛逛，一边与顾客、存货管理员及商店管理者交谈。前一分钟他可能在倾听某人描述俄勒冈州塞伦的天气，下一分钟他可能在讨论床上用品销售量下降的问题，再下一分钟他可能在倾听管理者讲述为何对工作感到灰心。在五分钟内安迪·威尔逊需要各种不同强度的倾听，所以他必须很快做出调整。[12]

确定了倾听强度水平后，管理者需要在身心两方面做好倾听准备。在准备阶段，他应该完成以下步骤：

- 选择最佳地点。虽然不一定能更换地点，但如果可能的话管理者应该尽可能地使用更好的设施。
- 选择最佳时间。与选择地点一样，时间并非总是可以更改，然而，精明的管理者应该注意选择更有利的机会。
- 思考可能出现的个人偏见。
- 审视倾听目标。

简单回顾这四个步骤，看看这些步骤为什么有利于减少早先讨论的有效倾听的障碍。首先，选择最佳时间和地点有助于减少内部和外部噪音。此外，
161 因为时间影响动机、情感、意愿等心理障碍，时间的选择可能极大地改变谈

话的结果。

告诉别人你此刻无法倾听这一做法是否礼貌呢？在对两百多名管理者的一次调查中，受访者表示，如果别人由于害怕漏掉重要信息而请他们先等一等再讨论某件事情，他们不会感到被冒犯。当然，如果时间不能改变，双方应该意识到存在的障碍，更加努力地将注意力集中在倾听过程中，这一点非常重要。

管理者的个人偏见也可能对沟通的结果产生巨大的影响。意识不到个人偏见的管理者可能会选择性地倾听他人说话内容，只听他想听的内容。这样的管理者会有先入为主的观念，甚至会就意见不同的方面与讲话人辩论。例如，认为年轻人不可靠的管理者可能会忽视表明某个年轻人值得信赖的信息。我们必须意识到并承认偏见会对讲话人与管理者的关系带来负面影响，这样才能控制偏见这一心理障碍。

带有感情色彩的词语或短语也可能激发倾听者的偏见。例如，“典型的毫无幽默感的会计”、“这根本不是我的事”、“我们尝试过了，但不管用”或“所有工程师的思维方法都一样”等短语会引起倾听者的情绪化反应，使用这些情绪化短语的危险在于会导致倾听者只注意（或不注意）信息的某些部分。倾听者应该意识到自己可能出现的情绪化反应，避免让这些反应分散自己对信息的注意力。

最后，不时回顾并明确倾听目标也至关重要。如果脑海中没有倾听目标，管理者可能在应该采用事实性倾听时却采用随意性倾听，或在应该采用事实倾听时却采用移情性倾听。如果一个人能用一句话清楚地表述倾听的具体目的和类型，那么他便清楚了倾听的目标。

到目前为止，我们探讨了几个普遍性的倾听策略，从身心两方面做好倾听准备的管理者应该使用更多、更具体的技巧改善倾听效果。下面让我们看看积极倾听和互动倾听的技巧。

7.4 积极倾听的具体技巧

在很难或无法直接回应讲话人的情况下，人们使用积极倾听，如坐在观众席中倾听或听录音，这种情况下的倾听者不能与讲话人互动。如果不能提问，倾听者需要第一次就对信息有清晰完整的理解。积极倾听的人应该采用以下技巧：

162

7.4.1 确定主要观点和支持性观点

一条信息通常有一两个主要观点及支持性资料（例子、图表或描述）。找到主要信息的一个良好线索就是讲话人在提出主要观点时使用的非言语技巧，他可能会提高声音、说得更快、重复关键词或使用肢体动作。稍后我们将具体讨论用于确定主要观点和支持性观点的非常重要的非言语技巧。下面的例子中，总裁在年会上讲话，注意演说中他对主要观点和支持性观点的强调：

电子分部对去年成功引进四种新产品（提高声音）感到满意。所有这四个新产品的销售情况都比计划好，我们对温度传感器感到尤其满意，其销售额比计划高出 14%，这个小小的传感器能够应用于很多领域，而且容易安装，明年的业绩会一样好或更好。

除了引进四种新产品（停顿），我们还加强了西部分部的销售力量，增加了 16 名高素质的销售员，这些销售员是从美国各地招募的，我们对他们的实力充满信心，相信可以帮助我们扩展西部市场，他们对产品以及我们这一行业的变化特点都有透彻的理解。

家用器具分部没有新的变化（压低声音），需要观望整个住宅业如何发展。我们在这里的地位很牢固，车库门开启器、对讲系统和防盗装置全都拥有各自的市场。我们开发了一种新的防盗装置，可以用数码装置进行编程。随着该装置的发展，这已经成为一个值得关注的有趣项目。

例子中的主要观点是四种新产品、西部分部销售力量的扩大和家用器具的稳定市场，其余内容是支持性信息。区分主要观点和支持性观点可以帮助倾听者记住关键信息。

7.4.2 组织信息

讲话人经常使用某种形式组织讲话内容，倾听者可以更好地理解信息。例如，讲话人可能通过赞成与反对、优点与缺点、喜好与厌恶、相同与不同、时间顺序或功能性质等形式来组织信息。记住一个章节的基本结构比记住该章节的每个词容易得多，同样地，回忆一个口头信息的结构比回忆所有的细节容易得多。

7.4.3 总结信息

积极倾听的另一个技巧是总结，形式可以是在内心形成对主要观点的印
163 象，总结不需要包括具体的句子和细节，简单的词语或不完整的句子就足够了。此外，总结并不一定要等到最后才进行，在观点发生主要变化时总结也许更为有效。上述总裁的演讲可以用三个短语进行总结：（1）四种电子新产品；（2）西部分部16个新销售员；（3）稳定的家用器具市场。

前面提及的三个技巧包括：区分主要观点和支持性观点、组织和总结，这三个技巧互相配合能够确保准确倾听。下面介绍的第四个技巧也能帮助发展其他技巧。

7.4.4 将信息形象化

积极倾听的第四个策略就是把信息变成图画，这有助于倾听者全神贯注于该信息。该技巧的好处在于人们可以部分地利用理解信息时所不需要的75%的脑力，这样一来管理者可以花更多精力倾听，从而减少错过信息主要部分的可能性。最终，由于将信息和图画联系了起来，倾听者能够更好地记住信息。在前面提到的年会上，管理者可以把西部地区的16个新销售员想象成从美国不同地方跑到加利福尼亚的小矮人。尽管这一方法看起来可能很荒诞，但是，这16个穿过地图上不同区域聚在一起的小矮人有助于管理者记住信息的要点。

与形象化相关的是助记术，一种助记法是首字母缩拼词，每个字母代表组成信息的一组词的首字母。例如，假设某人陈述他反对增加计算机编程培训的主要观点，反对似乎来自成本、个人的能力和所涉及的时间。每当讲话人提到这些主要观点时，可以使用助记词 CAT，即成本（C）、能力（A）和时间（T）进行记录。一般的助记术和具体的首字母缩拼词可以被认为是形象化的一种，因为首字母缩拼词读起来和记起来都更加容易。其他的记忆方法如词语联想和谜语等也都有帮助。

7.4.5 将信息个人化

有效的倾听者是那些寻求对自己有特殊意义的信息的人。如果话题与倾听者个人有关，那么倾听者自然会觉得该话题更有趣，也更容易集中注意力。事实上，那些将消息与个人经历联系在一起的人，确保了意愿与动机这两个倾听关键因素都出现。在前面的例子中，倾听总裁演讲的管理者也会将消息

个人化，他们会问自己这样的问题："新产品将如何影响我的工作？""电子
164 分部的持续扩展会影响我吗？""那 16 名新销售员会增加我对西部地区的工作量吗？""家用器具分部的稳定市场将会怎样影响我所在的分部？"在回答这些问题时，管理者先考虑这一消息与他们个人的相关程度，进而其倾听消息的动机就会增强。

7.4.6 做笔记

如果倾听者做笔记，那么所有这些技巧都将得到加强。大学生们都知道做笔记的重要性，但是一旦离开了教室，他们可能就丢掉了做笔记的好习惯。通过做简短的笔记，倾听者可以很容易地组织信息，并将信息形象化、个人化。笔记不仅能提供书面沟通记录，而且还能提供宝贵的反馈，告诉倾听者其倾听效果如何。如果笔记没组织好，没有包括主要观点和支持性观点，那么倾听者很可能无法在脑海里组织好消息。如果倾听者快速回顾时发现自己已经好一段时间没记笔记了，那么说明他的注意力可能已经分散了。

记笔记还有助于倾听者的身体投入。倾听主要是一种脑力活动，因此，习惯保持身体活跃的人在进行长时间的倾听后会变得坐立不安或很不耐烦。

当然，笔记记得太多也是个问题。太专注于记笔记会漏掉信息的主要成分。因此，应以提纲形式记下关键的词组和短语，并尽量使用缩写。

关于笔记，最后再提一点：做笔记表明倾听者对信息和讲话人都感兴趣。讲话人会更愿意相信做笔记的倾听者非常关注所传递的消息。下面将详细讨论有效倾听为什么很重要。

每一个倾听技巧——确定主要观点、组织、总结、形象化、个人化和做笔记，在积极倾听和互动倾听中都很有用。如果倾听者提问和观察非言语信息的能力受到限制，那么这些技巧就尤其关键。提问时，最理想的情况就是在刚才讨论到的六个技巧的基础上，提出问题要求讲话人解释。下一节讨论的倾听情境中倾听者可以很方便地提问，我们称其为互动倾听。

7.5 互动倾听的具体技巧

熟练运用提问技巧可以极大地加强管理者的倾听能力。本书推荐适合使
165 用的提问技巧的几个方面：倾听、会见、解决冲突和训练。提问很重要，因为提问可以创造第 2 章中讨论过的双向沟通过程。如果没有提问，反馈与相互理解就会严重受限。

在互动情形下，当一个消息的意思不清楚或不完整时，倾听者应该提问。当关键词或短语模糊不清，出现不一致或自相矛盾的情况时，提问可以帮助弄清楚，还可以帮助讲话人理清思路。当被提问时，为了方便倾听者，讲话人必须重新分析他所讲的信息。

管理者应该很有策略地根据不同的情景决定最合适的问题。有三种问题：开放式问题与闭合式问题（Open-closed）、首要问题与次要问题（Primary-secondary）、中立性问题与指引性问题（Neutral-directed）。

7.5.1 开放式问题与闭合式问题

开放式问题的措辞使被提问者在回答时有很大的选择性，与之相对的另一种问题称为闭合式问题，回答的选择范围很小。举个例子说明这一点，假设一位沮丧的下属向你描述新项目的主要问题，因为焦虑不安，他在描述问题时从一点跳到另一点。显然这种没有顺序的描述很难让人仔细倾听，因此，为了信息的清晰和完整，你需要提问。下列问题包括了你可能向雇员提出的开放式和封闭式问题：

你认为造成问题的主要原因是什么？（开放式）

关于这个问题你还能告诉我什么吗？（开放式）

你检查气压机了吗？（封闭式）

你认为我们应该怎么走？（开放式）

等到明天再说是否是个好主意？（封闭式）

虽然开放式问题要求的是额外信息，但也可能导致离题。封闭式问题更加直接，可以帮助一个人专注于问题或事实。封闭式问题还要求被提问者承担义务。管理者应该进行策略分析，确定每种场合的最佳提问方式。

7.5.2 首要问题与次要问题

另外两种可供管理者选择的问题是首要问题和次要问题。首要问题是关于某话题的第一个问题。在首要问题得到回答后，管理者可能选择一个次要问题跟进，以获取更具体的信息。次要问题不只是附加的问题，还寻求获得首要问题之外的更深层次的信息，这些问题要求解释或详细说明。下面例子显示了首要问题与次要问题的策略用法。

管理者：你认为你有能力在星期三前完成分析吗？（首要问题）

员工：如果一切进展顺利的话，应该没有问题。

管理者：什么方面可能有问题？（次要问题）

员工：有时候很难得到会计信息。

管理者：具体哪一部分很难得到？（次要问题）

注意：每个次要问题都是在前一次回答的基础上进一步寻求信息。

7.5.3 中立性问题与指引性问题

第三类问题是中立性问题与引导性问题。中立性问题是在没有尝试引导讲话人以某一方式回答问题的情况下寻求信息，而指引性问题则引导讲话人做出提问者想要的回答。指引性或指导性问题经常以这样的短语发问：“难道……不符合逻辑吗？”“难道你不认为……？”“你不会……是吧？”指引性问题可以用来获取对具体某一问题的确认或解释，而中立性问题对具体回答则没有期望。

由于有了互动过程，使用合适的问题可以增加沟通的清晰度。互动倾听显然不是被动的活动，相反，它要求管理者通过提问进行参与。

表7-3总结了积极倾听与互动倾听情景中使用的各种技巧。

166 **表7-3 积极与互动倾听的具体技巧**

积极倾听情景	互动倾听情景
确定主要观点与支持性观点	提开放式问题与封闭式问题
组织信息	提首要问题与次要问题
总结信息	提中立性问题与指引性问题
将信息形象化	
将信息个人化	
做笔记	

7.6 倾听非正式沟通

到目前为止，我们对倾听的讨论所强调的只是各种正式的说与听的情境，而非正式的、随意的倾听也极其重要。随意倾听可以很快变成事实倾听
167 或移情倾听。管理者应该时刻留意小道消息和谣传。有时候，这些谣传能提供重要信息；而有的时候，则需要努力改变谣传的内容；还有些时候，最好是不理会这些谣传，但管理者必须保持警觉。

“小道消息”（Grapevine，在英语中与“葡萄藤”同为一词。——译者注）这一说法有一段很有趣的历史故事。Grapevine一词出现在美国内战期

间，情报部门的电报线松散地搭在树上，就像葡萄藤一样。因为电报线传送的信息经常不正确或令人不解，因此，谣言被说成是来自“葡萄藤”。

那么，在现代组织中是什么原因引起谣传呢？下列公式有助于回答这个问题：

$$谣言 = 模棱两可 \times 兴趣$$

当已有信息模糊不清时就会出现谣言。如果从正式渠道可以获取所有清晰的信息，谣传就不会出现。如果信息模棱两可而又很有趣，谣传就出现了。

这种关系对管理沟通有重要意义。管理层可以通过倾听传言来确定员工对什么感兴趣。例如，某计算机公司的一位副总裁不久前退休，而公司的小道消息并非围绕谁是这位副总的接班人这一问题，大家纷纷谣传的是两位员工的关系变化。这说明，员工对管理团队比较放心，人员的更替不会影响整个公司。对比另一家公司，公司总裁突然退休，员工们聚在一起时就交换关于接班人的传言，显然，这家公司的员工对此事非常关心。

研究显示，组织中通过小道传递的信息有70%—90%的准确率。然而，总会存在一定的扭曲。[13] 真实的核心内容加上一定程度的扭曲经常使小道消息可信、有趣，而且持久。

小道消息从一个人传到另一个人时，往往会发生三种变化。第一种是校平（Leveling），即剔除细节、简化前后关系和限制条件。该过程在谣传极其复杂时尤其盛行，必须把谣传变得相当简单才能传给下一个人。第二种变化是磨砺（Sharpening），即对数据进行生动的戏剧性处理。当故事从一个人传到另一个人时，员工们会把故事变得更动人、更具娱乐性。第三种变化是同化（Assimilation），即人们调整或修改谣传使之更适合个人需要，这就使谣传在传播时变得更加有趣。[14]

有效的管理倾听要求管理者批判性地评估非正式沟通，以确定校平、磨
168 砺和同化的程度。对不准确的谣传有时需要采取行动。例如，某制造厂中有谣传说，由于安装了新机器，将有大量的员工下岗。管理层听到这些不正确的谣传后，与员工见面，向他们保证工厂不会裁员。正如一个管理者曾经说过的，倾听“街谈巷议”很重要。研究显示，员工更喜欢从正式渠道获取信息，而当正式渠道枯竭时，他们便转向非正式渠道。担心谣传猖獗的管理者应牢记正式渠道与非正式渠道之间的关系。

7.7 倾听整个环境

本章主要讨论对口头话语的倾听，在第 8 章将讨论非言语沟通。管理者必须将正式场合与非正式场合的口头与非言语信息分开或结合起来倾听。策略性管理沟通要求倾听那些并不总是很明显的信息。图 7-1 形象地展示了信息的三个可能存在的层面：从正式到非正式、从言语到非言语、从明显到隐藏。这三种可能性可以用等边三角形表示，因为这三个层面都应该给予同等的关注。

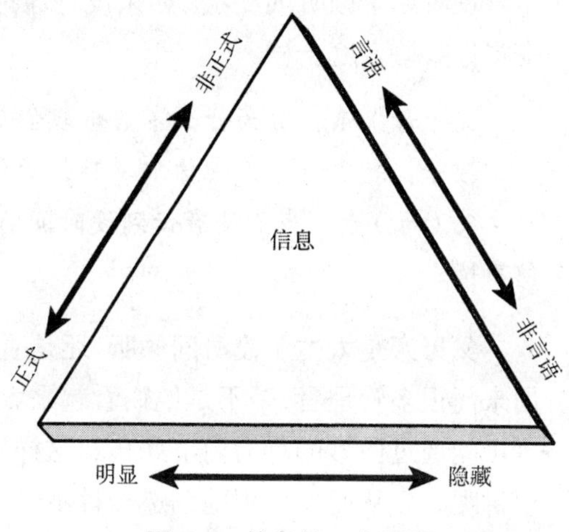

图 7-1 信息的三个层面

美国一本国家级杂志的封面上最近有这样一个标题：“你的工作有多安全：警戒信号。”[15] 该标题暗示，管理者有必要睁大眼睛、竖起耳朵关注组织内部和行业内的各种信号。

当一个人意识到即将到来的事件的所有信号时，他可能采取行动，但管
169 理者首先应该倾听才能意识到这些信号。该文章讨论了潜在变革的信号，如有员工自愿辞职但没有人接替其职位，债务增加，业内其他公司裁员、谣传，以及最高管理层离职等。绝大多数员工可能在裁员正式公布以前就知道了裁员的消息。

当然，变革是很激烈的行动。管理者需要倾听和分析公司中可能影响他们职业的其他很多事件，这一点非常重要。例如，哪些部门得到的预算最多，预算最多的团队中员工最有机会晋升。虽然确定预算分配并不是很容易，但可以观察到更多分配的结果。如雇用更多的辅助员工、购买更新更好的计算

机设备、获得新的办公家具、更频繁地出差参加专业会议，上述任何一个信号都表明此部门受到青睐。

管理倾听不应只是倾听显而易见的话语，管理倾听要求倾听非言语行为和来自环境的持续不断的信号。回忆一下第 2 章我们对"洋葱"模型的讨论，洋葱的外层——文化与氛围与这里所讨论的倾听是相关的。

7.8 创造倾听氛围

除了真的仔细倾听外，管理者还应该看上去是在倾听，并且创造一种显示管理者乐于倾听的气氛。如果没有这种气氛，办公室里的沟通环境可能会变得像某些家庭一样。

父（母）亲：你为什么不告诉我们你在做什么？

孩子：我告诉了，但你们不听，你们总是那么忙。

父（母）亲：我们没有忙到没时间听你说话，但你就是不想告诉我们任何事情。

父母亲是太忙了没时间倾听，还是看起来太忙了呢？同样的问题也可以用来问很多管理者：是不是他们看起来太忙了以至于没有时间倾听呢？管理者可能通过微妙的行为向下属传递这样的信息："既然没有人倾听，为何还要讲呢？"从而无意识地创造一种不倾听的气氛。

虽然管理者负责处理大量的信息，每个工作日有多达 50%的时间用于倾听，但是，如果没有人讲话，他就不能倾听。管理者需要创造倾听气氛，激励员工敞开心扉，因此，管理者应该努力摒弃不利于沟通的倾听习惯。表 7-4 列出了 16 种惹人生气的倾听习惯。[16]表现出这些行为的倾听者没有营造积极的倾听气氛，因此，讲话人可能不相信他正被倾听，该表可供管理者进行自我检查，看看自己是否有这些令人生气的习惯。

170 **表 7-4　惹人生气的倾听习惯**

表 7-4　惹人生气的倾听习惯
1. 他没有给我说话的机会。我是带着问题进去的，但没有机会谈论问题。
2. 我说话时他打断我，从来没等我说完两三句话就打断我。
3. 我说话时他从不看我，我甚至不知道他有没有在听。
4. 他不停地玩弄铅笔或纸张，关注这些东西而不是听我讲。
5. 他从来不笑，我有点儿怕和他说话。
6. 他总是用问题和评论改变主题。
7. 我一提建议他就泼冷水。

续表

8. 他总是试图预测我下一步要说什么，并抢先说出我的下一个观点是什么。
9. 他改变我说的话，把我没有说的意思强加到我头上。
10. 偶尔他会问我一个我刚告诉他的问题，说明他并没有听。
11. 我说话时，他帮我说完剩下的话。
12. 当我有一个好点子时他总是说：“是的，我也一直在考虑这个问题。”
13. 为了显示他明白我说的话，他做得太做作了——太多的点头，还不停地说“是的”以及“嗯”等。
14. 我想要严肃时他却想插入一些幽默的评论。
15. 我进来时，他没有放下手头的工作，把注意力完全集中到我身上。
16. 他提一些强迫我同意的问题，例如，他陈述之后说：“你也这样认为吧？”“你同意吧？”

两种层次的倾听气氛需要关注，第一层是微观层面或一对一的情景。第二层是宏观或总体气氛。我们先看看微观层面。

7.8.1　微观倾听气氛

一项调查研究要求员工指出表 7-4 中所列出的各种不良倾听习惯中哪一种最常见。[17] 有两个习惯尤其突出：

- 我说话时，他帮我说完剩下的话。
- 我进来时，他没有放下手头的工作，把注意力完全集中到我身上。

这一发现很有意义。很明显，倾听者应该给予讲话人全身心的关注。这一事实与早先讨论过的 25-75 规律相关，由于倾听者的思想活动比讲话人的话快很多，所以当他试图帮讲话人说完剩下的话时，他的不耐烦可能就会显露出来了。尽管倾听者还在关注，但是他急于完成讲话人信息的不耐烦心理
171 可能导致消极的倾听气氛。如果倾听者在倾听的同时还在干别的事，也会产生同样的问题。讲话人可能很快产生这样的感觉，即正在传送的信息不是很重要。

当管理者进行移情倾听时，营造积极的倾听气氛最为重要。正如本章先前面讨论的，移情倾听者试图理解讲话人的感情。绝大多数人很难表达自己的感情，所以需要创造鼓励、支持和接纳的气氛。管理策略包括目光接触，身体稍微倾向讲话人，根据信息改变面部表情和做笔记等。所有这些行为都可以营造一种积极的倾听气氛。

我们可以做一个非常有用的练习，参照列表中那些惹人生气的倾听习惯，花一周时间观察自己是否有这些行为。这种个人反馈方式会使你更好地

学会如何改善微观倾听气氛。

7.8.2 宏观倾听气氛

管理者应该负起责任，确保在他们周围工作的人能够及时准确地自由交换信息。[18]他们应该创造一种促进而不是妨碍沟通机会的总体气氛。沟通的宏观层次通过管理者的行为和风格体现，例如，有很多论述提到通过四处走动进行管理。[19]当管理者在现场而不是办公室里时，他们创造了这样的气氛："我在这儿倾听你讲话。"

汤姆·彼得斯（Tom Peters）在其畅销书《在混乱中繁荣》（*Thriving on Chaos*）中列出了几种创造强有力倾听环境的建议。[20]首先，他建议将创造倾听机会的活动纳入管理者的日常工作中，管理者可以经常到咖啡厅或休息室去走走。遗憾的是，很多管理者由于时间紧迫或没有意识到这是他们工作的组成和关键部分，没有将这些活动纳入日程中。

另一个技巧就是非正式会议。组织几个人参加"小型会议"或自发聚会讨论一个问题，这表明管理者想要也需要倾听员工的意见。另一个技巧就是把官衔和权威的象征降到最低，当人们不觉得自己比对方低微时，他们会更愿意交谈。在某些当代组织中，工作头衔不仅从办公室门上消失了，甚至也从名片上删除了。其含义是：大家都在一起工作，一起沟通，共同完成工作。

较传统的公司中所采用的"开门政策"（Open-door Policy）会形成积极
172 或消极的宏观倾听气氛。管理者告诉员工，他们随时可以进去——"办公室的门永远是敞开的"。但当员工没有走进管理者的房间时，管理者会变得很沮丧。

为什么开门政策没有产生效果呢？很可能是存在消极的倾听环境。首先，在开门之前员工可能需要与行政助理进行预约；其次，办公室远离员工的工作区域，如果很容易就可以到达不是更好吗？这不是积极的开门气氛，一个大型组织的主管曾经这样评论道："如果公司需要宣布开门政策，这很可能意味着没有真正的开门政策。"[21]

宏观倾听气氛的重要性可以从西莱丝特身上得到很好的体现，她是一位铸造厂的一线主管，她的公司在芝加哥南郊。西莉斯特是最受欢迎的主管之一，员工随时可以找她，她也因此赢得了尊敬。例如，某个星期六公司租了一辆公共汽车，安排员工参加芝加哥白袜队（White Sox）棒球比赛。西莉斯特是第一个报名的人，在汽车旅途和比赛过程中，她是团队的一员，尽管她还是参加活动的唯一一位主管。这很可能是使员工真正相信在他们需要讨论问题时西莉斯特的门永远开着的原因之一。她创造了积极的倾听气氛。

有几个因素影响了员工对管理者是否愿意倾听的感觉。[22] 员工的工作和个人背景、组织文化、员工在组织中的角色，以及管理者细微的象征性行为都会影响宏观倾听气氛。如果管理者能定期审视个人倾听行为和倾听环境，以确保他们创造出这样一种气氛——“是的，我愿意倾听”，他们会干得很出色。

总结

管理者需要提高倾听技巧，其主要好处是促进人与人之间的相互理解。良好的决策所需的大部分数据通过倾听获得。倾听使人变得更加可靠，好的倾听者更受同事的尊敬和喜欢，良好的倾听使管理者对了解全面信息更加灵活。

管理者应该积极努力，集中精力克服倾听障碍。主要的障碍之一就是人们的思考速度是讲话速度的四倍，因此，倾听者的思想容易开小差。动机和意愿与倾听障碍密切相关，意愿甚至在倾听开始前就已经形成，而动机不足主要是由 25-75 的问题引起的。其他的倾听障碍包括动机、偏离、辩论和时间。

积极倾听和互动倾听是两种主要的倾听类型。当管理者几乎没有机会直接回应讲话人时，采用积极倾听；当管理者可以通过提问和总结与讲话人进
173 行言语互动时，采用互动倾听。

倾听有三种强度水平：随意的、事实的和移情的。具体采用哪一种倾听取决于信息和场合的重要性与复杂性。管理者一旦确定了倾听的类型和强度水平，他就应该从身心两方面做好准备。

积极倾听技巧包括确定主要观点与支持性观点、组织、总结、形象化、个人化信息以及做笔记。互动倾听技巧包括提开放式问题与封闭式问题、主要问题与次要问题、中立性问题与指引性问题。当非正式沟通发生时，管理者应该记住，非正式渠道的信息受到了一定程度的扭曲，会出现校平、磨砺和同化等。作为良好倾听者的管理者会倾听整个环境，因为口头与非言语的信息都很重要。

最后，管理者应该创造乐于倾听的气氛，这样人们才有沟通的动机。在微观层面上，管理者应该避免诸如打断别人说话等不良倾听习惯；在宏观层面上，管理者的总体行为与风格将表明管理者是否可以让人接近。

小组讨论案例

案例 7-1 霍尔盖特的倾听问题

约翰·霍尔盖特是一家化工厂的部门经理，有几名工程师向他汇报工作。作为工作的一部分，霍尔盖特每天都和他的几个初级工程师及小组以外的人一起参加会议。偶尔，公司更高层的人（如技术指导或副总裁）也会参加这些检讨会。

为霍尔盖特工作的工程师们认为，他经常误解他们，没有倾听他们说话，还经常打断讲话人，帮他们把剩余的话说完。由于工程师们不想在老板面前公开反对他，所以他们在更高管理层面前没有反驳他。

自然，霍尔盖特的这一习惯引起了混乱，还有时间和精力的浪费以及士气低迷。当高管成员再次回来参加检讨会时，他们通常发现自己要求的工作没有完成，而有时没有要求的任务却得到了实施。最近当管理层倾听霍尔盖
174 特做项目状况回顾时，总弄不明白到底发生了什么。这一疑问不仅反映在霍尔盖特身上，也反映在他的下属身上，因为下属的士气和生产率都在下滑。

问题

1. 霍尔盖特为什么要替讲话人说完剩下的话？
2. 霍尔盖特应该如何改善他的倾听技巧？
3. 假设你是霍尔盖特的下属，你应该如何向他指出这一问题？

案例 7-2 “请原谅！”

鲍勃·皮尔斯，一位性情温和的 50 岁男人，是 ABC 建筑公司的总裁。该公司被认为是该地区公路、桥梁和堤坝建设中进步最快、最有创新精神的公司。皮尔斯在该公司的几个部门工作过，受过良好的教育，专业方向是工程。

沃尔特·霍顿在成为 ABC 公司负责现场运作的副总裁之前是一家竞争对手公司的总工程师，他是一个很好的项目经理并了解 ABC 公司现场运作的细节，因此享有盛誉。

皮尔斯刚刚病休回来，重感冒使他的工作慢了下来。现在是中午时间，皮尔斯最终完成了积压的工作，正准备去吃饭，就在这时，霍顿走进他的办公室。过去几天，霍顿一直设法联系皮尔斯，以便告诉他关于建设新堤坝的决定。霍顿在总裁桌上摊开设计蓝图，开始他的现场展示。

展示结束后出现下面的对话：

霍顿：哦，您觉得这个计划怎样？

皮尔斯：（有点心不在焉地）哦……嗯……挺好……

霍顿：（有点太快地）我是不是有些地方没说清楚？

皮尔斯：没有……

霍顿：那好，现在我想把计划提交董事会，可能……

皮尔斯：董事会？等一会儿，你进展太快了。

霍顿：你同意计划很好，不是吗？

皮尔斯：（心不在焉地）哦，是的。

问题

1. 在展示过程中，皮尔斯面临着什么样的身心倾听障碍？
2. 霍顿对皮尔斯理解目前情况的能力做了什么假设？

175 3. 皮尔斯应该如何防止该情况的发生？

4. 作为沟通者，霍顿有哪些缺点，从而导致情况对倾听他说话的人来说变得更复杂？

案例7-3　听见但不是倾听

锡达家具是拥有五家商店的连锁店，其中两家在扬斯敦，两家在阿克伦城，一家在克利夫兰，锡达的总部在阿克伦城。

简·派尔是总部的办公室经理，她主管四个文字处理员，其中三个效率很高、很细心，她想要完成的事情，只须告诉他们一次，事情就做完了。然而，第四个员工，哈丽雅特·恩德斯似乎老是出错。她能完成日常工作，但常常需要重做，因此给其他三个处理员带来额外的负担，他们不得不帮她做完她没有时间做的活儿。其他三个员工开始向派尔抱怨这一问题。

派尔不想解雇恩德斯，因为她知道恩德斯是很卖力的员工。当她真的能按指令行事时，她是四个文字处理员中最先完成任务的。办公室经理闹不明白，为什么恩德斯听不懂指令，而其他三个人却可以。她几乎可以肯定的是，恩德斯听见了，但没有倾听。恩德斯的问题妨碍了办公室工作的顺利进行。

问题

1. 写一个派尔可以用来与恩德斯讨论她的问题的对话。
2. 哪些环境因素可能导致恩德斯的倾听困难？

尾注

1. C. G. Coakley and A. D. Wolvin, "Listening Pedagogy and Andragogy," *Journal of the International Listening Association* 4 (1990), pp. 33–61.
2. Judi Brownell, "Perceptions of Effective Listeners: A Management Study," *Journal of Business Communication* 27, no. 4 (Fall 1990), pp. 401–15.
3. B. D. Sypher and T. E. Zorn, "Communication Related Abilities and Upward Mobility: A Longitudinal Investigation," *Human Communication Research* 12 (1986), pp. 420–31.
4. Margot Denney, "CEO Drives Home Message," *Bryan-College Station Eagle*, April 10, 2003, p. 1A.

176

5. James R. Stengel, Andrea L. Dixon, and Chris T. Allen, "Best Practice: Listening Begins at Home," *Harvard Business Review*, November 2003, pp. 106–16 (Reprint R0311H).
6. Philip V. Lewis, *Organizational Communication: The Essence of Effective Management*, 3rd ed. (New York: John Wiley & Sons, 1987), p. 146.
7. Franklin H. Knower, D. Philips, and F. Koeppel, "Studies in Listening to Informative Speaking," *Journal of Social Psychology* 40 (1945), p. 82.
8. Larry R. Smeltzer and Kittie W. Watson, "Listening: An Empirical Comparison of Discussion Length and Level of Incentive," *Central States Speech Journal* 35, no. 3 (1984), pp. 166–71.
9. R. N. Bostrom, *Input! The Process of Listening* (Northbrook, IL: Waveland Press, 1988).
10. L. R. Smeltzer and K. W. Watson, "A Test of Instructional Strategies for Listening Improvement in a Simulated Business Setting," *Journal of Business Communication* 22, no. 4 (Fall 1985), pp. 33–42.
11. Edward E. Lawler, *The Ultimate Advantage* (San Francisco: Jossey-Bass, 1992).
12. Bill Saporito, "A Week Aboard the Wal-Mart Express," *Fortune*, August 24, 1992, pp. 77–84.
13. Hugh B. Vickery, "Tapping into the Employee Grapevine," *Association Management*, January 1984, pp. 59–64.
14. Lewis, *Organizational Communication*, pp. 46–48.
15. *Newsweek*, November 5, 1990.
16. Eugene Raudsepp, "Is Anybody Listening," *Machine Design*, February 24, 1977, p. 7.
17. Larry R. Smeltzer and Kittie Watson, "Barriers to Listening Comparison Between Business Students and Business Practitioners," *Communication Research Report* 1, no. 1 (December 1984), pp. 82–87.
18. E. H. Schein, *Organizational Culture and Leadership* (San Francisco: Jossey-Bass, 1985).
19. T. J. Peters and R. H. Waterman, Jr., *In Search of Excellence: Lessons from America's Best Run Companies* (New York: Warner Books, 1982).
20. T. Peters, *Thriving on Chaos* (New York: Alfred A. Knopf, 1988).

21. Charles E. Beck and Elizabeth A. Beck, "The Manager's Open Door and the Communication Climate," *Business Horizons*, January–February 1986, pp. 15–19.

22. Marilyn H. Lewis and N. L. Reinsch, Jr., "Listening in Organizational Environments," *Journal of Business Communication* 25, no. 3 (Summer 1988), pp. 49–67; and J. Brownell, "Listening Environment: Critical Aspects of Organizational Communication," working paper, Cornell University, 1992.

Chapter **Eight**

177 # 第 8 章 非言语沟通

你做的事比你说的话更吸引人，以致我听不见你说什么。

——拉尔夫·沃尔多·爱默生（R. W. Emerson），美国经济学家、诗人

人们常常很难理解非言语沟通的重要性，觉得非言语沟通是所有管理活动中再自然不过的了。为了认识非言语沟通对管理沟通的贡献，想象你和六个人在一起开会，讨论将要发生的某件事，如公司新厂房的建设问题。这次会议与以前任何一次会议都一样，但又有不同之处，你看不到其他人，有东西挡住了你的视线，可能是布帘、烟雾或木板等。会议地点也是个谜，是公司的会议室或是其他地方。这次会议在整个计划中的重要性，在你的环境中中没有提供任何线索。所有的声音都通过电视报道中使用的装置进行处理，你可以听到话语，但这些声音几乎或根本没有特点，话语变慢了，而且有些含糊。

你们都坐在同一个房间里，但由于房间的布置，你看不见谁坐在哪儿，谁坐在桌子的正前方（也许是你），谁坐在桌子两侧，甚至不知道谁坐在谁旁边。当你和其他几个人冲进去开会时，你们没有机会握手会议就开始了。事实上，今天你没有看到其他人或他们的衣着。他们和你一样穿得很光鲜，还是穿得很随便呢？会议过程中唯一可能的沟通就是你从自己和其他六个人的谈话中得到的信息。

不幸的是，即使这种沟通方式也是一种挑战，会议进行过程中，各人的
178 发言经常撞到一块儿，因为没有任何有效的方法提示该谁说话了。此外，由于讲话人在说话前先要确定自己的身份，互动过程也比平常更久一些。更有甚者，你倾听时必须记住这些言语身份，因为你没有视觉的或触觉的提示可以依靠。随着会议的继续进行，当你发言时，除了言语反应，你对其他的东西都不确定，因为你看不到其他人耸肩、变换姿势或他们的面部表情。

互动时间也因需要猜测每句话的意图而变得更长。他是在说反话吗？她是在讽刺吗？最后那句话是开玩笑吗？声音扰频系统使对这些细微方面做出快速判断几乎不可能。在你听声音时，哪个声音属于哪个人？在有人建议商店里的所有员工都打扮成小丑时，你想说“荒谬”，却突然忍住了——小心点儿，说不定是老板说的。

你知道会议计划开两小时，但因为在门口你交出了手表，你不知道时间，虽然感觉像是过了很久很久。你知道会议日程，但是在规定时间内能讨论完所有事项吗？会不会给每个事项足够的时间？走出会议室时你会不会发现时间只过去了一半？不管是哪种情况，你都希望能马上离开会场。

8.1 非言语沟通的重要性

非言语因素显然是管理沟通的关键因素。没有非言语沟通作为一种信息源，消息会丧失其丰富性和大部分内容。在很多情况下，谈话由于需要重复内容并解释而变得复杂，所需的时间也将翻倍。

非言语沟通伴随着口头信息，从逻辑延伸来讲，还伴随着书面信息，同时构成通过非言语方式传送的信号。简而言之，非言语沟通包括除话语之外的所有一切。管理者发送、接收和诠释非言语信息的方法与他们发送、接收和诠释言语信息一样。发送者试图（尽管经常是无意识地）发送一条信息并选择某种媒介（如肢体动作）发送，使接收者在其沟通的动态中对言语与非言语信息的感知和诠释时是一样的。非言语沟通本身的意思可能是清楚的，但由于它是语言的附属，所以可能会使语言的某个部分产生细微差别，或是增加了另一部分的清晰度；有些时候，信息的这一复杂来源甚至与说出的话语相矛盾。

非言语沟通是我们日常管理互动的重要部分。[1] 虽然各种互动的非言语
179 程度不同，但是一组经常被引用的数据显示，55%的信息来自讲话人的外貌、面部表情和姿势，38%的信息是由声音因素发出的，而实际的话语只发出7%的信息。[2]

非言语沟通是数据沟通丰富而复杂的来源，本章概述了与管理功能相关的领域。但这里必须先强调非言语信号的三个概括，虽然前两个概括也适用于绝大多数其他信号，但是在诠释非言语沟通时记住这两点会有帮助。

第一，除了所谓的象征之外，非言语信号很少有固定的意思。相反，这类信号通常增强信息的意思，正如本章后面的内容所示。

第二，不同文化、不同地区的非言语信号的意思不同。非言语信号来自于（文化、地区和社会）沟通环境内部的经历，而且通常是分散到整个环境中的。[3]所以仅仅传译语言是不够的，非言语语言也应该表达。[4]例如，按照北美的标准，日本人通常表现出毫无争议的风度，而且过于礼貌。在谈判中，所伴随的非言语信号通常会在不同文化中引起混乱。[5]事实上，在跨文化情景中，言语更重要些，但是，知道并使用基本的非言语信号，如韩国式的鞠躬，可以传达尊敬。[6]

第三，当非言语信号与言语信号相矛盾时，非言语信号往往更可信。当言语与非言语信号不一致时，言语的可信度就会受到影响。[7]如果某人说“我很高兴来到这儿”，却神情紧张地玩弄笔或看着天花板，他会被认为是在撒谎。非言语信号为获取信息真相提供珍贵的线索。

告诉别人如何穿着、谈话，甚至行走，远比让这些东西在一个人的生活中充分发挥作用容易得多。例如，我们知道微笑行为的重要性，但是，笑到什么程度就显得过分了呢？渴望成为管理者的人可以观看商业电视节目中非言语行为的优秀范例。为了感受谈话中非言语因素的最大作用，看节目时把声音关掉。这些节目不仅向你展示了领导者使用的肢体动作类型，还反映出当前的得体服饰。

8.2 非言语信号的功能

非言语沟通是一个比很多人所知的更为宽广的概念，而不仅仅是肢体动作和目光接触。上文已经给出了一个简单定义：在管理互动中，非言语沟通是除了话语之外的一切。更精确的一个定义是哈里森（Harrison）给出的，
180 他说非言语沟通是“通过非语言信号交换信息”[8]，这些非语言信号与沟通中所有的其他信号一样，原因是非言语信号是有形的，能够像语言信号一样承载意义。

不幸的是，非言语沟通可能引起令人沮丧的不准确解释。学者仔细研究了非言语沟通，但是在很多领域还只是接触到该话题的皮毛而已。如果把非言语沟通放在恰当的整体观点中考虑，那么非言语沟通将成为沟通情景中非常宝贵的提示源。

布尔宾斯特（Burbinster）认为非言语沟通有六大功能[9]：

- 补充

- 强调
- 反驳
- 重复
- 规范
- 替代

补充的非言语信号重复言语信息。典型地，这些信号伴随所说的内容，例如，一个技术人员在解释加热系统中有缺陷部件的不同隙宽时，他会举起拇指和食指，并在讨论问题过程中不断变换两指间的宽度。或者，一位主管在欢迎一位久病归来的下属时，可能会与他热情握手，强调自己是多么高兴他回来。

强调的非言语信号提醒我们注意正在讨论的事情。一个常见的例子就是一个人在讲到重要观点时锤桌子。人们可能还使用声音学，即声音的非言语方面来强调某一点。区分两种选择的人可能会说："我要这一个而不是那一个。"

反驳的非言语信号没那么明显，这些信号通常是通过潜意识无意发送的，传达的意思与言语信号传达的意思正好相反，不管是很微妙的还是很明显的，非言语提示经常会告诉仔细的观察者那些言语信号所没有告诉的真相，这一复杂的非言语沟通领域将在后面"欺骗性非言语信号"一节中进行讨论。

重复出现在我们已经用一种沟通方式发出消息但希望进行强调的时候。重复与补充的区别在于重复不是与言语评述同时进行的，例如，用言语描述某个工具的使用后进行示范就是非言语重复。

规范是布尔宾斯特提出的第五个功能，是微妙而重要的一个功能。规范出现在谈话过程中，提示我们的合作人"慢下来"、"停下来"，甚至是"等轮到你时再说"，并且让对方知道我们什么时候做好倾听或说话的准备。观
181 察一位正在谈话的人，你会很快发现各种这样的提示。一个还没有讲完观点就被打断的人可能会提高嗓门或说得更快（因此而使用声音学）以保住说话的机会，另一个人可能会举起手说："等等，让我说完。"另一方面，讲话人可能会直视倾听者，以表明马上就轮到倾听者了。

与其他非言语信号相比，替代是较少见的非言语信号。当我们无法用言语提示发送一条信息时，我们可能选择使用非言语信号，尤其是象征，让接收者明白所传送的观点。象征我们将在后面讨论。到嘈杂的工厂视察的主管可能会使用"OK"的手势向员工示意，这可能比大声说话更有效。

从理论上讲，非言语沟通还有一个重要作用：沟通冗余（Communication Redundancy）。此概念指任何语言体系中对抗噪音影响的现象，简单说来就是一条消息的大部分意思可以根据已经出现的其他因素推断出来。电视游戏节目“幸运轮”（Wheel of Fortune）就是一个沟通冗余的例子，并不是每个词或字母都必须出现在游戏板上人们才能猜出正确的短语。

虽然消息的某部分提供新信息，但是消息的大部分只是确保正在讨论的观点被人们所理解。沟通冗余绝不是一种消极现象，而是至关重要的，因为沟通冗余帮助确保信息跨越环境、组织和人际因素等各种障碍。当消息变得更加冗余，接收者对消息中的信息更容易预见时，消息更有可能传达发送者想传达的意义。

每种沟通体系都是冗余的。言语通过各种方法建立冗余，包括语法和句法等。非言语沟通所讨论的绝大多数功能从某些方面看都是冗余的，因此，当我们与某个人讨论问题时，我们会使用补充、强调、重复甚至是替代来传达一个观点，这可能是在不知不觉中完成的。即使当一个非言语信号与言语信号矛盾时，其他非言语信号也可能紧接着出现，从而加强这一矛盾。[10] 比如，摇头拒绝请求之后，紧接着微笑表示友好。

有些非言语行为是天生的，有些是从周围环境习得的，而有些则是兼而有之。例如，眨眼方式与脸红似乎是天生的，是某些沟通情景中不自觉的普遍行为。而使眼色和竖拇指则是后天习得的，这些行为在不同的文化中代表不同的意思。第三组非言语行为（如大笑和微笑等）是混合的，因为这些行为出现在每个文化中，但是可以控制，而且意思可以改变。例如，在某些亚
182 洲文化中，浅笑可能很自然地出现，但是表达的可能是不舒服和屈服，而不是亲密和愉悦。

本章探讨了非言语沟通的几个关键领域，并建议管理者如何充分利用这些领域，本章还讨论了通过仔细观察可以洞察到欺骗性非言语信号。

8.3 动作

对绝大多数人提到“非言语沟通”，他们很可能想到动作，而动作在技术上称为人体动作学（Kinesics）。非言语沟通远不止由一个普通类别构成，但动作是研究得最多的一个类别，包括手势和姿势。

手势可以包括象征性手势（Emblems）、说明性手势（Illustrators）、规范性手势（Regulators）、情感展示性手势（Affect Displays）和适应性手势（Adapters）。[11] 虽然人们通常是无意识地使用手势，但是对手势的有意认识

可以帮助管理者更有效地沟通。对有效信号的理解和训练可以为我们有意识地使用手势提供新的可能性。

早些时候，我们注意到非言语信号通常暗示意思，不直接给出意思。象征性手势是个例外，因为它们确实代表了别的东西。“OK”标志就是一个例子，另一个例子是“时间到”，即一个手掌与另一个手掌组成直角。

说明性手势通过举例或强化所说内容来补充言语沟通。当一个人试图解释某件身边没有的物品时，有什么比在空中比划更自然呢？

规范性手势是那些微妙或明显控制讲话人的手势，产生于各种不同的来源。例如，手心向外举起手表示不让别人插话；在美国，向你伸出手掌、挥动手指是打招呼的手势。我们还用手势引出讲话人的话或让其他人慢下来。

情感展示性手势比绝大多数手势更复杂，而且包含几个身体部位。例如，假设你正和一个人说话，而他板着脸，坐得很直，但身体有点儿偏离你，双臂交叉放在胸前，你几乎可以肯定他对讨论的观点不感兴趣。情感展示性手势向别人显示我们的感受：愉悦与愤怒、无聊与有趣等。从别人身上读取这些信号一般没有问题，挑战在于在某些情景下控制自己做出这些信号，也许我们并不总是希望展露自己的感受，所以我们必须学会控制，尤其是当这些信号可能影响我们当前的沟通策略时。

适应性手势也许是最不容易觉察的动作消息源，然而，适应性手势可能
183 相当重要。在很多情况下，当一种行为不恰当时，身体会发出提供解决办法的信号进行适应，就像自己真能这么做似的。例如，一个想走而不能走的人，可能会移动跷着的腿，模仿走路的动作。被训斥的员工可能双臂抱紧自己，把这当成拥抱的替代品，为自己提供此刻所需要的安慰。紧张的讲话人可能晃动身体让自己平静下来。适应性手势经常以看似不相关的非言语信号的形式出现，但是在细致的观察者看来，这些手势可能表示不舒服。类似地，在展现自我控制形象至关重要的紧张情况下，一定要注意你可能发出的非言语信号。保持平静表情的同时却握紧拳头可能会暴露出你的情绪。

虽然手势可能是有意义动作的最明显例子，但其他肢体动作对理解信息的意义也非常重要。就以姿势为例，瘫坐、斜靠、站立时重心放在一条腿上，或缩肩等均暗示软弱和缺乏信心。相反，以部队“立正”姿势站立（抬头、肩膀向后、挺胸、重心均匀地落到两腿上）则意味着力量、警觉和信心。掌握了良好姿势要素的管理者甚至在开始讲话前别人就开始留心了。

肢体沟通的另一个例子是头部动作，前一章提到，好的倾听者经常通过点头或歪头表示他正在留心倾听。另一方面，如果讲话人在讲话时不停地点头或歪头，别人可能会认为他不自信或唯唯诺诺。

我们还通过讲话方式传递意义。当演讲者快步走上讲台时，他看起来是富有活力、勇敢和能控制住场面的，他的可信度通过这一非言语因素得到强化。然而，如果他边说边走、左右摇晃或不断把重心从一只脚转移到另一只脚，那么他给大家的印象就会大打折扣。

总而言之，动作是非言语沟通的一个重要类别，当我们看和听时，我们注意沟通者身体的各个部位——头部、躯干、手臂和腿，并从这些动作中得出推论。表 8-1 列出了对肢体提示的一般阐释。必须注意的是，正如你将在第 9 章读到的，我们的文化定义了言语和非言语行为，所以必须记住肢体提示的“意思”可能因文化不同而不同。例如，在美国点头表示肯定，而在南斯拉夫、伊朗和斯里兰卡则表示不同意。不同文化中的管理者在沟通时必须注意肢体动作，所以身体语言是强化而不是否定或偏离预期的意思。

184 表 8-1 肢体提示

身体部位	动 作	解 释
头部	注视	留心；诚实
	目光游离	不肯定；撒谎
	竖起眉毛	挑战；公开
	咧嘴微笑	享受；愉悦
	点头	倾听；赞同
	歪头	感兴趣
	低头	防卫
躯干和肩膀	前倾	感兴趣；友好
	后倾	不感兴趣；怀疑
	姿势懒散	自尊心差
	挺胸	自信
	含胸	受威胁
	扣扣子	正式；准备离开
手和手臂	触摸别人	强有力
	触摸自己	紧张；焦虑
	重复动作	撒谎；不自信
	说话时手遮住嘴巴	想逃避
	双臂交叉	无聊；拒绝观点
	说话时指尖交叠	自信
	手叉腰	挑战；傲慢
	手放在口袋里	秘密的
	展露手掌	信任
	指指点点	权威；好斗
	握紧双手；手心出汗；掰手指	需要安慰和鼓励

8.4　空间信息

空间关系学指我们周围的空间以及我们和其他人与空间的关系。空间和距离有很大的揭示意义，值得认真关注。绝大多数人在听到“空间关系学”一词时想到的仅仅是个人空间，但空间关系学的概念远远不局限于此。

8.4.1　空间区域

爱德华·霍尔（Edward Hall）研究了个人距离的使用，确定了美国人在交往过程中约定俗成的四种空间区域，如图 8-1 所示。[12] 有谋略的管理者清楚这些区域，当空间区域受到侵犯时，管理者会正确评价自己及他人的反应。

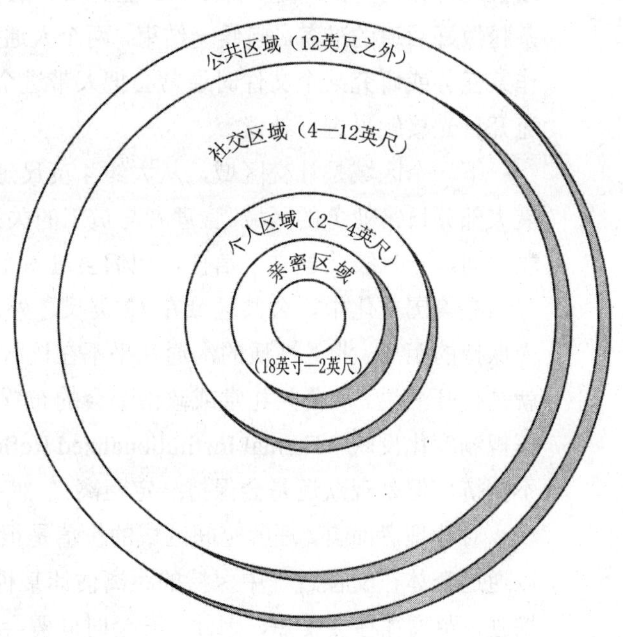

185 图 8-1　空间区域

我们的语言显示，我们所有人都对个人空间有一定程度的认知。我们谈论与某人“保持距离”；当认为别人“侵犯我们的空间”时，我们会抱怨；或者说“在这个问题上他们把我挤得很紧”，而事实上他们所做的事情几乎与区域无关。当一个人在某个问题上紧逼另一个人时，第二个人会做出反应：“给我点喘气的空间。”或者很不客气地说：“别靠近我。”

在美国，商务人士通常有四种空间区域：亲密区域、私人区域、社交区域和公共区域。在下面的讨论中，请记住这些数字是平均数，反映了一般的文化、情景要求以及各方关系。个人外貌、文化、性别和年龄等因素都会介入人际交往，因此，我们对高个儿和矮个儿的反应会不同，对有吸引力的人靠得更近，反之离得更远。[13]

正如将在第 9 章讨论的那样，非言语行为表达的“意思”因文化不同而不同。在美国，亲密区域是从身体接触到大约 1.5—2 英尺，这是为那些心理上很亲近的人保留的区域。当该区域受到别人侵犯时，尤其不只一小会儿时，这个人通常会感到不自在，他很可能会后退或设置某种障碍，虽然经常不是有意识地知道为什么。

个人区域是从紧密区域往外延伸到 4 英尺左右。这一区域是美国人为亲密朋友保留的，但在介绍过程中允许其他人临时进入。观察两位陌生人在介

186 绍彼此时如何走到一起。握手时，他们站立的姿势经常是一条腿向前而另一条腿做好后退的准备。问候一结束，两个人通常都会退到下一个区域。在合作某任务或研究某个文件时通常会把人带进个人区域，但是他们往往会通过避开目光接触来进行补偿。

下一个区域是社交区域，从大约 4 英尺延伸到 12 英尺，是我们希望开展大部分日常业务的区域。管理者与员工的关系可能从该区域开始并持续一段时间，一旦彼此建立了信任，他们会进入个人区域，但这需要时间。[14]

在美国文化中，公共区域在 12 英尺之外，反映了绝大多数人想与陌生人保持的距离。业务性质的沟通几乎不在该区域进行，也许唯一的口头沟通就是公开演说。从公共礼堂或政治集会的布置上，我们可以看到此种距离的正规制度化反映（Formal Institutionalized Reflection）。即使政治活动集会并不拥挤，但是观众还是会保持一定距离。

对管理者而言，理解空间区域的价值是很明显的。善于观察的沟通者可以通过个体在交往过程中保持的距离估计某种关系的相对热度。随着信任的增强，距离往往会缩短，因此，开会时同盟会坐在一起。然而，其他因素也决定空间差异，让我们看看其中的一些。

8.4.2 空间差异

我们已经提过，空间区域因文化的不同而不同，例如，很多南美和阿拉伯国家的商人与别人交往时的空间距离往往比美国商人小。当美国人与来自这些文化的人交往时，各方所期待的不同空间区域往往会带来尴尬，直到有

人适应了对方的要求，放弃某些区域或延伸距离为止。

距离也因性别而异。男人往往比女人保持更大的个人空间区域，女人比男人更有可能让某些男人或女人靠得更近，女人更能容忍对她们个人空间的侵犯。[15] 相对而言，男人的身体和物品占用的空间较大，这往往被理解为显示权力。

自然地，环境可能人为地影响我们对区域的使用，典型的例子就是，在拥挤的电梯里，人们允许别人侵犯其个人和亲密区域。但是，在这里人们会通过避开目光接触或设置障碍以便适应，如双臂交叉放在胸前或举起公文包作为保护。一旦某个人不小心碰到了另一个人，道歉会紧随而至。

当需要在较长时间内忽略传统区域时，人们会圈出自己的地盘。其中的
187 一个办法就是在参与者间创造均衡空间，就像坐在可移动的椅子上围着会议桌开会时一样。在其他情况下，人们会设置某种障碍，表示自己空间的界限。观察在会议桌开会的情景，人们会无意识地在自己地盘的周围摆放笔记本、衣服、咖啡杯和其他商务用品，他们发出信号告诉别人，在这拥挤的环境里，他们个人空间的边界在何处。类似地，班里的学生往往会整个学期占用同一个座位，声称该座位是“自己的”，并在周围堆满了自己的东西。

小隔间或大桌子等永久的或固定的空间被认为是障碍，走到老板的桌子后面或从隔间上方窥视都是很粗鲁的行为；但会议桌等半固定的空间区域则表示合作和共同承担责任（见图 8-2）。

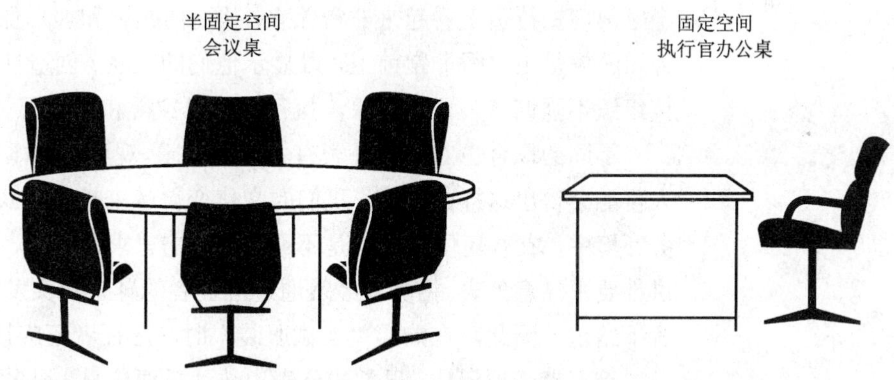

图 8-2　同一办公室里的固定和半固定空间

8.4.3　空间的策略使用

管理者应该意识到，不管一个人的级别多高，他在没有被邀请时侵入另一个人的地盘都可能是令人讨厌的事，甚至是一种威胁。承认固定和半固定

性质的空间界限表示对个人的尊敬，属于另一个人的物品应该被视为是私人的，不要乱翻同事的抽屉寻找书写工具，也不要坐在那个人的桌角上。

管理者可以利用空间创造权力或权威气氛和尊重的气氛。每个人都从环境读取非言语线索。分配给另一个人的空间大小、空间中所包含的隐私程度、空间在建筑物中的位置等可以表示组织权力的大小。一般而论，多比少好，大比小好，新比旧好。此外，人们与组织的领导者越接近，别人会认为他们享有的权利越多。

188 另一方面，看重开放式沟通的管理者会在下属和同事附近工作，将重家具等显示地位的物品减到最少，不鼓励地盘意识。确实，当代组织要求所有员工共享他们的“空间”，以此作为合作和团队的象征。

8.5 个人外表

我们的穿着显示我们的身份，至少是我们希望在别人心目中留下的身份。服饰是我们碰到一个人时形成的第一印象的必要组成部分，经常也是建立初步信任的关键。[16]因此，管理者应该非常关注自己的衣着，以便向他人传递正确的信息。本节将着重讨论有效衣着的普遍原则，因为服装款式变化无穷。但是，有一个原则却是经久不衰的：不要做时尚的第一人或最后一人。衣着的关键是适应组织的文化，通过外表表示你已经接受了组织的价值观：金融部门期待员工看起来非常保守，从而向顾客和客户保证其稳定性；广告公司希望员工穿得非常前卫，以显示他们的天赋、创造性和现代风格；高科技组织不强调“公司”形象，执行官可以穿得和最底层员工一样随意。

不同的场合也对个人外表有不同的要求。观察参加婚礼和葬礼等场合的人可能会得出这样的结论：我们的文化变得越来越不正式。但是，在很多业务环境中，衣着随便被认为是不够尊重对方。求职面试、客户访问、销售演讲都要求注意外表。招募者经常通过应征者的鞋子和头发样式和情况对应征者下结论。因此，在购买“面试服装”时，应征者还应该购买相应的鞋子。

管理者必须记住：日常的外表也传达重要信息。很多当代组织已经制定了详细的衣着规范或规定了员工制服，承认个人外表的重要性。此外，观察者总会给颜色、珠宝以及翻领或帽子上佩带的徽章等细节赋予意义。衣服具有象征意义的典型例子来自《谁说大象不会跳舞》一书中，IBM 前任首席执行官郭士纳（Lou Gerstner）描述了他如何使正在衰落的公司重获活力。他的一个主要努力就是改变文化，方法之一就是改变员工的衣着。著名的

“老”IBM 形象是笔挺的白衬衫、深色西装、保守的领带，原来采用这一衣着是为了满足顾客的期待，但到了 1993 年郭士纳接手时，这一衣着变得不合时宜、沉闷古板，象征公司的死亡。而“新”IBM 形象更随意、更有
189 时代感。郭士纳建议：“根据每天的不同情况穿着，了解你将和什么人在一起（顾客、政府领导或仅仅是同事）。”[17]

总而言之，不管组织的文化是正式的还是随意的，场合是特殊的还是一般的，管理者的外表都应该反映观众的预期和价值观。通过遵守“融入”的原则，管理者将会增加个人可信度，并提高沟通效能。

8.6　声音

在本章讨论的非言语信号中，最后一种是副语言（Paralanguage），即声音风格。口头话语不仅仅包括语言提示。声音的非言语方面包括信息的音高、语速、音量、语调、开始和持续时间等，除了语调之外，声音的这些非言语提示对绝大多数听者来说可能是最不明显的，然而，它们与实际使用的词语一样重要，甚至更重要。[18]讲话人的音量、信息开始和持续的时间，以及信息的长度都发出微妙的提示作用。

这里有一个例子：如果我们问某人一个很严肃的问题，而这个人的反应来得太快，我们可能怀疑他不严肃或已经练习过如何回答。类似地，如果一个人回答问题的时间比预期的长很多，我们会纳闷他所说的是否是真的。就像下一节欺骗性非言语信号讨论所显示的，我们甚至会监测音量，并从音量的变化中读出意思。

声音提示在发送和接收信息时对管理者的重要性是很明显的。监控所发送的信号，尤其是语调很重要，以确保预期的沟通策略不被微妙的非言语提示所破坏。

讲话人区别于其他讲话人的典型声音风格包括：基本音高、语速、停顿方式和音量等。声音的某些特点是有区域性的，如美国南方的拉长腔调和东北部的省略式方言。除了这些基本的声音特点之外，讲话人可以变换音高、语速和音量来强调意义或传递感情。如果不能变换这些声音特点，则会导致单调声音风格。在美国的商业文化中，单调声音风格意味着缺乏兴趣，甚至是权威。管理者可能因发送信息的风格而无意识地破坏信息。第 13 章详细地描述良好的声音风格，但这些标准既适用于日常讲话，也适用于正式演说。

190 总而言之，在生意场上，用清楚、坚定和低音高的声音说话表示信心十

足，会引起其他人认真地倾听。鼻音、尖叫、带呼吸声或刺耳的声音不受重视，过度使用填补式停顿（“嗯”和“哦”）会给人不肯定的印象。管理者应该学会利用这些声音特点来强化信息，而不是减弱信息，就像他们必须使用前面的非言语种类一样。

8.7 暴露欺骗的非言语信号

在很多情况下，管理者必须对员工进行评估，以确定他们所得出的结论是否正确。虽然报告中所提出的事实和数据通常可以进行客观测试，但是在诸如纪律性谈话和筛选面试等人际交往中，对得出的信息常常很难立即进行客观查证。值得庆幸的是，有些非言语信号可以帮助管理者评估言语陈述的准确性。正如我们已经看到的，非言语信号通常可以补充言语信号，并减少沟通的不确定性。然而，非言语信号也可能无意中与言语信号相矛盾。

当与语言信号相矛盾的非言语信号暴露了讲话人的欺骗行为时，我们称之为暴露（Leakage）。在欺骗过程中，尽管欺骗者想控制，但还是无法防止某些类型的非言语信号的发出，这种下意识行为使非言语信号出卖了讲话人。事实上，人们经常无意识地读取和阐释这些信号。因此，管理者可以学会识别欺骗的非言语信号。

在欺骗过程中，会出现几种非言语行为模式。[19]在欺骗性情景中，由于某些非言语信号源比其他非言语信号源更容易控制（如欺骗时看着另一个人的眼睛），所以我们把重点放在难以有意识控制的信号上，即动作、衣着、个人空间和声音。

记住，非言语行为通常是提示的意思，而不是与具体的词或概念有一对一的关联。非言语信号的意思可能变换，如某个手势可能由别的而不是这里提到的事件所激发。

为了侦察可能暴露欺骗的非言语信号，选择正确的位置很重要。如果受访者坐在桌子后面，那么一些明显的提示就经常不易被发现。虽然能看到其脸部，但很难看出欺骗性迹象（当然，用手摸脸是一种非常明显的提示）。因此，如果可能的话，让另一个人面对着你坐在开放式椅子上，这样，从手、躯干、双腿和双脚发出的非言语信号会更明显。[20]

8.7.1 行为基线

欺骗的行为信号与正常的非言语交往有所不同，为了觉察出欺骗行为的

信号，你还必须首先知道某人的哪些行为是正常的。研究者发现，如果观察
191 者先看到一个人诚实做答，后来才看到其撒谎的样子，那么观察者发现讲话人欺骗行为的能力要大大增强，远超过不了解讲话人行为基线（Baseline）时（即不撒谎时）对其欺骗行为的发现能力。

对于相同的情况，一个人的行为可能与其他人很不一样，因此了解个体的行为基线非常重要。了解人的行为基线后，我们就能判断某人的紧张行为是由总体环境造成的，还是由某一问题造成的。

在求职面试时，基线相对容易掌握。在初步交谈过程中，提出一些没有威胁的问题，可先从个人简历开始，再进入未知领域，观察求职者的非言语信号。调查式询问也应使用同一模式。一般来说，闲聊的首要目的是让对方放松，次要目的就是找到行为基线。

8.7.2　动作

作为肢体动作这一大类的组成部分，手势和躯干动作可能是最能暴露出欺骗行为的非言语信号。欺骗时最常用的手势是手到脸的动作（Hand-to-face Movements），而其中最常见的就是用手捂住嘴巴，更细微的动作是用一只手指接触嘴巴，抚弄胡须，或揉鼻子。暗示欺骗的手势还有咬指甲和咬嘴唇。

谈话手势因人而异。一般而言，当一个人对诚实的回答感到自在时，手势是开放和向外的。在欺骗过程中，人们会限制自己的手势，并让手势贴近身体。当微笑减少，用于说明谈话观点的手势频率放慢时，暗示欺骗的手势增加。其中的一个手势就是摊手象征。研究者发现，讲话人有欺骗行为时摊手（把朝下的手掌翻成向上）速度比说实话时快一倍。该信号暗示讲话人潜意识里在请求听者相信他所说的话。

有些权威人士还认为腿脚运动的增加也可能说明讲话人在欺骗。[21] 脚轻敲地面，双腿交叉时不停摇晃，不断变换腿的姿势就是这类活动的例子。用翘起的腿有节奏地“走动”早已被认为是暗示这个人想要走掉的意图性姿势。但要记住：我们必须把行为与基线进行比较才能得出最后结论。

暴露欺骗的信号不仅局限于身体动作，还包括衣着、空间和声音。

8.7.3　衣着

讲到衣着，非言语信号的泄露主要通过摆弄衣服来体现。摆弄衣服说明此人感到问题难以回答，求职者可能会突然合拢并扣上外套，或者紧张地拽

192 裤脚或裙摆，或者拼命把袖子往下扯，这或许可以说明他们想掩饰某种欺骗迹象。其他与衣着相关的信号还包括拉平衣领或拉扯衣领、抚平领带、挑拣衣服上的棉绒、搓揉衣服等。

8.7.4 个人空间

空间关系学（Proxemics）表明了一个人与他人保持的距离以及与周围环境的距离，也暗示了欺骗的一种丰富信号来源。被访者可能会改变椅子的位置或突然将重心靠到椅子的后腿上，这种远离访谈人的做法说明被访者不愿合作，试图通过改变环境以增加自己与访谈人的距离。通常来说，当一个人身体后退时，另一个人会往前靠。在站立的正式交谈中，即使被访者已经双手交叉于胸前形成“障碍”，他在欺骗性反应中还是可能会往后靠或往后退。

原本很放松的被访者在压力下可能变得紧张。例如，当一个人突然交叉双臂和双腿并向后靠时，其欺骗行为就可能暴露，因为人们害怕被发现撒谎时如果向前倾，那一定感觉不舒服，因为这种姿势易受攻击。相反，如果被访者是“敞开”的姿态，则暗示其比较坦诚。被访者也可能犯些“信号错误”（Signal Blunders）以隐藏自己，这些“信号错误”可能非常细微，如把钱包或公文包放在腿上形成屏障等。

8.7.5 声音

声音是另一种非常丰富的信号源。从讲话人声音的音调、语气、音量以及反应的开始和持续时间能看出他是否有欺骗行为。许多有力证据早已表明，欺骗性回答开始的时间比诚实回答要晚。

此外，欺骗性回答可能比诚实回答时间更长、更不具体。欺骗者可能想通过无用信息填补空白，有人认为延长回答可以令欺骗性回答更复杂，从而更可信。但回答时间长也能反映出被访者寻找答案时的结结巴巴以及停顿和犹豫。最好的欺骗暗示源是音调。研究者发现在欺骗性回答中，声音的音调会明显提高。人们虽然不能解释为什么会将音调升高与欺骗相连，但却肯定音调升高有时确实表明有欺骗行为，而且研究工具能显示其中的区别。[22]

在很多人际交往和管理互动中，非言语因素是最重要的信息源。虽然并非所有的非言语沟通都是有意识或故意的，但是无意的信号也许与有意的信号一样有用，甚至可能更有用。但是，请记住，在具体情况中应该为每个人

193 确立一个行为基线。此外，如果你怀疑有欺骗，可以将这种怀疑作为进一步调查的推动力或对自己的提醒，但不要将怀疑看做是最后结论。

总结

除了话语之外的一切都可视为非言语沟通的范围。每次管理互动中都有非言语因素加强或限制着互动的进行。我们很难赋予非言语信号以确切的意思，因为非言语信号因文化而异。然而，当非言语信号与言语信号矛盾时，值得相信的通常是非言语信号。

非言语暗示有六大功能：补充、强调、反驳、重复、规范和替代。此外，非言语暗示能够增加言语信息的冗余，同时，使言语信息更能以发送者预期的方式为他人所理解。

动作包括手势、姿势、头部动作和走路。手势可以包括象征性手势、说明性手势、情感展示性手势、规范性手势和适应性手势等。我们周围的空间以及我们和他人对空间的理解也很重要。本章列举和讨论了四个区域，但是在阐释这些区域时必须小心，各个区域的大小可能因文化而异。对空间的不恰当使用可能使管理者显得很粗鲁，而对空间的准确分析充分显示出权力在组织中的重要性。

个人外表是我们给别人留下印象的另一个组成部分，外表通常是建立可信度的关键。因此，管理者应该密切注意自己的服装、饰品、化妆、发型和打扮，确保他们的外表符合组织文化和顾客的期待。

声音是本章讨论的最后一个非言语信号源。声音的发送包括信息的音调、语气、开始和持续时间。

发现欺骗的第一步是确定一个行为基线，一旦完成这一步，动作、衣着、空间和声音都可以用来评估交往过程中是否存在欺骗。但是在所有的沟通情景中，务必记住：对于非言语暗示的意思并没有现成的词典可查阅。

小组讨论案例

案例 8-1　系列面试

汉纳·詹森最近申请了一个职位，主管一家大型综合保险公司的工作活

194 动，她刚刚接到一封信，通知她四天后去接受该职位的面试，信中要求詹森参加下列的一系列面试：

上午 9 点：罗德尼 · 卡斯特，人事经理

上午 10 点：艾哈迈德 · 赛义德，部门主管

上午 11 点：鲍比 · 肯特，医疗索赔顾问

如果詹森得到这份工作，她的工资会大幅度提高，而且这将是她获得主管经验的第一次机会。因此，她很想得到这份工作，非常在意如何准备每次面试。

尽管詹森没有在该部门工作过，但她已经在该公司工作了几年。以前她在非正式场合认识了卡斯特和赛义德，但从来没见过肯特。卡斯特 38 岁，衣着讲究，很显然，他对自己成为人事经理两年以来的管理成绩感到很自豪。詹森在人事部工作的朋友认为卡斯特是个男性至上主义者，可能的话，他倾向于聘用男性担任主管职务。

赛义德身体肥硕，是个上了年纪的男士，两年后就该退休了。他有点儿不修边幅，但是他对政策和制度的了解为他赢得了全公司管理者的尊敬。

詹森特别担心与肯特的面试，因为如果她得到了这份工作，她将直接接受肯特的领导，可是詹森对肯特一无所知。

问题

1. 在选择面试服装方面，你将给予詹森哪些正面和负面建议？
2. 考虑到詹森即将会见的两个人的背景，你将建议她发送哪些有效的非言语信号？
3. 在每个面试情景中，詹森的面试策略应该如何区分？

案例 8-2　这里是怎么了

阿特 · 马古利斯是一家《财富》500 强消费品公司的营销研究部主任，今年 45 岁。19 年前，他在获得营销方向的 MBA 之后就加入了该公司。由于他的技术专长、管理技巧和外向个性，四年前他成为这个 50 人团队的主任，其中有六个人直接向他汇报。但他的管理风格是非正式的，所以他经常与部里的每个人接触。

195 两年前，马古利斯专门招收了刚刚获得应用数据博士学位的玛丽亚 · 洛佩斯。因为洛佩斯有其他很多极具吸引力的工作机会，马古利斯费了很大劲儿才说服她加入该公司。尽管洛佩斯只有 34 岁，但是她在营销研究方面有

着非凡的经验以及独特的教育背景。洛佩斯加盟后，很快就为该部门做出了好几项卓越的贡献。作为数据分析经理，她直接向马古利斯汇报工作，但没有人向她汇报工作。加入该公司后不久，洛佩斯与丈夫离婚了。部门里的很多员工认为，她的个人问题导致她与其他员工不是很合群。

洛佩斯与马古利斯一直相处得很好，经常一起共进午餐讨论各种项目。他们似乎有很多共同点，因为他们都能理解研究中使用的数据。最近，由于马古利斯刚刚经历了离婚，他似乎在寻求更多的社会支持，因此，他们的谈话变得更私人化。特别是，马古利斯似乎很想念两个女儿，需要找人倾诉。

但是洛佩斯看到了问题，最近她与一个人力资源经理谈起这事儿。她说，她非常尊敬马古利斯，也喜欢与他一起访问。但她注意到，他的对她的行为有了明确变化：目光接触的时间延长了，两人的个人空间距离缩短了。洛佩斯对此感到不安，并努力微妙地改变这一趋势。然而，这却增加了洛佩斯继续与马古利斯相处的“压力”。今天，马古利斯邀请洛佩斯共进晚餐，这样他们可以一起讨论一个项目，因为在工作时间里他们似乎没有时间讨论该项目。

问题

请你就本章提到的非言语行为和其他话题讨论该案例。这种情况的影响是什么？

尾注

1. Carol Lehman and Mark Lehman, "Effective Nonverbal Communication Techniques: Essential Element in the Promotional Strategies of Professional Service Firms," *Journal of Professional Services Marketing* 5, no. 1 (1989), p. 17.
2. Albert Mehrabian, "Communicating Without Words," *Psychology Today*, September 1968, pp. 53–55.
3. Scott T. Fleishmann, *Employment Relations Today*, Summer 1991, pp. 161–62.
4. Roswitha Rothlach, "Anglo-German Misunderstandings in Language and Behavior," *Industrial and Commercial Training* 23, no. 3 (March 1991), pp. 15–16.
5. Om P. Kharbanda and Ernest A. Stallworthy, "Verbal and Non-verbal Communication," *Journal of Managerial Psychology* 6, no. 2 (April 1991), p. 49.

196 6. Larry H. Hynson, Jr., "Doing Business with South Korea—Park II: Business Practices and Culture," *East Asian Executive Reports* 13 (September 15, 1991), p. 18.
7. Sandra G. Garside and Brian H. Kleiner, "Effective One-to-One Communication Skills," *Industrial and Commercial Training* 23, no. 7 (July 1991), p. 27.

8. R. P. Harrison, *Beyond Words: An Introduction to Nonverbal Communication* (Englewood Cliffs, NJ: Prentice Hall, 1974), p. 25.
9. S. Burbinster, "Body Politics," *Associate & Management*, April 1987, pp. 55–57.
10. John L. Waltman, "Communication Redundancy and Business Communication," *Journal of Business Communication* 21, no. 4 (Fall 1984).
11. P. Ekman and W. Friesen, "The Repertoire of Nonverbal Behavior," *Semiotica* 1 (1969), pp. 49–98.
12. Edward T. Hall, *The Hidden Dimension* (New York: Doubleday, 1966).
13. Loretta A. Malandro and Larry Barker, *Nonverbal Communication* (Reading, MA: Addison-Wesley Publishing, 1983), pp. 226–30.
14. Phillip L. Hunsaker, "Communicating Better: There's No Proxy for Proxemics," in *Reading in Business Communication*, ed. Richard C. Huseman (Hinsdale, IL: Dryden Press, 1981), p. 52.
15. Lynn Cohen, "Nonverbal (Mis) communication Between Managerial Men and Women," *Business Horizons*, January–February 1983, p. 15.
16. Lynn Pearl, "Opening the Door to Rapport," *Agri Marketing* 30, no. 2 (April 1992), p. 97.
17. Louis V. Gerstner, Jr., *Who Says Elephants Can't Dance? Inside IBM's Historic Turnaround* (New York: HarperCollins, 2002), p. 185.
18. Patricia Buhler, "Managing in the 90s: Are You Really Saying What You Mean?" *Supervision* 52, no. 9 (September 1991), p. 19.
19. Paul Ekman and Wallace V. Friesen, "Detecting Deception from the Body and Face," *Journal of Personality and Social Psychology* 29, no. 2 (1974), p. 295.
20. John L. Waltman, "Nonverbal Interrogation: Some Applications," *Journal of Police Science and Administration* 11, no. 2 (June 1983), p. 167.
21. Charles J. McClintock and Raymond G. Hunt, "Nonverbal Indicators of Affect and Deception in Interview Situations," *Journal of Applied Psychology* 5, no. 3 (1975), p. 420.
22. Paul Ekman, Wallace Friesen, and Klaus R. Scherer, "Body Movement and Voice Pitch in Deception Interaction," *Semiotica* 16, no. 11 (1976), p. 26.

Chapter **Nine**

197 第 9 章 跨文化管理沟通

当每个人都一样时，美国将真正消亡。

——詹姆士·T. 埃利森（James T. Ellison），美国历史学家

你是否认为自己有一天会被派驻海外工作？不同层次的人都可能被派往国外，这取决于你工作的公司、其海外业务规模，以及东道主国家的规章制度。海外业务额有限的公司宁愿派一些新员工去这些地方。这一点本章稍后将详细讨论。

你必须熟悉国际商业沟通规则，原因至少有三个：

第一，在过去 30 年间，我们目睹了国际贸易额的急剧增长。例如，美国 2002 年的进出口总值超过 23 700 亿美元，进口大约 14 000 亿美元，出口大约 9 740 亿美元。[1] 随着欧盟和前苏联卫星国家的出现以及中国经济的增强，国际贸易机会持续增加。不仅像摩托罗拉、可口可乐和麦当劳这样的大公司才会在海外做生意，很多公司的产品销售都依赖海外客户。

第二，即使不去海外，你也可能发现自己为另一个国家的公司工作。例如，在美国，外国公司的直接投资从 1966 年的 90 亿美元增加到 2002 年的 3 000 000 多亿美元。[2] 这里举几个外国公司拥有海外业务的例子：六元汽车旅馆由法国公司雅高酒店管理集团（Accor SA）拥有；酸奶制造商达能公司由达能集团拥有，它也是一家法国公司。德国汉高（Henkel）公司，拥有制
198 造 Dial 香皂、Renuzit 空气清新剂和 Armour Star 罐装肉的 Dial 公司。英国帝亚吉欧（Diageo）公司拥有黑牌（Johnny Walker，也译为尊尼获加牌）苏格兰威士忌酒、贝利牌（Bailey）爱尔兰冰淇淋利口酒、宝狮牌（Smirnoff）伏特加酒。德国贝特斯曼公司（Bertelsmann AG）拥有布兰妮（Britney Spears）的唱片公司。英国公司拥有法国牌芥末、加拿大干红（吉百利史威士股份有限公司（Cadbury Schweppes PLC））和贝氏堡宠物公司（Pillsbury）。如果你

留意一下周围，你会发现还有很多其他例子，例如，密苏里州圣路易市郊区的一个主要的购物广场为德国房地产控股公司派拉蒙所有。

美国本土的产品很可能是国外生产的。例如，德雷尔（Dreyer）大冰淇淋、普瑞纳（Purina）狗食、雀巢即溶咖啡以及奇巧（Kitkat）糖棒等都是世界上最大的食品公司雀巢生产的八千多个品牌中的几种，但雀巢总部在瑞士。另一方面，我们以为是“外国的”产品实际上可能是国产的。菲利普·莫里斯（Philip Morris）在美国生产 Grey Poupon 芥末；米其林轮胎是在南卡罗来纳生产的；依云（Evian）饮用水由可口可乐公司供给。确实，我们已经迎来了经济全球化。

学习国际商业沟通的第三个原因是我们越来越有可能与非美国本土居民一起工作或为他们打工。美国劳动部人口普查局的数据显示，2000 年 13% 的劳动力为非美国本土人。目前，大约有 700 万来自亚洲国家（中国、日本、菲律宾、印度、越南、韩国、印度尼西亚和泰国）的工人。第 8 章描述了一些因文化而异的非言语沟通模式。由于美国的劳动力不断多样化，沟通行为中的这些文化差异会对业界员工互动的成功与否产生重要影响。

总而言之，不管你是否刻意从事国际业务，你都必须是位具有跨文化意识的沟通者。遗憾的是，不同公司和国家给予即将委派海外员工的培训的质量参差不齐。据估计，30%—50%的美国管理者在海外表现欠佳，原因是他们没有做好适应外国文化的充足准备。[3]另一方面，日本和澳大利亚的公司却因向派往国外员工提供优质培训而闻名。

本章不会涵盖在世界各地担任跨文化管理沟通者所必须知道的一切知识，我们的目的是介绍管理者要成功进行跨文化业务沟通所必须学习的各种问题、关注焦点和风俗习惯。此外，我们还就管理者现在以及未来几年可以
199 做什么提出一些建议，帮助他们为开展全球业务做好更充分的准备。

9.1 什么是文化

在探讨跨文化沟通之前，我们需要先了解一下“文化”一词的意思。虽然对这一术语的定义很多，而且复杂程度各异，但是古尔德（Gould）对文化定义做了清晰直白的说明：

> 文化是我们赖以成长的一切。从孩童时起，我们就学习周围的人可以接受的行为、习惯和态度，这些是通过口头、非言语和书面

> 传输给我们的。随着时间的推移，我们逐渐习得我们赖以发展成熟的社会里的知识、信仰、价值观、风俗和道德观，我们感到舒服的共识体系由此而产生，我们知道期待什么，也知道别人对我们有何期待。[4]

根据这一定义，文化包括我们所接触的宗教体系、教育制度、经济制度、政治制度、娱乐渠道、规范衣着打扮的风俗习惯、礼仪标准、食物及其制作和招待方法、人与人沟通的数量和质量、问候习惯、一般礼节、旅游方式，以及人们生活中变得想当然的很多其他方面。

当我们承认文化无处不在，国与国间的文化差别很大时，我们就可以更全面地理解管理者在跨文化环境中所面临的困难工作。来自另一个国家的人们可能在美国商人感到很奇怪的文化中感到很舒服。然而，我们必须进行调整，学会在不确定性、不寻常事件和习惯中生活。如果我们想在竞争激烈的全球市场上取得成功，我们就应该学会像别人一样看待事物和接受事物。

9.2　跨文化神话

在讨论跨文化商务沟通的各个方面之前，我们必须消除两个神话，一个是地球村（Global Village）概念，另一个是大一统（Universality）神话。

200 地球村概念是马歇尔·麦克卢汉（Marshal Mcluhan）1967 年在《媒介即信息》（*The Medium is the Message*）一书中提出的。该概念提出，沟通和沟通技术的发展将最终使世界缩小成一个快乐的大地球村。有人相信，地球村的概念已经实现了，因为现在我们可以立刻就知道发生在地球最遥远地方的事件。[5]

而另一些人则相信，我们离实现地球村的概念还很远。他们争辩说，沟通和沟通技术的巨大发展只是扩大了世界各个民族间的距离，而这种距离只是强化了这些民族间被感知的差异。[6]

根据后一种观点，有人建议，我们能否看到地球村概念的实现，责任在于你们——今天的学生。为了在全球市场取胜，你们必须适应其他文化，必须赢得和保持跨文化合作者的信任，换言之，你们必须跨越文化的鸿沟。[7] 伴随着每个成功的国际商务活动（参与各方均取得成功），我们都朝着地球村概念的最终实现迈进了一步。

我们必须清楚的另一个神话是“大一统神话”，该神话经常为那些在外国短暂停留的人所推崇。最初，他们注意到自己文化与东道国文化的所有差异，接着，开始留意两者的相似之处，在最终离开时得出这样的结论：在不同的肤色下面，我们都是一样的，是人类大家庭里的兄弟姐妹。

文化本来应该揭示信仰、价值观和风俗习惯等方面的差异，但是短暂访问没能为这些人提供这种更深层的文化洞察。为了举例说明，我们可以看看一项在几个国家进行的调查的部分结果，受访者被问到的一个问题是：“你同意还是不同意这一说法，即绝大多数人是可以信任的？”认同程度如下表所示：

美国	55%
英国	49%
墨西哥	30%
德国	19%
意大利	1%

有人可能会说，语言的不同可能是造成某些误差的原因，但即使考虑一定误差，我们对基本的信仰还是存在很大的差异。基本信仰差异的最新例子是 1994 年发生在新加坡的事件，当时一位美国年轻人因为破坏汽车被当众
201 处以鞭刑。不熟悉新加坡刑罚体系的美国人对此感到恐惧。我们的文化有很大的不同，而如果我们想彼此做生意，我们就必须承认、理解和接受这些差异。

9.3 彼此不同的某些方面

有关文化差异的最详尽的研究是吉尔特·霍夫施泰德（Geert Hofstede）在一家总部设在美国的跨国公司进行的。他收集了该公司分布在全球 40 多个国家的员工的 116000 份问卷。他对调查结果进行了大规模的数据分析，结果揭示了民族文化的六个因素，即权力距离（Power Distance）、不确定性规避（Uncertainty Avoidance）、个人主义与集体主义（Individualism/Collectivism）、男性气质与女性气质（Masculinity/ Femininity）、高语境与低语境（High and Low Context）、一维时间与多维时间（Monochronic/Polychronic Time）。[8] 如表 9-1 所示。

表 9-1　霍夫施泰德的文化差异因素

权力距离大	权力距离小
不确定性规避强	不确定性规避弱
集体主义	个人主义
男性气质	女性气质
高语境	低语境
多维时间	一维时间

权力距离表明社会接受机构和组织中权力分配不平等这一事实的程度，反映在社会上权力大和权力小的成员的价值观上。菲律宾、委内瑞拉、墨西哥和南斯拉夫是权力距离大的国家；而丹麦、新西兰、奥地利和美国是权力距离小的国家。

在权力距离大的文化中，管理者拥有比下属大得多的权力，人们通常毕恭毕敬地用头衔和姓氏称呼该管理者，该管理者喜欢控制性策略，言行举止像个独裁者。然而，在权力距离较小的文化中，管理者拥有的权力与下属差不多，人们经常直呼其名，他会用平等的沟通策略进行管理。

不确定性规避与社会感受到的不确定和模棱两可情况威胁的程度有关。社会可以通过提供更稳定的职业，建立和遵循正式规则，不允许奇怪的想法和行为，相信绝对真理和专门技术来避免这些不确定和模棱两可的情况。希腊、德国、英国、葡萄牙、比利时和日本的不确定性规避很强；而新加坡、丹麦、美国和瑞典的不确定性规避很弱。

202 不确定性规避可能是绝大多数跨文化管理者必须对付的一个主要难题。他们需要挑战现状，实施变革，而不确定性规避是变革的主要障碍。这些管理者应该记住，使用平等的沟通策略让人们参与，并强调变革的好处，这会大大减少抵触。

在集体主义和个人主义方面，个人主义使人联想到组织结构松散的社会架构，在该架构中人们只要照顾自己和直系家庭即可。另一方面，集体主义的特征就是紧密的社会架构，在该架构中人们区分内集团（In-group）和外集团（Out-group）。他们期待内集团（亲戚、家族和组织）照顾他们，也正因为如此，他们相信自己必须对内集团绝对忠诚。美国、澳大利亚、英国是个人主义国家；而巴基斯坦、哥伦比亚、尼日利亚、日本和委内瑞拉是集体主义国家。

来自个人主义和集体主义文化的管理者在很多方面有冲突，例如，在谈判中，来自集体主义文化的管理者通常不想做决定，他们必须先进行协作，从而达成共识。但来自个人主义文化的管理者若在协作方面有困难，就会想和“决策者”对话，并且不能理解为什么另一方要花那么多时间交换观点。

男性气质与女性气质作为一个因素，指的是社会上主流价值的“男性化”程度，根据霍夫施泰德的观点，男性气质包括果断、对钱物的获得、对生活质量的不在乎等。这些价值被标记为“男性的”，因为在几乎所有的社会里，男性在这些价值上得分更高。日本、奥地利、委内瑞拉和墨西哥是最男性化的社会。相反，女性化文化则重视家庭、孩子和生活质量。丹麦、瑞典和挪威被认为是女性化文化国家。

请看下面的比较。在美国对男性的评判至少部分取决于他们赚钱的能力，这种评判通常排除了照顾孩子的美国传统女性价值观。然而，在芬兰的赫尔辛基，正在开会的一个男人可能被叫去照顾在隔壁大楼托儿所里的孩子，没有人会认为这是本末倒置。尽管美国 1993 年通过了《家庭休假法案》（The Family Leave Act），但是休完法定假期的男性远远少于女性。

跨文化沟通者必须铭记的第五个文化差异是该文化是高语境文化还是低语境文化。这些术语是爱德华 • T. 霍尔（Edward T. Hall）在 1977 年最先
203 使用的。[9]在高语境文化中，大部分信息来自自然语境、环境或个人的内化。在这样的文化中，人们从非言语沟通或身体语言中，从沉默、面部表情和肢体动作中寻求意思。日本和沙特阿拉伯是高语境国家，讲汉语和西班牙语的国家也是高语境国家。

在低语境文化中，人们期待绝大部分的信息来自词语等明确代码。在这样的文化中，沟通者强调直接收发准确信息，通常表达得非常清楚。加拿大和美国是低语境文化。正如有人所担心的，如果没有人提醒低语境文化和高语境文化在方法上的差别，那么双方的谈判可能充满危险。[10]合同在高语境文化和低语境文化中的价值也有很大不同。美国的商业交易取决于文件，而不是握手和私人关系。

根据霍夫施泰德的研究，文化差异的第六个方面是一维时间和多维时间。在一维时间文化中，如德国、美国和绝大多数其他西方国家，人们谈论节省时间、浪费时间、抽出时间和花费时间，用十亿分之一秒来测量时间，阅读季度利润，把未来三五年的计划定义为“长期计划”。时间是线性的。

在多维时间文化中，如西班牙、拉丁美洲和亚洲国家，时间就是时间。这些地方的文化可追溯到几千年前，因此，迅速行动失去了意义，“长期”思维需要几代人甚至是几个世纪的时间，相比之下，此时此刻并不重要。多维时间文化中的人们更加耐心，对管理和计算时间没多少兴趣，与一维时间

文化的人相比，他们更愿意等待回报。对他们而言，时间是灵活的、自然演变的。

考虑到当今市场的全球化和公司跨国经营的步伐越来越快，有人提出，世界各地的公司开始变得越来越相像。有一个理论声称，随着公司变得越来越相像，组织文化可能主宰或减弱大文化的影响。到目前为止的研究并不支持这些新的发展。劳伦特（Laurent）发现，在跨国公司中工作的不同国籍的员工保持甚至是强化了他们的文化差异。德国工人变得更德国化，美国工人变得更美国化，瑞典工人变得更瑞典化。[11] 这一发现说明：为了获得生意成功，我们必须接受甚至重视文化差异。

了解了世界各地人们各不相同，有时差别很大的某些因素，现在我们把注意力转移到跨文化沟通者获得成功的实际方法上。具体说来，本章下面将
204 讨论语言差异、具有非言语敏感性、做一个良好的跨文化沟通者，以及为国际商业任务或职业做好准备等方面的问题。

9.4 应该学习当地语言吗

国际商务旅行者必须面对的第一个抉择就是是否学习即将访问国家的语言。学过第二语言的人们证实，学外语是一项漫长、复杂而枯燥的任务。此外，要学习的语言的难度各不相同。不同语言有微妙的差别，非本族语者很难掌握。另外，一个国家里存在很多方言，这会使学习过程变得更为复杂。

如果只在一个国家短暂停留，比如只是建立合作关系或签订合同，绝大多数人认为不需要学习该国语言。由于英语是全世界承认的商务语言，因此，人们将要接触的人很可能会说英语。即使他们不会说英语，他们也可以使用口译员。然而，在选择口译员时必须非常小心，因为口译员的能力和忠诚度差别很大。

随着停留时间的延长，学习该国语言的必要性随之增加。绝大多数权威专家同意，如需要长时间驻留，那么学习该国语言所花费的时间和努力是值得的。此外，熟悉当地语言能帮助熟悉当地的文化、价值观、传统和商业实践。管理者对文化的理解越多，他们越有可能在该环境中取得成功。

学习并学好当地语言的一个优点就是避免公司在广告和产品标签方面遇到翻译灾难。例如，派克钢笔公司曾经不经意地在拉丁美洲登出这样的广告：派克墨水可以预防不必要的怀孕。类似地，奥的斯工程公司在一个俄罗斯贸易展的海报上声称，其石油设备可以改善人们的性生活。

有时候，当把口号和产品名称翻译成其他语言时效果会适得其反。例如，百事的口号“Come alive with Pepsi”（请喝百事可乐，令君生气勃勃） 在德语中的意思是“与百事一起，从坟墓中复活”；大众汽车的“Body by Fisher”（费雪车体公司）在佛兰德语中变成了“Corpse by Fisher”（费雪的尸体）。也许关于产品名称最著名的困境就是Chevrolet's Nova（雪佛兰）汽车，该词在西班牙语中表示“不动”。福特的“Fiera”（费尔拉）卡车也有类似的经历，这个名称的西班牙语意思是“丑陋的老太婆”。

最后需要提醒的是语言的使用。有些人选择一条中间路线，只学一些常见的与某个特定环境相关的具体陈述。这些人应该记住，在某些语言中，尤
205 其是东方语言中，同一个词语可以用来表示很多不同的东西。声调的变化表示特定的意思。有时候，一知半解比一窍不通造成的后果更严重。

9.5 对非言语信息的敏感性

不管外来管理者是否选择学习当地语言，他们都应该尽可能多地学习该文化中常见的非言语语言。不同文化对问候、衣着、空间、触摸、姿势、肢体动作和礼仪的阐释千差万别。有些生意仅仅因为一个看起来并无恶意的美国肢体动作而丢失了，因为这个动作在另一个国家可能被理解成一种严重的伤害。

9.5.1 问候

从业务开始接触时，人们就应该意识到，问候方式可能因文化而异。虽然，在世界绝大多数地方握手是一种相当标准的问候形式，但是所用的力度却可能不同。用力紧握在美国被用来表示温暖和信心，但在习惯轻握的国家中被认为太咄咄逼人。

在日本，年纪稍长的商人还习惯鞠躬，有时既鞠躬又握手，以表示对双方文化的尊重。注意，鞠躬有不同的程度，各种程度都有重要意义。在世界的其他地方，传统的问候方式可能是拥抱、亲吻，或把手做成祈祷状。[12]

提到问候方式，请注意：不同文化对名片的处理方法也各不相同。在日本，人们用双手将名片递给接收者，信息对着接收者。另外，人们也不会立即将名片收起来或在上面乱涂乱画，而是仔细研究，然后在开会过程中将名片摆放在桌上。最后，在任何非英语国家里，在名片的背面用第二语言印上

信息被认为是一种周到的做法。[13]

9.5.2 衣着

虽然西装在世界绝大多数地方被认为是可接受的商务会议服装，但是参加晚间娱乐活动时，西装却不一定是可接受的服装。在热带地区，男性即使在正式场合穿着瓜亚贝拉衫或宽松的棉质衬衣外加一条宽松的裤子都是可以接受的。

在衣着问题上，我们即使不参加商务会议或正式的社交活动也应该小心。在世界的某些地方，旅游和娱乐服装的标准比美国保守。在很多阿拉伯和东方国家里，人们认为在街上或神圣的建筑物里暴露双腿、手臂、肩膀或头部令人不快。

206

9.5.3 空间、触摸和姿势

在商务和社交活动中保持的空间、习惯的触摸和采取的姿势在全球各地差异很大。据说美国人有多达四英尺的不容陌生人侵犯的空间距离。而在阿拉伯国家和拉丁美洲，人们说话时几乎是面对面、鼻子贴鼻子的。有人说，阿拉伯人与你沟通时想靠得很近，这样才能闻到你的呼吸和体味。而在美国，人们想尽办法避免闻到彼此的味道。

在有些国家，如伊朗、巴勒斯坦、中国、印度尼西亚等，两个男人手牵手走在街上象征友谊深厚，这是可接受的。然而，就在这些国家中，有相当一部分人认为男人和女人手牵手走在街上是不可接受的。人们会对这种情感的公开展示皱眉头。

在触摸话题上，管理者对碰触的地方应该小心。在中国和泰国，人们认为头部是神圣的，不应该碰触，也不能将任何物体从头上递过。在汤加，触摸别人的头部可能被处以死刑。在穆斯林国家，将鞋后跟展示给另一个人被认为是污辱。商人们应该注意决不要跷起二郎腿，也决不要向后靠在办公椅上，双脚架在桌子上。

9.5.4 肢体动作

在南斯拉夫、伊朗和斯里兰卡，上下点头表示“不”。美国人表示“过来”的手势，在意大利、希腊和一些非洲国家表示“再见”。“竖起拇指”在美国表示“一切都好”，而对澳大利亚人来说，则是一种猥亵行为。当V形胜利标志反过来掌心朝着自己时，意思完全相反，在英国，这变成了一种污辱。在埃塞俄比亚，用一个手指指着表示“过来”的手势仅用于对小孩和狗。

前面的这些例子说明，我们在国际交往中使用的肢体动作可能相当危险。一个友好无害的肢体动作可能变成一个活生生的污辱。在一个国家明显表示一种意思的东西在另一个国家可能表示相反的意思。为了在竞争日益激烈的全球市场上取得成功，我们必须具有跨文化的敏感性。

9.5.5 食物

当我们在讨论食物时，如特殊场合用什么食物来庆祝，怎么吃，甚至什么可以吃等，我们对文化多样性会有最强烈的意识。任何一个旅行者都有吃“异国情调”食物的故事，而且经常伴随着价值评判。

207 东道主希望访问者与他们分享带给他们无穷乐趣的美味佳肴。他们很难想象或理解，同样的这些美味可能给那些与他们经历不同的人带来恐惧和反感。

因此，在沙特阿拉伯或哈萨克斯坦，宴会的贵宾可能被邀请品尝羊眼睛，在中国可能被邀请品尝鱼翅，在非洲的某个地方被邀请品尝烤猩猩爪子，在日本被邀请品尝雕花的活鱼。虽然美国商人可能不愿意尝试这些菜肴，但是如果拒绝就会显得非常粗鲁。

另一方面，到美国来的访问者经常批评美国人日常消耗太多加工食物以及爆米花和果冻等零食。在世界绝大多数地方，玉米是动物粮食。此外，美国人喜欢一天到晚吃零食，而不是正儿八经坐下来吃大餐，这也被认为是欠优雅的。例如，日本人不在街上或站着时吃东西。

9.5.6 礼物

1977年的《反海外腐败法》（Foreign Corrupt Practices Act）规定，在从事业务过程中行贿是违法的，违法公司可能被处以高达200万美元的罚款，参与行贿的个人可能被处以高达10万美元的罚款和最高5年的监禁。尽管有这些严厉的处罚措施，跨国公司还是继续冒险。2003年4月，美国联邦检举人对两名代表埃克森-美孚（Exxon Mobile）的执行官提出指控。他们被控在20世纪90年代中期行贿哈萨克斯坦的官员以换取石油合同。据称，款项包括哈萨克斯坦共和国高官存放在瑞士银行账户里的20500000美元、总统的一架新的“湾流”（Gulfstream）喷气式飞机、总统官邸网球场的经费，以及四辆用于总统女儿的电视网络的带有圆盘式卫星电视天线的卡车。指控还列出了快艇、珠宝、毛皮大衣和雪上汽车等。埃克森-美孚否认支付过任何不合适款项。

为什么美国公司要冒险违反《反海外腐败法》呢？在一个向官员赠送礼物、费用、佣金和“方便费”（Facilitation Payments）等被视为正常做法的文化中，反行贿法律有时就成了想要在这里做生意的公司的一种竞争劣势，因为争夺赚钱合同的其他国家并没有反行贿限制。[14]

送礼的做法在全世界千差万别，在某些国家是普遍的，也是意料之中的，而在别的国家则不被认同。例如，虽然在日本送礼很重要，但是在德国、比利时或英国却被认为是不合适的。[15] 服务做得好给小费在美国是很普遍的，而在中国则是一种侮辱。

即使在习惯送礼的国家里，礼物的性质和价值也可能有很大不同。如果一个人被邀请到别人家里吃饭，虽然送花是妥当的，但是在很多欧洲国家要
208 避免送菊花，因为菊花与葬礼相联系。在日本，白花传递同样的信息，而在巴西和墨西哥则是紫色花。[16]

还需记住的是：礼物的数量和形状有可能很重要。在日本“4”让人联想到霉运，而肯尼亚则是“7”，但是“7”在捷克共和国则被认为是幸运数字。三角形在中国香港、韩国和中国台湾被认为是消极的形状。[17]

最后，让我们讨论一下对带有公司标志的礼物的理解。虽然有人可能将这类礼物理解为建立和维持业务关系的象征，但也有人会认为赠送者太小气了，不愿自己花钱买礼物。

尽管前面的讨论并不详尽，但目的是说明跨文化沟通者的危险总是存在的。最后，跨国公司的成功与否取决于：公司成员如何努力培养跨文化敏感性，从而避免上述危险。

9.6 良好的跨文化沟通者应具备什么条件

虽然下面的描述并不详尽，但却形象地说明了良好的跨文化沟通者具备的某些最重要品质和特点。如果你能够避免上述隐患，能够与跨文化拍档维持和谐的关系，那么你就是一名良好的跨文化沟通者。

第一，如果你能够避免民族优越感（Ethnocentrism），你就是个良好的跨文化沟通者。一个具有民族优越感的人认为自己的国家是世界上最好的，认为其他国家不如自己的，原因就是这些国家的习俗不同，也许是自由、便利设施、技术、过分自信、知识财富或老于世故等。不管是什么理由，具有民族优越感的人若居高临下地对待其他国家的人，彼此间建立的很可能是仇

恨而不是良好关系。

适宜的行为就像客人在主人家里的行为一样。彬彬有礼的客人不会说：“我们家比你们家浴室多，我们家有一个更大的客厅和一个家庭活动室。你们为什么没有放三辆车的车库？你们家的后院怎么这么小？”彬彬有礼的客人会真正欣赏主人所能提供的任何盛情款待。

第二，如果你对自己的国家是非防卫性（Nondefensive）的，你就是个良好的跨文化沟通者。例如，如果来自另一个国家的人批评美国的高离婚率、滥用毒品、歹徒枪战、虐待儿童、青少年怀孕、艾滋病、政客腐败等问题，
209 美国人不应该防卫性地否认这些问题的真实性。虽然你不能完全解释这些问题的根源，但是直接讨论这些问题及采取的措施是适宜的。

第三，如果你对世界上其他文化感到好奇，而且敢于面对，你就是个良好的跨文化沟通者。你必须对自己国家以外的人和地方产生真正的兴趣，这种兴趣不能是虚假的。跨文化管理者意识到在世界各地并不总是可以得到像在家里一样的物质享受。

第四，如果你能设身处地为人着想、善解人意且避免用评判性言论，你就是个良好的跨文化沟通者。做些这些，你就能通过另一种文化中的伙伴的眼睛较客观地看待世界，就能理解别人开始看起来很奇怪的行为和风俗习惯有着在当地非常合理的、长期存在的理由。你不会将自己的文化方式强加在别人身上，因为这些方式对别人而言也许并不可行。

第五，如果你有耐心，就可以成为良好的跨文化沟通者。你要学会在模棱两可中生活；你知道会有意想不到的事。会议并不总是按计划进行，商店并不总是在公告的时间内营业，便利设施并不总是随时可得。虽然你的大部分应对行为是安全处理意想不到的事件，但是有时候你也得利用自己的勤奋，想出预期方案的替代方案。如果一种沟通方式证明太不可行，你就得寻求另一种方式。

第六，如果你真诚地善待与你相处的其他国家的人，你就是个良好的跨文化沟通者。一个良好的跨文化沟通者真心地喜欢和尊重其他国家的人，这不能伪装。

9.7 培养跨文化管理者

跨国公司中雄心勃勃的管理者在其职业生涯中的某个时间可能需要在海外工作。哥伦比亚大学商学院最近的一项研究证实，成功的管理者必须具

有在多元化环境和多国工作的经验才能成为 21 世纪的首席执行官。[18] 2002 年，大约有 300—500 万商人在海外工作，预计国际劳动力的规模将随着国家间合作的加强而增加。[19] 公司首先派遣最好的员工执行国际任务，如开发新市场、维持现有运作、培养能为公司出谋献策和形成公司业务全球观念的高潜能员工。[20] 另外，对 300 家《财富》1000 强企业人力资源专业人士的调查显示，一半的受访公司选择最好的员工承担国际任务。[21]

210 为了胜任海外任务，你应该做几件事情。正如前面所提的，要学习另一门语言，还应该研究本组织、社区以及周围大学在多文化沟通方面的培训和教育机会。在社会方面，你可以考虑让一名海外留学生住到家里，这种经历不仅帮助该学生适应美国文化，而且让你洞察该学生国家的文化。最后，要跟上世界商业、政治和经济的发展。可以阅读诸如《基督教科学箴言报》（*Christian Science Monitor*）和《金融时报》（*Financial Times*）等受国际关注的报纸。在日益全球化的市场上，你的跨文化专长将为你带来竞争优势。

总结

由于国际市场的风云变幻和国内外市场竞争的日益激烈，公司必须在国际上越来越活跃才有可能生存和繁荣。这些趋势和发展表示，今天的学生极有可能成为明天的国际商人。为了成为成功的国际商人，他们必须成为成功的跨文化沟通者。

文化是无处不在的，文化是使人们感到舒适的普遍认知体系。但文化是千差万别的，要取得成功，国际企业必须理解和接受这些差异。世界还没有成为一个全球大家庭，人们也不可能都一样。国际商人应该努力跨越世界各个民族间存在的文化鸿沟。

如果只是到另一个国家进行短期商务旅行，很可能不需要学习该国语言。但如果停留时间长，学习该国语言就是个好主意，这样商人就不需要依赖口译员，同时也可以减少某些公司在广告和产品标签方面碰到灾难性翻译错误的可能性。最重要的是，学习该国语言能够洞察当地的文化。

不管是否学习当地语言，国际商人在非言语方面都应该尽可能敏感，他们应该了解问候礼仪和标准着装，应该意识到在某些文化中，空间、触摸、肢体动作和姿势有不同的处理方法，应该耐心接受别人对时间的理解，对饮食冒险采取开放的态度，熟悉送礼的礼仪。

一个良好的跨文化沟通者应当抛弃民族优越感，在谈到自己国家的问题时，不会采取防卫性的态度，应该对其他人感到好奇，并能勇敢面对可能遇
211 到的各种条件，对其他文化中的伙伴的感情要设身处地，做到充分理解并避免评头论足，对模棱两可充满耐心，对不可预测的事情做好心理准备，善待与自己打交道的其他国家的人。

最后，打算接受国际任务的管理者，应该抓住一切机会做好准备。可以考虑学习国外当地语言，并考察现有的社会和学术项目。此外，他们需要跟上世界商业、政治和经济的发展，抓住随之而来的机遇。

小组讨论案例

为索诺拉工厂做准备

你是一家大型汽车制造公司的人力资源培训专家。你的公司将很快完成在墨西哥索诺拉（Sonora）的一个工厂的建设，该工厂将专门生产你们公司非常流行的微型汽车——护花使者（Chaperone）。

首先，新工厂的所有管理人员将从美国各地调任。今后，监管人员将从生产线上的墨西哥当地人中提拔，公司希望这些监管人员至少能提升到中层管理层。

然而，目前公司面临着双重问题。首先，公司需要确定从美国调至索诺拉工厂的管理者的选拔标准。其次，公司需要培训这些人员，使他们能在不同的文化中工作。

由于你拥有国际商业证书和人力资源管理学位，老板认为这项工作正适合你，虽然你对墨西哥的了解仅限于三四年前到那里的海边度假，老板对你的能力确信无疑。

老板希望两天后一份备忘录形式的三页纸提案出现在他的办公桌上。第一页包括索诺拉工厂管理者的选拔标准。老板说，你不必担心他们的技术是否符合要求，其他人会就这方面问题对候选人进行筛选。你应该关注的是他们作为良好的跨文化管理者和沟通者应该具备的资格以及公司应如何评估他们的资格等。

备忘录的另外两页应该概述调任者接受的培训计划，至少应该包括语言训练、重要文化差异培训、非言语敏感性、管理哲学和两个国家的组织文化等。

212

案例作业

以小组为单位，写一个备忘录，为该国际业务奠定成功的基础。你们的选拔标准应该能够选出最具成功潜力的候选人，培训计划应该确保他们具有取得成功的可能性。

尾注

1. U.S. Department of Commerce, International Trade Administration, "Trade and Economy: Data and Analysis." Compiled from official statistics of the Bureau of Economic Analysis. Viewed online December 20, 2003, at *http://www.ita.doc.gov/td/industry/otea/usfth/aggregate/H02t01.html*.
2. U.S. Department of Commerce, Bureau of Economic Analysis, International Economic Accounts, "Foreign Direct Investment in the U.S.: Capital Inflows, 2002." Viewed online December 20, 2003 at *http://www.bea.doc.gov/bea/di/fdicap/fdicap02.htm*.
3. C. Glenn Pearce, Ross Figgins, and Steven Golen, *Business Communication Principles and Applications*, 2nd ed. (New York: John Wiley & Sons, 1988), p. 626.
4. Norm Sigband and Arthur Bell, *Communicating for Management and Business*, 4th ed. (Glenview, IL: Scott Foresman, 1986), pp. 69–70.
5. Dale Level and William Galle, *Managerial Communication* (Plano, TX: Business Publications, 1988), p. 379.
6. Sigband and Bell, *Communicating for Management and Business*, p. 67.
7. Ibid.
8. Geert Hofstede, "Motivation, Leadership and Organization: Do American Theories Apply Abroad?" *Organizational Dynamics*, Summer 1980, pp. 42–63.
9. Edward T. Hall, *Beyond Culture* (Garden City, NY: Anchor Press/Doubleday, 1977).
10. Phillip Harris and Robert T. Moran, *Managing Cultural Differences*, 5th ed. (Houston: Gulf Publishing, 2000), p. 36.
11. A. Laurent, "The Cultural Diversity of Western Conceptions of Management," *International Studies of Management and Organization* 13, nos. 1–2 (Spring–Summer 1983), pp. 75–96.
12. M. Katherine Glover, "Do's and Taboos: Cultural Aspects of International Business," *Business America*, August 13, 1990, p. 4.
13. Ibid.
14. "Bribery Has Long Been Used to Land International Contracts," *Alexander's Gas & Oil Connections*, 8, 11, June 3, 2003. Viewed online December 20, 2003 at *http://www.gasandoil.com/goc/features/fex32399.htm*
15. Glover, "Do's and Taboos," p. 4.
16. Ibid.
17. Ibid., p. 2.

18. Rosalie L. Tung, "Attitudes and Experience of Expatriates on International Assignments." Paper presented at Pacific Region Forum on Business and
213 Management Communication, January 22, 1998. Retrieved from *http://www.cic.sfu.ca/forum/TungMarch181998.html*

19. "New Study: Facing Increased Uncertainty and Volatility on World Stage, Employees on International Assignment Often Feel Left on Their Own," *News Aktuell-DPA Firmengruppe*, May 15, 2002.

20. C. Brooklyn Derr and Gary R. Oddou, "Are U.S. Multinationals Adequately Preparing Future American Leaders for Global Competition?" *International Journal of Human Resource Management*, no. 2 (February 1991), pp. 227–45.

21. "KPMG Survey: Majority of Companies Select Top Employees for Overseas Assignments, However Fail to Successfully Repatriate," *PR Newswire Association, Inc.*, October 25, 2000.

第 4 篇

人际沟通策略

10．冲突管理

11．谈判

12．面谈

Chapter **Ten**

217 第 10 章 冲突管理

困难是为了激励，而不是为了阻碍。人类的精神因为冲突而强大。

——威廉·埃勒里·查宁（William Ellery Channing）

世界上似乎充满冲突。中东、太平洋沿岸和非洲局势的持续紧张使全球和平的可能性变得渺茫。即使在公司层面上，冲突也很普遍，表现为频繁的合并、收购和不友好接管等。

在公司内部，关系也很紧张。工作场所暴力是女性在岗死亡的第一大原因，也是男性在岗死亡的第二大原因。而且场所暴力事件正以惊人的速度上升。[1]管理者必须采取干预措施，包括解决冲突的训练等，以保护员工免受暴力的伤害。

对美国管理协会执行官的一个调查显示，管理者可能要花费多达 20%的时间来处理冲突。[2]对工作程序的理解不同可能引起冲突；对优先权的争议，两个项目中哪个项目可以提取有限的项目发展基金也可能引起冲突。冲突还可能使长期的愤怒成为关注焦点并导致工作的停滞。

上述这项调查还要求管理者描述所介入的冲突类型。一位管理者描述了这样的情景：四个电脑程序员想参加一个培训研讨会，但只有一个人的基金。另一位管理者描述他和一位同事都想同时休假，他们的经理说不行，并要他们自己订出一个时间表。在这两个情景中，冲突都必须得以解决。

组织冲突（Organizational Conflict）是传统组织结构的自然组成部分，因为不同单位之间经常存在固有的对立状态。冲突的增加与组织的层级水平、工作标准的提高和工人数量的增加等因素存在正相关。[3]事实上，组织
218 冲突是如此普遍，以致有超过 75 个附属中心、研究所、协会和社团都在从事该领域的研究。

10.1　冲突的益处

冲突通常有着否定含义。然而，如果处理得当，冲突可以转化为积极的事件。冲突要求管理者分析目标，冲突促进员工间的对话，冲突还有助于形成创造性的解决方法。如果没有冲突，员工与组织将停滞不前。1992 年，通用汽车公司的土星（Saturn）分部就是组织冲突有益性的典型例子。土星开始出现某些增长势头，是通用汽车公司销量最好的部门。土星总裁理查德·利福维（LeFauve）于是强烈要求从公司获得更多资金以扩大装配能力。但是通用汽车公司总裁罗伯特·斯坦普尔认为该部门不应该获得更多的投资，他认为别克分部更有优先权，冲突因此而产生。但这一冲突是有建设性的，因为冲突帮助通用公司分析和建立了公司策略和对土星的优先权。[4]

冲突还可以培养创造性。冲突通过强迫人们摒弃传统思维方式，克服个体的心理扭曲和偏见，从而促进自由思维（Unstructured Thinking）。有人认为，这是产生解决棘手问题的良好而新颖的替代方法所必需的。[5]

此外，研究显示，如果下属的反对和抵触是公开的，而不是微弱甚至是被动的，那么决策的质量更高。一项研究表明，如果下属抵触情绪很强，出现优质决策的概率是 45.8%；如果下属抵触微弱或不存在，出现优质决策的概率只有 18.8%。[6]

因此，以一帆风顺为荣的管理者，其效率不一定有他们自以为的那么高。一帆风顺可能反映冲突受到压抑。如果允许冲突爆发，冲突可能带来潜在益处。事实上，冲突的伤害可能不如压制大。

那么，是什么引起冲突的呢？冲突什么时候发挥作用，什么时候不发挥作用呢？可以用什么方法解决冲突呢？有没有哪种方法是最好的？下面的讨论将回答这些问题，但我们先要阐述沟通与冲突的关系。

10.2　沟通与冲突的关系

与其他的很多术语一样，冲突既有通俗意义，又有一长串特殊的定义。快速回顾这些定义将有助于描述冲突的性质。卡茨和卡恩声称，当两个系统（包括个人、小组、组织或国家）直接互动时，尽管一方进行抵制，但
219 另一方的行动还是倾向于防止或迫使某些结果的产生，双方就处于冲突中。[7]另一位作者指出，冲突是指个体的条件、做法或目标是天生不可调和

（Inherently Incompatible）的情景。[8] 第三种定义把冲突呈现为一种对价值的争夺或对有限资源、权力和地位的要求。[9]

这三种定义有助于确定冲突的性质，表明沟通在冲突中的作用。第一个定义用“互动”这个词，暗示某种类型的沟通互动。第二个定义使用“天生不可调和”这个词组，第三个定义则使用了“对价值的争夺”。沟通是管理者确定某事是否天生不可调和的方法，而对价值的争夺正是通过沟通行为进行的。因此，有效沟通的能力可能立即消除冲突。然而，沟通不力则可能产生看起来天生不可调和的情景，对价值的争夺也可能随之而来。结论就是：沟通行为可能引起冲突，也可能解决冲突。

让我们审视冲突的具体特点以及沟通的相应含义。下面是与沟通特殊相关的四个公理。[10] 对这些公理的回顾显示：有效沟通可以使冲突成为一个具有建设性的积极过程。

冲突至少包括两方

冲突至少包括两方，因此沟通是必要的组成部分。只有沟通才能产生或解决冲突。管理者应该理解可能产生冲突的沟通互动的类型和冲突产生后最有用的沟通模式。事实上，良好的沟通者可以将冲突表面化并将其变成建设性过程。

冲突由感知的互斥目标引起

客观事实或个人的价值和感知可能导致互斥目标的存在。然而，关键问题是介入各方认为目标是互斥的。通常，通过沟通，介入各方看到事实上目标并非互斥。但只有通过沟通，冲突各方才能确定存在一个能满足各方目标的上级目标。再次，冲突的积极性质很明显，因为如果没有冲突，各方就可能不知道上级目标。

冲突涉及具有不同价值观和看法的各方

为了说明冲突各方可能存在不同的价值体系，我们以一位曾经是工会成
220 员的一级主管与一位大学毕业刚两年的年轻工程师的价值观差异为例。当这两个员工考虑实施电脑化生产控制体系时，其价值观差异可能导致潜在冲突。主管认为电脑系统太复杂，而且会取代部分员工的工作，导致裁员；然而，年轻的工程师仅仅把电脑系统当成工程技术的挑战而已。在这个例子中，价值观影响了人们对事物的看法。

选择性关注原则（Selective Attention Principle）指出，人们倾向于感知他们认为重要和令人愉悦的东西，回避不重要和不愉快的东西。下面的例子显示，感知的不同是如何导致主要冲突的出现的。[11] 一家纺织作坊允许冲突的发生，最终导致工人的大规模调整。作坊在雇用员工时告诉他们，作坊每年给员工自动加薪；在 9 个月和 18 个月后给值得奖励的员工增加绩效奖金。然而，员工们理解为他们在所有这三个阶段，即 9 个月、12 个月和 18 个月后都自动加薪。当他们没有得到加薪时，很多人离职了，因为他们认为雇主没有信守原来的加薪承诺。在该案例中，员工和雇主之间的感知差异导致了观点的冲突。

当冲突各方有不同的价值观或感知时，可从两方面看出沟通的重要性。第一，两人将冲突暴露出来或进行沟通，最终可能使两人拥有相同的价值观，并且变得更为友好。[12] 第二，随着两位管理者间的沟通日益顺畅，感知差异会减少，从而最终减少冲突的可能性。第 1 章提到组织中的文化越来越多样化。这种多样性会引起冲突，但同时也是激动人心和富有成效的。如果处理得当，多样性的观点将产生更有创意的结果。

只有每一方都对输赢感到满意时，冲突才会中止

对输赢的追究似乎主宰着我们的文化。例如，法庭使用对抗制诉讼模式，而政党努力赢得竞选。体育中输赢的竞争是如此激烈，以致观众间的争斗频频发生。我们文化中普遍存在着输赢态度，因此人们很难想象，在“冲突”的情景中会出现双赢的结果。这个问题使我们想起了前面讲到的公理，即冲突源于互斥的目标。然而，良好精确的沟通可以告诉我们，“赢”和“输”并不是唯一的选择。

10.3　冲突的来源

221 当管理者了解了冲突的来源后，他们能更好地选择恰当的沟通策略。冲突的最主要原因或来源经常是组织的层级体系或做事方式。

组织内部的权限可能催生冲突。例如，所有银行的信贷和储蓄部门都是互相依存的。只有储蓄部门筹措了足够的资金，信贷部门才能借出资金。同样，如果信贷部门没有顾客，储蓄部门也有很大压力。这两个部门在银行内部有着共同的目标（利润和银行的持续运作），但是它们的互相依存也可能引起关于各自职权的冲突。储蓄部门想提供高利息取悦顾客，但是信贷部门想提供低利息取悦顾客。当这两个部门的互相依存成为中心议题时，就出现了这样的冲突：谁的职权优先考虑、谁的责任与银行创造利润的目标更相关。

组织内部有限资源的分配问题是冲突的另一个来源。如果资源充裕，很少会出现冲突，但这种条件几乎不存在。当资源有限而一个以上的人或团体想分享时，冲突就出现了。最明显的冲突发生在做年度预算计划时。资金通常有限，因此有必要确定哪个部门可以得到多少金额。在每位管理者看来，他们自己的目标是最重要的，因此，分配给一个部门的资金可能看起来像是从另一个部门夺走的。各个部门争夺预算分配的相依性可能变成冲突的主要来源。

早些时候所举的通用土星分部例子说明了这一冲突源。通用汽车公司分配给各个部门的资源有限，如果把太多资金分配给了土星分部，那么别克分部就会受影响。无疑，两个部门的总裁都想获得尽可能多的资金，因此，冲突不可避免。

10.3.1 冲突和感知

关于冲突和感知的关系，我们已经进行了简单的讨论。当双方意识到现有条件或误解了彼此的真正立场时，感知的冲突就会出现。

显然，如果人们不能确认潜在的冲突情景，那么冲突不会马上出现。然而，对一个情景的不准确或不符合逻辑的感知往往引起不必要的冲突。一个不准确感知的例子就是管理者的表扬。马瑞兹激励机构（Maritz Incentives）最近的一项调查，发现了在工作场所对赞美的各种不同观点：55%的员工说他们的努力从没有或很少得到老板的感谢，另一方面，只有16%的监管人员说他们从不表扬下属；34%的监管人员说他们每天表扬下属的直接汇报，45%的监管人员说每周或每月表扬下属。[13]很容易看出这一感知差异是如何引起冲突的。

图 10-1 的方格显示出为什么不准确的感知导致管理过程中的冲突。假设两位管理者在讨论一个议题，每位管理者存在两种可能性：每个人都准确或不准确感知潜在冲突的存在。这就引起图示的四种可能性。方格显示，准确的相互感知只存在于四种可能中的一种。当然，情况不总是如此，大量未被实际情况证明的冲突也可能出现。

此外，两个管理者可能意识到对某个政策的严重分歧，但这不大会引起担忧或影响彼此的关系。让我们回到土星和别克的例子上，通用汽车公司这两个部门的总裁可能知道彼此处于冲突中，这是有感知的冲突，但是他们不想将其私人化。

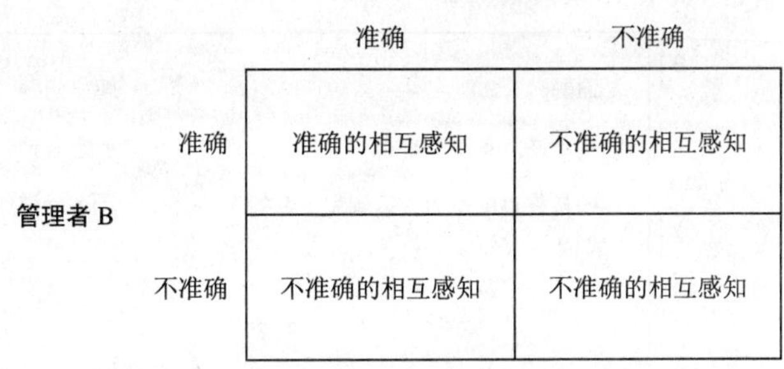

222 图 10-1　感知的准确性与冲突

个人感受到的冲突可能表现为害怕、威胁、猜疑和敌对等。发泄敌对情绪有治疗作用，如果处理得当，不一定是有害的。小组讨论或上下级之间的定期会晤可以作为发泄敌对情绪的方式。高效管理者即使在成为敌对沟通焦点时也不会自我防卫，非防卫式的沟通是处理私人感受到的冲突的关键。

管理者以条件、感知和感情为基础的可见行为，可能是冲突，也可能是尝试建立相互目标。冲突最明显的表现就是图 10-2 所示的处于连续体两端的公开挑衅和一体化解决问题方法。因为通常表现出来的不是完全的公开挑衅，也不是完全满意的解决问题方法，所以使用了连续体。然而，目的在于
223 尽可能接近一体化的解决问题方法。其余的讨论显示，管理者在试图解决冲突时，沿着连续体可以有大量的冲突管理办法。

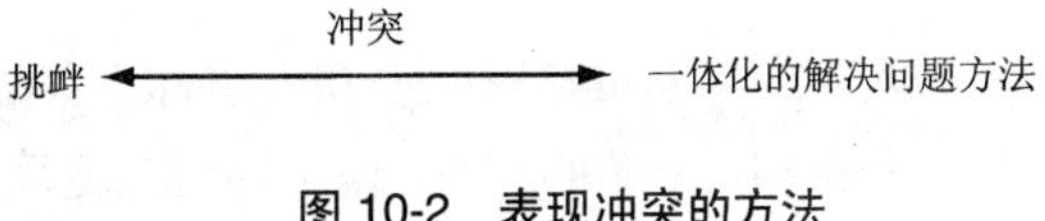

图 10-2　表现冲突的方法

10.3.2　冲突解决策略

既然我们已经看到了冲突与管理沟通的关系，讨论了建设性冲突，回顾了冲突的各种来源，我们便可以确定解决冲突的策略。处理冲突的管理沟通策略可以分为很多种。为讨论方便，我们使用图 10-3 所示的体系。该图表明，在冲突过程中，管理者可能强调人际关系、任务生产或两者的结合。这里提出了五种可能的策略：回避（Avoidance）、通融（Accommodating）、强迫（Forcing）、妥协（Compromise）和解决问题（Problem solving）。[14]

在讨论这些策略时，应该记住管理沟通的权变理论（Contingency Approach）。不同的冲突情景需要使用不同的策略，所以有效的沟通要求管理者根据具体情况采取相应的策略。

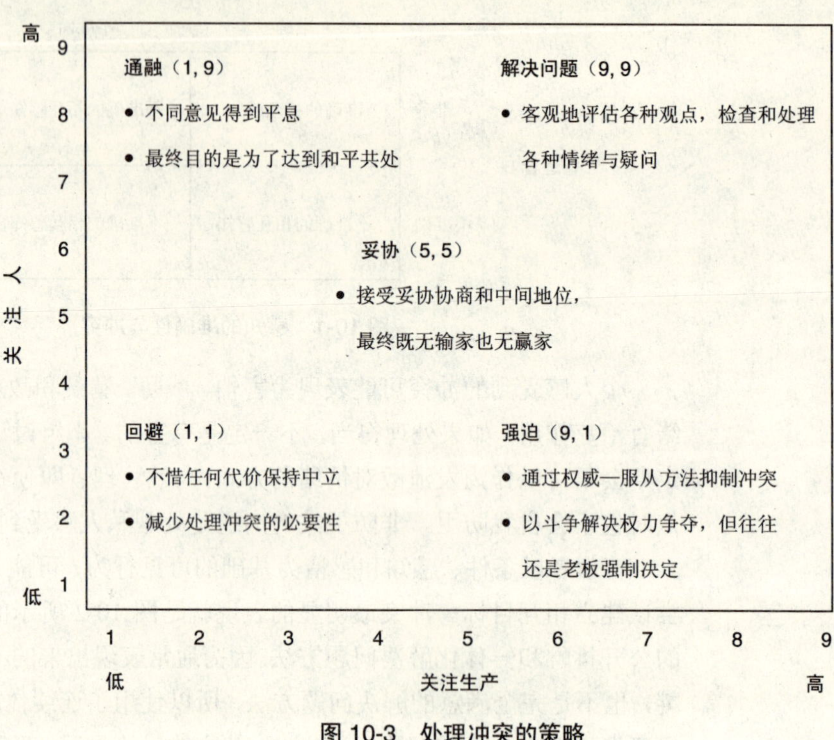

图 10-3　处理冲突的策略

10.3.3　回避

224 回避或退缩策略对生产和人员都不关心。使用这种方式的人将冲突看成是一种绝望、无助的经历。使用回避或退缩策略的管理者不是经受冲突带来的紧张和沮丧，而是简单地摆脱这些情景。这种回避可以是身体上的，也可以是心理上的。使用该策略的人会回避不同意见和紧张局面，不会在争议中偏向某一方，几乎不会对达成的任何决定承担责任。这一冲突管理方式是美国管理者中第二受欢迎的方式。[15]

回避不需要很生动。当谈话开始变得具有威胁性时，很多管理者通过忽视某个评论或迅速改变话题来回避。回避的另一种方法是把对问题的责任推到更高的管理层。第三种回避方法是使用简单的“我正在研究这件事”，希望对方会淡忘这件事。

该策略频繁应用于政策过多的大型官僚机构中。管理者不是尝试解决冲突，而是简单怪罪于“政策”。对自己的沟通能力缺乏信心的管理者可能希望问题自行消失。然而，这通常行不通。事实上，从冲突中退缩与建设性解决冲突消极关联，更与了解上级的感情和态度、进行积极公开的沟通、获取上级的帮助等消极关联。因此，回避冲突的管理者在这些关键的管理领域不能有效运作。[16]

10.3.4 通融

在冲突的第二种解决办法通融中，管理者试图通过取悦每个人来解决冲突。使用这一方法时，管理者强调与同事维持关系，不强调达到建设性目标。由于管理者想获得他人的接受，他会屈服于与自己意愿相违背的他人愿望。使用该方法的管理者认为，冲突是具破坏性的。

进行通融的典型尝试包括：在气氛紧张时，提议停下来喝杯咖啡；用幽默打破僵局；转换话题；举行一些诸如办公室生日晚会等表现集体精神的活动。由于这些努力很可能会减少感知的冲突，所以比简单的回避更有益。这种感知冲突的减少很可能产生短期效果，甚至是长期效果。然而，仅仅因为某个人没有敌对或消极情绪，并不意味着已经解决了冲突。事实上，通融是一种伪装，随时可能瓦解并对进展形成障碍。因此，研究发现，通融更多地
225 被用于业绩差或业绩平平的组织，而不是业绩良好的组织。另外，通融与公开积极的沟通以及参与制定目标等消极关联。

10.3.5 强迫

强迫是第三种冲突管理策略，使用者是那些不惜一切代价完成生产目标、不考虑他人需要或能否接受的管理者。对于这样的管理者，输是破坏性的，因为输被看成是降低身份、软弱和丧失自我形象。无论如何，管理者必须赢，赢会让他激动，带给他成就感。所以，强迫就不足为奇地成为管理者使用的头号冲突管理策略。[17]

一个以强迫策略为特征的情景很可能引起未来的冲突。管理者用来描述组织中冲突情景的语言经常反映出这种方式可能产生的消极效果：对立、斗争、战斗、征服、强制和粉碎等。这些语言和形象会造成长期的感情伤害。[18]

虽然强迫能解决眼前的冲突，但长期的影响可能包括生产力的丧失。冲突情景中的强迫与计划的充足性、监督的有效性以及参与制定目标等因素消极关联。强迫策略的主要困难在于：当员工感知到冲突的最终结果是将他们置于输的一方时，他们通常不愿意计划或执行计划。

有趣的是，虽然强迫策略的用途有限，这一点几乎毫无疑问，但是，管理者认为强迫是他们处理冲突时最喜欢的备用策略。[19]一时的顺从被错误地

理解为对这些情形的长期解决方法。

10.3.6 妥协

妥协是冲突解决的第四种策略，该方法介于强迫和通融之间。由于妥协使双方都有所收获而不是一方的胜利，所以很多参与者认为该方法优于刚刚讨论的其他方法。

当下面两个条件之一存在时使用妥协方法：（1）参与双方都不认为自己有权力将事情“强迫”给对方；（2）一方或双方都认为，为获胜而花费金钱、时间或精力并不一定值得。妥协通常与谈判密切相关。（谈判是下一章的主题。）

然而，这里有几个很重要的观点。首先，妥协可能使双方都觉得自己是赢家，也可能使他们感觉都像输家。卷入冲突的员工之间的工作关系可能会变得消极，信任感可能会丧失。虽然介入双方很可能以合作的态度进入谈判，但妥协的结果可能产生竞争感。

226 妥协的第二个关注点是拥有最多信息的一方处于更有利的位置。信息权可能限制员工间的公开沟通，这一情景反过来会导致一边倒的妥协。

第三个因素是最不关切一方（Least Interested Party）原则。对结果最不感兴趣的一方往往在谈判中处于更有利的位置。结果，一位不关心公司福利政策的员工在妥协中可能产生较多的影响。

10.4 解决问题：双赢策略

到目前为止，管理冲突似乎没有一个完全可接受的、富有成效的策略。一切都是从输赢角度讨论的。值得庆幸的是，事实并非如此。将要讨论的第五种策略——解决问题，是管理冲突的一个双赢策略。这一复杂、高效的方法要求熟练的策略性沟通，而且收益丰厚。因此，余下的讨论将以该策略为中心。让我们先描述一下双赢策略，然后再探讨实施的具体技巧。

10.4.1 策略描述

该策略的关键在于采用了共同解决问题的办法而不是斗争的方法。与使用强迫或妥协策略的管理者不同的是，致力于这种解决问题方法的管理者相信：良好的、彼此可接受的解决方法是可能的。各方应将精力集中到解决问题而不是打败对方上。

下面的例子清楚地描述了解决冲突的方法，该例子详细记录了威斯康星州召开的一次探讨监狱改革的会议。

威斯康里州的九名监狱高官一起开会，设计一个理想的惩教机构。在讨论过程中，有一名成员提议废除狱卒的传统制服。该小组接着就该不该穿制服的问题进行了漫长的争论，有一名成员建议通过投票的方式民主解决该议题。结果，六人反对穿制服，三人赞成穿制服。获胜的成员看起来很开心，而输了的成员有的不高兴，有的不愿意继续讨论。

在场的一位小组顾问建议大家再看一看具体情景。接着，他询问那些赞成穿制服的人他们想实现什么（确立目标）。那些官员声称，惩教机构中劳教过程的一部分就是教会人们如何建设性地处理与权威的关系。当被问到为什么反对穿制服时（分析问题），另外的小组成员说，制服给狱卒贴上了标
227 签，狱卒先要消除犯人对他们的刻板印象，然后才谈得上一对一地对待犯人，而制服增加了他们工作的难度。小组顾问接着问整个小组，什么方法适于实现这些复合目标，即教会人们对待权威，同时避免人们对传统制服形成的刻板印象的问题（产生解决方法）。在解决问题的过程中，该小组确定了十种可能的解决方法，包括监狱人员使用姓名牌，穿不同颜色的休闲服，监狱主管穿制服而与犯人持续接触的狱卒不穿制服等。在讨论了各种选择后，小组决定选择第三种解决方法（选择最佳解决方法）。

在第一次讨论时，小组处于明显的冲突中，而投票只是部分地解决了冲突。在顾问引导的讨论中，小组转向了解决问题，最终达成了一致和双赢的解决方法。[20]

10.4.2 实施该策略所需的信念

我们提议，解决问题策略是最理想的策略，但是，想有效使用该策略的管理者必须持有一系列的信念。

信念一：合作胜于竞争

管理者首先必须相信，合作比竞争好。美国的管理体制似乎是建立在竞争基础之上，所以有时很难想象合作是一种切实可行的方法。[21]这种竞争可能出自达尔文的适者生存概念：自我形象软弱的管理者可能害怕灭亡。由于缺乏信心，这种人感到与公司其他人存在竞争。

竞争在激发员工取得更大成就方面也有重要作用。然而，随着技术的发

展，员工越来越专业化，员工之间越来越需要互相依赖。很少有任务能够不与很多员工合作就完成。作为一个整体的小组，其效用大于所有个体员工之和，因此需要合作。但这并不是说要避免不同意见。

只要不同意见不会妨碍小组工作的进程，这些意见就可以引发新见识和创造力。进入冲突情景时，管理者必须相信他人的意见是有益的，他必须愿意倾听。当今工作环境对团队合作的强调使合作成为必要。

信念二：各方都可信任

第二个信条是卷入冲突的其他各方都是可信任的。信任他人的管理者不会隐瞒或扭曲相关的信息，也不害怕陈述可能使他们遭受攻击的事实、主张、结论或感想。

一项研究比较了不同的解决问题小组。半数的小组被指示信任他人，公
228 开表达他们的观点，自由分享信息，努力建立高水平的互信。其他的小组则被指示以相反的方式行事。研究发现，高度信任的解决问题小组会：

- 更公开地交换相关主张和感想。
- 更清楚地认识目标和问题。
- 更广泛地寻求各种不同的行动方法。
- 更有力地影响解决方法。
- 更满意为解决问题所付出的努力。
- 有更强的动机去实施结论。
- 认为彼此更亲密，更像一个团队。
- 更不愿离开自己的小组而加入别的小组。[22]

信任行为能引起互惠。信任的暗示很可能会激发别人的信任行为。相反地，当管理者不信任他人时，不信任的暗示会激发另一方的不信任行为。所以最好是假定别人是可以信任的，在找到相反的证据前，不要改变这种观点。

信念三：地位差异可以降到最低

管理者必须拥有的第三个信念是冲突情景中各方的身份差异可以降到最低。权力或地位差异把两个个体分为我们与他们，妨碍了冲突的解决。地位更高的管理者可能经受不住诱惑，而把使用地位所赋予的权力作为强行解决问题的理论基础。如果这种情况发生，参与各方不是面对问题、互相平等对待，而是倒退到输赢方式，其结果不会有成效。不依靠地位的管理者会花

时间倾听每个当事人的声音。

信念四：可以找到彼此接受的解决方法

管理者必须持有的最后一个信条是彼此接受的理想解决方法是存在的，而且是可以找到的。除非双方都相信这是可能的，否则就会采用输赢策略。除非双方对找到一个彼此接受的答案充满信心，否则冲突的解决可能极度令人沮丧和旷日持久。这不是说双方都要达到同一目标，相反，双方可以彼此以能接受的方式达到各自不同的目标。

这四个信条中的每一个——合作、信任、平等地位和彼此接受的目标都是很重要的。实施有效的双赢冲突解决策略的管理者必须相信这些概念。但是仅仅相信这些概念还不够，管理者还必须以战略方式使用恰当的沟通技巧。本章讨论的下一部分内容将描述这些技巧以及实施这些技巧的恰当方法。

229 10.4.3　实施解决问题策略

在实施解决问题策略时应该遵循具体的步骤。但是，在讨论这些步骤之前，必须先明确关键的沟通原则。

- 使用中立的而不是带感情色彩的词语。例如，“我还是喜欢我的方法”比“你的想法没有用”好。
- 避免不留修改余地的绝对陈述。例如，“我认为这是……的方法”比“这是唯一的方法”好。
- 提开放式问题。
- 避免指示性问题。该原则对有地位差异的情况尤为重要。
- 重复关键词语，确保各方在毫无误解的基础上进行沟通。
- 使用各方都能清楚理解的词语。
- 允许对方完成陈述，不要打断别人。
- 使用有效的倾听技巧，尤其是释义，确保别人的主张被完全理解。
- 注意设施安排的重要性。例如，坐在大桌子前可能使人产生防卫情绪。

如果管理者能够使用刚刚列出的沟通原则，同时遵循下列顺序，那么他们应该能够成功地解决冲突。

实施解决问题策略的第一步就是充分重视环境条件，如下所示：

- 审视和调整冲突条件。之前我们明确了组织中固有的冲突源，包括目标和资源等。如果管理者能够明确这些条件，就可相应地调整条件，促进合作。

- 审视和调整感知。管理者应该通过现实测试，调整和改正自己的感知。“我是不是实事求是地看待情况和行为？”随着个体对条件的了解越来越多，而且由此产生的印象得到他人感知的证实时，个体的感知会变得更准确。
- 审视和调整态度。由于理想的结果取决于信任、相互性和合作，如果各方互不信任、彼此敌对和互相竞争，那么成功几乎是不可能的。相应地，一个人应该尽可能地明确冲突各方的态度和感情。最好的策略常常是从最容易解决的问题开始的。一旦较容易的问题解决了，人们便产生更积极的态度去面对较复杂的冲突情景。由此产生的信任会使合作沟通变得更容易。

230 一旦确定和调整了环境条件和感知，你就可以开始真正的解决问题策略。约翰·杜威（John Dewey），一个生活在20世纪初期并从事写作的美国教育家，率先在其《我们怎样思维》（*How We Think*）一书中提出这一过程。一百多年后，这一理性的解决问题过程仍成功地应用于当代业务中。该过程流行的原因在于解释了“我们怎样思维”。第12章我们将更多地了解这一解决问题的过程，以及如何将其运用于会议和团体项目中。现在，让我们探讨解决问题的五个步骤。

- 定义问题。在冲突情景中对问题的陈述往往比看起来困难得多。人们倾向于在清晰定义问题之前讨论解决方法。正因为如此，我们倾向将问题陈述为解决方法而不是目标。这会引起模棱两可的沟通，很常见的做法是各方在对问题没有清晰定义的情况下专注于问题的解决方法，其结果可能使冲突加剧。第二，管理者应该以小组目标的形式而不是个人想法的形式陈述目标。第三，问题的定义必须具体。一个有用的策略是清楚地写出问题陈述，以便每个人都能看到并达成共识。
- 分析问题。管理者又一次倾向于跳过这一步骤。他们可能争辩说，毕竟他们与问题共存，再花时间沉溺于问题中有何意义呢？杜威的回答是，通过探索问题的深层根源，通过考察问题的历史、起因、影响和程度，人们不仅可以找到针对症状的解决方法，还可以针对问题的根本原因来提高成功的可能性。

- **想出各种备选方法。**各方应该提出潜在的解决方法。一个想法可能激发其他想法。在开放信任的环境中进行沟通的员工越多，就越有可能产生有效的解决方法。
- **制定良好解决方法的标准。**这些标准或基准可能已经到位并可供使用。否则，组织的执行官必须向解决问题的管理者具体说明一个良好的解决方法应该如何实施。偶尔，管理者被期待制定自己的标准。理想解决方法的一般标准包括：必须是有成本效益的，必须是可以很容易或很迅速实施的，必须是合法的，必须是与组织的使命或价值观一致的。
- **使用独立制定的良好解决方法的标准评估各种备选方法。**这实际上是最容易的一步。此时，对问题的关注是统一的，已经形成了公开
231 沟通的环境，介入各方都积极参与。当想出的备选方法与你的标准
列表相符时，最佳解决方法似乎就自动出现了。

10.5　冲突与成功的管理

组织动态的基本特点导致了冲突。[23] 因此，管理者必须学会理解和管理冲突。正如本章所解释的，沟通是冲突管理的基础。由于冲突在组织生活中无处不在、至关重要，然而经常又是很麻烦的一个方面，因此，有效的冲突管理已经成为商业和工业训练项目的主要任务。[24] 不管是计划从事管理的大学生，还是有着几年经验的实践管理者，都有必要不断寻求冲突管理的建设性沟通策略。

总结

管理者可能花费至少 20%的时间处理某种形式的冲突，因此，了解冲突的原因和解决冲突的建设性方法非常重要。因为错误的沟通是冲突背后的一个组成因素，因此有效的管理沟通是解决问题的关键。

冲突可以是建设性的，也可以是破坏性的。“冲突”一词暗示着带来消极结果的对立位置。然而，如果管理得当，冲突可以成为积极的力量。一个重要的管理角色就是能够区分破坏性冲突与建设性冲突。

管理者可以使用这五种策略中的一种来解决冲突：回避、融通、强迫、

妥协或解决问题。前四种策略被称之为输赢策略，因为冲突中的一方或双方都会输。然而，第五种策略被称之为双赢策略，因为冲突双方都是潜在的赢家，因此，有效的管理者应该努力采用双赢策略。

当管理者相信合作、信任对方、将地位差异降到最低，以及有双方都能接受的理想解决办法时，解决问题的策略就可以实现。这些信条是成功的先决条件，但是除非运用合理的沟通原则将这些信条付诸行动，否则不能取得令人满意的结果。在实施双赢策略时必须遵循一系列的步骤：审视和调整条件、感知与态度；确定问题的定义；分析问题；想出备选方法；根据标准评估备选方法，确定最佳解决方法。

当管理者使用策略性沟通技巧，相信存在解决冲突的双赢策略并遵循正确的行动顺序时，就可以产生解决冲突的建设性方法。

小组讨论案例

232 ### 案例 10-1　工作责任的冲突

琳达·西姆斯是一家生产公司的会计部经理，而乔斯·马丁内斯是该公司的信贷部经理。这是一家发展迅速的公司，会计部的员工（11 人）经常忙得不可开交。

由于会计部就在信贷部隔壁，信贷部的行政助理露丝·兰金有时候会整理西姆斯分派给她的日记账分录工作（Journal Entries）。

公司过去六个月的发展尤其迅速，这就使每个人都比平常更忙碌。随着销售量的增加，信贷部感受到需要加快处理信贷申请的压力，兰金能帮助西姆斯从事会计部额外工作（Accounting Overflow）的时间少了。

西姆斯向马丁内斯抱怨，说会计部比信贷部更需要兰金。马丁内斯的回答是："如果我不能让信贷申请及时在流水线上移动，那么很快就不需要会计部了，因为公司即将破产。"

问题

1. 冲突的原因是什么？
2. 请为该情况写一个问题陈述。
3. 如果你是西姆斯，在该情境中你将如何与马丁内斯接触？
4. 西姆斯最初使用的是什么方式？
5. 西姆斯可以怎样获得马丁内斯的合作而不是引起他的防范？

案例10-2 团队成员间的冲突

瓦特来特广告联盟（Waterlite Advertising and Associates）的广告经理罗德·爱德华兹有两个助手：一个是为公司争取客户的业务员吉娜·里斯，另一个则是广告撰稿人明娜·帕特尔，她负责为客户实际设计广告。

通常，里斯和帕特尔的工作关系密切，因为在所有的客户关系上她们都是作为一个团队工作的。里斯获取客户并与之讨论他们的需要，然后，她告
233 诉帕特尔谈话的内容和客户的需要，帕特尔就设计出合适的广告。一旦帕特尔完成了广告设计，里斯就将广告展示给客户。如果广告取得成功，通常是里斯得到称赞和承认，因为是她与客户接触。

过去，帕特尔并不在乎里斯得到的承认，因为帕特尔知道是自己设计了广告。但帕特尔上一次设计的广告为公司带来了一个100万美元的合同，爱德华兹立即因里斯为公司带来客户而给里斯加薪，却没给帕特尔任何承认。

自然地，这引起了里斯和帕特尔两人之间的摩擦，她们的关系开始恶化。在里斯加薪四天后，她们的冲突达到了高潮。里斯借了帕特尔的订书机（只是一件小事），但忘了还回去，帕特尔当众大吵大闹，并且过后几天都拒绝和里斯说话。

这个问题引起了爱德华兹的关注，因为部门的生产力正在下降。为了开发广告，两个助手必须作为团队工作。

爱德华兹把两个员工叫进办公室，并立即开始训斥她们。他坚持认为，她们要融洽相处并开始着手下一个广告，他期待广告在第二天中午前完成。里斯和帕特尔没有解决问题就走出了爱德华兹的办公室。第二天，她们还是完成了一些工作，但是她们的亲密关系却再也没有恢复。

问题

1. 爱德华兹使用了哪种冲突解决策略？他本应该使用哪种策略？
2. 这是一个破坏性冲突的例子，它可以发展成建设性情景吗？
3. 爱德华兹本应该采取什么步骤来形成双赢策略？

尾注

1. National Institute for Occupational Safety and Health, Centers for Disease Control and Prevention, U.S. Department of Health and Human Services. "Homicide Alert," Publication #94–101. Retrieved online December 22, 2003, at http://www.cdc.gov/niosh/94–101.html
2. Warren H. Schmidt, "Conflict: A Powerful Process for (Good or Bad) Change," *Management Review* 63, no. 12 (December 1974), p. 5.

3. Ronald Corwin, "Patterns of Organizational Conflict," *Administrative Science Quarterly* 14, no. 3 (December 1969), pp. 507–20.

4. "Saturn," *Business Week*, August 17, 1992, p. 86.

5. L. Putnam and S. Wilson, "Argumentation and Bargaining Strategies as Discriminators of Integrative and Distributive Outcomes," in *Managing Conflict: An Interdisciplinary Approach*, ed. A. Rahim (New York: Praeger Publishers, 1988).

234 6. L. R. Hoffman, E. Harburg, and N. R. F. Meier, "Differences and Disagreements as Factors in Creative Problem-Solving," *Journal of Abnormal and Social Psychology* 64, no. 2 (1962), pp. 206–24.

7. Daniel Katz and Robert L. Kahn, *The Social Psychology of Organizations*, 2nd ed. (New York: John Wiley & Sons, 1978), p. 613.

8. Clagett G. Smith, "A Comparative Analysis of Some Conditions and Consequences of Intra-Organizational Conflict," *Administrative Science Quarterly* 10, no. 3 (1965–1966), pp. 504–29.

9. K. W. Thomas, "Conflict," in *Organizational Behavior*, ed. S. Kerr (Columbus, OH: Grid Publishing, 1979), pp. 151–81.

10. Charles E. Watkins, "An Analytical Model of Conflict: How Differences in Perception Cause Differences of Opinion," *Supervisory Management* 41, no. 3 (March 1974), pp. 1–5; and J. L. Hocker and W. W. Wilmot, *Interpersonal Conflict*, 2nd ed. (Dubuque, IA: Wm C. Brown, 1985).

11. Lewis Benton, "The Many Faces of Conflict: How Differences in Perception Cause Differences of Opinion," *Supervisory Management* 15, no. 3 (March 1970), pp. 7–12.

12. Robert Zajonc, "Attitudinal Effects of Mere Exposure," *Journal of Personality and Social Psychology Monograph Supplement* 9, no. 2 (June 1968), pp. 1–27.

13. "Does the Boss Say Thanks?" *St. Louis Post-Dispatch*, September 19, 2003, p. C9.

14. This diagram is based on the works of R. R. Blake and J. S. Mouton, "The Fifth Achievement," *Journal of Applied Behavioral Science* 6, no. 4 (1970), pp. 413–26; J. Hall, *How to Interpret Your Scores from the Conflict Management Survey* (Conroe, TX: Telemetrics, 1986); R. W. Thomas, "Conflict and Negotiation Processes in Organizations" in *The Handbook of Industrial and Organizational Psychology* 2, ed. M. D. Dunnette and L. Hough (Palo Alto: Consulting Psychologists Press, 1992), pp. 651–718; and K. W. Thomas and R. H. Kilman, *The Thomas-Kilman Conflict Mode Instrument* (Tuxedo, NY: Xicom, Inc., 1974).

15. E. Phillips and R. Cheston, "Conflict Resolution: What Works?" *California Management Review* 21, no. 4 (Summer 1979), p. 76.

16. W. A. Donohue, M. E. Diez, and R. B. Stahl, "New Directions in Negotiations Research," in *Communication Yearbook* 7, ed. R. N. Bostrom (Beverly Hills, CA: Sage Publications, 1983), pp. 249–79.

17. Phillips and Cheston, "Conflict Resolution: What Works?" p. 76.

18. Gareth Morgan, *Images of Organization* (Newbury Park, CA: Sage Publications, 1986).

19. Jay W. Lorsch and Paul R. Lawrence, eds., *Studies in Organizational Design* (Homewood, IL: Irwin-Dorsey, 1970), p. 1.

20. Alan C. Filey, *Interpersonal Conflict Resolution* (Glenview, IL: Scott Foresman, 1975), p. 33.

21. N. J. Adler, *International Dimensions of Organizational Behavior* (Boston: Kent Publishing Co., 1986).
22. D. E. Zand, "Trust and Managerial Problem Solving," *Administrative Science Quarterly* 17, no. 1 (1972), pp. 229–39.
23. Daniel Robey, *Designing Organizations* (Homewood, IL: Richard D. Irwin, 1986), pp. 176–201.
24. Linda L. Putnam, "Communication and Interpersonal Conflict," *Management Communication Quarterly* 1, no. 3 (February 1988), pp. 293–301.

235 第 11 章 谈判

我们不能跟那些持有"我的就是我的，而你的是可协商的"观点的人谈判。

——约翰·肯尼迪，美国第 35 任总统

谈判是管理中必不可少的。成功的管理者经常需要谈判，从而获得更高的预算和更好的购买价格，为自己及下属赢得更高的工资，为重要任务争取更多的时间，得到更为有利的年度目标，甚至在跳槽时得到更高的薪水。然而，也有许多管理者对谈判望而却步。之所以谈判时感觉不自在，是因为或许以前谈判失败过，或许根本不理解谈判这一动态过程。遗憾的是，大多数谈判知识都来自于有限的个人经历。可以说，无效的谈判会降低组织生产力，降低相关人员士气，还经常会使其他员工产生敌对情绪。[1]

最近的研究表明，在谈判中男女是有差异的。总的来说，由男性提出的谈判次数是女性提出的次数的四倍，这种差异在商务活动中有着重要的影响，尤其影响薪酬、升职及表彰等方面。琳达·巴布科克（Linda Babcock）和萨拉·拉谢弗（Sara Laschever）在《女人不提要求》（*Women Don't Ask*）一书中写到：卡耐基·梅隆大学的女性 MBA 毕业生中仅有 7%的人在找工作时会与未来的雇主就薪水问题进行谈判，而男性 MBA 毕业生中有 57%的人会进行薪酬谈判。与未来的雇主进行薪酬谈判的人最终可以将薪酬平均提高 4053 美元。总体来说，男毕业生的起薪比女毕业生平均高 7%以上。[2]巴布科克和拉谢弗认为男女毕业生谈判风格的不同是造成起薪差距的主要原因，而这种差距又是造成男性与女性在职业生涯中持续不断的薪酬差异的主要原因。

在讨论谈判的动态过程之前，我们应该首选确定"谈判"一词的含义。第 10 章中讲到冲突的解决方法时提到了三个策略：赢输、双输、双赢，并
236 且提出双赢策略是解决冲突的最佳途径，还分析了实施双赢策略必须具有哪

些理念。然而，双赢并非总是可得。当一方或双方都认为在某一情境中一方将有得失，并且与另一方的得失互为交换关系，那么解决问题的最佳途径是谈判。因为在这种情况下，一方无法轻易确定另一方的需求或期望的结果是什么，而且双方不一定完全相互信任。

有些管理者看到“谈判”一词时，可能经常会想到劳资双方的集体谈判（Collective Bargaining），或体育经纪人为了获得某运动员而进行的谈判，这些谈判一般被称为“第三方谈判”（Third-party Negotiations）。研究表明，管理者越来越多地参与到第三方谈判中。[3]然而，本章着重讨论的是任何管理者每天都可能碰到的日常谈判，比如，为了给员工争取额外办公空间的谈判，为提高预算额的谈判，为争取其他部门更多支持的谈判等。

11.1 谈判的策略模型

研究谈判过程的最佳方法是第 2 章中提到的管理沟通策略分析法。

图 11-1 重新描绘了第 2 章的管理沟通策略基本模型。用第 2 章的洋葱类比法，我们需要将洋葱一层层剥开，最终形成一种策略。我们将首先讨论
237 文化和氛围（即第一层），接着讨论信息发出者（即管理者）、谈判的目标或目的以及信息接收者（即谈判对手）的风格（即第二层）。为了形成系统的谈判策略，必须分析谈判各方的风格，此外还需要分析时间、环境、渠道及信息内容，这些是洋葱的第三层。下面我们将分别讨论这些要素，然而管理者在制定谈判策略（即模型的核心）时必须同时考虑这三个层次，因为它们是互相影响的。本章最后将描述洋葱模型核心（即第四层）中的六种谈判策略。

11.2 第一层：文化及氛围

本书曾多次提到，文化是任何沟通情境中的重要因素。在谈判时，国家文化及组织文化都必须考虑。有些文化偏爱断言式甚至是命令式的谈判风格，而有些文化偏爱较为含蓄的风格。有些文化鼓励人们长时间地耐心谈判，而有些文化喜欢快速解决问题。有些文化中的初始承诺（Initial Offer）一般被定在与期望结果较为接近的水平，而有些文化中的初始承诺与期望结果相去甚远。有些文化中，谈判前与对方建立个人关系很重要，而有些文化中只

需大致了解一下对方情况即可。因此，为了进行成功的谈判，管理者必须十分了解对方国家的文化。

组织文化很大程度上决定了在组织中谁拥有权力及决策的范围，没有人希望与没有决策权的人谈判。在与集权型组织文化中的人谈判时更要注意决策者是谁，在官僚型组织中，数目繁多的政策及程序可能会使灵活性降低，导致真正可谈的东西很少。当然，大多数组织并没有集权或官僚到毫无谈判价值的地步。管理者面对的挑战是确定什么可以谈以及跟谁谈。这种挑战不光是由组织中的政治结构决定的，也是由组织文化及氛围决定的。

11.3 第二层：信息发出者、接收者及目的

下面，我们来看洋葱模型的第二层中的要素（见图 11-1）——谈判代表的个人风格及目的。正如生活中有人外向健谈、有人内敛沉默一样，在谈判中有些管理者一开始就充满自信、积极乐观，而有些管理者则一开始就感觉
238 自己会失败，认为机会渺茫。谈判者必须相信自己，这样才有可能成功。美国铁路业先驱哈里曼（E. H. Harriman）是个信心十足的人，他曾经对一位年轻的金融家说："就是坐在谈判桌上面对 14 个对手，我都有办法对付。"[4]管理者可以通过了解谈判过程以增加自信。此外，通过正确的谈判练习取得积极的结果也能带来更大的信心。

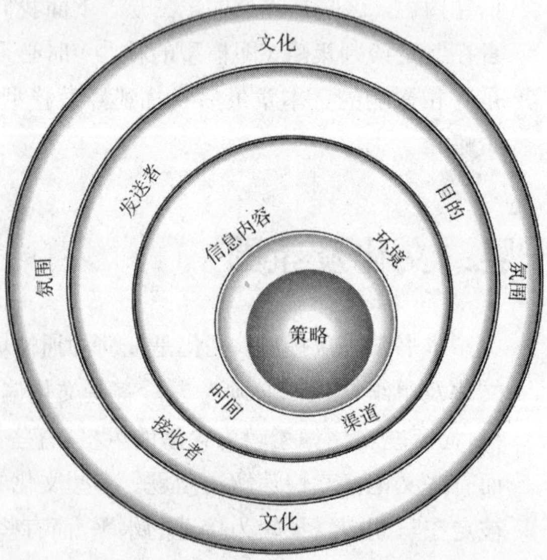

图 11-1　管理沟通策略模型

在谈判中，管理者的自信可以创造出力量。当然，仅仅有自信是不够的，谈判过程中，你的举止及外表也要看上去自信。首先，不要看上去一副打持久战的模样，最糟糕的做法是脱掉外套、卷起衣袖、解开领扣。另外，也不要看上去疲惫倦怠，你的疲惫模样会大大增强对手的希望及信心。

谈判中，外表是一种重要的沟通信息来源。因为在大多数讨论过程中，谈判双方会密切地相互注视。整洁的外表说明你做事有条理、不易为人利用，谈判成功的可能性会因此而增加。第 8 章中曾讨论过非语言信息，本章后面将再次提到这方面内容，但是请记住：一些说明你感到紧张的习惯，如用手指敲桌面或玩笔，会让人觉得你很紧张且容易屈服。

谈判过程中不可避免地会有压力，通常这种压力来自于任何谈判都固有的两种未知因素。第一种未知因素是不知道能否达成协议，第二种未知因素是无法知道谈判需要多长时间。知道这种压力的存在及其原因有助于大大减轻这种压力。

谈判的目的很简单：最大化自己的利益。谈判目的是制定谈判策略时最先要考虑的几个关键因素之一。谈判目的可以理解为“知道自己想要什么”，更恰当的一种解释是“知道什么是可以合理期待的”。显然，“想要”及“期待”这两个词差别很大，除非已经能清楚地区分两者的差异，否则可能导致混淆及失败。

在某些情况下，谈判是没有用的。比如，一位生产经理曾在个人薪水谈判中获得成功，但是现在市场状况很糟糕，公司也受到了影响，没有人获得加薪。如果这位经理在此时与公司谈判薪水问题，他非但不能获得加薪，可能还会招来厌恶，因为他提出要求时公司正处于难关。

11.3.1　确定最大支持结果及最小接受结果

如果时机成熟且对方也愿意投入谈判，那么需要确立谈判目标。此时，有两个重要的概念：最大支持结果（Maximum Supportable Outcome，MSO）
239 及最小接受结果（Least Acceptable Outcome，LAO）。最大支持结果是指谈判者在开始时能够提出的最高合理要求，如果 MSO 超出合理范围，那么谈判会立即终止。

LAO 是指谈判代表所能接受的最小结果。如果谈判的结果比谈判代表的最小接受结果还小，那么最好终止谈判。所以，计划非常重要，这样谈判开始前就能确定 LAO。

既然最小接受结果及最大支持结果是谈判中的准则，那么进入谈判之前必须清楚地了解这两个术语的含义。如果谈判开始后再修改这两个结果，那将是个重大错误（可能也是最常见的错误），说明你已被对方过度影响。

讨论 LAO 和 MSO 时，请注意：这两个词的内容在谈判过程中对对方来说是相反的。比如，一家服装分销公司的销售经理与一家服装店的采购经理为 100 套西服的价格进行谈判，表 11-1 说明了这两位经理对上述两个词的不同理解。

表 11-1　内容相反的术语

销售经理	服装价格	采购经理
最大支持结果（MSO）	15 000 美元	最小接受结果（LAO）
最小接受结果（LAO）	11 500 美元	最大支持结果（MSO）

11.3.2　确定 LAO 及 MSO

最小接受结果及最大支持结果原则在谈判中非常重要，因此需要仔细思考以确定这两个结果是多少。LAO 或许最容易确定，低于这一点由于存在潜在损失，所以什么都不能接受。实际上，如果谈判者在这一点上同意对方条件，一般不会出现损失。

LAO 既有客观性又有主观性，它是谈判情境周围各种事实因素及其价
240 值的结合。由于其主观特性，所以没有万能的公式来套用。因此，谈判者要将“什么是可接受的”及“什么是想要的”区别开来。

在具体确定 LAO 时，如能制定一张决策表将很有用，这样能保证这一决策过程既系统又客观。表 11-2 是如何确定某工作机会的 LAO 的例子。

表 11-2　确定最小接受结果

项　目	相对重要性	LAO
年薪	4	68 000 美元
位置	3	离家 500 英里以内且靠近湖
公司规模	1	《财富》500 强
工作职责	5	至少 20%的工作需使用电脑
社会氛围	2	部门里有几名年轻的单身员工（像我一样）

任何有助于谈判者思考决策过程的表格都有用。当然我们都希望达到谈判结果的另一端，即 MSO。MSO 是谈判者能够合理到达的离 LAO 最远的一点。

MSO 及 LAO 之间的区域是成交域（Settlement Range）。[5]不管谈判双方意识到与否，他们各自都有一个成交域。为了获得谈判成功，谈判者必须

说服对方接受其 MSO。然而，此 MSO 可能超出对方的 LAO 之外，即使此谈判者改变其 MSO 愿意以更小的结果成交，但成交的可能性或许不复存在，因为对方会认为差别太大，根本没有必要再谈下去。但是反过来，最大支持结果也不能提得太低，因为一旦说出 MSO，就不能再做调整，谈判也将止于此。

MSO 的确定还反映了"覆水难收"原则，即一个人只有一次机会陈述其初始价位，且这次陈述对获得这一价位的绝大部分至关重要。当谈判者后来才更仔细地认清形势并意识到自己的 MSO 设得太低时，已经不可能扭转方向，更无法提出更高的要求。

然而，什么是最大？最大是谈判者能够支持的任何数目，因此在为自己提出的数目找出合适理由时需要一些创造性。在确定最大支持结果时，应当学会另辟蹊径，不要局限于某一两个方面而疏忽了其他可能的组合。比如，一位市场经理与公司副总裁谈判，要求增加市场部员工职位。增加职位与增加这一职位的薪水相比，后者的难度更大。市场经理怎样才能说服副总为新
241 增职位提供 8 万美元的年薪？或许，他可以把副总的注意力引到新增职位的积极作用上，如可以增加销售量等，这样副总就不会太在意薪水问题。

11.4　第三层：时间、环境、内容及渠道

剥开了洋葱模型（图 11-1）的最外面两层后，让我们看看第三层中的另外四种更为具体的策略因素。首先要描述的是时间因素。

11.4.1　时间

时间是策略的重要成分。[6] 考虑时间因素时要回答两个问题：（1）何时谈判；（2）谈判时如何最好地利用时间。第二个问题的答案也有助于我们了解出价及还价的最佳时机。首先，让我们看看应当何时进行谈判。

为了最好地利用时间，防止出现大的挫败，应当尽量在感觉身体健康平静的时候进行谈判。虽然存在许多个体差异，但有一点是共同的，即大多数人上午 11 点钟时效率最高。[7]

尽管最理想的状态是能够选择最佳的谈判时间，然而这并不总能实现。所以，精明的谈判者总是时刻准备着进入谈判，绝不失去任何谈判机会。餐厅里的邂逅、电梯里的偶遇、看似随意的电话，都是谈判的机会。用伊利奇

的话就是：“一方面绝对不放过任何谈判机会，但同时在不能确定是否是机会时也绝不要谈判。”[8]

在谈判中，自问的重要问题是：“我何时最强？我的对手何时最弱？”显然，这个问题的答案因时而异。假设一位经理想在员工中实施灵活工作时间制，与上层管理者就此事进行谈判的最佳时机或许是取得某项重大成就后或其他部门改变工作作息之时。时机把握得好可极大地增强一个人的谈判力。

第二个问题是在谈判中如何最好地利用时间。一般来说，临近最终期限时容易做出大的让步并达成协议。[9]越来越近的最终期限会迫使双方说出真实想法，从而在谈判的最后时刻抛开欺骗性行为。有很多重要的研究都证明了最终期限在谈判中的力量。[10]

既然最后期限如此重要，谈判者需要注意以下几条原则：

- *不要泄露自己真实的最终期限*。如果谈判一方知道了另一方的最后期限，那么谈判就会中断，直到另一方在最后期限的压力下做出让
242 步。如果最后期限非常紧急，那么明智的做法是设法将期限延长，而不是受制于人。
- *要有耐心*。耐心也可说是忍耐。[11]谈判者在回答问题、提供信息、做出决策时要从容，要学会控制自己的防御性反应，同时当受到对方的口头攻击时，要尽量避免做出攻击性回应。耐心带来的时间可以使谈判者有机会整理并理解问题，试探对方的强弱及权衡风险。此外，你的耐心还会给对手造成压力感，尤其是他们的最后期限临近时其压力越大。
- *善用时间*。大多数美国人的时间意识很强，通常会在某一时间段结束之前要求对方让步，或者甚至自己让步。因此，你可以在午餐或晚餐即将开始之前要求对方让步，因为人都喜欢在休息前有成就感。哪怕是这样一个小小的举动，如果时机得当，也能给谈判者带来优势。

11.4.2 环境

除了时间之外，谈判时的物理环境也具有战略重要性。这一节将讨论物理环境的两个方面：地点及布置。

通常，谈判地点的选择很重要，因为选址会直接影响谈判双方对谈判地点布置及交流时心理氛围的控制程度。如果谈判在谈判一方的所属区域内举

行，那么这一方就有权负责谈判场所的布置工作。选址的重要性和体育比赛中的主场优势同理，在谈判和体育比赛中，主队胜出的可能性都更大。

如何最好地为谈判准备会议室或办公室呢？首先，要防止电话等干扰因素。如果谈判中不该受打扰的时候有电话打入，可能造成重大损失。其次，避免坐在表示从属或平等的位置上。如果谈判在会议室里举行，最好坐在桌子的主位上；如果是在你的办公室内举行，则坐在自己的位子上。另外，还应准备合适的设备，如活动白板、电脑或写字台，这样可以说明你的诚意。

谈判前观察房间的布置及对方的位置可以给你带来许多有用的信息。图 11-2 总结了房间内几种可能的安排。一位研究人员对几种社会环境中美国人的座位偏好进行了观察及问卷调查。在随意交谈中，如果是方桌或长方形桌，人们通常喜欢坐成直角；如果是圆桌，人们通常喜欢挨着坐。他还发现，合作型关系的人喜欢并排坐，而竞争型关系中最常见的是面对面坐，这样双方被宽阔的空间隔开。他还发现，离较远坐时，人们的交谈比并排坐或相对而坐时要少。[12]

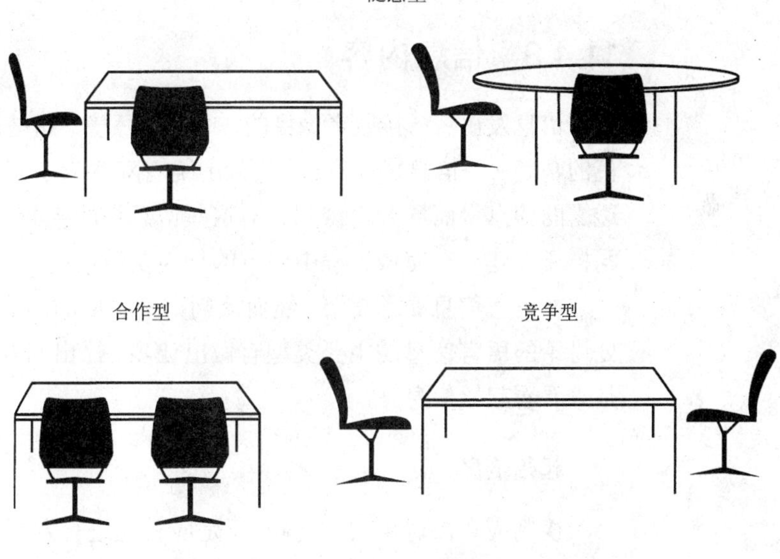

243 图 11-2 座位安排

谈判中其他一些非语言因素也能起作用。比如，可以利用距离来获得力量。伯德威斯特尔（Birdwhistell）发现，当双方处于竞争状态时，坐得太近会令人有威胁感。[13]因此，如果一位经理想给对方制造压力感，可以离对方近些。此外，目光接触也可以成为谈判中的有力“武器”。研究表明，人在竞争型接触中会避免直接的视觉接触，原因在于视觉接触会带来压力。[14]

库克提出了一种假说，认为人在竞争型关系中趋向于避免目光接触，这是因为他们觉得此时的目光接触太有威胁感和霸气，或者此时的目光接触会过度暴露他们希望隐藏的目的。[15]在同一领域，其他研究人员也已发现，人撒谎的难度在被注视时比没有被注视时高得多。[16]

如果不能在自己的地盘上谈判，你可以争取在中立区域谈判。因此，虽然让上级经理到下级经理的办公室里谈判不合适，但是可以建议双方在会议室里谈，以避免干扰，比如说：“我知道您很忙，工作总会被打断，咱们到会议室里谈好吗？这样可以保证几分钟内不受干扰。”另外，午餐时会面也
244 是个使谈判地点中立的好方法，因为对方在吃午饭时多半较放松，这样可以削弱他的地位优势。

如果你不得不在对方的办公室里谈判，也不要立刻就扮演一种从属角色。一般来说，对方会坐在自己的位子上，而你则坐在没有扶手的直背椅上，或者更糟糕的是，你坐在一把无靠背的临时椅子上。在这种情况下，你可以通过站起身、边走动边说来迅速消除对方的地点优势，因为这一细小的非语言技巧可以使你俯视对方。

11.4.3 信息内容

信息发出者、接收者、目的、时间、环境，这些因素都有助于为谈判真正的精髓——信息搭建舞台。谈判围绕着双方为了其真实目的及偏好而是否透露的信息量而展开。谈判者对这些信息量的判断不仅要基于自己的标准，同样还要建立在交谈过程中对方的行为及诚信度上。

非语言信息非常重要，然而谈判中最主要的沟通方式还是语言信息。此处讨论的语言信息的主要类型有做出让步、提出问题及应对问题，但首先还是来看看起始信息。

起始信息

谈判应直接讨论关键问题，还是应首先进行友好、中立的交谈？回答是，这取决于谈判的整体时间有多长，双方之前的关系如何，以及当时的总体氛围友好还是敌对。

在美国，广为接受的做法是首先就中立性话题进行泛泛交谈，然后很快进入重要问题。在西欧许多国家也是如此，但是在墨西哥、阿拉伯国家及大多数亚洲国家，谈判之初的中立性交谈时间一般更长。

让步

前面提到，在谈判前确定 LAO 及 MSO 至关重要，但是不宜在谈判开始时就宣布自己的 LAO 及 MSO，最好应首先确定对方的 LAO，然后从自己的 MSO 向自己的 LAO 及对方的 MSO 移动。这一过程的完成通常需要一系列的让步。

何时及如何让步取决于你能从问题中获得多少信息（我们后面会讲到“问题”）。在谈判中，相等原则（Principles of the Equality Rule）可以成为让步的准则。准则一：谈判者通常都期望双方让步的数量离各自的起点一样
245 多。准则二：牺牲要相等。根据这一准则，判断是否“相等”要看相对于自己的期望结果，谈判者让步了多少，换句话说，看谁牺牲得更多。

不妨设想一下，两位经理正就几个部门的重组问题进行谈判，此前另一位经理刚刚离职，还未找到人顶替。因此，离职经理所在部门的职责被委派给余下的这两名经理。在谈判中，两位经理认为他们两人让步的次数及让步的幅度必须相同。但是，当谈判的内容是工作职责、汇报关系及预算时，很难量化让步的资料及数量。因此，让步时的态度非常重要，成功的谈判者会使用积极的语言，以确保对方多次让步且让步的幅度较大。

11.4.4　问题

做出让步与提问及应答问题紧密相关，正是通过这些问题，谈判者才能有效地确定何时让步多少。

谈判人员的提问可能会无意间引起对方情绪的波动与敌意，因此，在提问之前应当做好铺垫。一种方法是：如果可能引起尴尬，可以解释为什么提出这样的问题。

提问有五种目的：

- 引起注意：“变化发生于何时？”
- 获得信息：“这两者间有何区别？”
- 澄清疑惑：“我还是不明白你的目的是什么，其他还有什么对你来说重要？”
- 刺激思考：“你能不能告诉我你对第二项的看法？”
- 结论或总结：“你会怎样总结你的建议？”“我们做好行动准备了吗？”

一般来说，提前准备若干问题是个不错的做法，然而有些人太专注于提问，甚至会忽略倾听。另外，在实际谈判过程中很少有人能想起所有该问的

问题。事先准备可以帮助克服上述两种可能出现的情况。

如果想从对方那里得到准确答案，那么应当提出诱导性问题。诱导性提问可以引导回答问题的人一句接一句地回答，直至提问人的逻辑清晰地显现出来。下面是一系列诱导性问题。

成本中包括了研发费用吗？不同工作之间是如何分派研究任务的？你刚才说这项工作不需要探讨，那为什么要将研发费用包括在对我们的收费中？

246 在上述例子中，提问人可能知道问题的答案，也可能不知道，但是他能将对方诱导至预先计划好的结论中。

当不需要将对手引向某一特定方向时，可以使用开放式问题，即有“如何”、“为什么”或者“什么”等疑问词的问题，比如，“你觉得我们应如何缩小差距？”“为什么 A 计划比 B 计划好？”“您的建议是什么？”等开放式问题可以使人自由表达自己的想法。

第三种问题是反问，反问的目的并非是寻求回答，而是为了追求说服效果。这种问题可以把对方的注意力吸引到某一特定事物上。比如，“你觉得副总裁对那种事会怎么说？”“你真的想让我们相信那个吗？”

一般来说，应当避免使用两极型问题、二选一型问题及强迫型问题。比如，“你想要个带打字机的靠角落的办公室，还是想要个不额外配椅子的大桌子？”这个问题需要拆成两个问题来问，否则容易引起误解，对方甚至可能说两个都要。同样，强迫选择型问题会使对方感到紧张，可能会因此而中止谈判。另外，明智的谈判者会避免接二连三地提问，因为对方需要时间做出反应，而且提问人需要倾听对方的回答。

最后一种利用问题的有效方法是当对方离题时通过提问将谈判引回正确的轨道。比如，一个简单的提问“我们应当怎样把你说的与……联系起来”可以使对方的话转向更为切题的方向。

总而言之，不要为提问而提问。应当谨记问题的目的，仔细倾听以寻找最佳提问时机，然后用合适的语言提出问题以满足主要需求。

回答问题

谈判是一种提问与回答问题的游戏。要提出目的性强的问题，必须事先做好准备且注意力要高度集中，回答问题也同样如此。或许为回答问题应做的最重要的准备是进行头脑风暴（Brainstorm），并提前将最可能出现的问题写下来。还可以在谈判前请同事“唱黑脸”，问些刁钻的问题。可以说，答案准备得越多，谈判中回答得越好。

回答问题时应牢记两条放之四海皆准的原则：(1) 没完全明白问题之前决不要回答；(2) 利用时间想好答案再说。除了应用这两条原则，你还可以有两种选择。第一，你可以完整而准确地回答问题，但是由于在谈判中并不总建议大家直截了当，因此第二种选择是回答问题时不要完全开诚布公。[17] 比如，在找工作过程中进行薪酬谈判时，不要直接回答这种提问：“你想要什么样的薪水？”或许最好的方法是这样反问：“你们对这种工作一般付多
247 少薪水？”这样一来，如果你的 MSO 低于对方的下限，你就不会过早地暴露自己的底线。

如果你不想回答，也可以有几种选择。第一，你可以选择只回答问题的一部分。比如，在回答 “要使这个项目在 5 月 1 号之前完成需要什么”这一问题时，你可以列举完成这个项目所需的所有条件，而不谈时间问题。询问人得到完整细致的信息后会以为问题已经得到解答。同时，这样回答还可使你避免获得有破坏性的信息。

当你不想回答时，另一种选择是请对方将问题说得再清楚些，即使问题已经相当清楚。因为人在澄清问题时经常会有意无意地改动问题，甚至会提示如何作答。而且，对方重述问题可以带来额外的时间供你思考如何回答。此外，还可以请对方澄清问题的某一部分，从而使他的注意力从问题的其他部分转移到这一部分，最后你可能只需回答部分问题就行了。

第三种选择是答非所问。在这种策略中，真正被回答的问题与实际被问的问题非常相似，以至于询问人觉得你已经回答了他的问题。比如，当被问到最好将哪一个预算项从明年的申请中删去时，你可以回答说通货膨胀影响了预算中的所有方面，然后举出具体例子证明通货膨胀的影响。然后你又可以有一种选择的方法，即用问题来回答问题。比如你可以说，“你认为通货膨胀对整个公司哪一部分的影响最大？”这种策略或许可以使询问人注意力从原来的问题上移开，或许达不到这种效果，但不管怎样通常都比直接回答要好。

第四种选择是从积极方面回答消极问题。在薪酬谈判时，通常都有这样一幕，对方问：“你觉得自己从事这份工作的最大的弱点是什么？”显然，面对这样的问题，完整精确的回答将对自己不利，积极的技巧性回答可能是：“嗯，有时我工作太投入了，会加班到夜晚，这样对我的家人真的很不公平，所以我要学会平衡好家庭与工作的关系。”这样回答将使对方失去谈判优势，因为对方很难责怪一位既努力工作又顾家的员工。

回答问题的关键所在是要机智。经验的积累会使回答问题变得容易，但谈判前预先的演练及准备是不可替代的。

渠道

过去，面对面的谈判被认为是唯一可行的渠道，但如今已不再是这样。当今的谈判者在制定谈判策略时必须考虑几种沟通渠道。

248 不管谈判是面对面、通过电话还是电子技术，书面媒介通常都起着关键作用。[18] 最常见的是许多谈判结束之后都有意向书，毕竟交谈完五分钟后的记忆总要比五天后的记忆清晰。意向书或意向备忘录可以确保双方对所有重要项目都已达成共识。

写意向书或意向备忘录的人会占有优势，因为他在阐释谈判的意义及措辞上会反映出自己对谈判讨论的理解。这种写作并不是要剥削对方或者给对方设置圈套，而是简单地将达到的一致意见用自己的方式呈现出来，而不是将这个机会留给对方。

当然，在写意向书时语气不能听起来好像不相信对方。做到这一点很容易，比如，一位经理接待了来自外地办事处的几名员工，她上交了 400 美元的消费收据，但后来她的工资单上显示公司并没有给她报销这笔费用，于是她找到主管。经过长时间的谈判后，主管同意报销其中的 300 美元。谈判结束后，这位经理给主管发了这样一封简短的电子邮件：

> 日期：2004 年 3 月 11 日
> 收件人：克里斯·埃文森
> 发件人：帕特·哈罗德
> 主题：消费收据
>
> 感谢您花时间与我一同坐下来讨论因招待圣保罗来的工程师而产生的费用问题。期待在下个月的工资单中收到 300 美元。

这样一封简短的电子邮件不仅向对方确认了谈判结果，而且建立了良好意愿。

管理者们还可以采用书面通信的方式来弱化某一问题或缓和高度情绪化的情境。可以用通信的方法重提某一问题，并很有策略地表明这一点并不重要。通常，打印出来的话比面对面沟通的可信度更高，因为有些人更相信自己看到的，而不只是听到的。而且，用心写成的备忘录不会像面对面交谈那样情绪化。

最后，当需要解释某一复杂问题时，管理者还可以用书面通信来表明观点。仅用口头陈述的方式来表述一个带有图表的复杂观点是非常困难的，而
249 书面陈述或者图表将有助于陈述这样的观点。而且，如果对方没有这些辅助手段，他们将很难进行反驳。如果认为面对面沟通是唯一渠道，那么实际上就大大限制了自己的选择范围。

11.5　第四层：核心策略

现在我们来看管理沟通策略模型（图 11-1）的核心部分。管理者如何表现，看上去怎样，如何将最大支持结果传递给对方，对对方的风格做何反应，如何利用时间，如何建立环境条件，如何提问及回答问题，这些都构成了谈判策略。管理者会有意无意地将上述管理变量整合在一起并制定谈判的核心策略。下面几段中讨论的六种策略或许有助于将沟通的不同方面系统地整合在一起。这里并不是说哪一种方法更好，事实上这六种方法代表了特定场合中最合适的策略。[19]

11.5.1　意外策略

意外策略（Surprise）是指在谈判中出乎对方意料地提出一个目标或做出让步。比如，与副总裁就预算项目进行谈判的经理可以突然请求给自己换个头衔。这个意外可以让对方措手不及，因此这种附加的请求可能会被批准，尤其是这些请求并不增加额外花费时。

在次要问题上迅速让步是另一种形式的意外。对谈判主要焦点之外的问题做出让步，目的在于促进对方也相应做出让步。如果对方面临时间的压力，意外策略将尤其有用，因为可以促使对方很快让步。

11.5.2　虚张声势策略

玩扑克牌时，你可能牌不好但却下大注，希望通过虚张声势（Bluff）达到吓唬对手的目的。同样，这种策略也可偶尔用在谈判中。虚张声势，即在不使用谎言或完全的误说的前提下制造出假象。在谈判中这是一种公平的游戏，因为双方都在努力最大化自己的利益。保留信息与提供错误数据之间是存在差别的。比如，如果某人与他人谈判，想购买一张办公桌，下面两种

说法就有所区别：“我想花不超过 900 美元”、“我只有 900 美元可花”。这个人可能想花费不超过 900 美元，但如果需要的话仍会付出额外的费用。

250

11.5.3 堆叠策略

如果某一观点与另一观点有联系时，可以使用堆叠策略（Stacking）。比如，一位公关经理与行政副总裁就某一新策略进行谈判时可以使用这种方法，“我刚才在《财富》杂志中看到，ABC 国际公司最近改变了股东大会的召开方法。我的建议跟 ABC 公司采用的方法很像。”这样，公关经理的方法便堆叠在 ABC 公司的策略之上，有助于建立他的可信度。

立法者在陈述法案时有时也会使用堆叠法。他们会将某一有争议的条目作为“附加条款”（Rider）附加在已经获得广泛支持的条款后面。管理者在谈判中将不受欢迎的条件与受欢迎的条件捆绑在一起，这也是一种堆叠。比如，让某人换岗（不受欢迎的）的同时给他升职（受欢迎的）。

11.5.4 既成事实策略

其实，既成事实策略（Fait Accompli）也是一种虚张声势，例如，“好吧，这一点已经没问题了。”你可以陈述某一条件，并且表现得似乎这一条件已经被对方接受。这样做的原因是当你把某一问题说成是协商过的最后决定时，对方可能会没有或几乎没有异议就接受。假设某一问题已经讨论了一段时间，但尚未达成一致的协议，此时你可以用问题已经解决的口吻写一份关于此次谈判的意向书。房地产经纪人利用既成事实法将顾客迟疑不决的条款写进合同，可以偶尔促使固执的顾客购买其房屋。细节一旦被写了下来，经纪人会要求顾客签名，而顾客经常都会照做。

11.5.5 “要么接受，要么放弃”策略

做出一副“要就要，不要拉倒”的姿态，使对方相信这是你能提供的最佳条件，说明这是你愿意做出的最大幅度的目标调整。提出“要就要，不要拉倒”的条件时（实际上是一种最后通牒），你会有被拒绝的风险，从而可能没有机会对条件再做改善，甚至会失去继续谈判的可能。如果你的条件被拒绝，可以继而提出另一个不同的条件，但这样一来，你将失去可信度，所以这种策略只能使用一次。

11.5.6　屏障策略

谈判中，屏障（Screen）是指谈判者在谈判过程中使用的第三方。你表现得好像是对方与己方最终决策者之间的屏障。比如，假设你与一家承包商谈判，你可以说承包商提出的某些条件必须得到公司某些人的同意。如果条件得不到批准，对方可能会意识到为了使生意继续下去，必须做出让步。实
251 际上，第三方是不存在的，但这样做会使对方思考的时间更长，并削弱对方的进攻优势。此外，对方还会感到有两个对手而不是一个，觉得谈判因为“障碍”或“屏障”的存在而更为艰难。

谈判者经常使用屏障策略，但这样也存在一个严重的缺点：你会给人一种权力不够的印象。可以在与下属进行薪酬谈判时偶尔运用这种方法，但同时你很快就会显得决策权不够，这样别人对你的尊敬会减少，你对别人的影响力也会减少。

如果可能的话，尽量不要让对方使用第三方屏障策略，而应努力直接找到决策者，因为屏障会过滤掉部分沟通信息，导致你的谈判策略被弱化。

上述六种策略只是六种建议，大家还可以将它们整合使用，甚至可以与其他策略一起使用。每一种策略都有优缺点及风险，这取决于本章讨论的洋葱模型中的各种变量因素。制定适当的谈判策略并非易事。好的谈判策略需要有分析能力、对沟通的理解和一套良好的技巧及创造性。然而，学完了本章之后，你应该可以充满自信地进入谈判。

小结

谈判是解决冲突的一种适当的妥协工具。在谈判之前，管理者为了了解谈判范围，应当确定自己的最大支持结果（MSO）及最小接受结果（LAO）。确定这两种限度时必须深思熟虑，这样才能在谈判时既显得可信又能保护自己的最大利益。管理者必须能用令人信服的证据支持自己的 MSO，也必须能承受自己的 LAO。

谈判者还需要考虑何时谈判、谈多久、何时还价等问题。由于在对方的最后期限临近时谈判更易取得成功，因此本章提出了几点关于最后期限的建议：（1）尽量不要暴露自己的最后期限；（2）要有耐心；（3）善用时间。聪明的谈判者还应追求最有利的物理环境，不让对方在这方面占有优势。

谈判时还需要考虑语言问题。谈判者应该使用通俗易懂的语言，尽量做

到清晰、具体，不能谦卑。谈判过程中提问题通常有五种目的：吸引注意力、获得信息、让对方澄清观点、刺激思考、总结或下结论。在提问题时，要考
252 虑使用开放式问题、诱导性问题还是闭合型问题。在回答问题时，谈判者必须仔细思考如何回答并且完全明白问题意思之后才回答，以保护自己的利益。本章对如何根据自己的利益回答问题提出了几点建议。

谈判的渠道选择也很重要。选择何种渠道取决于具体情况。在准备谈判结束后的意向书或意向备忘录时要十分仔细，因为它可以给准备方带来优势。

在谈判中可以运用六种核心策略：意外策略，即出乎对方意料地提出一个目标或做出让步；虚张声势策略，即制造假象但同时又不撒谎；堆叠策略，即为了增加观点可信度，将某一观点与其他观点联系起来；既成事实策略，即在达成任何协议之前表现得好像条件已经被接受；“要么接受，要么放弃”策略，即让对方知道这是最后出价；屏蔽策略，即在谈判中利用第三方。

小组讨论案例

案例 11-1　采购部和应付款部秘书问题

索尔和拉提莎都是一家机床厂的管理人员。拉提莎是采购部主任，领导着四名采购代理人及一名秘书。索尔是应付款部的主任，领导两名员工。应付款部的秘书还同时为应收款部工作，所以实际上应付款部只相当于有一名兼职秘书。

索尔三年前大学毕业，拉提莎五年前大学毕业，两人都有商学院学位。他们都很有抱负，两人之间总在竞争。下面这段对话发生在拉提莎的办公室里，索尔的办公室在走廊的另一边。拉提莎非常忙，桌上铺满了文件。现在离正常下班时间还有 45 分钟，但是看起来拉提莎不能按时下班。

由于接近月底，所以最近什么事都很忙乱。拉提莎和索尔两人都有很多事必须在接下来的几天里完成。

问题

1. 分析下面的对话，找出哪些方面可以改进以使对话取得好的效果。

索　尔：“拉提莎，我明天能不能借你的秘书用几个小时？我们的工作落后了，我注意到你的秘书好像不太忙。”

253 拉提莎：“什么叫‘不太忙’？我们有很多工作要做。”

索　尔：“毕竟你有一个秘书，而我们得和应收款部合用一个秘书。”

拉提莎：“抱歉，我们真的太忙了。”

索　尔：“你看让她加加班，由我们部门出加班费行吗？她会加班吗？”

拉提莎：“她可能会，你可以问问她。”

索　尔：“能不能请你问问她？这样可能更好，因为你是她的上司。”

拉提莎：“你直接跟她谈吧。别忘了，你得付加班费。”

索　尔：“我觉得还是应该你跟她说。”

这时，电话响了，于是索尔走出了拉提莎的办公室。

2. 回到图 11-1，看图中哪些主要变量影响了本案例中的沟通。

案例 11－2　购车谈判

最近，雷吉·布兰查德的运货车被一辆闯了停车标记的汽车撞坏了。肇事者的保险公司将赔偿布兰查德的货车损失。一周以来，布兰查德一直在物色新货车，并临时租用了一辆。下面的场景描绘的是布兰查德和推销员凯利的对话，凯利想卖一辆新货车给布兰查德。

凯利：“您好，先生，有什么需要帮助吗？”

布兰查德：“在最近一次车祸中，我的运货车被撞坏了，现在临时租了一辆，想尽快买一辆。”

凯利：“您原来的货车是什么款式的？”

布兰查德：“1997 年款的，就像这辆（手指向一辆便宜的货车）。这种车每英里费用低，而且性能也不错。”

凯利：“我知道您现在的感受，失去这样一辆货车一定不好受，而且保险公司赔的钱又不够买一辆跟以前一样的货车，是吧？”

布兰查德：“对，没错。”

凯利：“车祸是怎么发生的？”

254 于是，布兰查德开始解释那个人是如何闯过停车标记，如何将货车撞坏的。在他的叙述过程中，凯利不停地点头表示赞同。

凯利：“那个可恶的老家伙一定是眼花了，竟然没看见您的车在路口。”

布兰查德：“哈哈，你的话没错。”

凯利：“现在不用担心了，因为您来对地方了，而且来得很是时候。我们正在让利销售所有今年款的车，因为明年的货车随时会出货。”

布兰查德：“听起来不错。这一款多少钱？”

凯利：“这款车最近非常好卖。不光车好，而且在这种质量级别的货车中价格也很便宜，我可以给您 37 000 美元的价格。”

布兰查德："说实话，对这种车型来说好像太贵了。"

凯利："噢，但这款车有几个很棒的特点，其中包括我们 1970 美元的消费者保护计划（微笑），这个计划包括油漆护理、货车下方的声音防护罩、三年防锈保证，还包括一张我们汽车俱乐部计划的会员卡，商务人士可以从中获得一些很棒的优惠条件。"

说最后一句话时，凯利把手搭在了布兰查德的肩上。

布兰查德："是吗？"

凯利："您打算出多少？"

布兰查德："我不太肯定，但根据我旧货车的账面价值以及我当时花费的数额，我打算花不超过 30000 美元。"

凯利："像我刚才说的，我可以以 37000 美元把车卖给您。我们已经把标价降低了 2 500 美元，平时一般都卖 39 500 美元（停顿）。如果您愿意花 30000 美元，那再花 7 000 美元也不会多很多。而且，我们是本市唯一一家提供消费者保护计划的经销商，我们觉得物超所值。告诉您，真的很划算。"

布兰查德："那好吧，既然这样，我想 37000 美元也算合理。让我考虑考虑吧。"

问题

凯利是使用何种谈判风格说服布兰查德买车的？

1. 说明布兰查德在谈判之初应该怎么做以改善他的处境。
2. 讨论布兰查德在谈判过程中应采用的谈判策略。

尾注

255

1. D. G. Pruitt, *Negotiation Behavior* (New York: Academic Press, 1981).
2. Linda Babcock and Sara Laschever, *Women Don't Ask: Negotiation and the Gender Divide* (Princeton, NJ: Princeton University Press, 2003).
3. Deborah M. Kolb and Blair H. Sheppard, "Do Managers Mediate, or Even Arbitrate?" *Negotiation Journal*, October 1985, pp. 379–88.
4. John Ilich, *The Art and Skill of Successful Negotiation* (Englewood Cliffs, NJ: Prentice Hall, 1973), p. 33.
5. Michael Schalzki, *Negotiation: The Art of Getting What You Want* (New York: Signet, 1981), p. 33.
6. Peter J. D. Carnevale and Edward J. Lawler, "Time Pressure and the Development of Integrative Agreements in Bilateral Negotiations," *Journal of Conflict Resolution* 30, no. 4 (December 1986), pp. 636–59.
7. David D. Seltz and Alfred J. Modica, *Negotiate Your Way to Success* (New York: New American Library, 1980), p. 52.

8. Ilich, *The Art and Skill of Successful Negotiation*, p. 22.
9. Herb Cohen, *You Can Negotiate Anything* (New York: Bantam Books, 1980), p. 92.
10. Jeffrey Z. Rubin and Bert R. Brown, *The Social Psychology of Bargaining and Negotiation* (New York: Academic Press, 1975), p. 122.
11. Gerald I. Nierenberg, *Fundamentals of Negotiating* (New York: Hawthorn, 1973), p. 150.
12. R. Sommer, "Further Studies of Small Group Ecology," *Sociometry* 28, no. 2 (1965), pp. 337–38.
13. R. L. Birdwhistell, *Introduction to Kinesics* (Louisville, KY: University of Louisville Press, 1952).
14. P. A. Andersen and J. F. Andersen, "The Exchange of Nonverbal Intimacy: A Critical Review of Dyadic Models," *Journal of Nonverbal Behavior* 8, no. 12 (1984), pp. 327–49.
15. M. Cook, "Experiments on Orientations and Proxemics," *Human Relations* 23, no. 1 (1970), pp. 62–76.
16. R. V. Exline, J. Thibaut, C. Brannon, and P. Gumpert, "Visual Interaction in Relation to Machiavellianism and Unethical Acts," *American Psychologist* 16, no. 3 (1961), p. 396.
17. Linda L. Putnam and M. Scott Poole, "Conflict and Negotiation," in *Handbook of Organizational Communication*, by F. Jablin, L. Putnam, K. Roberts, and L. Porter (Newbury Park, CA: Sage Publications, 1987), pp. 549–99.
18. Joseph F. Byrnes, "Ten Guidelines for Effective Negotiation," *Business Horizons*, May–June 1987, pp. 7–12.
19. These strategies are partially drawn from Roy J. Lewicki and Joseph A. Littere, *Negotiation* (Homewood, IL: Richard D. Irwin, 1985).

Chapter **Twelve**

256

第 12 章 面谈

耐心是做生意最需要的品质，很多人宁愿你聆听他们的故事而不是批准他们的请求。

——切斯特菲尔德勋爵（Lord Chesterfield），英国政治家和作家

管理者要进行各种不同形式的面谈：绩效评估、雇用、劝说、离职、解决问题和提供信息等。无论何种情况，其过程都是一种密集的沟通交流，目的是获取或分享某些预定的信息。但是成功的管理者必须避免伴随该过程而产生的特殊沟理障碍。本章从接见者的角度审视面谈，提出克服特殊障碍的方法和最常见的面谈指导方针。

12.1 有效面谈的障碍

第 2 章讨论的所有沟通动力要素在面谈中都会出现，但有六个障碍尤其相关：（1）有关人员的不同意图；（2）偏见；（3）事实与推断的谬误；（4）非言语沟通；（5）第一印象的影响；（6）组织地位。

12.1.1 障碍一：不同意图

管理者不能总以为所有参与者都应该对面谈中交流的信息持一致意见。事实上，接见者与被接见者很少持一致意见。一个明显的例子就是招聘面试。尽管面试官想了解应聘人的所有优缺点，但是应聘人（被接见者）只向面试官展示其优点。

意图的不同可能出现在三个层面上。在第一个层面上，双方都有意识地打算进行清晰准确的信息交流，这在绩效评估面谈中尤其实用。在第二个层

257 面上，有一方不想披露某些相关信息，这经常发生在离职面谈中，雇员不愿透露离职的真正原因。在第三个层面上，双方都不想透露某些相关信息，如将被晋升的雇员与上级在面谈中讨论薪水时，就可能属于这种情况，雇员可能不会透露可接受的最低工资，而接见者也不表明可能支付的最高工资。图 12-1 描述了这三个层面的意图。

本章稍后将要讨论的技巧性提问将帮助克服这一障碍。倾听对方、理解其观点也会帮助减少该障碍。然而，关键是记住，在面谈过程中对方的目标并不总是与管理者的目标相同。

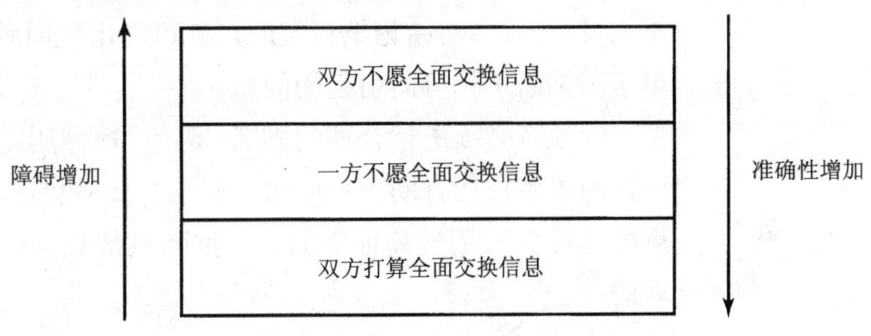

图 12-1　不同的意图

12.1.2　障碍二：偏见

偏见（Bias）是一种障碍，它扭曲了人们的感知，使人只看到或听到自己想听或想看的东西。[1]最普遍的一种偏见是光圈效应（Halo Effect），当管理者允许一个特点或总体印象影响对另一个特点的评判时，他们就成了光圈效应的牺牲品。[2]工作的某一方面可能影响管理者对员工其他方面的印象。例如，如果一名员工总是迟到，管理者可能因为员工的这一缺点影响他对其专门技能等其他不相关特点的印象。这种偏见为绩效评估面谈带来障碍。[3]另一种偏见是时近效应（Recency Effect），当最新信息过度影响所有较早信息时，就出现了时近效应。其他的偏见类型有仁慈或严厉。在这些情况中，接见者把一切都看成是积极的或消极的，而没有进行区分。[4]

某些提问也可能使面谈出现轻微的偏见。例如，接见者提出这样一个有圈套的问题："当市场营销研究部的研究被证实几乎没有价值时，消费者部还应该继续大力支持市场营销研究部吗？"这一问题显然带有倾向性，让人很难做出肯定的回答。本章稍后将讨论在提问时如何使用恰当的措辞。

258 管理者的偏见往往受同事观点的影响，例如，人们经常听到下面这类陈述："帕特里克只会制造麻烦，但赛姆金斯就很容易相处共事。"聪明的管理者会自己对下属做出判断，而不是受他人观点的影响。

研究发现，如果努力尝试，人们可以控制自己的偏见。[5]因此，在进行面谈之前，管理者应该审视可能影响主要目标的任何偏见，在面谈中尽量保持客观。

12.1.3 障碍三：混淆事实与推断

在面谈中，管理者实际上接触的事实很少，必须以被接见者的话语和动作为基础进行推论。有时候，管理者对面谈的结论基本上有把握，但有时就不太肯定。[6]当对结论不肯定时，就可能出现问题。表 12-1 列举了因话语、事实和推断不相符而引起的问题。

管理者必须进行合理的推断，避免匆忙得出没有根据的结论。本章后面讨论的很多技巧有助于克服这一问题。要避免混淆，最简单方法就是记住：事实是可以被衡量和证实的，而推断只是观点或判断，推断在定义上是主观的。

表 12-1 事实与推断

话语	事实	可能的推断
“我喜欢销售办公设备。”	记录显示，这个人已经卖了两年的办公设备，但在此之前失业六个月。	这是这个人能找到的唯一工作。
“我在大学里学得不错，参加了一些课外活动。”（当被要求完整描述大学的活动时）	当被问到成绩时，这个人倾向于回避讨论这些活动并转换话题。	这个人在大学里学业不好，几乎不参加课外活动。
“我不喜欢部门里的气氛。”（申请转换工作岗位的人）	这个人的绩效考核成绩不好。	这个申请者是一个爱惹是生非的人。

259

12.1.4 障碍四：非言语沟通

嘲讽的表情、皱眉、耸肩或冷漠的表情都是重要的非言语信息，但阅读这些信息的人在进行诠释之前必须小心。非言语信息在面谈中可能成为问题，原因是面谈通常都很短很紧张。[7]如果一个人在 20 分钟的面谈中有几分钟瘫坐在椅子上，那么他的行为比在 4 个小时的会议上瘫坐几分钟更为显眼。由于时间很紧，非言语信号影响更大。

初始效应（Primary Effect）使在紧张的时间里准确阅读非言语信号变得更为复杂，初始效应指一个信息压倒其他信息。在很短的时间内，非言语信号更容易压倒其他信号。[8]细心的接见者会意识到，可以使用被接见者的非言语信号评判回答问题的诚实程度。研究显示，经过训练和练习，我们可以提高辨别非言语欺骗的能力[9]，这在第 8 章非言语信号暴露欺骗行为的讨论中有更详细的阐述。

12.1.5　障碍五：第一印象的影响

管理者可能很快形成第一印象，该印象将影响他在接下来的面谈中看到的一切。如果面谈时间很短，这一强烈的第一印象将影响他的总体印象，因为他没有时间找出与之相反的数据。此外，研究显示，接见者更容易受负面信息而不是正面信息的影响，而且负面信息在面谈中出现得越早，负面影响越大。[10] 再者，接见者的印象更容易从正面转向负面，而不是从负面转向正面。[11]

该障碍也可称为“假设检验”，意思是接见者先形成一种假设，然后寻求信息支持这一假设。令人担忧的是，任何不支持假设的信息将会被忽略。[12]

第一印象的影响非常普遍，管理者应该努力限制其产生的影响。解决方法很简单：等考虑了第一印象以外的其他证据之后，才谨慎地进行价值评判。同时，必须意识到，短暂的面谈促使管理者做出不成熟的决定。

12.1.6　障碍六：组织中的地位

也许最普遍的沟通障碍来自等级差别。[13] 在任何面谈情景中，参与各方都知道谁主宰权力平衡（Balance of Power，或译为均势。——译者注）。[14] 虽然级别高的人鼓励开诚布公，但是级别低的人可能害怕这种坦率。担心有权人做出的反应是人之常情，所以往往很难开诚布公。

260 有几条建议可以避免这种情况。一方面，管理者应该承认，在与上级沟通时，员工几乎总是想留下最佳印象。有效的管理者应该努力创造公开、支持性的沟通氛围，将权力差别降到最小。

12.2　促成有效面谈的问题

有效的面谈要求进行透彻分析和详尽计划。我们相信，下面的七个问题可以处理好大多数的偶然情况。

12.2.1　问题一：面谈的目的是什么

首先，考虑面谈的目的。你是想获取总体信息、收集具体数据，还是劝说某人接受一个主意？面谈的目的决定了面谈形式。然而，目的并不总是很清晰，或者面谈不止一个目的。以招聘面试为例，面试官既想收集应聘者的总体信息，又想了解他的具体技巧，同时还努力向申请者展示加入公司的好处。因为可能同时存在几个目标，所以明确面谈的目的很重要。

12.2.2　问题二：进行面谈的最佳地点是哪里

时间和地点对面谈的成功会产生重大影响。管理者应该选择一个双方都方便的时间。管理者还应该允许有充分的时间，使双方都不会感到很匆忙。

隐私也是个首要的考虑因素。隐私确保了保密性并将干扰降到最低。很多管理者发现，在工作区域或办公室以外的地方进行面谈可以最大限度地减少干扰。记住：中立的场景也会减少很多面谈中出现的地位障碍。

12.2.3　问题三：开始面谈的最佳方法是什么

这个问题和下一个问题密切相关。开场白为接下来的提问奠定了基础。面谈的开始通常有两个目的：（1）确定沟通气氛；（2）解释面谈的目的。

管理者与被接见者一见面，面谈的气氛就已确定。这时候，非言语沟通
261 发挥关键的作用。友好的问候、握手或微笑会打破沉默，帮助被接见者放松心情。首先提出一个中性话题进行友好交谈，也会使每个人感到轻松。

接下来，管理者应声明面谈的目的。典型的开场白包括：

- 简述手头的问题或任务。
- 征求意见或请求帮助。
- 承诺参加面谈的奖励或回报。
- 请求对方为面谈投入一定的时间。

除了说明面谈的目的，管理者应该明确被接见者同意该目的，以鼓励对方采取参与的态度，激发对方参与面谈。因此，尽管开场白在面谈过程中占用的时间最短，却是关键的部分，并为面谈打好基础。

12.2.4　问题四：最佳的提问策略是什么

面谈中并不总能计划好确切的问题及问题顺序。然而，在面谈前确定提

问策略能帮助管理者达到面谈的目的。其中的一个策略就是结构化面谈（Structured Interview），即接见者按顺序写出初步问题，这对缺乏经验的接见者或对每个问题都必须以同样方式和顺序向每个被接见者重复的情景有效。[15]

由于结构化面谈限制了接见者的灵活性，很难适应各种独特的场景，所以有些案例就要求非结构化面谈（Unstructured Interview）。在这里，接见者有清晰的目标，但没有预先准备具体的问题。在非结构化形式中，接见者引出讨论，让最初的回答带出下一个问题。如果被接见者帮助确定面谈的方向对面谈很重要时（如某些评估面谈或某些咨询会），这类面谈就尤其有用。

结构化与非结构化面谈的折中就是半结构化面谈（Semistrurctured Interview）。在这种形式中，接见者准备了一系列关键问题，以保证面谈结束时已涵盖了所有要点。同时，他又保持了灵活性，因为提问的顺序不是完全预先计划好的。很多人认为，这是富有经验的管理者面临绝大多数情景时采取的最合适形式。

12.2.5　问题五：问题的最佳顺序是什么

对于半结构化面谈，建议用漏斗式或反漏斗式提问顺序。漏斗式顺序以宽广的开放式问题开始，渐渐过渡到闭合式问题。反漏斗式顺序以闭合式问题开始，逐渐过渡到开放式问题。图 12-2 显示了这两种顺序。

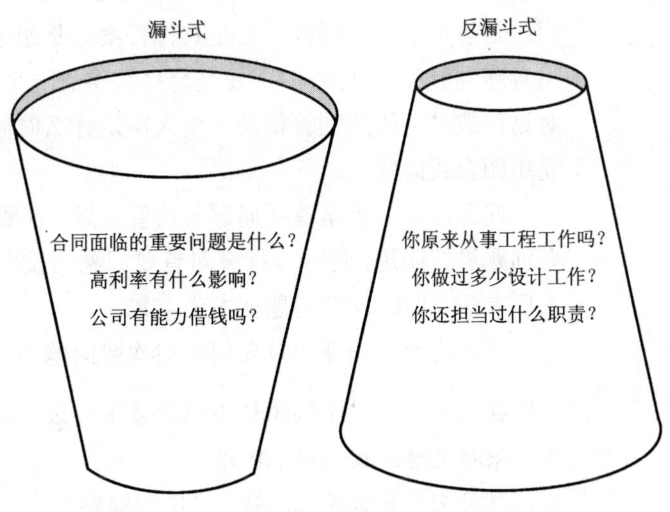

262 图 12-2　问题顺序

哪种策略适宜取决于具体的情景。[16] 当被接见者能够也愿意自由交谈时，如工作选拔面试中，漏斗式顺序效果最好。当被接见者不愿参与或对管理者很敌对时，反漏斗式顺序效果最好。举例说明：在离职面谈时，管理者可以从具体、实际的问题开始，再慢慢过渡到诸如工作场所需要进行哪些改变等普通问题。

12.2.6 问题六：问题的最佳类型是什么

第 7 章已经讨论了不同的问题类型，下面再予以回顾。

面谈问题分为三种不同的措辞类别：开放式问题与闭合式问题、首要问题与次要问题、中立式问题与指引式问题。让我们将开放式问题与闭合式问题放在连续统一体中来解释。开放式问题对回答的类型没有任何限制，而处于连续统一体另一端的闭合式问题则要求具体而简短的回答。看看下面这两种问题的例子。

开放式	闭合式
1. 你上一个工作怎么样？	1. 你不喜欢上一个工作的哪一部分？
2. 告诉我更多关于尼罗河项目的事情？	2. 尼罗河项目完成了百分之几？
3. 丹佛分部的状况如何？	3. 你完成丹佛分部的季度报告了吗？
4. 谈谈你自己。	4. 你去过洛杉矶吗？

263 管理者经常在应该提出开放式问题的时候提闭合式问题。他们应该自问：是想寻求一般反应，还是具体答案；是想索取信息（开放式）、让被接见者感到舒服（开放式），还是想尽快得到一个具体观点或承诺（闭合式）。对这些战略问题的回答帮助一个人决定什么时候使用开放式问题，什么时候使用闭合式问题。

问题的第二类是首要问题与次要问题。首要问题引入面谈的主题，而次要问题进行跟进，进一步探究对首要问题的反应。当首要问题没能获取所需的所有信息时，次要问题就尤为宝贵。

下面的对话是使用首要问题与次要问题的一个例子。

接见者：你进了涡轮机小组后做了什么？（首要问题）

被接见者：我监督 AP 部。

接见者：什么是 AP 部？（次要问题）

被接见者：就是小组的应收账目……

在该例中，次要问题为接见者引出了额外信息。

次要问题的一个很微妙的形式就是试探。表 12-2 列出了七种试探形式。注意：在轻松的面谈中，尽管这些试探获得了额外的信息，但是它们看起来不像提问，而像谈话的一部分。这些试探很微妙，但很有效。

264 表 12-2 七种试探

试　探	试探定义	试探示例
1. 简单表明理解	甲表明兴趣和理解，从而鼓励乙说下去。	“所以，我先对他说，你要不要喝杯咖啡，我想可以打破沉默。”
2. 中立的措辞	甲在没有影响信息(持偏见)的情况下从乙引出更多信息。	“我不知道……现在的孩子似乎逍遥法外。”
3. 沉默	甲不说话但注视着乙，时间在 10 秒以内。	“哇……我过的是什么日子呀。” （沉默 2 秒钟。） “我是说，他们让我这样工作，我一点私人时间也没有。”
4. 重复	甲将乙说的最后一部分转化为一个问题，通常使用几乎相同的词语。	“我不敢肯定我是否还能承受更多，我已经筋疲力尽了。” “你筋疲力尽了？”
5. 澄清	对于不理解的东西，甲试图让乙给出定义或进一步解释。	“我告诉你，降低投票年龄是不恰当的。” “哦……为什么？” “嗯，首先，这增加了产生政治阴谋的可能性。”
6. 详细阐述	甲要求乙提供与所说的内容直接相关的新信息。	“局长，我真担心明天的游行。” “你的担心是什么意思？” “嗯，我想可能会有麻烦。” “哦……有什么迹象表明我们会有麻烦？”
7. 总结	甲试图将乙过去几分钟所说的主要观点串起来。	“最后，汉克，薪水问题，我们的工作酬劳太低。” “让我看看我有没有领会，拉尔夫。首先，你说工作很脏，没有仔细计划，最后你们的报酬太低，对吗？”

次要问题帮助获取完整而准确的信息，而且也确立了面谈的积极沟通气氛。对次要问题和试探的有效使用有助于表明管理者有兴趣倾听。开始时，被接见者可能不知道对方需要多少信息，或不知道管理者是否真的对他的评论感兴趣。然而，重要问题和试探的使用有助于建立积极而开放的气氛。

第三类，中立式问题和指引式问题，也可以用连续体来考虑，一端是中立式问题，另一端是指引式问题。由于中立式问题没有暗示问题的答案，问题不会引导被接见者以某一方式进行回答。处于连续体另一端的指引式问题引导被接见者给出特定的答案。指引式问题的一个经典例子就是法庭上的反问："难道……不是真的吗？"在现实中，即使是使用疑问语气，这种极端的指引式问题也可能被认为是乞求一致而不是真正的问题。[17]

下面列出中立式问题和指引式问题，以示差别。

中立式问题	指引式问题
1. 你更喜欢哪种汽车？	1. 你难道不认为外国汽车比美国汽车好？
2. 你对分权管理有什么看法？	2. 你反对分权管理，对不对？
3. 你对联合有什么看法？	3. 自然，你反对任何形式的联合？
4. 你觉得我们应该雇用更多员工吗？	4. 我想我们不应该雇用更多员工，你认为呢？

265 熟练使用指引式问题非常有用，因为这些问题可以使面谈沿着正常轨道进行，并可以在劝说中有效使用。在劝说中，指引式问题将被接见者指向一个特定的方向，帮助他考虑某个概念的好处。

12.2.7 问题七：结束面谈的最佳方法是什么

到了结束面谈时，与其他很多沟通一样，总结主要信息、确保理解无误很重要。结尾也提供机会来安排跟进活动和表示谢意。不管被接见者是求职者、不满的顾客还是忠诚下属，表达良好意愿总是适宜的，所以应以共识、感谢和握手结束面谈。

到目前为止，我们概述了面谈的障碍和面谈过程中管理者最常问的问题。接下来我们关注管理者面临的两种具体的面谈情景以及针对每种情景的恰当策略。

12.3 招聘面试

为某个职位选择最有资格的人选是一种主要的管理职责。在挑选员工时要使用很多筛选工具，包括申请表和能力个性测试等，但最常见的是面试。

虽然人力资源部的成员经常筛选申请者，但是通常由申请者的未来经理做最后决定。将胜任的申请者与合适的工作能力匹配促使组织走向成功。做出良好的雇用决定也会降低人员流动成本，这一成本可能相当惊人。美国劳动部估计，公司更换一名员工的花费相当于新员工年薪的三分之一。根据哈佛商学院的一项研究，75%以上的人员流动是由于面试和招聘时判断有误。[18]对组织和申请者而言，管理者都有责任确保申请者和职位匹配。

但是，通常招聘面试的优势没有被完全利用。虽然研究显示，面试的可靠性和有效性都很低，但是并没有足以替代的其他形式。[19]面试是使管理者有机会对申请者做出个人评判并直接提问的唯一方式，这在其他各种测试中是无法实现的。

12.3.1　计划

与所有的沟通情景一样，招聘面试也需要计划，只是更具体一些。

266 **职位要求**

管理者的第一步是确保对工作要求有一个清晰的理解，这有助于使管理者避免过分重视无关信息。面试者如果熟悉将要补缺的工作各方面细节（如详细的工作描述和工作名称所提供的细节），那么其雇用选择决定的可靠性也将提高。[20]如果没有现成的详细工作描述，面试者也许有必要进行工作分析。

在分析工作性质时，注意不要将上一个持有这份工作的人与候选人进行比较，这种比较会误导你对候选人的印象。而且，很多担任现职的人会略微改变工作性质以适应个人的能力和兴趣。人事变动是分析某项工作现在及未来需要何种资格员工的最佳时机。

时间

时间也是计划过程的重要部分，每个面试分配的时间各不相同。一般而言，分配较多时间比时间较少好。

时间选择由于其对比效应而变得很重要，即前面的面试可能对后面的面试产生影响。一个水平一般但跟在几个很差候选人后面的求职者，可能会比他跟在其他一般候选人后面给人留下更好的印象。减少这种效应的一种办法是避免面试一长串候选人而中间没有休息。

此外，各个面试之间应该允许有足够的时间，并安排好时间表，这样疲劳才不会成为一个影响因素。面试者疲劳时，被面试的得分可能比其他申请者更低。在计划面试时，这些策略是宝贵的考虑因素。

申请者预审

在面试前，面试官应先审阅申请书和个人简历，以便计划具体问题。记住：面试的目的是得到书面材料不容易揭示的信息，包括动机和个性特征等。显然，面试包含的内容与文件出现的材料一样的话，那就是浪费时间。但你也可以用面试来澄清书面材料中不一致的地方或填补空白。简而言之，用文件作为面试话题的跳板。

12.3.2 法律关注

到目前为止，几乎所有的管理者都熟悉 1990 年的《美国残疾人法案》和 1964 年的《民权法案》，后者于 1972 年经《平等就业机会法案》（Equal Employment Opportunity，EEO）修订而成。遗憾的是，关于招聘面试的法
267 律限制的知识经常被误用。管理者或是害怕触犯法律而在提问时变得过分谨慎并遗漏宝贵的信息，或是忽视了法律限制。虽然下列内容不构成对雇用法律成分的一个完整讨论，但有几个建议可能对你的招聘面试有帮助。

当讨论《平等就业机会法案》时，管理者首先想到的很可能是什么是合法或非法问题。为了回答这一问题，人们必须知道真实职业资格（Bona Fide Occupational Qualification，BFOQ）的概念，即任何构成工作业绩有效标准的特点。种族、年龄、出生地所在国、宗教、性别、民族背景或婚姻状况通常都不是评判别人的基础。

实行肯定性行动计划（Affirmative Action Programs）的公司有义务确保：积极考虑招募被称为被保护群体的成员（40 岁以上人士、伤残人士、少数民族，女性通常归入这一类别）就业。[21] 人们经常混淆平等就业机会与肯定性行动，因为两者的目的有相似之处。然而，平等就业机会是寻求一个平等的竞争环境，所有人都有平等的机会凭借资格获得就业，肯定性行动的义务是加倍努力识别和招募来自受保护阶层人士的义务。[22]

通常，教育、经验、能力和技巧是真实职业资格的基本因素。管理者应该分析每个工作。在绝大多数情况下，管理者可以遵循这样的指导方针，即确保不忽视《平等就业机会法案》的条件，最好的建议是只问与真实职业资格相关的问题或与做出客观的雇用决定直接相关的问题。

还要记住：与求职者的随意谈话也应该遵循这里提出的指导方针。例如，假设求职者被招待吃午饭，不要将这与真正的社交场合混淆，也不要闲聊家庭或宗教，这些可能会被求职者误解为不相关的非真实职业资格的问题，万一工作没有兑现，这些将是未来争议的依据。

表 12-3 列出了招聘面试过程中合法与非法问题的指导方针。这些相同的考虑因素也适用于申请表格。当一位同样具有取得工作成功的平等可能性的人没有得到获取工作的平等可能性时，就构成了歧视。[23] 管理者有责任确保不出现歧视问题。

268 **表 12-3 招聘面试的问题指导方针**

问题焦点	非歧视问题	可能存在歧视的问题
姓名	在其他工作中你有没有用过别的名字？	你在改名之前叫什么？
出生地和住所	你目前住在哪个州？ 你已在锡达福尔斯（或某一个州）住了多久？	你在哪儿出生？ 你的父母在哪个国家出生？
身体特征，包括种族	你身上有没有什么记号或伤痕？	你是亚洲人吗？
出生地所在国或祖籍		你来自墨西哥，对吧？ 你与赫尔摩莎的曼纽尔家族有关系吗？
生活		你有几个孩子？ 你结婚了吗？
宗教		你是犹太教徒吗？ 如果我们雇用你，你想在什么宗教假日休息？
国籍	你的签证允许你在美国工作吗？	你是德国人吗？ 你是德国认可委员会的成员吗？
组织	你属于任何慈善机构吗？	你曾经是天主教学生俱乐部的成员吗？
犯罪记录		出于什么原因你被逮捕？（除非与工作表现相关）
身体能力或局限	工作时需要举和扛，你觉得有问题吗？	你有残疾吗？（类似地，避免关于残疾的种类和严重性的问题）
教育	你拿到注册采购管理员（CPM）资格证书了吗？	你有工商管理硕士学位吗？（或教育成就与某一工作所需技巧没有关系时的类似问题）
财务状况		你有没有虚报过你的工资？ 你的房屋按揭是多少？

12.3.3 招聘面试过程

在招聘面试过程中，管理者试图尽可能多地发现候选人与潜在工作成功相关的信息。最好的方法就是意识到先前讨论过的各种障碍和建议策略。另外，为了完全有效，管理者应该熟悉面试选拔特有的某些条件。下面的指导方针有助于管理者尽可能提高招聘面试的可靠性和有效性。

使用恰当的提问策略

研究显示，问题的形式和顺序对面试的结果产生深远的影响。[24] 绝大多数面试是以管理者试图让被面试者感到舒服而积极开始的。个人简历是一个很好的指引，可以从中选出候选人背景中的某个强项，帮助被面试者在面试开始时感到舒服。[25]通常，最好是使用半结构化面试，确保有一个明确的方向，但允许随着面试的开展而准备更多的问题。表 12-4 显示你作为面试者可以提出的问题。

269

表 12-4 问题的选择

开场白

你为什么喜欢加入我们公司？

你为什么觉得自己有资格做这份工作？

告诉我你过去的经历。

确定动机

你为什么想换工作？

是什么驱使你进入这一行业的？

你希望从现在起五年内你的职业方向如何发展？十年后呢？

什么是你的理想工作？

确定经历

你从前在部队里做什么？

你打算如何改进我们的运作？

谁或什么事对你影响最大？为什么？

你最喜欢/最不喜欢上一份工作的什么方面？为什么？

对于该职位，你认为最大的优点/缺点是什么？

你最喜欢/最不喜欢与哪种人共事？

到目前为止，你最大的成就是什么？

你熟悉什么设备？

你为什么这么频繁地换工作？

你职业生涯中最大的危机是什么？

你为什么辞去上一份工作？

我能了解一下你工作的例子吗？

评估教育背景

描述一下你所受的教育。

你为什么选择这个专业领域？

你参加过什么课外活动？

你获得过什么荣誉？

你的分数反映你的全部能力吗？为什么没有？

你最喜欢/最不喜欢什么课程？为什么？

对于该工作你接受过特别培训吗？

设计面试问题时，请记住开放式问题和闭合式问题、首要问题和次要问题、中立式问题和指引式问题之间的不同，知道每一种问题的优缺点，这样，就能有效地实施提问策略。招聘面试通常使用开放式问题，但也使用闭合式和指引性问题作为试探。

成功运用于招聘面试的一类特殊问题是行为问题。基于过去行为预示将来行为的假设，这些问题询问一个特定行动的具体情况。管理者可以使用行为问题试探出“我是一个喜欢与人交往的人”和“我是一个有团队精神的人”等概括背后更多的信息。典型的行为问题这样开始：“告诉我当你有一次……的时候”，接下来问与职位相关的情景或品质的问题，从而要求申请者提供证据“证实”自己的回答。使用行为问题可以有效地了解面试者的领导才能，
270 还有冲突管理、对付难缠顾客、设定目标、团队合作以及其他诸如此类的能力。

在某些招聘面试中越来越流行的另一类特殊问题是解决问题的问题，其目的是挖掘创造性才能，因为创造性才能是以员工获得竞争优势的公司必不可少的。据华盛顿大学的万德拉·休伯（Vandra Huber）教授称，微软、波音、IBM、西南航空和惠好公司（Weyerhauser）等都属于使用情景问题或解决问题的问题的 20%—30%的公司之列。[26] 下面是微软在面试中使用的一些问题：

- 估计美国加油站的数量。
- 如果你能够去掉 50 个州中的任一个，会是哪个州？为什么？
- 为我设计一个浴室。
- 如果你有一个装了 200 条鱼的鱼缸，而 99%是孔雀鱼，你要去掉多少条孔雀鱼才能使剩下的鱼里有 98%的孔雀鱼？[27]

显然，这些问题的答案并不像候选人用于确定问题和找出解决方法的过程那么重要。关于理性的解决问题过程的步骤描述可以在第 10 章和第 13 章中找到。

不要说太多话

在招聘面试中，如果管理者对申请者的反应是赞许的，那么他会比反对申请者时说得更多。[28] 换句话说，如果面试者被申请者打动，那么面试者就倾向于多说少听。

不管何种原因，只有极力推荐职位时，大量谈话才会有用。与雇用决定相关的信息是通过倾听而不是讲话获得的。因此，注意不要说得太多。一个

好的经验是，在招聘面试过程中，管理者的谈话应只占全部时间的30%。

做记录

考虑到面试过程中揭示的信息很多，指望面试者无论时间长短都能准确记住这些信息是不现实的。一项研究显示，半数的面试者不能准确回忆一个持续20分钟的面试中最关键的信息。[29]因此，要在面试结束后立即记笔记或进行总结。其中的一种做法就是使用一套评估体系（Rating System）。这将极大地降低匆忙做出错误决定或让一两个消极特征占据主导地位的可能
271 性。另一种做法是制作一个常规表格，记录每个候选人在相同领域的情况对相同问题的答案。

12.4 绩效考核面谈

管理者被定期要求进行绩效考核面谈。四十多年前，梅尔（Maier）提出了绩效考核面谈的几个目的[30]，现在这些目的仍大致相同。[31]

- 让员工知道自己的位置。
- 表扬好业绩。
- 向下属传达需要改进的地方。
- 在现有岗位上培养员工。
- 培养和训练员工胜任更高职位。
- 评估作为整体的部门或单位，其中每个人构成整体的一部分。

尽管绩效考核面谈的潜在益处似乎很明显，但是人们普遍承认，组织中很少使用绩效考核面谈，而且效果不佳。这种矛盾的存在有几个原因，包括有些管理者不喜欢扮演评估者的角色，有些管理者害怕评估过程带来的不自在会破坏他们与下属的工作关系[32]，另一个原因可能是管理者没有受过绩效考核面谈的足够训练。[33]下面的信息应该鼓励管理者进行绩效考核面谈。

12.4.1 目的

绩效考核面谈可以满足两个目的：（1）可以关注员工过去的绩效以确定增长点；（2）可以关注未来的活动和制定促使员工提高绩效的目标。这里有一个关键的相关问题：管理者在同一个面谈中既讨论目标、改善绩效、个人发展，又讨论加薪吗？对于该问题，现有研究结果显示，管理者不应该将具

体的发展话题和薪酬讨论放在同一个面谈中。通常薪水审核的重要性会主宰面谈，不论是管理者还是员工都没心思以积极的方式讨论改进计划。[34] 相反，两个面谈分开会更合适。这需要更多的时间，但通常能从员工处获得更积极的反应。

类型

绩效考核面谈可以有三种类型，因工作性质和员工而异。[35] 第一类是发展评估面谈（Developmental Appraisal Interviews），用于高绩效、高潜力的
272 员工，他们拥有可自由支配的工作，这使他们有机会改进绩效。

第二类是绩效维持面谈（Maintenance Interviews），用于在一段时间里表现稳定而令人满意，但由于能力、动机或工作性质的限制而不可能改进的员工。在这种情形下，员工着重维持现有的可接受水平的绩效。

面谈的第三种类型是绩效补救面谈（Remedial Interviews），用于低绩效或边缘员工，目的是试图将绩效提高到可接受水平。这一类包括两个过程：评估与发展。首先评估现在与过去的绩效，然后决定他们可以如何发展。

每种面谈都要求不同程度的评估和发展。发展和补救面谈更强调发展，维持面谈更强调评估。绩效考核面谈并不总是达到同样的目的，因此，应实施不同的沟通策略以满足评估或发展的既定目标。在实施恰当的策略时，与其他面谈形式一样都需要计划。

12.4.2　计划

根据第二章所示的洋葱模型，讲话过程中三个需要分析的领域是时间安排、环境和信息内容，即时间、地点和内容，如模型的第三层所示。

时间安排

正式的评估常以年度为基础进行。一年一次似乎是现实的时间框架，然而，也要在需要时为员工提供反馈。

在有频繁反馈的情况下为什么还要正式的考核呢？首先，年度考核帮助克服第 2 章讨论的各种沟通错误。正式的考核还为系统审视下属与管理者间可能形成的不同假设提供了机会。即使是对非常满意的员工进行定期的“行动方向的修正”也是很有意义的。另外，某些情景如完成一个重大项目或绩效很差时，都需要正式的反馈。在决定绩效面谈时间时，要考虑全局。

一旦选定时间，应提前通知面谈的员工。提前通知所需的时间可以从几

小时到几星期不等，具体取决于员工和相关工作的类型。无论何种情况，避
273 免“你一有机会就到我办公室来”的通知方式，这样就剥夺了员工为面谈做好心理准备的机会。

环境

一旦确定了必要时间安排，就要考虑面谈的最佳地点。管理者趋向于将绩效考核面谈安排在自己的办公室，而没有意识到这一环境令人畏惧，对于不习惯长时间呆在管理者办公室的员工来说尤其如此。通常，面谈的最佳地方是中立、安全和私人的地点，可以将双向互动最大化。

信息内容

一旦确定了面谈的时间和地点，就要着重关注面谈的内容。不管具体的面谈目的是什么，审视你的期待和目标。回顾下属工作的各个方面，以便进行全面审核。此外，应回顾以前的绩效考核面谈笔记和最近的绩效项目，还需要从观察员工绩效的其他管理者处获取信息。所有这些程序使管理者有机会列出面谈时必须讨论的具体项目。

为了给下属准备面谈的机会，让他们在面谈前完成自我评估表。管理者可以使用标准的绩效评估表格或与表 12-5 类似的独立表格。

表 12-5　员工自我评估清单

本表格的目的是帮助你准备绩效考核面谈。

准备讨论自上次绩效考核面谈以来你的具体成就或问题。

留出时间回顾自上次面谈以来的工作，回答下列问题：

1. 你解决了哪些不同寻常的问题？
2. 你认为自己在知识、技巧和经验方面的强项是什么？
3. 你认为自己在知识、技巧和经验方面的弱点是什么？
4. 你对哪些工作关系感到欣慰？
5. 你感觉哪些工作关系需要加强？
7. 你是否曾以优异的成绩完成某些特殊任务或熟练地处理突发事件？
8. 确定如果有管理者的正确帮助，你可以改进工作的一两个领域。

员工参与过程的机会越多，越有可能促成坦诚而宝贵的沟通。研究显示，以绩效自评为基础的绩效考核面谈比严格以管理者准备的评估为基础的面谈更令人满意。[36]

为了使绩效考核面谈能给员工反馈并确立目标，应该创造信任的环境。
274 下一部分描述创造信任环境的过程。

12.4.3 过程

虽然参与双方互相认识，会谈的目的也已确定，但还是有必要以热情友好的方式开始。对此，说明会谈的目的以确保双方都认同是很好的做法。

一旦确定了面谈的气氛，就要选择面谈的类型。面谈通常包括三种类型，即告诉—劝说型（Tell and Sell）、告诉—倾听型（Tell and Listen）以及解决问题型（Problem Solving）。[37] 告诉—劝说型在没有讨论的情况下告诉对员工的期待，然后向员工阐明意见。使用这一风格的人假设：如果员工知道自己的弱点是什么，他们会愿意改正。遗憾的是，这可能增加员工的防御心理，任何批判都可能使员工感到压抑。这种风格经常对对工作了解甚少的下属（如一名新员工）比较合适。然而，使用这一风格的可能性有限，因为绝大多数员工通常有话要说。

第二种类型是告诉—倾听型，包括倾听的元素。正如第 7 章所强调的，倾听是学习的关键技巧。告诉员工他们的工作干得很好，同时倾听他们说出实现这些业绩的原因。员工的反应很可能显示了行为背后的原因。

第三种类型是解决问题型，拓展了第二种方法。解决问题方法基于这样的假设：双向沟通可促成彼此可接受的绩效改进计划。与前两种方法相比，该方法使下属更自由，也更负责；但是，必须有合适的氛围让下属表达自己。

12.4.4 支持性环境

表 12-6 在吉布斯经典著作的基础上区分了促成支持性环境而不是戒备性环境的沟通过程。[38]

每种类型的沟通中都有一些实例有助于形成评估面谈的有效沟通策略。

表 12-6 支持性与戒备性氛围

戒备性氛围	支持性氛围
1. 评估型	1. 描述型
2. 控制型	2. 问题导向型
3. 中立型	3. 移情型
4. 优越型	4. 平等型
5. 确定型	5. 探讨型

275

评估型与描述型

指责下属自然会导致戒备性气氛。应避免对另一个人进行道德评价或质问个人价值观和动机。描述型沟通提供具体的反馈，但不对他人进行评判。下面的例子显示绩效考核面谈过程中可能出现的不同沟通方法。

注意：评估型例子中的话语一般不太具体，并且对接受者的个性进行推断。这些类型的评论导致员工产生戒备心理。

评估型	描述型
• 你不能再犯这么多愚蠢的错误了。	• 用了新系统以后，我们每次还是有三个错误。
• 贝蒂，你既缺心眼又鲁莽。	• 贝蒂，有人说被你的幽默冒犯了。
• 延误明摆着是你的错，因为你没有按指令行事。	• 对指令似乎有些混淆。

控制型与问题导向型

问题导向型沟通确定了一个共有的问题并寻求解决方法。控制型沟通试图要求另一个人做点“什么”，如强迫行为或态度的改变等。问题导向传达了对员工处理问题和形成有意义答案的能力的尊重。下面是控制型沟通和以问题为导向型沟通的一些例子。

控制型	问题导向型
• 要减少错误，你可以这么做。	• 你认为要减少错误可以做些什么？
• 那个项目你肯定有问题。	• 我们这个项目有问题。
• 不要老是这么消极。	• 你认为我们怎样才能想出更积极的方法？

以问题为导向的评论，通过使用开放式问题和以合作的方式表明对解决问题的关注，为双向沟通创造了更多的机会。倾听也是解决问题方法的一个很有用的副产品。

中立型与移情型

中立表明对员工福利缺乏关注，而移情型表明管理者理解下属的问题，分享他的情感，接受有关的情感价值。

276

中立型	移情型
• 那真的不算什么问题。	• 听起来你对此真的很关注，给我讲讲更多的情况。
• 每个人在某个时候总得面对它。	• 这可能是个很棘手的情况。我告诉你我以前看到别人是怎么处理的，然后你可以告诉我你的反应。
• 哦，每个人都有权发表意见。	• 我想我们有不同看法。让我们进一步讨论这个问题，比较不同的观点。

在评估面谈中，当管理者愿意倾听、征询员工对某事的感受、试图理解和接受员工的感情时，管理者会设身处地。如果说话者被匆忙拒绝进行进一

步沟通，或倾听者表现出对信息缺乏兴趣，那么他不可能设身处地。

优越型与平等型

管理者与下属的心理距离越小，富有成效的评估面谈的可能性越大。管理者通过言语和非言语微妙地显示他们在地位、财富、权力、智力、甚至是心理特征上的优越性，从而经常抑制员工。下面是一些显示优越性和平等性的言语沟通例子。

优越型	平等型
• 与这个问题打了十年交道后，我知道如何处理它。	• 这个解决办法以前奏效过，所以在这里应该也可以。
• 我的酬金比你高，所以做这样的决定是我的责任。	• 我负有做决定的最终责任，但我很想得到你的建议。
• 你这一层次的人不应该对我面临的问题感兴趣。	• 我想和你分享我所面临的问题。

管理者通过非言语和言语沟通模式显示优越型和平等型，如坐在大桌子后面、把脚放在桌子上、看起来漠不关心和显得很忙碌都是优越型的信号。显示优越性只会增加员工的戒备心理，减少双向沟通。

确定型与探讨型

确定型的管理者经常以某种口吻说话，似乎他们的决定是不可改变的。这种独断的方法使员工感到提出新观点或新解决方法是徒劳的。探讨型显示
277 管理者愿意接受别人质疑，以找到最佳解决办法。探讨型激发热情，对员工提出了挑战，如下面的例子所示。

确定型	探讨型
• 我知道问题是什么，所以没有太多理由进行讨论。	• 我有一些看法，但最好是讨论一下。
• 这是将要采取的方法。	• 让我们试行这种方法一段时间，看看会怎样。
• 我想这事在六月一日前完成。	• 为了确保六月一日前完成，需要做些什么？

有效沟通策略的这五个因素——描述、问题导向、移情、平等和探讨是减少戒备心理和培养信任的主要因素。一旦培养了信任，管理者必须向下属提供反馈。

12.4.5　提供反馈

绩效评估对员工的过去表现进行反馈。通过积极的反馈，绩效评估面谈

能够使管理者激发员工向更高水平的绩效迈进。如果管理者能记住下列原则，下属就会把反馈当做建设性批评而不是消极批评。

- 确定具体行为。确定具体明确行为的陈述比模糊抽象的陈述更容易被接受。例如，“你似乎丧失了自信心”是相当抽象的，最好是说：“自从上次水压维修后，你没有再申请新项目。我想知道为什么。”
- 避免对动机、意图和感情进行推断，除非你能举出具体行为支持你的推断。例如，“你已经失去了对这个工作的兴趣”的陈述，严格说来是个推断，不会促成建设性的绩效面谈。
- 关注对数量有限的可观察行为的反馈。员工每次只能对几个反馈陈述采取行动。如果一个人要应对大量的项目，那么安排几次面谈很可能会更好。
- 反馈时间应紧跟被讨论的行为。与推迟反馈相比，立即反馈几乎总是对接受者产生更大影响。因此，有些员工需要的不仅仅是年度面谈。
- 做出反馈是为了帮助员工，而不是使你感觉好受些。避免在感情不受控制时做出反馈。

278 经历困难情况的管理者可能会问：“对于收到大量负面反馈的员工该怎么办？我该怎样在积极的环境中继续进行反馈？”同时，反馈信息的组织方式很重要。另一个需要考虑的因素是，不管具体情况要求做出多少负面反馈，通常也都可以使用肯定陈述；不建议使用陈旧的“三明治”方法。

在“三明治”方法中，管理者将一个否定陈述置于两个肯定评论中间。但是，绝大多数员工很快就能识别出管理者控制局面的企图，结果，该策略通常达不到预期目的。现在建议的程序是几乎无一例外地将支持性反馈置于面谈的开始。这一策略可以帮助建立一种积极的初始气氛，员工更容易接受对需要改进领域的透彻分析。[39]

在以积极方式组织反馈时，确定目标是一个很重要的过程。在确立有助于营造积极气氛的目标时，下面的讨论指出几个需要考虑的暗示。

12.4.6 确立目标

绩效评估面谈应该是建设性的，不要纠缠于过去的失败，而要聚焦于员工改进和发展所能采取的行动。绩效目标帮助将焦点放在未来。当这些目标清晰时，绩效考核面谈就与下属对面谈过程的满意度积极关联。[40]

当管理者考虑了时间、质量、数量和优先权等因素时，他们就清楚地陈述了目标。考虑下面的例子：

> 在未来60天里，你每天留出20分钟会见员工，陈述在生产和工作进度方面对他们的期待。对于工作进度不符合标准的员工，你将每天进行劝告，如果产量继续维持原状，而你不能对员工进行劝告，我们将改变你的监督责任。[41]

注意，这项活动得到清晰陈述：质量根据生产和工作进度进行陈述；数量根据产量和会见频率确立。这些都是监督员优先考虑的因素，如果没有达到条件，监督员可以被降级。

为了确保目标或行动计划清楚无误，写下双方同意的活动。这使双方能够对陈述进行回顾，保证双方清楚所有的意图。

总结

279 本章列举了进行面谈的一般原则，接着将这些原则应用到两个具体情景中。"面谈"这一术语包括很多有时间限制和明确目标的日常互动。面谈是获取和分享信息的机会，但是一些特殊的沟通障碍使这一过程变得很困难，意识到这一点很重要。首先，接见者和被接见者可能有不同的动机。其次，当人们只看到和听到自己想看和想听的东西时，个人偏见就会产生。第三个障碍是事实和推断问题。第四个障碍是非言语沟通问题，因为一个非言语行为可能导致错误的结论。最后两个障碍是第一印象和组织地位的强大影响。

为了克服这些障碍，管理者应该问七个问题。绝大多数面谈建议采用半结构化形式。这意味着有些问题在面谈前就应该确定，而其他问题取决于面谈的进展。漏斗式或反漏斗式顺序都可以使用。在讨论问题的措辞时，审视了三类问题——开放式问题和闭合式问题、首要问题和次要问题、中立式问题和指引式问题。在正确的时候使用每一种问题都是合适的。同时，还列举了七种试探形式。如何在不同情景中使用恰当的问题需要进行战略分析。

最后考虑的是结束面谈。管理者和被接见者都应该清楚面谈要点、未来行动和美好祝福。

所有管理者在职业生涯中都要进行招聘面试和绩效考核面谈。因此，他们必须清楚这些面谈的几个方面。招聘面试要求制定计划，以确保管理者对职位空缺有清楚的了解。在招聘面试中的法律关注是独特的，所以有必要了解合法问题的一般指导方针。

恰当的提问策略非常重要，管理者可以利用大量的潜在问题评估申请者的动机、教育背景、经验和适合性。每种问题都有一个特定目的。在招聘面试中，应该避免的最普遍问题是不倾听而谈得太多以及记录不足。

绩效考核面谈非常关键，然而遗憾的是，管理者对此运用得还不够，或者运用时效率低下。因此，我们可以通过将面谈安排在恰当的时候、合适的地点进行以及讨论相关话题等来提高面谈的有效性。

在评估绩效时，战略沟通是必不可少的，否则可能激起下属的戒备行为。战略沟通使管理者营造一个支持的和非戒备的环境，有利于采取解决问题的
280 方法。这种沟通应该包括描述的、以问题为导向的、移情的、平等的和探讨性的信息。这些特点在进行反馈和确立目标时也应该具备。

小组讨论案例

案例 12-1　凯与寡言的护士

凯是中西部一家大型多国制造公司的安全部部长。公司有六个主要制造厂，每个厂都有自己的护士。

凯每年和这些护士进行两次正式的个人面谈，目的是发现他们是否有担忧或凯是否可以在某些方面帮助他们。由于这些护士是向每个厂的人事经理而不是向凯汇报，所以这种面谈不是绩效考核。通过面谈，凯从护士那儿得到了很多珍贵的信息，似乎也和他们建立了积极的关系。只有一个护士詹姆士没有真正向凯敞开胸怀，说得也不多。有好几次凯想从詹姆士那儿获取信息，但凯得到的往往只是简单的回答。例如，几个月前，所有工厂都开始实施一个监控到护士室看病的员工数量和类型的新项目。凯问詹姆士新项目是否一切正常，詹姆士只是耸耸肩说："是。"

这事令凯担忧，因为詹姆士是个仅有两年工作经验的年轻护士，他很可能遇到了一些问题。凯甚至问厂里的其他几名员工，詹姆士是否天生就很沉默，但每个人都说他相当外向而且容易结交。凯变得很沮丧，因为在她 25 年的经验中，在让别人开口说话方面从未碰到过这么大的麻烦。

问题

1. 凯可能使用了哪些不正确的面谈策略？
2. 你会给凯什么建议？

案例 12-2　这是骚扰吗

杰克·辛普森刚刚被任命为盖里丹承包公司的人力资源部经理，便迎来
281 了一个非同寻常的上午。日程的第一项就是和公司总裁的行政秘书玛丽亚·约翰逊进行离职面谈。约翰逊只是告知辛普森她要辞职，没有说明原因。从约翰逊过去几年的业绩看，辛普森相信她是一个称职、热情和投入的员工。尽管辛普森对她的工作量不甚了解，但是他看不出她辞职的明显理由。他安排了这次离职面谈，希望找出她辞职的原因。

辛普森日程的第二项是和盖里丹承包公司总裁瑞安·罗斯的面谈。罗斯想在当天迟些时候辛普森面试秘书接替者之前和他谈谈。辛普森以前没有进行过总裁秘书面试，但他已打算在与约翰逊面谈时得到灵感。辛普森相信罗斯也会告诉他罗斯期待什么样的秘书接替者。

然而，当辛普森和将要辞职的行政秘书约翰逊八点半在一个安静的会议室坐下来时，人力资源部经理的耳朵开始发烫。约翰逊解释，在过去的六个月里，她被罗斯性骚扰，她正考虑起诉盖里丹承包公司（尤其是罗斯）。

为防止事态继续扩大，辛普森需要了解更多的内容。另外，他掌握的事实越多，在与总裁讨论这件事时准备就越充足。辛普森应该对秘书使用什么面谈策略？

问题

1. 你将建议使用哪一类问题？用什么顺序？
2. 你认为这个面谈的主要障碍是什么？为什么？
3. 辛普森可以做些什么来确保获知事实？

案例 12-3　动机与绩效考核

过去三年里，塞缪尔·琼斯在一家地方银行的会计部为上司唐纳卖力地工作。在此期间，他从未受过工作上的任何批评。事实上，只是在最近他才接受了第一次所谓的年度绩效考核。尽管在前两年里他每年都加了薪，但这是他第一次正式接受评估。第一年他从唐纳处收到一个备忘录，说明加薪的数额。第二年，唐纳甚至没有告知他加薪的事儿。相反，琼斯只能从自己的工资存根中算出来。

在经历了第一次正式评估之后，琼斯感到震惊。唐纳告知琼斯，他工作的努力程度只是平均水平，在承担的任务中他并不总是显示足够的动机。自
282 从琼斯三年多前开始在那儿工作以后，唐纳对琼斯的工作评价就说了这么多。

唐纳独自一人在办公室里处理重要事情，远离员工的活动。很多同事把这看做是老板有信心让他们做好工作和独立承担责任的信号。但琼斯相信，唐纳只是在逃避责任，对与员工打成一片不感兴趣。琼斯相信他的老板认为："我有我自己的问题，你们的问题不要来找我。"

琼斯与银行里的其他几个上司有良好的关系，他们都不止一次地告诉他，他的表现在中等以上。因此，唐纳"平均水平"的评价让琼斯感觉受到伤害。就动机而言，琼斯不明白需要什么动机。在他工做出色时从未得到奖赏，不管是口头的还是其他的。因此，他很迷惑，不知道什么水平的努力和表现才能得到应有的承认。

问题

1. 列出唐纳可以满足琼斯的某些需要，以提高琼斯工作的努力程度。

2. 列出一些工作绩效因素，为得到该员工的更好表现，唐纳必须确保这些因素的出现。

3. 为了最有效地使用绩效评估，唐纳可以做些什么？

4. 如果可以的话，琼斯可以做些什么来增加上司的反馈量？

尾注

1. Susan T. Fiske and Steven L. Newberg, "A Continuum of Impression Formation, from Category-Based to Individuating Process: Influences of Information and Motivation on Attention and Interpretation," in *Advances in Experimental Social Psychology*, vol. 23, ed. Mark P. Zanna (New York: Academic Press, 1990), pp. 1–74.
2. Kevin R. Murphy and Douglas H. Reynolds, "Does True Halo Affect Observed Halo?" *Journal of Applied Psychology*, May 1988, pp. 235–38.
3. Elaine Pulakos, Neal Schmitt, and C. Ostroff, "A Warning About the Use of a Standard Deviation across Dimensions within Rates to Measure Halo," *Journal of Applied Psychology*, February 1986, pp. 29–32.
4. Terry L. Leap and Michael D. Crino, *Personnel/Human Resource Management* (New York: Macmillian, 1989), p. 332.
5. Fran F. Kanfer and P. Karoly, "Self-Control: A Behaviorist Excursion into the Lion's Den," *Behavior Therapy* 3, no. 2 (1972), pp. 298–300.
6. James P. Walsh, "Selectivity and Selective Perception: An Investigation of Managers' Belief Structures and Information Processing," *Academy of Management Journal*, December 1988, pp. 873–96.

283 7. S. L. Ragan, "A Conversational Analysis of Alignment Talk in Job Interviews," in *Communication Yearbook*, vol. 7, ed. R. M. Bostrom (Beverly Hills, CA: Sage Publications, 1983), pp. 502–16.

8. R. L. Birdwhistell, *Kinesics and Context* (Philadelphia: University of Pennsylvania Press, 1970), p. 97.
9. J. K. Burgoon, D. B. Buller, and G. W. Woodall, *Nonverbal Communication: The Unspoken Dialogue* (New York: Harper & Row, 1989), p. 76.
10. Loren Falkenberg, "Improving the Accuracy of Stereotypes within the Workplace," *Journal of Management* 16, no. 1 (March 1990), pp. 107–18.
11. K. J. Williams, A. S. DeNisi, B. M. Meglino, and T. P. Cafferty, "Initial Decisions and Subsequent Performance Ratings," *Journal of Applied Psychology* 71, no. 2 (1986), pp. 189–95.
12. M. Snyder and B. H. Campbell, "Testing Hypothesis About Other People: The Role of the Hypothesis," *Personality and Social Psychology Bulletin*, 1980, pp. 421–26.
13. H. J. Bernardin and Richard W. Beatty, "Can Subordinate Appraisals Enhance Managerial Productivity?" *Sloan Management Review*, Summer 1987, p. 69.
14. R. I. Lazar and W. S. Wilkstrom, *Appraising Managerial Performance: Current Practices and Future Directions* (New York: The Conference Board, 1977), p. 46.
15. G. Johns, "Effects of Informational Order and Frequency of Applicant Evaluation Upon Linear Information-Processing Competence of Interviewers," *Journal of Applied Psychology* 60, no. 3 (1975), pp. 427–33.
16. C. D. Tengler and F. M. Jablin, "Effects of Question Type, Orientation, and Sequencing in the Employment Screening Interview," *Communication Monographs* 50, no. 2 (1983), pp. 243–63.
17. Charles Stewart and W. B. Cash, *Interviewing: Principles and Practices*, 5th ed. (Dubuque, IA: Wm. C. Brown, 1988), p. 21.
18. Elizabeth Bradley, "Hiring the Best," *WIB*, Magazine of the American Business Women's Association, July–August 2003, pp. 12–15.
19. Terry L. Leap and Michael D. Crino, *Personnel/Human Resource Management* (New York: Macmillan, 1989), p. 245.
20. Michael M. Harris, "Reconsidering the Employment Interview: A Review of Recent Literature and Suggestions for Future Research," *Personnel Psychology* 42, no. 4 (1989), pp. 691–726.
21. Jeanne C. Poole and E. Theodore Katz, "An EEO–AA Program that Exceeds Quotas—It Targets Biases," *Personnel Journal*, January 1987, p. 103.
22. James R. Redeker, "The Supreme Court on Affirmative Action: Conflicting Opinions," *Personnel*, October 1986, p. 8.
23. "Employment Discrimination: A Recent Perspective from the 'Burger Court,'" *Industrial Management*, September–October 1986, p. 3.
24. Stewart and Cash, Jr., *Interviewing: Principles and Practices*, p. 133.
25. Fredrick M. Jablin and Vernon D. Miller, "Interviewer and Applicant Questioning Behavior in Employment Interviews," *Management Communication Quarterly* 4, no. 1 (1990), pp. 51–86.
26. Wendy Kaufman, "Job Interviews Get Creative," *All Things Considered*, National Public Radio, August 22, 2003. *http://www.npr.org/display_pages/features/feature_1405340.html*
27. William Poundstone, *How Would You Move Mount Fuji: Microsoft's Cult of the Puzzle* (New York: Little, Brown & Company, 2003).
28. C. W. Anderson, "The Relation Between Speaking Times and Decision in the Employment Interview," *Journal of Applied Psychology* 44, (1960), pp. 267–68.

284

29. R. E. Carlson, D. P. Schwab, and H. G. Henneman III, "Agreement Among Selection Interview Styles," *Journal of Industrial Psychology* 5, no. 1 (1970), pp. 8–17.
30. R. F. Maier, *The Appraisal Interview: Objectives and Skills* (New York: John Wiley & Sons, 1958), p. 3.
31. Robert D. Bretz, Jr., George T. Milkovich, and Walter Read, "The Current State of Performance Appraisal Research and Practice: Concerns, Directions, and Implications," *Journal of Management* 18, no. 2 (June 1992), pp. 321–52.
32. R. M. Glen, "Performance Appraisal: An Unnerving Yet Useful Process," *Public Personnel Management* 19, no. 1 (1990), pp. 1–10.
33. B. Dugan, "Effects of Assessor Training on Information Use," *Journal of Applied Psychology* 73 (1988), pp. 743–48; and Timothy M. Downs, "Predictions of Communication Satisfaction During Performance Appraisal Interviews," *Management Communication Quarterly* 3, no. 13 (1990), pp. 334–54.
34. Michael E. Stano and N. L. Reinsch, Jr., *Communication in Interviews* (Englewood Cliffs, NJ: Prentice Hall, 1982), p. 101.
35. L. L. Cummings and C. P. Schwab, "Designing Appraisal Systems for Information Yield," *California Management Review* 20, no. 1 (1978), pp. 18–25.
36. B. E. Becker and R. J. Klimoski, "A Field Study of the Relationship Between the Organizational Feedback Environment and Performance," *Personnel Psychology* 42, no. 3 (1989), pp. 343–58.
37. Maier, *The Appraisal Interview*, p. 22.
38. Jack R. Gibb, "Defensive Communication," *Journal of Communication*, September 1961, pp. 141–48.
39. Douglas Cederblom, "The Performance Appraisal Interview: A Review, Implications, and Suggestions," in *Readings in Organizational Communication*, ed. Kevin L. Hutchinson (Dubuque, IA: Wm. C. Brown, 1992), pp. 310–21.
40. M. M. Greller, "Evaluation of Feedback Sources as a Function of Role and Organizational Level," *Journal of Applied Psychology* 65, no. 1 (1980), pp. 24–27.
41. Judith Hale, "Communication Skills in Performance Appraisal," *Industrial Management*, no. 22 (March–April 1980), p. 19.

第 5 篇

小组沟通策略

13. 管理会议和团队

14. 发表正式演讲

Chapter Thirteen

287

第 13 章 管理会议和团队

群体迷思导致“软弱和迟疑的决定，或者更准确地说，导致犹豫不决。当你把最英勇的战士、最无畏的飞行员或最大胆的战士一起叫到办公桌前时，你得到的是什么？得到的是他们全部的恐惧。”

——温斯顿·丘吉尔，第二次世界大战期间对会议的描述

会议是一个重要的组织沟通过程，在协调工作职责方面非常有用。事实上，90%的美国公司和几乎所有的《财富》500 强公司都使用某种形式的小组结构，他们的这种需要取决于任务的复杂性和互相依存性，因为在当今的组织中一个人很难有足够的决策和解决问题的知识。当代的监管环境显示了这种依存性与高成本的决策：政府对行业的运作方式和内容的规定经常要求律师、行业关系经理、税收专家、会计和政府专家在决策前进行讨论。

从更广的角度很容易看出，为什么在后现代商业环境中采用团队作为关键的人事结构。正如第 1 章讨论的，当今的工作场所节奏很快。传统的等级管理已被灵活、合作和具有使命感的管理者所代替，他们期待下属和同事全身心投入手头的任务或项目。

管理团队和团队工作的会议需要特殊技巧。一个工作小组被贴上团队的标签，并不意味着该小组能够自动作为一个团队运作。作为团队的领导，你必须使用各种不同的沟通策略将团队的效率最大化。本章将描述这些关键的战略考虑。现在，我们先简单回顾一下会议和团队的职责范围。

会议的职能包括发布信息、了解事实、解决问题、决策和协调，它可分为团队会议、员工会议、营销会议、委员会会议、特别会议等。任何会议都有其目的，例如与会成员分享信息、获得主意、解决问题、协调努力或各个目的的兼而有之。

管理者使用信息发布会议告诉员工重要的新决定或公司活动，或劝说员

工从事相关的任务，其根本目的是传达公司理念，并让员工接受。如果这类会议能让员工将个人利益和公司利益结合在一起，那么会议就成功了。

288 管理者召集以了解事实为目的的会议是为了利用若干员工的技术专长，获得用于计划和决策的事实。例如，一位销售经理可能召集所有的销售代表了解业务条件、竞争、顾客需求和投诉等信息。一位在某一具体操作中遇到问题的生产经理可能召集懂得这一情况的所有关键人物。

在解决问题和决策的会议中，团队成员发挥各自的特殊专长，目标是形成解决问题的办法。这种会议不仅要了解事实，还要确定具体事项、讨论备选行动的可能得失。

在协调会议中，各个项目团队汇报自己的进展、计划等。不管目的如何，会议是一种管理方法。然而，管理者必须谨慎使用会议，将利益最大化，将成本最小化。

13.1　团队工作的优缺点

不管是参加一个团队还是领导一个团队，管理者都应该清楚团队工作的优缺点。

13.1.1　团队的优点

团队的优点之一是小组决策可能比个人决策质量更高。但是，在建立团队之前，你应该分析问题的性质。团队会更好地解决没有单一解决办法的问题或解决办法很难客观验证的问题。[1]这些问题要求非程序化的决定。非程序化的决定是不常见情况的结果，这些情况需要创造力、洞察力以及共享对问题的看法和观点。[2]群体，尤其是异质群体，能带来更多不同的信息和更广泛的选择办法。

团队的第二个优点是当团队成员有机会参与讨论时，他们有可能对所展
289 示的信息或所做的决定承担义务。换言之，他们成为决策的“主人”。55 年前，柯赫和弗伦奇进行了一项经典研究，调查工人对工作中技术变化的抵制。当工人参与实施变革的讨论时，抵制明显低于不让工人参与的情况。[3]每个参与讨论的工人都增加了对结果的拥有感和对解决办法或项目工作的责任感。

会议的另一个优点是降低沟通问题出现的几率。当一组人同时听到同样

的信息时，曲解的可能性降低了。参与者的提问能够澄清信息，每位参与者都有机会听到答案和提出更多问题。反馈增加了，作为沟通障碍的时间相应缩短了。

13.1.2 团队的缺点

当理查德·霍尔写下“花在会议上的时间就是没有花在其他活动上的时间”时，他将问题陈述得很清楚。[4]虽然就参与者的基本工资而言，会议的每小时成本已经很高，但是，为了确定会议的真正成本，人们还必须加上工资税、额外福利和间接费用等。同时，为确定会议的真正成本，参与者的基本工资很可能需要翻一番。会议成本经常不受关注，原因是会议并非预算性项目。会议是可以阻碍或促进工作群体效率的隐性成本。

除了成本高之外，团队可能做出质量低劣的决策。强求一致的压力、不成熟的决策、隐秘的议程、广泛的冲突、捣乱和主宰的个人、缺乏计划、领导不力等很容易降低会议的效率。[5]本章稍后将详细讨论这些因素和相应的管理技巧。

会议的一个普遍缺点是经常被滥用。组织经常形成“会议”的管理风格，管理层每件小事都得开会。一般而言，对那些通过已确立的程序即可解决的日常决策或重复程序决策不需要开会。遗憾的是，只是因为“我们在这时总是开会”而使会议开得太频繁了。滥用会议可能令员工觉得开会是件令人讨厌的事，所以他们会逃避开会。因此，员工可能错过真正重要的会议或不能区分关键会议和无用会议。

另一个问题是，如果没有要求与会者在会前收集事实，会上进行决策或提供信息，那么开会可能是浪费时间。管理者必须分析每次会议，从而确定是否需要开会。还有另一个毫无价值的会议模式，那就是管理者向小组汇报
290 最新事件或展示一个进展报告，而没有提供提问或互动的机会。显然，通过备忘录或电子邮件分享信息也许比开会更有效率。

13.1.3 群体迷思

欧文·贾尼斯在进行了广泛的分析后，写了《群体迷思的受害者》（*Victims of Groupthink*）一书。[6]群体迷思是群体取得一致意见的趋势，而这仅仅是因为群体已总体朝着某一特定方向发展，小组成员感到有义务继续沿着同一思路前进。虽然群体可能正在追求一个错误的结论，但群体还是没

有改变方向，因为害怕冒犯某个群体成员。这是内聚性的一个极端形式，在群体具有高度的团队精神、期盼取得共识或和谐时尤其可能发生。

群体迷思可能带来灾难性后果，因此显得特别重要。有人说，挑战者号航天飞机的灾难就是群体迷思的后果[7]，还有其他很多灾难都不同程度地归咎于群体迷思。[8]

基于贾尼斯的概念，卑尔根和柯克描述了管理者应该留心的群体迷思症状[9]：

- 幻想群体的每个人都拥有相同观点，强调团队配合。
- 相信群体不可能犯错误。
- 相信应该避免分歧，不要质问错误假设，为了群体和谐应该压抑个人疑问。
- 对于群体同意的计划，倾向于彼此安慰，忽视或至少低估对计划难以实行或很难成功的警示。
- 倾向于将压力引向任何对群体共识提出强烈挑战的持不同意见者。
- 盲目乐观，促使成员过度冒险。

在决策会议中，有效的管理者应该提防群体迷思的症状，并采取恰当的行动。或者更准确地说，他应该采取行动确保不会形成群体迷思。下面三项行动有助于避免群体迷思的倾向。

- *不要太早决定*。在分析问题的过程中，不要过早承诺或过早锁定一个位置。如果管理者开始讨论时说“这是我的看法”，或者“这是最好的解决办法……但我想听听你们的意见”，他很可能阻碍了开诚布公的讨论，导致过早形成一致意见。
- *欢迎批评*。这说起来容易但做起来难。人们很自然地会为自己的观
291 点辩护，但是聪明的管理者将鼓励员工“反击”。对某一观点的批评不应该被当做对另一个人自我价值的批评。当批评不能在群体内部产生时，也许可以从一个不太受地位和从众压力影响的局外人处获得。
- *使用“唱反调”的人（或“魔鬼代言人”）*。如果群体的某个成员被要求对其他人表达的观点提出不同意见时，那么这将确保有不同的选择。当群体的其他成员知道持不同意见者是在扮演“唱反调”角色时，这一程序效果最好。否则，他们可能会认为这人是个应该被忽视的煽动者。另外，同一个人不能在每次会议中都故意唱反调，

因为不断提出对立观点会给这个人压力，也可能给这个人带来负面影响。

13.2 会议的战略考虑

我们已经看到，会议有优点和缺点，而群体迷思又会增加其复杂性。下面讨论六个战略考虑，在表 13-1 中列出，为管理者在考虑各种可能性时提供帮助。

表 13-1 会议的战略考虑

1. 我们应该开会吗
2. 会前安排
3. 领导风格
4. 决策形式
5. 处理干扰
6. 跟进行动

13.2.1 战略考虑一：我们应该开会吗

开会的理由有好有坏。正如我们所看到的，最好的理由是让每个人对一个复杂的问题或任务提出看法。开会的一个坏理由是向别人显示你有权力召集大家或成为关注的焦点。另一个坏理由是社交的或娱乐的——开会是逃离办公桌、与会计部的比尔一起讨论足球比赛，或被看到与一些有影响力的决策者在一起的机会。经常，一次非正式的群体谈话会比正式会议更好。处理前一种情况的一种好方法是让参加会议的每个人都站着。[10] 这一策略确保了大家的参与、对会议目的的关注和会议的简短性。

如果你已经决定召开正式会议，那么下一步应该注意会前安排。

13.2.2 战略考虑二：会前安排

会前安排分为三类：决定参加会议的人，准备会议议程和其他合适的材料，安排物质环境。

292

参与者

选择便于管理的群体规模。记住，规模扩大会限制个体参与沟通的程度。研究显示，随着群体的扩大，沟通变得扭曲，成员间压力增加。然而，群体规模的缩小也会丧失作用，因为小的群体可能只进行表面讨论，回避有分歧的话题。群体成员可能会太紧张、太被动、太圆滑或太拘谨，以致大家不能以令人满意的方式合作。他们害怕疏远彼此。[11] 显然，群体必须具备解决问题所需的技巧和背景。[12]

但理想的规模是多大呢？菲利对工作群体进行了广泛的研究，他相信最佳规模是 5 人左右。但是如果问题较复杂，那么相对大一些的群体——12—13 人已证明更有效。另一方面，小的群体经常更快，更有建设性。通常，群体越大，个体参与的倾向性越小。

有时候，也许没办法将群体人数限制在 5—7 个成员，在这种情况下，管理者可以将大群体细分成小群体。决策的改进和信息更准确分享可以证明，协调几个群体所花的时间和精力是值得的。

选择成员时最重要的一点是：团队应该反映问题所影响的组织的成员。例如，如果关注的是一个部门问题，那么应该包括该部门的成员。如果问题涉及两个部门，那么团队成员显然应该从两个部门抽取。如果可能，成员还应该包括权威人士，这些人将从时间、人事和财政资源等方面执行会议的决策。

另外，应考虑参与者在团队里的潜在作用。安排解决问题的会议时，应包括对问题的不同方面很熟悉的人。同时，包括将真正执行解决方案、确保决议实施的人。简而言之，对话题的兴趣是选择团队和工作群体成员的首要条件。

材料

在考虑会议材料时，首先想到的可能就是议程。议程不仅是列出会议话题的清单，还是会议运作的蓝本或工作文件。俗话说：“有计划就能完成。”因此，议程值得管理者特别关注。详细的计划已经是成功的一半。然而，会议一定要按照议程进行。当别人试图在会议期间引入新因素时，请参考书面议程。[13]

293 不管是哪种会议，议程都需要表明：什么、为什么、什么时候和谁。管理者经常省略会议的一个或几个因素，但是每一个因素都非常重要。

什么。人们首先需要知道会议是关于什么的，即讨论的话题，这样与会者才可能确切地知道将要讨论什么。议程要把这一点说清楚。例如，“维护”不如“紧急发电机的维护状况”表达得完整。一个完整的描述使参与者能够收集特殊信息或准备与讨论有关的问题。

每个人都知道议程很重要，但是半数的业务会议没有议程。也许制定议程所花的额外精力不值得，或者是没有议程仅仅反映出没有计划，也可能在许多公司中，议程通常都不会出现在日常活动中。如果是两三个员工聚在一起的小型非正式会议或只关注一个话题的讨论，可以不需要议程。但是，有些管理者认为小型会议从不需要议程。议程需要计划和时间——通常，这是效率低下的管理者少有的两种资产。很多管理者宁愿花更多时间召开效果很差的会议，也不愿花时间制定计划。很多情况下，管理者可能期盼从成员中收集对议程内容的信息，在这种情况下，应该系统地进行，确保输入信息的有序性。很少有领导喜欢开会时出现意外。

为什么。参加会议的人需要知道每项议程的目标。这要描述清楚，以便参与者能够朝着这一目标努力。不能清楚说明小组讨论的目标会导致参与者焦虑和绕着弯说话。当人们不知道他们为什么参加会议时，他们会感到忧虑。

294 什么时候。确定时间包括几个战略因素。首先，一天中的什么时间对所有参与者都是最佳的？快速浏览一下组织的日程，如果还有很多其他活动需要关注，那么早上一开始开会就不好；而午饭后人们则很难保持清醒。

其次，会议应持续多久？如果会议日程没有留出足够的时间，那么关键问题只会泛泛而谈。但是记住，人们高度珍惜时间，痛恨浪费时间或滥用时间。因此，一定要在会议通知上列出会议的开始和结束时间，使参与者能够计划一天的工作。

虽然不可能订出一个适用于所有会议的标准时间限制，但是，对会议长度可以有一些基本原则。最有效的会议不超过一个半小时，超过这个时间长度，人们就需要休息、喝咖啡和呼吸新鲜空气。单一目标的简短会议可以定在一小时以内，这应该是管理者想要的时间长度。另外，还可以给每项议程定个时间限制。会议经常开得没完没了，原因就是没有人确定明确的时间参数。

“什么时候”还适用于发出议程的合适时间。如果议程在最后一分钟才到达，那么议程和任何支持性材料的目的就丧失殆尽。但是材料也不能送得太早，否则参与者会忘记。经验法则是会议越长（相应地，参与者所需的安排和准备就越长），议程和支持性材料所需的提前通知时间就越早。通常，参与者需要提前两到三天通知做好会议准备。

谁。通知参与者其他将要参加会议的人不仅仅是一种礼貌行为，这一信息也使得参与者能完成自身的受众分析。知道谁会参加，使参与者准备其他与会人员可能要求的材料和信息。

列出参与者也迫使会议管理者思考可能的群体动力（Group Dynamics）。

例如，一位言语上占主导地位的人会不会试图控制整个群体？类似这样问题的答案可以影响会议的结果。

环境设施

一旦选择了参与者，派发了会议议程和支持性材料，以下问题就出现了：开会的最佳地点在哪里？应该考虑哪些设施安排？环境很重要。这里，几个简单的指导原则将促使会议开得富有成效：

- 使用可以满足群体需要的房间。
- 房间大小要和群体大小相匹配。在拥挤的房间里，所有成员挤在狭窄的桌子旁开会，这样会导致令人不快的交谈气氛，阻碍做出决策。狭小不舒服的会议室经常是形成紧张和冲突的首要起因。然而，一个能容纳四十五人的房间对于一个五人群体却是冷清和令人不安的。
- 保证有舒适的椅子、通风和照明。但是，要记住：过分柔软、舒适的椅子可能影响注意力的集中，甚至会拖延会议。
- 如果需要视觉辅助，确保有足够的空间。如果你知道你将使用设备、书写材料等，确保这些都已准备好。心中要想着受众。因此，如果参与者彼此不认识，提供位置卡可能会有用。
- 最重要的是，应安排在会议室而不是会议领导的办公室开会。创造
295 这种环境的原因是，强调参与者是为了特定的目的、在特定的时间、在中立的场所开会。所创造的环境紧急而严肃，将有助于使会议不偏离主题。

座位安排

指定了会议的合适设施后，管理者应该考虑使用几种可能的座位安排中的哪一种。根据不同的情况，可以有一种以上的安排。然而，有几种安排应该避免。第一种是避免使用狭窄的长桌，这会使参与者几乎看不到彼此。目光接触可以用来获取注意和控制某个参与者。因此，这种座位安排使领导无法使用所有的非言语技巧。

第二种要避免的安排是将参与者分成不同的派别。例如，如果两个群体是自然对立的，不应该安排他们对着坐。相反地，要把两个敌对的参与者分开或安排在不能轻易看到对方的位置上。

有几种座位安排能使会议开得富有成效：当领导坐在桌子的一头时[14]，

他更容易控制会议，因为所有的沟通都倾向于流向桌头。然而，当参与者多于六七人时，这种安排就失去了有效性。随着群体的扩大，私下讨论将会增加，目光接触很难保持。

当会议规模变大，达到十或十二人时，建议用 U 型安排。管理者坐在 U 型中间，可以与所有参与者保持目光接触；同时，群体的私下沟通也不太可能。

与其他安排相比，使用圆桌或圆圈安排让管理者对群体的控制较少，因为管理者的主导地位没那么强，参与者倾向于对着彼此而不是对着领导说话。从某种意义上说，一张桌子就是一条沟通线，因为桌子的外形决定了沟通的流向。因此，想寻求真正参与的决策形式或想尽量减少地位差别时，圆桌是最佳选择。图 13-1 显示了不同的安排。

296

图 13-1　座位安排

回顾起来，有四种主要的会前安排需要分析，包括：什么人、准备什么材料、使用什么环境布置和如何安排座位。这些因素虽不能保证会议有效，但是对这些方面的战略分析将会增加会议的有效性。

12.2.3　战略考虑三：领导风格

组织所面临的问题千差万别、纷繁复杂，没有哪种领导风格可以适用于所有情况。因此，领导者应该具有灵活性，要分析具体情况以确定采取不同的领导风格。

在分析不同情况以确定最有效的风格时，管理者需要考虑三个因素：群体、会议的目标和管理者个人感到最舒服的领导行为类型。[15] 图 13-2 显示这三个因素如何运作。

每个群体各不相同，但都需要一位有着一定人际关系导向的领导者，因此，严格控制通常是不合适的。当群体很成熟并知道话题时，需要的控制就少一些；

而一个新的不成熟的群体则需要一个能提供更多控制和方向的领导者。

常规或结构化的会议通常需要更多的领导控制和任务导向。但是，解决抽象问题或需要有创造性解决方法时，需要更民主、更自由的方法。一个高度情绪化的任务需要较少的控制，而对于非敏感目标，可能最好多一些控制。

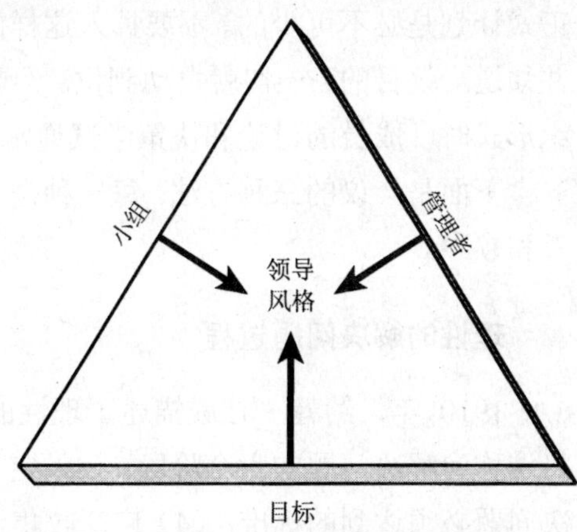

图 13-2 确定领导风格

最后，管理者应该清楚什么领导行为类型让自己感到最舒服。这种意识能帮助管理者监控自己的行为并保持行为的灵活性，而不是重复使用同一行
297 为。增加自己的管理工具储备是当今飞速发展和日新月异的工作环境对管理者的一个要求。

管理项目团队要求特殊的领导技巧，以下的一些策略帮助管理者将团队效率最大化：

- *做一位促进者*。管理团队要激励成员做到最好，而不是对成员进行监控。确定了团队的目标和责任后，还应该避免微观管理（Micromanage）的倾向。
- *支持团队*。提供资源、进行干预和解决内部冲突，为他们提供所有需要的信息，更重要的是，鼓励他们彼此信任。记住，人们不能在真空中工作。
- *委任*。管理者有时不愿承认自己没有能力独立完成一件工作。管理者不要试图管理一个会议或项目的所有方面，相反，应该信任员工，委派他们去执行任务。这也会让员工尊敬领导者，同时保持团队士气。
- *寻求多样性*。正如第 10 章讨论的，与同质群体相比，异质群体经历更多冲突，但经常产生更优质的结果。合作、灵活性、对不熟悉观点和工作风格保持开放等因素都很重要，必须加以强调。[16]

13.3.4 战略考虑四：决策形式

分析任务、小组和个人偏好，这有助于确定适合会议的决策形式。一个正式计划是必不可少的。不要掉入这样的陷阱：以为参加者会自动聚在一起并知道会议目的，一切就自动到位。经验和研究表明，当管理者不能使用组织形式时，成员的讨论和决策尝试通常是随意和无组织的。[17]

下面是会议的三种方法。每一种是否适合取决于会议的目标、会议参与者和领导。

理性的解决问题过程

1910 年，约翰·杜威描述了理性的人解决问题的步骤。[18] 绝大多数人将这称为解决问题的六个阶段：（1）定义问题；（2）分析问题；（3）确定解决问题必须达到的标准；（4）广泛收集可能的解决方法；（5）选择最佳解决方法；（6）实施解决方法。这一过程在第 10 章中作为优秀的冲突解决策略介绍过。

在会议中使用这一过程时，循序渐进的方法非常关键。人们倾向于在确切定义问题前就开始讨论解决方法，甚至是实施解决方法。然而，在寻求解
298 决方法之前让每个人都同意正在讨论的问题非常重要。方法之一就是将问题写在活动挂板上，让每个人都看得到。同样的方法可以运用于每个步骤，确保会议的进展和关注焦点。

对问题的定义和范围取得一致后，群体应该花时间全面分析问题。你可能再次碰到抵触，尤其是成员对问题非常熟悉时。然而，探讨问题的原因、影响、程度和历史可以帮助群体避免达成只针对问题症状而不是根本原因的解决方法。

第三个步骤也很重要。群体必须理解和尊重一个“良好的”解决方法所要求的标准。高层管理者有时会将这些标准强加给群体。有些时候，决策团队可能形成自己的标准。典型的标准是：一个解决方法必须是有成本效益的、合法的、及时的、切合实际的，并与组织使命或价值观相一致的。

第四个步骤，广泛收集可能的解决方法，这在众多著作中受到了广泛的关注。亚历山大·奥斯本（Osborn）是一名广告经理人，是他率先将头脑风暴描述为促进决策过程主意产生的一个特殊技巧。[19]

头脑风暴的目的是激发新想法而不是评估或分析这些主意。如果能够坚

持下面三个原则，群体就能成功地集思广益，产生尽可能多的主意。

- 不管质量好坏，所有人都可以自由表达主意。所有主意，不管多么不寻常，都要记录。
- 在表达完所有主意之前，不允许批评所产生的任何主意。
- 鼓励对原先表达的主意进行详细说明和综合。集思广益的主要优点在于一个主意产生又会创造另一个主意。虽然优质主意相对于总数的比率并不高，但是解决方法经常只需要一个创造性主意。

在头脑风暴指令下，工作时间较长的小组通常比个人能激发出更多的主意。绝大多数的小组会不断提出新主意，而个人单独思考时越到后面能提出的新主意越少。[20]

在第五个步骤，理性决策过程中，选择最佳解决方法是自动的，只需将头脑风暴得来的解决方法与标准进行比较，便可得出最佳解决方法。第四个步骤中符合标准的主意就是最佳解决方法。遵循这一过程，可以使小组避免选择权威人士或主宰讨论的人喜欢的解决方法。毕竟，最佳解决方法是通过理性选择出来的。

作为最后一个步骤，小组还应考虑如何实施解决方法。当今的商业环境
299 强调持续的质量改进，所以，监控新解决方法运行情况的体系一定要到位，这一点很重要。监控体系可以监测到实施过程的弱点和缺点，以避免造成重大破坏，从而避免抹杀团队的成绩。

商业活动中广泛使用的另外两种决策形式是以杜威的经典过程为基础的，它们分别是提名小组技巧（或名目群体法、名目团体法）和德尔菲技巧。

提名小组技巧

使用提名小组技巧（Nominal Group Technique，NGT）时，会议领导指示每个参与者列出与讨论的问题和解决方法相关的优缺点。在预定时间后，参与者出示他们的优缺点列表，这些列表都被张贴出来，每个人都可以看到。接着成员被再次要求独立工作，从高到低排出这些优缺点。完成这一步后，编出一个主列表。参与者可以根据主列表中的信息讨论议题。当群体遵循这一程序时，他们产生了小组讨论的基础，这一基础反映了所有参与者独立工作时产生的观点。

提名小组技巧有几个优点，管理者在计划会议时应予以考虑。其中一点就是所有参与者可以表达他们的观点而不用害怕权力更大或声音更响的小组成员。这一程序还可以确保遵循理性解决问题的每一步骤。最后，可以节

省时间，因为会议参与者可以在会前产生初始列表。提名小组技巧因此结合了小组与个人创造性的优点。[21]

德尔菲技巧

德尔菲技巧（Delphi Technique）是一种与典型会议有很大差异的独特的小组解决问题的过程。典型的互动会议或提名小组技巧都要求群体成员的物理空间临近性（Physical Proximity），与这两者不同的是，德尔菲技巧不要求参与者见面。当团队成员由于在地理上很分散，或者他们的日程安排排除了共同的会议时间时，这一技巧就很有用处。德尔菲技巧通常用于专家特别会议和只在网络上见面的虚拟团队。

德尔菲技巧使用一份征集参与者对某一话题的专家观点的初始问卷。收集了这些观点之后，所有成员收到列有其他人意见的第二份问卷，并被要求根据几个具体标准对这些观点进行评估。紧接着是第三份问卷，汇报第二轮的评价结果、平均评价和所有共识。这时，参与者被要求根据平均评价或共识修改他们原先的评价。最后一轮问卷包括了所有评价、共识和遗留问题。

300 德尔菲技巧的优点是不需要物理空间临近性，避免群体决策的一些可能缺点。声音最大或地位最高的人没有机会控制群体，因为每个人的观点都被收集。另外，协调者可以保证决策过程没有遗漏关键步骤或忽视重要观点。

范德芬和迪贝克在一项研究中证实了提名小组技巧和德尔菲技巧的价值。[22] 他们比较了通过普通小组讨论、提名小组技巧和德尔菲技巧等达成的群体决策的有效性，还比较了参与者对这三种技巧的满意度。他们的结论是，使用提名小组技巧和德尔菲技巧达成的决策质量比使用普通小组讨论满意度更高，尽管如此，参与者还是喜欢普通的讨论技巧。这一偏好对管理者意义重大。管理者应该考虑决策形式，使群体的效率最大化。

13.3.5 战略考虑五：处理干扰

最令人生气的行为之一就是某一团队成员不断扰乱沟通过程。这个人也许对群体动力不熟悉或是带着与规定议程冲突的隐匿议程（即私人目标）来参加会议。捣乱行为包括不断扮演小丑，主宰谈话，试图改变谈话方向，或对别人横加指责等。这些捣乱行为需要得到解决，否则团队成员关系会迅速恶化。

干扰首先可以从预防的角度加以管理。约翰·琼斯提出了七个战术，如果管理者相信某个人将在会议上捣乱，他就可以提前使用这些战术。[23]

- 会议前，要求干扰者合作。
- 会上给这个人一个特殊任务或角色，如记录别人的观点等。
- 会前（可能与一个第三方协调人一起）找出你们的差异，以便和所有其他成员形成统一战线。
- 将会议过程中的频繁讨论包括在会议中以组织会议顺利进行。
- 将主宰者的项目从议程中去掉。
- 警告这个人捣乱的后果。例如，告诉他："我已经知道有几个人对你很生气，打算在会上反对你。"
- 组织同盟支持你从而对付捣乱行为。

尽管最好的方法是预防，但管理者仍需要有在会议过程中控制捣乱行为的选择余地。这里是一些策略：

301
- 在处理情绪化谈话时，确保一次只有一个人说话。在允许别人说话之前，应先开宗明义，并保证每个人轮流发言。一种事半功倍的技巧就是转向议程的下一个项目，当情绪冷静下来后，这个人可以接着说。[24] 你也可以站起来，走到活动挂板旁边或随意站在有关各方旁边，以非言语方式帮助控制局面。
- 当参与者对讨论不投入时，就出现了不太明显的捣乱行为。解决方法之一就是运用前面提到的德尔菲技巧确保参与者的投入。当参与者在会前需要时间准备具体问题的答案时，在会上可要求他们提供答案。
- 另一个选择是讨论敏感问题时，让参与者在便笺上写下答案，让参与者以书面形式匿名向你提交这些反馈，然后你把这些反馈读给群体成员听。因此，参与者有机会以"安全的"方式表达观点。
- 在会议过程中不断提问，以帮助参与者持续投入。当问题措辞正确并挑选到合适的观众时，可以形成参与的气氛。当问题是开放式、简短、不带偏见、容易理解并与话题直接相关时，最有可能激发人员参与。

根据劳伦斯·罗邦的观点，管理者在提问时要考虑四种可能选择。[25] 当问一个一般性问题（Overhead Question）时，群体的任何人都可以回答。比较好的主意就是以一般性问题开始，并继续下去，直到被迫改变为止。某些个体主宰讨论或有人不参与讨论时则可能需要直接提问题（Direct Question）。直接提问时，要保持均衡，不要不停地问一个人或所谓的专家。

反向问题（Reversed Question）原先是群体成员所提的问题，领导者接着将问题指向提问者，请他自己回答。当参与者显然很想做出陈述但又不太肯定是否合适时就可以这么做。最后一个选择是接力问题（Relay Question），即某个群体成员的提问被领导者接力给群体：“玛丽提的问题很有趣。她的问题有什么好答案吗？”接力问题使你有机会保证所有群体成员间的沟通持续进行。

13.3.6 战略考虑六：跟进行动

在会议结束时，重新分析目标以确保这些目标已经达到，做一些适当的跟进安排，评估会议过程，以确定将来的会议是否可以改善和如何改善。确定目标是否实现的一个方法就是回顾理性的解决问题过程，保证遵循了每个
302 步骤。如果群体定义了问题，审视了问题的各个备选方法，那么就可以假定原有目标已经达到。

确定目标是否达到的另一个简单方法就是用几句话写出决议或总结讨论内容。这一清晰的陈述使参与者能够进行回顾并确保理解无误。对所达成决议的总结将使任何个体的误解或不同意见表面化。

一个很好的主意就是在会议结束时指出存在的差异，这就承认了不同意见并不总是不好的。另外，不同意见很可能对将来的讨论至关重要。会议结束时对差异的清晰理解应该使未来的会议进行得更加顺利，并有利于避免不必要的会议。

恰当的会后跟进也是团队管理的一个重要成分。在会议结束前，清楚地陈述每个成员下一步要采取的步骤；如有必要，宣布下一次会议的有关事项。一个很好的做法是，对达成的协议和参与者未来将要采取的行动进行书面确认。这样可以使用备忘录或电子邮件提醒大家会议结果，同时还可以将相关情况告知其他感兴趣但没有参加会议的人。

写跟进备忘录时要强调正面的内容，这样参与者就能看到自己的劳动成果。把跟进备忘录或电子邮件变成会议记录，可以确保跟进行动，并确定未来行动的责任。有些公司有标准的跟进备忘录表格，如图 13-3 所示，可以使备忘录简短而准确。

在会议中，有时很多需要公布于众的内容却永远丢失了。因此要记住，你在会后可能被要求提供更详尽的会议记录。这种记录还可以在将来讨论同一话题的会议中作为开场白，非常有用。

会议主题 ______________________________

发件人姓名 ______________________________

会议地点 ______________________________

出席者 ______________________________

主要结论 ______________________________

未来行动 ______________________________

下次会议 ______________________________

图 13-3　会议跟进备忘录

管理会议的最后一步就是评价会议本身，这是一个重要的自我发展活动。评估的一个极端形式就是对会议进行录像，然后逐步评估，这对于在相当长时间内定期开会的项目团队来说尤其值得。事实上，你的组织可能要求所有项目管理者在与新的专家团队开始新项目时都这样做。

图 13-4 的评估表介绍了一种可以用来评估会议的工具。

下面是一系列有关会议的陈述，圈出能最好描述你刚刚参加的会议的等级的数字。

（1）清晰定义了会议目标。

非常同意　5　4　3　2　1　强烈不同意

（2）使用了系统方法解决问题。

非常同意　5　4　3　2　1　强烈不同意

（3）所有参与者都参加会议。

非常同意　5　4　3　2　1　强烈不同意

（4）干扰得到有效处理。

非常同意　5　4　3　2　1　强烈不同意

（5）确立了会议的恰当形式。

非常同意　5　4　3　2　1　强烈不同意

（6）安排了恰当的会前细节（议程、房间等）。

非常同意　5　4　3　2　1　强烈不同意

（7）时间得到很好的安排。

非常同意　5　4　3　2　1　强烈不同意

（8）不开会也可以达到确定目标。

非常同意　5　4　3　2　1　强烈不同意

（9）会议的目标已经达到。

非常同意　5　4　3　2　1　强烈不同意

303

图 13-4　评估表

总结

团队是当今的一种普遍人事结构，团队会议有优点也有缺点，缺点包括群体迷思等，管理者对此应该熟悉。为了有效使用会议，需要考虑几种可能
304 性。管理者面对的第一个也是最重要的考虑是已确定的目标。如果目标是程序化决定或承担义务不会带来特殊问题，那么也许不需要开会。

一旦开会的需要变得很明确，需要着重考虑会前安排，这包括四个方面：会议应该包括谁、什么应该列入议程、什么材料应该附在议程上，以及应该为会议做些什么安排。忽视任何一个问题都可能降低会议的效率。

安排就绪后，管理者需要选择适合具体情景、群体和目标的领导风格。选择恰当的领导风格将有助于形式的选择。团队领导需要特殊技巧。

本章列出了会议的三种决策形式：理性解决问题方法、提名小组技巧和德尔菲技巧（德尔菲技巧可用于虚拟会议或地域上很分散的群体成员）。这三种形式都有其内在的优点。

不管选择了哪种形式，会议过程都可能出现干扰。但是，如果管理者采取预防措施，包括事前与潜在的干扰者谈话或为他们在会议期间安排特别任务等，那么干扰是可以预防的。一旦干扰发生，战略沟通可以加以控制。最后，管理者作为会议领导，责任还应该包括会后跟进。这种跟进的形式可以是简短的备忘录或电子邮件，以及确保各种承诺得以落实。另外，评估会议有助于确定未来会议可以改进的方面。

小组讨论案例

案例 13-1　区域关系

杰里·布莱尔是一家全国电子特许零售商店的区域经理。这个特许经营店在美国东部有 200 多家商店。作为区域经理，布莱尔负责一个有八家商店的城区和该州的其余地方，那里另有六家商店。

区域经理是管理者即商店主人和波士顿公司办公室之间的联络员。区域经理的责任包括监控个体商店，以确保其遵守特许协会的规定，处理管理者的抱怨，接受产品订单，介绍新产品和管理地区广告项目。

305 布莱尔已经在这个公司干了七年。之前，他在获得市场营销学位后，在一家家庭娱乐零售店干了三年。

布莱尔负责协调该地区所有14家商店的广告宣传活动。活动的一个主要部分包括商店的营业时间。传统的营业时间是从上午十点到晚上八点，星期一到星期六。全国办公室要求每周至少营业40小时。然而，最近有几位经理，尤其是市中心的，强烈要求改变营业时间，他们认为下午六点钟后，生意就很少了，所以要求提早关门。与此同时，郊区的商店想开得更长些，因为晚上生意更多。然而，根据特许协议的规定，一个地区的所有商店应该维持同样的营业时间。

这个问题受到商店管理者越来越多的关注，也成了布莱尔访问时的一个经常讨论的话题。现在，布莱尔决定召开一次所有经理的会议，以便使他能够系统分析商店营业时间的问题。

问题

1. 布莱尔应该在会议中使用哪一种领导风格？为什么？
2. 你会建议使用哪种会议形式？
3. 你预计这次会议会有什么特殊问题？
4. 哪些初步安排对这次会议尤其重要？
5. 你认为布莱尔开会是个好主意吗？还是他应该自己决定营业时间？

案例13-2　不偏离会议主题

韦斯（Waith）制造公司的数据处理部正准备在新的麦迪逊工厂实施新的电脑生产信息系统。项目被分成两部分：一部分包括在新工厂安装新的电脑网络，开发新的数据程序。第二部分则是将工厂的网络挂到公司内部网上，这样，所有部门都能访问生产报告。

阿朗佐·门多萨是负责开发和实施该项目的系统分析员。珍妮特·德劳拉是门多萨手下在工厂工作的一个主要程序员。比尔·辛格是负责内部网的另一个主要程序员。门多萨安排了与德劳拉和辛格的一系列每周进展会议，
306 以确保项目按计划进行，同时也可以让大家讨论关键问题。在项目按计划实施之前一个月，门多萨召开了一次特别会议，目的是确定最后的系统切换所需的一系列实际任务。会议期间，门多萨概括了整个项目最后一天还需完成的主要任务。

他等着德劳拉和辛格提供信息。德劳拉开始说话，谈到了她负责部分刚刚出现的几个问题。门多萨打断了她，说那些问题将在定期的进展会议上讨论，因为这次会议的目的仅仅是确定最后的系统切换任务。德劳拉生气了，沉默了几分钟。辛格提出，切换列表中要增加几个项目，并谈了头两个任务。

他接着说，谈到的第二个任务使他想起了界面程序中的一个当前问题。这时，门多萨粗鲁地打断了他，并且说，这次会议只讨论切换任务。德劳拉和辛格在会议的余下部分都没怎么说话。

问题

1. 你觉得应做些什么让会议不偏离主题？
2. 门多萨本可以使用什么技巧来避免干扰主意的自由表达？
3. 德劳拉和辛格本可以做什么来改善沟通？

尾注

1. H. Simon, *The New Science of Management Decision* (New York: Harper and Row, 1960).
2. P. S. Goodman, E. Ravlin, and M. Schminke, "Understanding Groups in Organizations," in *Research in Organizational Behavior*, vol. 9, ed. I. B. M. Staw and L. L. Cummings (Greenwich, CT: JAI Press, 1987), pp. 121–73.
3. Lester Coch and John R. P. French, Jr., "Overcoming Resistance to Change," *Human Relations* 1, no. 4 (1948), pp. 512–32.
4. Richard H. Hall, *Organizations*, 5th ed. (Englewood Cliffs, NJ: Prentice Hall, 1991), p. 180.
5. M. E. Gist, E. A. Locks, and M. S. Taylor, "Organizational Behavior: Group Structure, Process, and Effectiveness," *Journal of Management* 13, no. 2 (1987), pp. 237–57.
6. I. L. Janis, *Victims of Groupthink* (Boston: Houghton Mifflin, 1972).
7. G. Moorhead, R. Ference, and C. P. Neck, "Group Decision Fiascoes Continue: Space Shuttle Challenger and a Revised Groupthink Framework," *Human Relations* 44, no. 4 (1991), pp. 539–50.
8. T. Hensley and G. Griffin, "Victims of Groupthink: The Kent State University Board of Trustees and the 1977 Gymnasium Controversy," *Journal of Conflict Resolution* 30, no. 4 (1986), pp. 497–531.
9. C. Von Bergen and R. J. Kirk, "Groupthink: When Too Many Heads Spoil the Decision," *Management Review*, March 1978, p. 46.

307

10. Robert Towensen, *Up the Organization* (Greenwich, CT: Fawcett, 1970), p. 171.
11. P. Slater, "Contrasting Correlates of Group Size," *Sociometry* 21, no. 1 (1958), pp. 129–39.
12. J. M. Levine and R. Moreland, "Progress in Small Group Research," *Annual Review of Psychology* 41 (1990), pp. 585–634.
13. K. G. Stoneman and A. M. Dickinson, "Individual Performance as a Function of Group Contingencies and Group Size," *Journal of Organizational Behavior Management* 10, no. 1 (1989), pp. 131–50.
14. J. R. Hackman and C. G. Morris, "Group Tasks, Group Interaction Process and Group Performance Effectiveness: A Review and Proposed Integration," in *Advances in Experimental Social Psychology*, vol. 8, ed. I. L. Berkowitz (New York: Academic Press, 1975), pp. 1–50.

15. N. Shawchuck, *Taking a Look at Your Leadership Style* (Downers Grove, IL: Organizational Research Press, 1978).
16. Liz Hughes, "Do's and Don'ts of Effective Team Leadership," *WIB*, Magazine of the American Business Women's Association, January–February 2004, p. 10.
17. David R. Weibold, "Making Meetings More Successful: Plans, Formats, and Procedures for Group Problem-Solving," *Journal of Business Communication* 16, no. 3 (Summer 1979), p. 8.
18. John Dewey, *How We Think* (Boston: D. C. Heath, 1910).
19. Alexander F. Osborn, *Applied Imagination* (New York: Scribners, 1957).
20. Marvin E. Shaw, *Group Dynamics*, 3rd ed. (New York: McGraw-Hill, 1981), p. 57.
21. Andrè L. Delbecq, Andrew H. Van De Ven, and David H. Gustafson, *Group Techniques for Program Planning* (Glenview, IL: Scott, Foresman, 1975).
22. A. H. Van De Ven and A. L. Delbecq, "The Effectiveness of Nominal, Delphi, and Interacting Group Decision-Making Processes," *Academy of Management Journal* 17, no. 4 (December 1974), pp. 605–21.
23. John E. Jones, "Dealing with Disruptive Individuals in Meetings," *1980 Annual Handbook for Group Facilitators*, ed. J. William Pfeiffer and John E. Jones (San Diego: University Associates, 1980), p. 161.
24. D. J. Isenberg, "Group Polarization: A Critical Review and Meta-analysis," *Journal of Personality and Social Psychology* 50, no. 4 (1986), pp. 1141–51.
25. Lawrence N. Loban, "Question: The Answer to Meeting Participation," *Supervision*, January 1972, pp. 11–13.

Chapter **Fourteen**

308

第14章 发表正式演讲

准备一个好的即兴演讲通常要花费我三周以上的时间。

——马克·吐温，美国幽默家和作家

当今的管理者发现，演讲技巧对于各种不同的情景都是非常重要的。他们随时可能需要发表产品报告、营销状况报告、说服上级管理层接受新产品设计的游说报告、财务报告、表彰节约成本运动优胜者的餐后演讲等。

有几个原因促使演讲能力变得日益重要。[1]首先，随着组织变得越来越复杂，管理者经常被要求发表建议和对众多的人做出解释。其次，产品和服务也变得越来越复杂。公众可能要求对它们的功能或设计做详细解释。

不管主题是什么，演讲是一种关键的沟通形式，通常是对着一群决策者就某一重要主题进行的，使决策者拥有及时和可以理解的信息，这一点是非常必要的。[2]为了使演讲有效，管理者需要了解必要的策略。为了帮助你迎接这些挑战，本章描述了计划、组织和发表正式演讲的各个步骤。

14.1 计划演讲

开始思考演讲时，考虑你的目的、演讲长度和观众群。

309

14.1.1 目的

计划有效演讲的第一步就是确定目的。商业演讲的目的通常是告知、说服或激发行动。有些演讲有多个目的。例如，当一位工程销售代表向客户的销售管理小组展示一个产品设计时，他既想告知观众产品的技术特征，也希望该小组订购此产品。

在有些情况下，目的很容易确定；但在其他情况下，由于演讲者和观众有着不同的目标，所以目的可能不太清楚。例如，观众想知道新制造厂最有成本效益的部分，但是，演讲者想让观众接受对经济发展有着特殊需要的某个部分，也就是，观众想被告知，而演讲者想劝说。

小组内部的目的也可能不同。设想一个由五人构成的观众：一位副总裁、一位生产主管、一位财务经理、一位市场营销经理和一位人事经理。假设他们都在参加这样一个演讲，即比较三个月前在试验市场推出的两种产品的相对成功率。对每位观众而言，“相对成功”是什么呢？由于个人职责的不同，每个人会从不同的角度看待产品。市场营销经理可能会从市场份额考虑，财务经理可能只看成本因素。演讲者应该强调哪一类信息呢？

不同观众的权力和地位也会影响目的。开始时一位成员的观点与另一位成员不同，但是权力大的人会很快影响权力小的人。在前面的例子中，副总裁可能只是说，最重要的考虑因素是两个新产品所需的生产设备扩张问题。突然“相对成功”的定义又变了。尽管告知观众的目标没有变，但是满足这一目标所需的信息是由观众决定的。

确保目的清晰的最好方法就是写出目的陈述，这一举动不仅迫使你思考目的，而且书面陈述可以提交给同事或潜在观众，等他们做出反应。反馈可以帮助你清晰准确地定义目的。

一旦你清晰定义了目的，你就要考虑成本和时间，以确定合理的开支是多少。一个五分钟的演讲可能牵涉数百小时，花费数千美元，而另一个演讲则只需要最小的努力。与任何管理沟通一样，管理者必须做出战略决策。

310

14.1.2　演讲长度

有时候管理者别无选择，因为在会议期间给予他们的时间是固定的。在这种情况下，关键是不要超过规定时间。观众可能要听好几个这样的演讲，如果很多演讲者都超时的话，观众对违规者的建议将越来越不能接受。

即使在演讲者对演讲的长度有一定选择时，绝大多数人的演讲时间太长而不是太短。记住，人们的注意力很难保持 20 分钟以上。当演讲超过 15 分钟时，可以使用回顾、问题和图表等将其分成几个部分。

观众的理解并不一定能与演讲者的理解持续相同时间。一个演讲者能滔滔不绝地讲一个小时，这并不意味着其他人仍在倾听和理解。为了提高效率，观察观众的非言语和言语反馈，以便评估他们的理解。[3]这一反馈很可能显示，演讲最好简短。

14.1.3 观众分析

有效管理者在分析目的的同时，他还开始分析观众。在任何沟通过程中，人们很自然地倾向于以自我为中心。一个口头演讲咨询小组注意到，管理者准备的信息经常不能告诉听众他们想听和需要听什么，相反，管理者只关注演讲者的兴趣。[4]

最成功的演讲是心中想着特定的观众，并根据观众的知识、态度和兴趣组织演讲。很多演讲从技术上说做得很好，但却失败了，原因就是演讲者没有预计观众的反应。

尽管观众分析是“讲前”准备的一部分，但是演讲者还应该准备好现场分析。在演讲过程中，内容可能需要修改，以反映出预先无法得到的观众因素。例如，如果你发现一个需要特别信息的关键决策者在最后一分钟决定参与演讲时，那么你得修改演讲内容。尽管如此，如果在演讲前对观众做了彻底分析，那么最后的修改应该很少。

本章后面提供的观众分析指导表将有助于你分析观众。一旦你回答了所有问题，让另一个人也回答一遍，比较一下答案也许有好处。当演讲非常关键而演讲者对观众又知之甚少时，这种反馈尤其关键。

如果你已经非常了解一个内部演讲的观众，那么彻底的分析就不必要。
311 例如，一位每季度向银行董事会汇报的内部审计员不需要每季度做一次独立分析。然而，定期审视观众，能提醒演讲者观众所具有的某些特征。演讲者可能很容易忘记各位董事的兴趣，他们的技术知识或态度也各不相同，因此，对观众的快速分析将帮助演讲者重新定位。

14.2 组织演讲

第二个步骤就是组织演讲。每个演讲都有开始、中间部分和结尾，这三个部分在下面进行分别描述。在很大程度上，你的目的和观众将决定你如何组织演讲。

14.2.1 开场白

演讲最关键的部分就是开场白。演讲应该以一个抓住观众注意力的陈述开始。

演讲者常以幽默或老生常谈的方式开始。由于传递的信息的严肃程度各异，这些经受时间考验的开场白也许并不全都合适。

尽管演讲常常以道歉开始，但是演讲者应该尽量不用。用“我知道你们不想来这里”、“我知道已经很晚了”或“我不是个很擅长演讲的人”开始演讲，并不能增强演讲者的可信度，反而影响观众对会议的感知。

相反，要用有冲击力的肯定陈述开始演讲。赢得业界观众注意力的策略如下：

- 令人震惊的陈述。“如果我们的成本持续按照过去五年的速度增长，那么我们最便宜的衬衫也要 150 美元以上。今天，我将提出降低成本的四个策略……”
- 假设性陈述。“假如我们再也得不到生产 XY115 的银，将会发生什么？我将向你们展示该金属的一个可行替代品。”
- 某个历史事件或故事。“就在八年前的这个星期，我们购买了博尔丁（Bordin）分部，这是我们的第一次大收购。此次演讲将回顾我们的收购进展情况。”
- 设问。“2005 年的通货膨胀率是多少？能源问题会不会继续？本演讲将概述我们需要市场预测计划的原因。”
- 提及某个当前事件。“2 月 19 日星期二，米尔维尔（Millville）发生了火灾，5 人丧生，15 人受伤。为了避免在运作中发生这类灾难，我们需要增加安全培训的预算。”

312

- 引用。“国家卫生部长说‘当今的头号健康问题是酗酒，每十个美国人中就有一个有饮酒问题。’这个严重问题是我们需要员工援助计划的众多原因之一。”

不管选择哪种策略，演讲者的第一个目标就是形成富有活力和引人入胜的开场白[5]，开场白的成功将会为余下的演讲定下基调。接下来，演讲者应该清楚说明目的——告知、说服、激发行动、激励、介绍、祝贺等。即使议程上或会议主持人已经揭示了演讲目的，但还是要在引言中再次强调，以避免混淆。陈述目的之后紧接着应该预告演讲的主要部分，这将使观众不会迷失方向。

第 7 章对倾听的讨论显示，要长时间保持注意是很难的。告诉你的观众接下来是什么和为什么，你在鼓励他们做出努力。因此，引言的第三部分应该树立观众的倾听动机。演讲者解释观众将要听到的内容的重要性以及这些内容与他们的兴趣和需要如何相关。一个普遍的错误就是只强调内容对演讲者的重要性。虽然像“我深切关注这一点”这样的陈述会增加演讲者的可信度，但并不总是能让观众关注。这时候，最好使用“你们”这个词，如“听了我的演讲后，你们将能够……”

在有些情况下，给观众一些打岔的指示是适宜的。例如，你可以要求他们写下问题，在你讲完之后提问。但不幸的是，在小会上，观众经常用问题打岔。重要的是，不要让观众控制你的演讲。另一方面，你可以要求与会成员做出反应，并在整个演讲过程中保持对话。有效的演讲者通常避免“我讲你听”综合症，因为这种做法常常使听众丧失兴趣。

引言部分一个可任选的小部分是建立听众对演讲者的信任。显然，如果观众对演讲者非常熟悉，这可以省略。然而，对于外部观众或新观众，重要的是让他们感知到，演讲者是该话题的专家。仅靠会议主持人来达到这一目标是有风险的。相反，在你的开场白中，你可以描述你所进行的研究、你对该话题的投入程度、你的职位头衔，甚至是可以增强你的可信度的轶事等。

最后一部分是预告你将要涉及的要点。这种预告是引言和演讲主体间的过渡。表 14-1 总结了演讲引言的各部分：引起注意的开场白、目的陈述、激发倾听、关于问题/参与的基本原则、建立演讲者的可信度（可任选）、预告要点。接下来，我们将描述组织演讲主体的策略。

313 **表 14-1　引言的各部分**

吸引注意力
陈述目的
激发倾听动机
打岔的指示（可任选）
演讲者可信度（可任选）
预告要点

14.2.2　劝说型演讲

前面已提到，演讲的目的可以是告知或劝说，应该根据目的组织演讲主体。豪厄尔和博尔曼讨论了三种模式，为劝说型情景提供了有意义的策略：解决问题模式（Problem-solving Pattern）、说明情况并证实模式（State-the-case-and-prove-it Approach）和心理渐进模式（Psychological-progressive Pattern）。[6]

第一种模式，解决问题，在讨论相对复杂的问题时尤其有效，尤为是当观众不知道大部分的事实或可能对信息有敌对情绪时。使用这一方法，演讲者带领观众经历一系列步骤，开始是对问题的定义，接着是对问题的探索（包括检查原因和影响），再下来是列举和评估代表性解决方法，并在恰当时候推荐最佳解决方法。

使用这一计划的管理者必须对情况的所有方面充分准备。观众也许不熟悉问题、起因、潜在补救方法或目标，以及合乎逻辑的解决方法。解决问题模式是商业演讲中最常见的论述模式。

劝说的第二种组织模式，说明情况并证实模式相对简单，包括通过支持性论述直截了当地引出中心议题。通常，每个支持性因素都由一个论点或主题句开始，紧接着是论证。很典型，这一模式包括一个介绍，紧接着是主题陈述，接着每个支持性论点都有恰当的说明和支持。演讲以总结结束，再次重复命题。

解决问题模式是归纳的组织方法，说明情况并证实模式则是推理的，以一个普遍结论开始，然后加以证实。说明情况并证实模式适合于组织熟悉和经常讨论的话题。熟悉话题的观众不需要全面探讨话题。这一方法也用于在法庭上辩护。

314 第三种组织策略，心理渐进模式包括五个步骤：（1）唤起；（2）不满；（3）满足；（4）形象；（5）行动。使用这一模式时，管理者首先要使用恰当的方式吸引注意力。下一个任务是展示问题的性质，可以陈述能够立即引起听众关注的具体困难、紧张局势或能引起同情的特殊境况等。接着，演讲者将建议与问题联系在一起，使拥有决策权的观众能够理解演讲者所提供的可行的解决方法。

通常，演讲者需要从理性和情感方面打动观众。因此，管理者应该帮助观众看清建议意见将如何补救等具体情况。基本上，心理渐进模式是口头演讲的一种解决问题方法，最适合于革新或引起变化的演讲。这是电视广告的典型结构。

一位城市管理者要求市议会增加 30 万美元预算用于购买除雪设备，这是一个心理渐进模式的显著例子。请求是在六月做出的，因为新预算从七月一日开始。

> 大家还记得今年二月份我们因为街上的冰雪不得不取消市议会会议的事吗？不仅是我们取消了会议，我们有些人还不能去上班，孩子们不能上学，在有些情况下，就连购买食品都难。（唤起）
>
> 这不仅仅是不方便，更是一个潜在的危险情景。紧急救护可能成为问题。值得庆幸的是，没有发生紧急情况。再者，这种情况让

公司员工丧失工作时间，使我们的城市看起来效率低下。我们的城市工作负责人已经和我们共事15年，由于设备的短缺，而他又无能为力，因此极度沮丧。（不满）

这个问题可以通过多购买四台扫雪机来解决，明尼阿波利斯的卡斯特制造厂给了我们特价，这家工厂有着二十多年生产扫雪机的经验，他们还免费发送扫雪机，对所有水压系统提供三年保修，对主要刀刃和所有配件提供八年保修。换句话说，这次购买将在长时间内满足我们的需求。

随着扫雪机的增加和除雪问题的解决，人们将认为市议会是有着长期计划远见和能力的群体，而不是只做出短期反应的群体。（满足和形象）

我请求你们在明年的预算中多批准30万美元，我们就可以多购买四台扫雪机，这可以成为城市工作设备预算的一部分（行动）。这一行动将解决明年和今后很多年的除雪问题。

劝说的变量

正如前面的讨论所示，不同的劝说方法适合不同的场合或情况。然而，
315 要使劝说真正做到有策略，你的努力和最终的成功应该由几个变量进行调控。这些变量分为发起者、信息、接收者和语境。[7]

与劝说发起者相关的各个变量中，最重要的很可能是发起者的可信度。发起者可信度包括能力和可靠性，教育、职业和经验，对证据的引用，以及所提倡的位置（换句话说，发起者要求多大程度的态度改变）。发起者是否受欢迎很可能影响劝说的成功性。此外，发起者与观众的相似度常常影响劝说的成功性。在某些研究中，甚至是身体魅力也被与说服力联系在一起。

几个信息变量可以促成劝说努力的成功。信息的顺序是一个变量。劝说者应该采用直接还是间接方法？研究显示，对敌对的观众，间接方法通常最好。另一个因素包括在说明对观众的预期时应该直率还是含蓄？尽管绝大多数的研究显示直率通常是最好的，但是有些证据表明对非常睿智、受过教育或对主题熟悉的观众应使用含蓄方法。在信息内容方面，劝说者应该忽视还是反驳相反观点？通常，最好是进行反驳。劝说者常常要处理相关障碍。最后，绝大多数研究得出这样的结论：具体例子比数据总结更具说服力，因为例子更生动并赋予证据活力。商业演讲者经常相信“数字”自动具有说服力。但是，具体个案、不满意的顾客的故事以及诸如此类的例子会给观众带来情

感冲击，因而更令人信服。

在接收者变量中，人们可能会考虑接收者的可说服性。有些人就是比别人容易被劝说。较难说服的人和较易说服的人有无个性特征？研究结果对这个问题的回答不一致。例如，有些研究显示，自尊与可说服性是积极关联的，而其他研究则显示消极关联。一种可能的解释是，某些个性特征产生了加强或阻碍劝说的效果。例如，聪慧的接收者会更好地理解劝说信息，但他们也能更好地看出信息中的弱点，提出抗辩。

接收者是否容易接受请求是个复杂的因素。成功的劝说演讲者会进行广泛的观众分析，计划以最有可能打动听众的方式提出请求。在选择演讲材料时，应该考虑观众的人口统计状况、知识水平和态度。例如，一位管理者劝说由工厂工人组成的观众接受新的生产过程时，应该强调该过程对工人的好
316 处如安全状况改善，而不应该是对公司的好处如利润增加。计时员工可能将管理层的专门术语“效率”理解为“下岗”或将“质量”理解为“更多工作”。

语境变量包括首因/时因效应（Primary and Recency Effects）、媒体和持续效应（Persistent Effects）。一般说来，劝说性信息的顺序与成功无关，然而，有些证据显示，首因效应更可能在有趣、有争议和熟悉的话题中出现；而时因效应在相对无趣、无争议和不熟悉的话题中出现。关于现在可用的各种媒体，研究显示，观众在面对面的情景中比信息通过电话或录像等媒体过滤时更容易被说服。唯一的例外是书面语言，观众倾向于相信自己在书里或因特网上读到的东西。但电子或视听媒体似乎是缓冲器。脱离实体的声音或电视图像可能具有戏剧效果，但是最有力的演讲者在展示个案时，更喜欢直接面对观众。这种现象有助于解释为什么政治候选人花费大量的时间、金钱和精力四处访问，向选民演讲，而不仅仅借助媒体报道。

语境的最后一个变量是劝说信息的持续性。通常，劝说效果会随着时间减弱。因此，为了取得最大效果，发布劝说信息的时间应该尽可能靠近决策或行动的时刻。因此，政治家通常将广告预算的绝大部分放在选举前的一周。

尽管没有人能做出一份保证百分百成功的劝说计划，但是管理者在制定劝说策略时应考虑上述变量。如果你做到了这些，那么你会发现劝说的成功率将大大提高。

14.2.3　信息型演讲

管理者通常使用前面几页所描述的方法来形成劝说型演讲的主体。但如果演讲的目的仅仅是描述或告知，该怎么办？在这些情况下，最好是以一定

的顺序组织信息。要做到演讲清晰，就要求某一主题以一种方式而不是另一种方式陈述给听众，主题本身就能说明什么是最佳方式或安排。下面列出一些可能的安排：

- 空间的或地理的
- 政治和经济类别
- 重要性
- 时间
- 优点和缺点
- 比较和对比
- 结构和功能

317 不管主题如何划分或以何种顺序展开演讲，重要的是有一个明确的战略计划。平稳过渡是计划清晰无误的关键。不同单元之间应该存在桥梁或连接，这样观众就可以看出组织计划。当演讲者转到新单元时，这个连接可以是总结的形式，说明将要讨论新单元，或对比刚才展示的内容和将要讨论的内容。另一种方法是重复关键词或短语以进行强调。过渡的例子如下：

- 现在，第二个主要差别……
- 下一个产品木书桌，在三个方面不同于上一个产品……
- 这一地理区域包括蒙大拿州、爱达荷州和怀俄明州。
- 首先……
- 不仅仅是……
- 另一个考虑因素是设备成本。
- 最后……

证据

不管演讲者的目的是告知或是劝说，演讲主体均依赖证据。信息的类型和所需的相应研究很大程度上取决于需要两种证据中的哪一种：事实还是观点。事实证据是使用经验证据对某事的客观描述，没有诠释或评判。观点证据是应用诠释或评判。

演讲中可能使用三种观点：个人观点、门外汉观点和专家观点。虽然所有管理者很可能时不时用个人观点支持演讲，但是使用个人观点能否成功，很大程度上取决于管理者在观众心中的可信度。当引用普通人（非专家）的观点时，管理者使用门外汉观点。这种观点来源在营销或人事问题演讲中很普遍。

当引用权威提供证据时，管理者使用的是专家观点。当客观事实很难发现或演讲者不为观众所知时，这一证据形式效果很好。然而，所选的专家必须是受人尊敬的、客观的，并拥有真正的技术专长。例如，一个棒球手可能是棒球专家，但可能不是油漆质量或广告的专家。

不同演讲策略需要不同证据。心理渐进模式通常要求更少的事实信息，更多的情感吸引。因此，该模式更强调个人观点而不是经验信息。在绝大多数情况下，说明并证实情况的模式和解决问题的模式需要广泛的事实。在后
318 两种情况下，只有当管理者有很高的可信度时，才建议使用个人观点；而当对专家的权威没有疑问时，专家观点非常宝贵。

观众根据时效性和来源对事实或观点证据做出评判。个人观点是最弱的证据类型，除非演讲者有很高的可信度——权威、权力、可靠性和技术专长。因此，管理者的明智之举是引述所进行的研究的细节，包括获取证据的时间和地点等。在演讲者不为观众所知的情况下，证据的可信度对演讲者的可信度非常关键。

表 14-2 是劝说型和信息型演讲主体最常见的组织模式的总结：

表 14-2　要点的顺序选择

劝说目的	信息目的
解决问题	空间的/地理的
说明观点并证实	政治/经济类别
心理渐进	重要性
	时间
	优点/缺点
	比较/对比
	结构/功能

14.2.4　结尾

演讲的结尾应该对演讲目的和按一定顺序组织的要点进行简短总结。演讲结束时，要向观众表明演讲已经结束。不要展示新信息或留下没回答的问题。还要向观众重复信息的重要性，与引言中所述一致。如要求观众采取某种行动，要将对观众的期待说清楚。不管结尾的具体性质如何，都应该强烈而清楚地表达出演讲者要结束演讲了。但演讲者常常只是以“哦，就这样，谢谢大家倾听”草草结束。观众除了受你的第一印象影响，也会受你的最后印象的影响。

表 14-3 总结了演讲结尾的各部分：

表 14-3　结尾的各部分

目的陈述
要点
信息的重要性
号召行动（可任选）
最后思考/挑战

319

14.2.5　问题

为了进行适当的补充和说明，演讲者在演讲结束后请求观众提问。在小组自由谈话受约束，而对话又很有必要的情况下，演讲者可能想让某一位观众先准备好提问，以鼓励别人提出更多问题。

在回答问题时，有几个建议很有帮助：

- 如果原来的问题不是每个人都听得到，那就重复一遍。
- 不要老让一个人提问。
- 从各个领域的观众而不是某个部门或某个观众处选择问题。
- 不要说“这是个好问题”来对问题进行评判。这样的反应无意识地告诉其他人，他们的问题不好。
- 不要用“正如我前面说的”、“哦，很显然”或“任何人都知道其答案”等来回答。这样的反应诋毁他人。
- 回答问题时看着整个小组，而不仅仅是提问的人。
- 不要用手指指着请人提问，这是责备的姿势，可能显得很专横。
- 如果你对一个问题没有答案，最好是承认。
- 允许有足够时间回答所有问题。

14.3　准备视觉辅助

除了最不正式的商业演讲，视觉辅助对其他所有演讲都是必需的。视觉辅助是保持观众注意力和投入的另一种方法，因为口头语言在沟通中是有限的，而且因为声音是转瞬即逝的，倾听者可能错过信息，而重听的机会可能永不出现。然而，视觉支持可以帮助克服这些局限。此外，视觉辅助可以阐明复杂的信息。你可以在演讲的引言、主体和结尾成功地使用视觉辅助。

14.3.1　标准

好的视觉辅助给观众留下积极印象，也证明了花时间准备演讲的必要性。有效的辅助工具要符合演讲者、观众及房间的需求。有效视觉辅助的四个标准是：

- 可视性。视觉辅助必须容易阅读。有些演讲者试图利用印刷材料制
320 作视觉辅助；这些材料效果通常很差，因为视觉辅助的文字应该比普通的印刷文字更大更黑。另外，技术图纸不能很容易地利用，图纸上的很多线条会由于太模糊而看不清。对观众来说，最令人气愤的莫过于被告知在他们看不见的视觉辅助上有重要的东西。应该进行艺术加工，去除不必要的线条，加重画面中的必要线条。
- 清晰性。清晰性指的是观众从视觉辅助中理解的东西。使要点容易辨认。颜色是让观众对视觉辅助的重要部分集中注意力的一个好方法。尽管数据显示，观众只记住听到的 20%，而记住看到的 80%，但是他们必须能够理解看到的内容才能记得住。[8]
- 简练性。在确定了视觉辅助的内容后，要寻求将其简化的方法。除了与将要沟通的具体观点相关的内容外，别的任何东西都不要出现在视觉辅助上。
- 相关性。有些图表原来是用于其他目的的，不要只是因为它便于使用或很漂亮就使用它。如果仅仅是为了给人留下印象，那么，令人印象深刻的视觉效果可能会产生相反的效果。

在准备视觉辅助时要记住几个原则，这些原则不是魔术方程式，是有用的指导原则。

- 带有文字的视觉辅助不应超过七行。
- 每行不应超过七个单词。为了满足头两个原则，演讲者需要使用一页以上的视觉辅助或设计以构成一个更为复杂全面的效果。
- 应该使用着重技巧，使每次只显示一行或一列数据，以便将观众的注意力集中在讨论的焦点上。简单的着重技巧包括用铅笔或激光笔指向所讲内容，用一张纸露出正在讨论的部分，或使用 PowerPoint 演示文稿的“新建”功能。

除了观众规模、可视性、清晰性、简练性和相关性外，视觉辅助的时间

也影响其有效性。由于视觉辅助是用来补充言语信息的图表信息，所以两者应该同时展示。视觉辅助应该等到使用时才出现，讨论结束后立即消失，这样才不会分散观众的注意力。很多管理者常犯的错误是：视觉辅助使用完后，却不及时收起或关掉，比如活动挂板或者幻灯片用完后仍然开着。[9]

14.3.2 类型

视觉辅助的有效性标准是普遍的，但演讲者必须根据不同情况选择特定的视觉辅助类型。虽然选择受观众规模和类型的影响，但是很多商务演讲者传统上都使用投影片（Overhead Transparency）。因为房间的灯光是一直亮
321 着的，而且演讲者可以面对着观众，投影仪使演讲者和观众的关系尽量接近。此外，几种技巧可以确保材料的灵活展示：覆盖视觉材料，然后在演讲过程逐步展示某些部分，使用覆盖图展示附加细节，以及移动幻灯片等。这些简单的办法对于内部的、不正式的或简短的会议效果很好。

只有当没有足够时间准备别的东西时，才使用黑板、白板或活动挂板作为即兴演讲工具。演讲者在板上写字时，必须背对观众。而当演讲者转过身去、目光接触消失时，观众的注意力可能会减少。手写的视觉辅助看起来不怎么专业。但是，自发的图表或流程图有时候是解释正在讨论的复杂过程的一个生动方法，或在头脑风暴过程中非常有效。

当然，用于业界演讲的最常见视觉辅助是电脑生成的图表，如微软的PowerPoint演示文稿。在引进十年左右的时间里，演示文稿已成为标准。一位作家把没有使用演示文稿的演讲比喻成没有放番茄酱的炸薯条。在繁忙的业务环境中，缺席的观众索要幻灯片复印件，认为这些视觉辅助包含了演讲的所有相关信息，这一做法已是广为人知的事实。演示文稿流行的另一个原因是该软件方便用户使用，也许最重要的是，该软件几乎是全球通用的。一项调查发现，超过90%的受访公司在内部演讲时使用PowerPoint图表。[10]事实上，很多公司已将演示图表软件融入他们日常的内部沟通和决策过程中。[11]

然而，最近有人强烈反对在业界演讲中使用PowerPoint演示文稿，或更确切地说，滥用演示文稿。爱德华·塔卡特是世界上视觉信息演示的权威之一，他谴责这一软件，因为它迫使用户将数据扭曲得无法正常理解。他争辩道：因为每张幻灯片大约只能容纳40个单词，又因为一张典型的幻灯片只能被观看大约8秒钟，所以观众无法将信息充分地融会贯通。[12]

滥用PowerPoint演示文稿的一个悲剧性例子就是2003年哥伦比亚号宇

宙飞船坠毁事件。哥伦比亚号事故调查委员会（CAIB）报告说，美国航空航天局（NASA）的工程师们受命评估飞行使命中机翼的可能损伤程度，他们将调查发现结果用令人迷惑的 PowerPoint 演示文稿演示，文稿上挤满了无序项目（Bulleted Items），几乎无法进行分析。哥伦比亚号事故调查委员会的报告称："很容易理解一位高级工程师会如何阅读这一 PowerPoint 演示文稿，而没有意识到演示文稿关系到对生命的威胁。"[13]

不论好坏，PowerPoint 演示文稿已成为美国商业演示图表的标准。正因为如此，管理者需要遵循这里所列的原则，学会正确使用电脑生成幻灯片。

322 散页材料（Handouts）是另一种形式的视觉辅助。这些书面材料不同于其他视觉辅助，由于每个成员都收到一份，所以这些材料可供演讲期间和演讲后参考。当主题要求有复杂的表格和图形、详细的规定、法律要点或公司政策时，散页材料尤其有用。可以在演讲前将散页材料分发给参与者，这样会上可以少花些时间进行回顾，直接进入演讲的讨论阶段。

如果打算在会议期间分发材料，那么材料中应仅包括所需信息，而且要等到需要时才发。观众面前有太多材料会分散他们对言语信息的注意力，可能你在讨论某一话题时他们却被材料中的另一题目所吸引。显然，这将降低信息的影响力。

14.4　发表演讲

现在真正考验人的时刻到了：发表演讲。由于做了彻底准备，在演说过程中演讲者能够聚精会神于需要关注的几个因素。准备充分的演讲者应该已经分析了观众，并对不同成员有不同的期待，开场陈述已准备就绪，内容已经组织好了，视觉辅助也应准备完毕。

14.4.1　演讲焦虑

怯场怎么办？大约 60%的演讲者在演讲前有某种程度的焦虑，知道这一点也许令你感到宽慰些。一项对 3000 名美国人的调查显示，将要做演讲带给人们很大的恐惧；他们害怕演讲甚于害怕死亡。[14] 针对这一话题，已故的娱乐节目主持人乔治·杰塞尔（Jessel）曾经说过："人脑是个神奇的器官，一生下来就开始运作，直到你起身发表演讲才停下来。"

克服焦虑的最好解决办法就是准备。通常，你对一项任务的准备越充分，你的信心就越强，而信心的增强会相应地减少焦虑。当焦虑程度很高时，建议你进行完整的演讲彩排。彩排过后，你应该感觉放松不少。[15]

不管演讲者准备得多充分，还是会有些焦虑。一点点紧张或焦虑是好事，因为可以让演讲者警觉，然而，如果焦虑很严重，则可能影响演讲效果，那么可以使用几种技巧。

第一，考虑演讲的价值，并记住：你的内容材料很重要。要相信观众到
323 场是为了倾听，相信他们有机会为你提供宝贵的服务。惠普前首席执行官卡莉·菲奥莉娜解释她在观众面前的镇定和说服力时如是说：“不管是对着两个人、十个人还是几千人说话都没关系。我就把这当成和一个人说话。每次沟通都是一种对话。”[16]

第二，坐着闭上眼睛深呼吸几次对缓解焦虑情绪会有所帮助。双手放松垂放于体侧，聚精会神于一个令人特别愉快的情景（开满美丽鲜花的山谷，轻柔的云彩飘过天空，浪花拍打着沙滩），同时慢慢转动头部。[17] 一分钟的放松抵得上一个小时的忙乱准备。

减少焦虑的第三个方法是记住演讲开头的几句话。等讲出这些话语时，开始的一些焦虑应该会减弱。当然，除了记住演讲时开场的几句话，最好准备笔记以增强信心。

第四，有计划的身体运动有助于减少焦虑。演讲过程中策略性的身体走动可以帮助控制由焦虑而产生的高能量，可以做出恰当的手势，或走到手提电脑、活动挂板或屏幕前。

14.4.2 演稿

怎样安排和使用演稿才能最好地支持管理中的演讲呢？传统上，有些人提倡要准备一个遵循所有“恰当”原则的精确提纲；另一些人则主张，5×8英寸的卡片是必不可少的。很多演讲者使用 PowerPoint 演示文稿作为提示。每个人都应找到适合自己的最佳方法。

井井有条的大纲将有助于演讲者集中精力于演讲过程本身。使用清晰简练的演稿使演讲人容易与观众保持目光接触。由于需要与观众保持目光接触，所以建议使用演稿而不是图表。站着背对观众，从屏幕上念演讲稿是一种普遍的非职业演讲风格。

尽管演稿是非常宝贵的来源，但演稿经常变成了心理依赖。为了确保其不成为心理依赖，记住下列的几点“不要”：

- 不要因为紧张而漫无目的地扭曲、折弯、抚平或折叠演稿。这种行为不能减轻演讲者的焦虑，只会增加观众的焦虑。
- 不要因为害怕而盯着演稿。为了不看观众而眼朝下看可能成为一种坏习惯，会使你从身心两方面与观众分离。
- 写出演稿（或幻灯片）时不要用完整的句子。否则你会照着演稿念，而不是根据要点即兴演讲。
- 324 不要向观众隐瞒你正在使用演稿的事实。为什么要和观众玩游戏呢？最好的方法是公开使用演稿，当然只在必要时才用。

14.4.3　非言语因素

在发表演讲过程中，有几个非言语方面的因素需要考虑，包括目光接触、面部表情、姿势、手势和走动。演讲者本身也是所传达信息的组成部分，所以演讲者如何展示自己将直接影响信息表达。

第 7 章讨论的沟通的非言语成分既可以用于倾听也可以用于演讲。例如，就像目光接触对倾听整个信息很重要一样，目光接触可以用于补充信息的传递。有效的演讲者会注视不同的听众，通过目光接触令观众投入倾听。演讲者还可以利用脸部表情来表示对信息的关注和兴奋，如微笑、迷惑地皱眉或扮鬼脸，都能补充言语信息。

姿势、手势和身体的走动也可以增强口头话语的影响力。前倾的姿势可以表示强调或投入，走向某个观众可以从心理上与这个人拉近心理距离。要记住的最重要的一点是：身体走动是有意义的，应当用来增强信息，而不是分散对信息的注意力。

非言语沟通的另一个方面是邻近性（Proximity）。当观众超过七八个人时，演讲者通常需要站立，这一点很少有人会质疑。然而，很多管理中的演讲涉及的观众只是会议室里不到七个人，在这种情况下，演讲者需要分析小组成员、演讲目的及自身情况，以确定是站还是坐。

14.4.4　声音质量

对演讲很重要的其他非言语因素还有演讲者的声音质量。三个主要考虑因素是语速、音调和音量。

最佳演讲语速取决于你的演讲内容。通常，陈述难以理解的内容时，语速要比陈述容易理解的内容慢。此外，强调主要观点或首要观点时，语速放慢，而提供次要信息时，语速加快。如果你感到紧张，尤其要注意努力放慢语速，因为紧张时人的语速通常会加快。再者，如果听众理解你的方言或术语有困难时，也需要放慢语速。最后，可通过变化声音以吸引观众的注意力，因为速度一成不变的声音会显得很单调。

325 使用同一音调讲话的演讲者也会发现很难保证听众的注意力。大幅改变音调可以用于强调和引起兴趣。通常，不能改变音调是一种习惯。大声朗读三遍下面的句子，每次在斜体词上提高音调。很容易看出，音调对理解的影响很大。

我从没说过他提升了*她*。（赞扬他，他有更好的洞察力。）
我从没说过*他*提升了她。（我只是说她得到了提升，没说是谁提升的。）
我从没*说过*他提升了她。（但我可能以几种方法暗示过。）

第三个是声音质量——音量，可以使演讲更生动易懂，从而增强演讲效果。合适的音量取决于群体的规模和物理环境。然而，不管情况如何，音量的变化有助于强调、增加多样性。关于音量还要特别提醒的是：演讲者只是保持大声并不能获得注意或加强强调。事实上，有效的演讲者在观众注意力分散时降低声音，这样观众就得被迫安静下来听他说。

你可以使用几个练习来准备你的演讲声音。一个简单而有效的技巧是从报纸的社论或运动版上选几段来朗读，就像是在演讲似的。这一战术可使你关注声音质量。你应该注意电视新闻播音员和解说员等职业演讲者使用声音传达信息和情感的方式。

总而言之，研究显示，你给人的印象55%来自你的外表，38%来自你的声音，只有7%来自你说的内容。所以，当你宣布“今晚我很高兴来到这里”，而你却声音发抖，目光投向门外，并紧张地摸索着演讲稿，那么观众会认为你来到这里并不高兴。

14.4.5 练习

“熟能生巧”这句成语无疑可以应用在演讲上。练习是商业演讲必不可少的，因为在商界你必须学会即兴演讲，而不是背诵记忆的内容或一字不差地朗读。遗憾的是，很多管理者省略了练习，因为他们认为自己太忙了或觉得练习不重要。

然而，即使是繁忙的执行官，练习也是必不可少的。练习使你增强自信心，使你更加镇定，还可以改善你的措辞，所以演讲能更加流畅。此外，练习使你能确定演讲中的任何瑕疵或遗漏，应对注意力分散，并确保视觉辅助顺利融合。

326 李・艾科卡曾经说过，完美的练习创造完美（Perfect Practice Makes Perfect）。[18] 练习不仅仅指坐在桌旁回顾基本大纲或幻灯展示，还要在尽可能模仿真实情景的情况下，大声排练。另外，练习时还要应用所有相关指导原则，以更好地准备演讲内容及演讲技巧。

练习时可以在同事中寻找一位可以扮演观众角色并提问的演讲同盟。通常，在练习中付出的任何努力都可能使你的演讲成为出众的演讲而非平庸的演讲。

如果可能，练习过程应使用真正演讲时使用的房间及计划好的所有视觉辅助，这样做可以使你恰当地安排房间。例如，虽然半圆形状的安排使演讲者与所有参与者很容易地进行目光接触，但这样的房间安排感觉像戏院。提前知道这些使你能够做出调整，避免最后一刻的焦虑。

使用视觉辅助进行练习还可以帮助你估计演讲时间，习惯遥控设备。你还可以确定诸如电脑投影仪插头插到哪儿和调光灯放在哪儿等简单的设备。这些防患于未然的做法有助于避免在花了好多小时准备演讲后出现设备故障灾难。

最后，通过练习你可以很好地安排演讲稿。对主题完全熟悉并觉得不需要演讲稿的管理者在演讲过程中也可能出现灾难。排练有助于确定所需演稿的数量和详细程度。此外，在需要讲得更慢、更大声或更清晰的地方可做记号。此外，还要避免在演讲过程中一直朗读 PowerPoint 演示文稿中的内容。

14.5 有效使用电子媒体

摄像机和麦克风随处可见。管理者需要学会使用这些装置，将其潜能最大化。不幸的是，很多管理者仍然对这些视听演示装置采取抵制的态度。绝大多数人不想卷入自己不懂得规则的游戏中，因此，他们逃避摄像机或麦克风。

但是媒体提供了各种可能性，从公共服务公告到面向员工的内部信息型或劝说型信息等。有时候管理者还会应邀在地方电台或电视台进行信息型或劝说型演讲。虽然电视演讲和电台演讲形式不同，但是这两种形式都可以带来回报与价值。

为了利用这些媒体，管理者需要知道摄像机和麦克风的特殊使用原则。

327 第一个原则是说话时要认为观众在现场。把麦克风和摄像机想象成一个友好可信的人。这一方法减少了不真诚、做作和沟通风格不恰当的可能性。

第二个原则是像一般谈话一样使用脸、手和身体动作，这样演讲就像面对面一样自然。正常的肢体动作帮助表达真诚，还可以补充表达的意思。然而，必须有所警惕。咧嘴笑、皱眉、扮鬼脸和大幅度挥手动作等会被摄像机放大，显得不够得体。肢体动作应集中在上半身，这样特写镜头中才可以看到。

第三个原则是使用脚本（Script）。有些看起来似乎是职业演员即兴演讲的东西很可能是由于有详尽的脚本。脚本是协调视、听、时间、内容和人力变量的方法。除了词语外，脚本还包括职员制作事项的指令，使他们能清楚看到自己的责任与整个节目如何融合。脚本帮助确定这个场合的结构、组织和时间。换句话说，脚本帮助所有各方知道顺序——如何开始、进展和结束。[19]

第四个原则与第三个原则紧密相连：准备和练习。我们已经看到面对面演讲中练习的重要性；练习对电视或视频会议演讲尤为重要。所有的新刺激使人很难集中注意力，所以要做好预防分神的准备。

需要额外练习的另一个原因是严格的时间限制。媒体演讲是以秒计时的。在回应紧张的时间安排时，媒体演讲新手应避免说得太快，尽量不要显得紧张。

需要广泛练习的另一个原因是媒体演讲要求更高水平的提炼，因为观众期待广播中的演讲者是优雅且职业的。同时，还要记住，每个细节都成了磁带上永恒的记录。

第五个也就是最后一个原则是关于出镜的服饰。关于这一点的建议是穿你想让别人看到的服饰，但是不要穿太耀眼的衣服。这里是一些提示：

- 不要穿大花纹的衣服。大花纹有频闪效应，看起来老是在动。
- 不要穿不协调或艳丽的颜色（尤其是红色），这些颜色在显示器上很容易扭曲。
- 不要穿黑色和白色。黑色吸收太多光线而白色反射太多光线。
- 不要佩带大的闪闪发光或晃动的珠宝。

卡耐基·梅隆大学（Carnegie Mellon University，CMU）商务沟通中心主任汤姆·哈杜克教授研制了一个评估电视和视频会议演讲的沟通审核表（Communication Audit Form）。[20]这种审核表列出了发表媒体演讲的独特要求，总结在表 14-4 中。

328 表 14-4 发表媒体演讲

声音冲击	非言语冲击	视觉形象冲击
• 保持正常音量（不要对着麦克风大喊）。	• 避免白色、黑色、条纹和在电视上晃动的花纹。	• 设计可以在 30 秒内阅读的干净整洁的视觉辅助。
• 注意谈话速度（大约每分钟 110 个单词）。	• 与摄像机保持目光接触。	• 整个文本用 40 或 40 以上字号。
• 声音表现出更多的热情和能量。	• 笔直站立。	• 避免无序点（Bullet Points）中过多的文字性描述。
• 吐字清晰。	• 使用自然但较慢的齐胸肢体动作。	• 标注图表的栏、行和各部分，以加速理解（避免插图说明）。
• 保持流畅，避免填充性停顿（如“嗯”、“OK”、“所以”等）。	• 慢慢移动，并保留在麦克风和摄像机的范围内。	• 视觉辅助的右边留空。这样演讲者的图中图不会遮盖视觉形象。
• 在要点前停顿，加强戏剧效果。	• 使用自然的面部表情和头部动作。	• 指着文本摄像机上的视觉辅助或在电脑幻灯片上描画。

这些原则应该有助于管理者充分利用摄像机和麦克风所提供的机会。这种演讲可以是富有挑战但又非常愉快的经历，既为你的公司提供宝贵服务，同时又为职业的自我发展提供巨大的机会。

总结

为了确保有效的演讲，管理者应该透彻分析目的、时间限制和观众，完成所有必需的准备，并使用合适的演讲技巧。对目的的透彻分析是指演讲者应该决定每个参与者是否都对演讲抱有相同的目的。

一旦清晰地确定了目标，就必须完成必要的准备。准备包括选择引言、适合劝说型和信息型演说的要点顺序和强有力的结尾。另外，还应该准备视觉辅助。

视觉辅助帮助保持观众兴趣，准确表达主要观点。可视性、清晰性、简练性、相关性和时间对确保视觉辅助补充言语沟通非常重要。

演讲者的非言语和言语特征对有效而职业的演讲都非常重要。目光接
329 触、面部表情、姿势、手势和走动都应该考虑。语速、音调和音量都影响演

讲的冲击力。

演讲者应该在演讲结束后安排充足的时间提问和回答。当演讲的这一部分处理得好时，会得到观众的反馈，从而产生双向沟通。

现在越来越多的管理者要面对一种特殊演讲情境，即在摄像机前或麦克风前演讲。适用于面对面演讲的绝大多数原则也适用于这一演讲形式。然而，处理非言语提示的几个附加原则和脚本的使用将帮助管理者通过电子媒体传递有效信息。

观众分析指导表

1. 我对观众的期待有多少？
2. 哪些人是最有权力或影响力的成员？
3. 他们对内容领域的知识了解程度如何？

    ________高，也许比我更高
    ________和我差不多
    ________比我对主题的知识了解得少
    ________很可能连基本知识也没有
    ________参差不齐

4. 哪类证据最能给这个群体留下印象？

    ________技术数据
    ________数据比较
    ________成本数字
    ________历史信息
    ________概括
    ________示范
    ________故事和例子
    ________演讲者观点

5. 群体对主题的态度如何？

    ________尤为积极
    ________有些积极
    ________中立
    ________有点消极、不情愿

________绝对消极

________小组分化，有些积极，有些消极

6. 群体对我作为演讲者的态度如何？

________认为我可信、有知识

________中立，很可能没有意见

330 ________认为我缺乏知识和可信度

7. 群体对我代表的组织态度如何？

________认为该组织可靠和值得信赖

________中立

________可能会质疑其能力和可靠性

8. 到我演讲时群体的状况如何？

________已经听了很多与此类似的演讲，可能很疲劳

________可能已经坐了很长时间，需要时间舒展一下身体

________这个演讲是独特的，所以应该很容易抓住他们的注意力

________这是日程上较早的一个项目，他们应该精力充沛

9. 演讲中需要考虑的最重要观众特征是什么？

小组练习

练习 14-1

以办公室工作效率学的最新发展为题在班上准备一个十分钟的信息型演讲。从分析观众、选择主题和演讲顺序入手，讨论时应该针对这些因素：

- 你将如何介绍主题来抓住观众的注意力？
- 保持观众注意力的最佳视觉辅助类型是什么？
- 什么类型的支持性信息最能给观众留下印象？
- 在演讲结束时你将如何鼓励提问？
- 你应该使用什么样的结尾？

练习 14-2

选择一个你熟悉的电脑展示图形包或多媒体包。假设你是开发这一软件的公司的新销售代表，如 PowerPoint 是微软的产品。三天后，你将在一家大公司向一群高级经理发表有关该软件最新版本的商业演讲。显然，你需要

告知他们软件包的所有特点和优于竞争对手及先前版本的地方，你需要劝说他们购买该软件。你将如何完成这些目标？

331

练习 14-3

从下列话题中选择一个对组织的劝说型演讲：

- 测谎仪应该（或不应该）用于招聘过程。
- 测谎仪应该（或不应该）被企业用来威慑员工盗窃行为。
- 企业应该（或不应该）被允许随便对员工进行毒品检测。
- 最高执行官应该（或不应该）对公司的非法（或不道德）行动负刑事责任。
- 社会责任应该（或不应该）是当今首席执行官的一个主要关注问题。
- 管理者应该（或不应该）关心员工的个人问题。
- 应该（或不应该）制定一个国际道德规范法典。
- 成立工会对当今白领工人是（或不是）合适的。

选择了话题后，想象一下这一话题的演讲听众。在本章描述的三种劝说演讲模式中，哪一种最适合你的演讲？考虑到你选择的话题和想象的观众，你会使用哪一类证据劝说他们接受你的观点？

练习 14-4

选择下列情景之一，组织一个十分钟的信息型演讲。

- 观众是工商管理专业即将毕业的大四学生，讨论应聘面试时如何着装这一话题。
- 观众是商业经理人，讨论接受电视访谈时应如何着装。

尾注

1. S. Clay Willmington, "Oral Communication for a Career in Business," *Bulletin of the Association for Business Communication* 52, no. 2 (June 1989), pp. 8–12.
2. Robert J. Olney and Anita S. Bednar, "Identifying Essential Oral Presentation Skills for Today's Business Curriculum," *Journal of Education for Business* 64, no. 4 (January 1989), p. 161.
3. Carol A. McFarland, "Teaching Students the Elements of Oral Business Presentations," *Bulletin of the Association for Business Communication* 43, no. 1

(March 1980), pp. 15–17.

332 4. Ernest G. Borman, William S. Howell, Ralph G. Nichols, and George L. Shapiro, *Interpersonal Communication in the Modern Organization* (Englewood Cliffs, NJ: Prentice Hall, 1982), p. 197.

5. Lawrence L. Tracy, "Taming the Hostile Audience," *Training and Development Journal* 44, no. 2 (February 1990), p. 35.

6. William S. Howell and Ernest G. Bormann, *Presentational Speaking for Business and the Professions* (New York: Harper & Row, 1971), pp. 122–30.

7. Daniel J. O'Keefe, *Persuasion Theory and Research* (Newbury Park, CA: Sage Publications, 1990), pp. 130–88.

8. Donna Barron, "Graphics Presentations at Your Fingertips," *The Office*, July 1990, p. 32.

9. James Wyllie, "Oral Communication: Survey and Suggestions," *Bulletin of the Association for Business Communication* 43, no. 2 (June 1980), pp. 14–17.

10. "The Pros and Cons of High-Tech Presenting," *Presentations* 13, no. 4 (April 1999), p. 34.

11. Patricia L. Panchak, "Capitalizing on the Graphics Edge," *Modern Office Technology*, June 1990, p. 63.

12. Edward R. Tufte, *The Cognitive Style of PowerPoint* (Cheshire, CT: Graphics Press, 2003).

13. "Over-Reliance on PowerPoint Leads to Simplistic Thinking," *New York Times*, December 14, 2003. Retrieved from http://partners.nytimes.com/2003/12/14/magazine/14POWER.html

14. David Wallechinsky and Irving Wallace, *The Book of Lists* (New York: William Morrow, 1977).

15. Kenneth R. Meyer, "Developing Delivery Skills in Oral Business Communication," *Bulletin of the Association for Business Communication* 43, no. 3 (September 1980), pp. 21–24.

16. Dave Clarke Mora, "Carly, Reconsidered," *Continental*, September 2003, pp. 31–33.

17. Mary Ellen Murray, "Painless Oral Presentations," *Bulletin of the Association for Business Communication* 52, no. 2 (June 1989), pp. 13–15.

18. Lee Iacocca, *Lee Iacocca Talking Straight* (New York: Bantam Books, 1988).

19. Evan Blythin and Larry A. Samovar, *Communicating Effectively on Television* (Belmont, CA: Wadsworth Publishing Co., 1985), pp. 92–96.

20. Tom Hajduk, "Communication Audit: TV/Videoconference Presentation," 2003, Communication Consulting Group. Retrieved from www.ccg-usa.com (v11.1).

Index

索　　引（页码为英文原书页码，在译文边际上）

A

抽象词语，83

抽象，43

抽象阶梯，83f

强调，180

埃森哲公司，130

通融，224—225

法国雅高酒店管理集团，197

首字母缩拼词，163

积极倾听，159, 161—164

主动语态，91—92

适应性手势，182—183

行政理论，6

情感展示性手势，182

年龄多元化，16—17

亚历山大一世，4

无所不知型错误，43

美国西部航空公司，74

《美国的挑战》，17

《美国残疾人法案》，266

通知，121—122

预想读者问题，104

附录，142

清晰度，189

同化，167

假设—观察型错误，41

美国电话电报公司，53

吸引注意力技巧，311

观众分析，310—311, 329—330

音频会议，53

回避，223—224

B

背景介绍，140

带宽，51—53, 65

柱状表，145—146

基线，190—191

小巨角战役，23

渠道间冗余，52—53

行为基线，190—191

行为问题，269

贝特斯曼公司，198

渠道间冗余，52—53

真实职业资格，267

面谈，257—258

倾听，161

黑板，321

波音，270

真实职业资格，267

大脑风暴，298

注：页码后面的字母 f 表示图形，字母 t 表示表格。

行贿，207
砌砖实验，6
简单表明理解，264f
汉堡王快餐店，61

C

吉百利史威士股份有限公司，198
随意倾听，159
卡特皮勒公司，13
肯定性，276—277
挑战者号航天飞机的灾难，290
锦标国际公司，20
信息渠道，36, 38
《基督教科学箴言报》，210
时间顺序，131
菊花，207
1964 年《民权法案》，266
索赔拒绝信，116—117
澄清，264f
陈词滥调，85—86
闭合式问题，165, 262
可口可乐，198
道德规范，20
《汉穆拉比法典》，4
合作，63—64
合作式写作，64, 74—76
集体主义，202
哥伦比亚号航天飞机的灾难，321
沟通气氛 / 沟通氛围，30
沟通错误，40—44
沟通目的，34
沟通冗余，181
竞争，18
竞争优势，18
竞争环境，18
补充，180
写作 / 起草，80, 94
妥协，225—226
计算机会议，58
计算机生成图表，321
具体词语，83
冲突管理，217—234
通融，224—225
回避，223—224
冲突的益处，218
妥协，225—226
冲突与沟通，218—220
冲突与管理成功，231
冲突与感知，221—223
强迫，225
解决问题，226—231
冲突来源，220—223
策略，223, 226
内涵意义，81—82
当代权变因素，14—21
竞争，14—19
多样化 / 多元化，14—17
道德，19, 21
质量，19
管理写作背景 / 管理写作环境，77
权变理论，13—14
矛盾，180
控制型沟通，275
有争议的信息，36
交谈手势，191
交谈风格，89

抄送名单，122
措辞礼貌，88
说明备忘录，123
沟通的关键错误，40, 44
跨职能工作小组，19
文化分析，31
文化多样性，16
文化，30, 199, 237

D

辩论，158
欺骗迹象 / 欺骗信号，190—193
与欺骗相关的手势，191
决策，61—62
决策会议，288, 290
解码人，32, 34
演绎型段落，92
戒备性气氛，275t
授权，77
德尔菲技巧，299—300
外延意义，81
描述型沟通，274, 27, 5
偏离，158
发展评估面谈，271—272
发展绩效面谈，271—272
唱反调 / 唱黑脸 / 魔鬼代言人，291
帝亚吉欧公司，198
Dial 公司，198
措辞，104—105
一般原则，105
询问与请求，109—110
对索赔的积极反应，113—114
对询问的积极反应，110—111
直接顺序，131
直接问题，301
指引式问题，166, 263, 265
话语团体，76—77
歧视，267
多样性，14—17
衣着，188, 191—192, 327

E

电子邮件，36, 60, 121—123
重复，264f
教育多样性，17
平等就业机会，266—267
非此即彼型思维，42
说明，264f
电子亲近度，53
象征，182
带感情色彩的词语，161
移情倾听，160
移情，275—276
强调，93
员工投入度，9
员工授权，12—13
员工自我评估清单，273t
招聘面试，265—271
申请预审，266
合法 / 非法问题，268t
法律关注，266, 268
做笔记，270—271
计划，265—266
提问策略，268, 270
时间安排，266
招聘面试过程，267—271

授权，12—13
编码人，31—32
环境因素，38
平等就业机会，266—267
平等，276
伦理困境，19
伦理 / 道德，19—21
伦理委员会，21
伦理巡视官，21
伦理培训，20
民族优越感，208
委婉语，82
评估性沟通，274—275
评估报告，132
索赔信，112
拒绝索赔，117
电子邮件通知，121—122
询问及请求，110
职位申请信，118—119
备忘录，121
对询问的负面反应，115—116
对索赔的积极反应，114
费用报告，129
专家观点，317—318
语助词结构，91
外部噪音，38, 158
埃克森公司，130
目光接触，243, 295

F

事实，36, 317
了解事实会议，288
事实与推断，258
事实性倾听，159
不能区分，41, 43
熟悉的环境，39
法约尔的 14 条管理原则，7
反馈，40, 54—55
有效性衡量方法，40
技术辅助沟通，54—55
绩效评估面谈，277—278
女性化文化，202
填充性停顿，190
《金融时报》，210
第一印象，259
一级标题，133
固定空间，187f
活动挂板，321
花，207
踏脚，191
强迫，225
福特汽车公司，19
《反海外腐败法》，207
表格式备忘录，122
正式演讲，308—332
吸引注意力技巧，311
观众分析，310—311, 329—330
结尾，318
发表，322—328
衣着（外表），327
劝说型演讲，316—318
引言 / 介绍，311—313
演讲长度，310
麦克风 / 摄像机，326—327
非言语方面，324, 327
笔记，323—324

组织演讲，311—319
劝说型演讲，313—316
音高，325
计划，308—311
练习，325—327
目的，309
问题，319
脚本，327
演讲焦虑，322—323
演讲速度，324
视觉辅助，319—322
声音质量，324—325
音量，325
正式报告，137, 142
附录，112
假设 / 推理，141
授权，139—140
附加资料，142
背景介绍，140
正文，141
前页，137—139
引言 / 介绍，139—140
图表目录，139
报告的结构，140
报告的目的，139
建议，142
参考书目 / 参考文献，142
报告的范围，140
不足与限制，140
方法的陈述，140
总结，141—142
目录，138—139
时间观，141
标题页，137
扉页，138
传递性文件，138
引用文献，142
布置的正式程度，38
一成不变的评价，42—43
漏斗式顺序，261—262

G

跳板理论，7, 9f
小组决策支持系统，64
性别构成多元化，14—16
性别中立语言，88—89
通用电气，12, 17
通用汽车，23—24, 218
肢体动作，182—183, 327
送礼习惯，207—208
地球村概念，200
小道消息，167
灰狗巴士公司，58
小组沟通，29, 37
小组决策支持系统，64
群体迷思，290—291
海湾战争，23—24

H

陈腐之词，85
光圈效应，257
甩手象征，191
用手摸脸，191
散页材料，322
分类僵化，42
严厉，257

霍桑研究，9—10
头部运动，183
标题，132—134
层级制度，259
高语境文化，202—203
历史事件，311
历史回顾，4—14
行政理论，6—8
古代，4—5
行为理论，11—12
权变理论，13—14
授权，12—13
霍桑实验，9—10
人际关系理论，8—11
科学管理理论，5—6
霍夫施泰德的文化差异因素，201t
霍尼韦尔公司，130
横向沟通，63
《我们怎样思维》，230
小型会议，171
人际关系理论，8—11
假设检验，259
假设陈述，311

I

说明性手势，182
一般原则，106—108
对询问的负面反应，114—116
说服性信息，117—119
被拒的索赔，116—117
间接顺序，131
个人沟通，37
个人主义，202
归纳式段落，92
工业革命，5, 15
推断，258
《影响：新现代说服心理学》，59
非正式会议，171
信息拥塞，52, 60
信息型会议，288
信息型演讲，316—318
询问及请求，109—110
英特尔公司，3
互动性计算机会议，58
互动倾听，164—166
跨文化沟通，16, 29, 197—213
良好沟通者的特点，208—209
衣着，205
食物，206—207
手势，206
送礼习惯，207—208
打招呼，205
语言，204
神话，199—201
非言语敏感性，205, 208
姿势，206
为海外委任作准备，210
学习的理由，197—198
空间，206
触摸，206
跨文化神话，199—201
内部噪音，32, 158
人际沟通，29
面谈问题，262—265
面谈，256, 284
障碍，256—260

开始面谈，260—261
偏见，257—258
结束面谈，265
招聘面试，265—271
事实与推断，258
第一印象，259
面谈目标，260
非言语沟通，259
组织地位，259—260
绩效评估面谈，271, 278
问题顺序，261—262
问题策略，261
时间和地点，260
问题类型，262—265
亲密区域，185
自我沟通，29
引言 / 介绍，139—140
反漏斗式顺序，261—262
令人生气的倾听习惯，169, 170t

J

拥塞，52, 60
工作及组织设计，62—63
招聘面试，265—271

K

动作沟通，182—184
动作暗示，184t
人体动作学，182

L

语言，204
门外汉观点 / 外行观点，317
领导风格，295—297
主要问题，166, 245
泄露，190
腿脚动作，191
晃腿，191
仁慈，257
信件报告，136—137
校平，167
管理沟通的层级，29
线形图，146, 147f
咬嘴唇，191
图表目录，139
倾听者偏见，161
倾听障碍，156—159
倾听气氛，169—172
听说差异，156—157
长句，90—91
长词，82—83
Lotus Notes 软件，75
低语境文化，203

M

宏观倾听气氛，171—172
维持面谈，272
管理中的挑战，64—66
管理报告及提案，127—151
要点安排，131
报告清晰度，129
正式报告，137—142
形式，130
标题，132—134
长度，130
信件报告，136—37

备忘录报告，134—135
主体的组织，131—132
视觉辅助，143, 148
写作过程，128—129
当代动态因素，14—21
错误，40—44
历史回顾，4, 14
层级，29
策略性方法，29—40
转变，21
管理决策，61—62
管理方格理论，11
管理倾听，155—176
积极倾听，161—164
倾听障碍，156—159
倾听的好处，155—156
偏见，161
非正式沟通，166—168
互动倾听，164—166
令人生气的倾听习惯，169, 170t
强度级别，159—160
宏观倾听氛围，171—172
微观倾听氛围，170—171
做笔记，164
开门政策，172
准备，160—161
整个环境，168—169
不使用技术的管理，61
管理写作环境，77
边缘倾听，159
男性气质 / 女性气质，202
麦当劳快餐连锁店，6
效果衡量方法，40
机械过渡，93—94
会议跟进备忘录，302f
会议纪要，123
管理的会议模式，289
会议，287—307
决策形式，297—300
德尔菲技巧，299—300
描述，300—301
评估表，303f
跟进，301—302
功能，288
领导风格，295—297
材料，292, 294
提名小组技巧，299
物质设施，294—295
会前安排，291—295
理性的解决问题过程，297—299
座位安排，295, 296f
选择成员，292
战略考虑，291
《大趋势》，21
档案备忘录，122
备忘录报告，134—135
备忘录，119—123
文档备忘录，122
记忆游戏，163
信息复杂度，58
信息内容，35—36
信息消极程度，57—58
信息说服力，59—60
信息敏感度，57
微观倾听氛围，170—171
瞬时计，6

微软，270
军事领袖，23—24
会议记录，302
记忆术，163
福特 T 型车，6
一维时间文化，203
单调的演讲风格，189
动机，156
摩托罗拉，18
掩嘴，191
走动 / 动作，182—183, 191

N

咬指甲，191
国家文化，30
自然过渡，93
负面信息 / 消极信息，35, 57—58
对询问的负面反应，114—116
消极用语，87—88
中立式问题，166, 263, 264f
中立，275—276
新角度，75
非言语沟通，177—196
欺骗，190—193
正式演讲，324, 327
非言语信号的作用，179—181
重要性，178—179
面谈，259
动作 / 走动，182—183, 191
谈判，243
个人外表，188—189
空间差异，186—187
空间信息，184—188
空间区域，184, 186
声音，189—190, 192
非言语泄露，190
做笔记，164
通知，121—122
数字，208

O

100 个小时的战争，23
洋葱模型，35, 236—237
开门政策，171—172
开放式问题，165, 246, 262—263
沙漠风暴行动，23
观点，36, 317
口头沟通，36
按标准或因素组织，132
按地点组织，132
按数量或规模组织，132
组织沟通，29
组织文化，30—31, 237
组织计划，131
组织结构，12
主动语态和被动语态，91—92
连贯 / 一致，93—94
段落，92—93
句子长度，90—91
一般性问题，301
陈词滥调，85

P

宝洁公司，156
（声音）速度，189
段落，92—93

段落长度，93
最重要的，198
被动态，91—92
感知个人亲近度，53—54
绩效评估表格，273
评估，271—278
肯定性与探讨性，276—277
控制型与问题导向型，275
确定目标，278
评估型与描述型，274—275
反馈，277—278
信息内容，273
中立与移情，275—276
地点，27
计划，272—273
过程，274
目的，271—272
优越性与平等性，276
时间安排 / 时机，272—273
工人外表，188—189
个人观点，317—318
个人空间，184—187, 192
个人区域，185—186
个人化信息，163—164
劝说型信息 / 说服性信息，59, 117—119
劝说型演讲，313—316
发送者 / 接收者的物理距离，38
物理环境，38—39
身体局限，156
挑拣衣服上的棉绒，192
饼图，144—145
报告的结构，140
招聘面试，265—266
正式演讲，308—311
绩效评估面谈，272—273
写作过程，78—80
两极分化，42
多维时间文化，203
积极信息，35
对索赔的积极反应，113—114
对询问的积极反应，110—111
措辞积极，87
会后跟进，301—302
姿势，183
权力距离，201
演示文稿，321
惯例，130
初始效应，259
首要问题，165—166, 263
私人场合和公开场合，38
试探，263, 264t
以问题为导向的沟通，275
解决问题，226—231
合作，227
平等地位，228
实施策略，229—231
彼此可接受的目标，228
绩效评估面谈，274
所需信条，227—228
过程步骤，230—231
信任，227—228
解决问题会议，288
解决问题模式，313
解决问题的问题，270
产品质量，19
探讨性，276—277

空间区域，184—186
空间关系学，184
心理渐进模式，314
公开场合和私人场合，38
公共区域，186
信息的目的，34

Q

质量，19
《质量还是其他：世界商业革命》，17
问题顺序，261—262
回答，246—247
预测，104
招聘面试，267—270
正式演讲，319
面谈，262—265
倾听，165—166
会议，301
谈判，245—246
引用，312

R

理性解决问题过程，297—299
信息接收者（解码者），32—34
时近效应，257
推荐报告，132
冗余，181
参考书目 / 参考文献，142
被拒绝的索赔，116—117
规范，180—181
规范性手势，182
接力问题，301
补救评估，272
重复，180
报告的标题，132—134
报告写作过程，128—129
请求，109—110
行动请求备忘录，122
请求拒绝信，114—116
对索赔的拒绝，116—117
反向问题，301
修改，94—95
重写，95
设问，246, 311
谜语，163
常规信息，102—126
受众适应，103—105
直接策略，105
间接策略，106, 108
内部信件，119—123
备忘录，119—123
对方态度，103—105
谣传，167—168

S

等级链，7
科学管理，5—6
脚本，327
会议，295, 296f
谈判，242—243
二级标题，133—134
次要问题，165—166, 263
选择性关注，52
选择性关注原则，220
半固定空间，187f
半结构化面谈，261

信息发出者（编码者），31—32
敏感信息，57
写作中的性别歧视，88
性骚扰，15
形状，208
磨利，167
短段落，93
短句，90—91
短词，82—83
信号错误，192
沉默，264f
简单的条（柱）形图，145
一只手指接触嘴部，191
抚平领带，192
社交区域，186
寻找解决方案，61
西南航空公司，270
空间差异，186—187
空间信息，184—188
空间组织，132
空间区域，184—186
演讲者笔记，323—324
演讲焦虑，322—323
话语行为理论，11
自发聚会，171
春田再制造中心公司，13
多层柱形图，145, 146f
怯场，322—323
令人震惊的陈述，311
说明情况并证实模式，313
限制陈述，140
方法陈述，140
故事，3, 11
沟通，29—40
信息渠道，36, 38
沟通氛围，30
文化环境，30—31
第一层，30—31
信息内容，35—36
物理环境，38—39
信息目的，34
信息接收者（解码人），32—34
第二层，31—34
信息发送者（编码人），31—32
第三层，34—40
时间，39
战略管理沟通模型，236f
强有力的倾听环境，171
结构化面谈，261
替代，181
总结，264f
优越感，276
支持性气氛，275t
意外，249
象征性互动，55—56

T

目录，138—139
表格，147, 148f
做笔记，164
团队，288—291
技术辅助沟通，50—70
带宽，51—53
合作，63—64
决策，61—62
反馈，54—55

工作设计及组织设计，62—63
管理的挑战，64—66
将技术与信息匹配，56—60
感知个人亲近度，53—54
象征性互动，55—56
技术渗透，60—61
技术选择中的偶然因素，65f
技术渗透，60—61
电话，36
叙述及倾听，274
叙述及说服，274
三级标题，134
《在混乱中繁荣》，171
时间的安排 / 组织，131
沟通，39—40
招聘面试，266
反馈，55
倾听障碍，158
谈判，241—242
绩效评估面谈，272—273
给小费，207
标题页，137
扉页，138
过渡，21
过渡词，93—94, 134
传递性文件，138
三角形，208
旅行报告，129
陈词滥调，85
抚平衣领，192

U

U 型安排，295
不确定性规避，201—202
不熟悉的环境，39
独特的写作环境，77
一致性，92
大一统神话，200
非结构化面谈，261

V

句式结构多样化，93
纵向沟通，63
《群体迷思的受害者》，290
电视演讲，327
电视会议，53, 55
视觉辅助，143, 148, 319—322
条（柱）形图，145—146
正式演讲，319—322
散页材料，322
线形图，146, 147f
饼图，144—145
演示文稿，321
报告，143—148
表格，147, 148f
白板 / 活动挂板，321
形象化，163
声音，189—190, 192

W

沃尔玛，160
走路，183
惠好公司，270
“幸运轮”，181
白板，321
《谁说大象不会跳舞？》，188

意愿，157—158
词语联想，163
词的长度，82—83
词的选择，81—89
抽象与具体，83
首字母缩略词，87
陈词滥调，85—86
交谈式风格，89
礼貌，88
外延意义与内涵意义，81—82
性别中立语言，88—89
术语，86—87
积极的措辞与消极的措辞，87—88
精确，81—82
词的长度，82—83
冗长，84—85
冗长，84—85
引用书目，142
写作过程，78—95
写作 / 起草，80, 94
有效组织词语，90—94
计划，78—80
修改，94—95
措辞，81, 89
书面沟通，36

X

施乐，21

影印版教材可供书目

经济与金融经典入门教材 · 英文影印版

	书号	英文书名	中文书名	版次	编著者	定价
1	08961	Public Finance: A Contemporary Application of Theory to Policy	财政学：理论在政策中的当代应用	第 8 版	David N. Hyman/著	59.00 元
2	08132	Fundamentals of Investments: Valuation and Management	投资学基础：估值与管理	第 3 版	Charles J. Corrado 等/著	58.00 元
3	08126	Microeconomics for Today	今日微观经济学	第 3 版	Irvin Tucker/著	45.00 元
4	08125	Macroeconomics for Today	今日宏观经济学	第 3 版	Irvin Tucker/著	48.00 元

管理学经典入门教材 · 英文影印版

	书号	英文书名	中文书名	版次	编著者	定价
5	08129	Management: Skills and Application	管理学：技能与应用	第 11 版	Leslie W. Rue 等/著	45.00 元
6	08128	Information Technology and Management	信息技术与管理	第 2 版	Ronald L. Thompson 等/著	45.00 元
7	08665	Marketing: An Introduction	营销学导论	第 1 版	Rosalind Masterson 等/著	45.00 元
8	09061	Communicating at Work: Principles and Practices for Business and the Professions	商务沟通：原则与实践	第 8 版	Ronald B. Adler 等/著	54.00 元

经济学精选教材 · 英文影印版

	书号	英文书名	中文书名	版次	编著者	定价
9	12633	World Trade and Payments: An Introduction	国际贸易与国际收支	第 10 版	Richard E. Caves, Jeffrey A. Frankel 等/著	68.00 元
10	08130	Economics: Principles and Policy	经济学:原理与政策	第 9 版	William J. Baumol 等/著	79.00 元
11	08127	Microeconomic Theory: Basic Principles and Extensions	微观经济理论：基本原理与扩展	第 9 版	Walter Nicholson/著	59.00 元
12	09693	Macroeconomics: Theories and Policies	宏观经济学：理论与政策	第 8 版	Richard T. Froyen/著	48.00 元
13	14529	Econometrics: A Modern Introduction	计量经济学:现代方法(上)	第 1 版	Michael P. Murray/著	54.00 元
14	14530	Econometrics: A Modern Introduction	计量经济学:现代方法(下)	第 1 版	Michael P. Murray/著	41.00 元

管理学精选教材 · 英文影印版

	书号	英文书名	中文书名	版次	编著者	定价
15	12091	Operations Management: Goods, Services and Value Chains	运营管理:产品、服务和价值链	第 2 版	David A. Collier 等/著	86.00 元
16	07409	Management Fundamentals: Concepts, Applications, Skill Development	管理学基础：概念、应用与技能提高	第 2 版	Robert N. Lussier/著	55.00 元
17	06380	E-Commerce Management: Text and Cases	电子商务管理：课文和案例	第 1 版	Sandeep Krishnamurthy/著	47.00 元

金融学精选教材 · 英文影印版

	书号	英文书名	中文书名	版次	编著者	定价
18	12306	Fundamentals of Futures and Options Markets	期货与期权市场导论	第 5 版	John C. Hull/著	55.00 元
19	12040	Financial Theory and Corporate Policy	金融理论与公司决策	第 4 版	Thomas E. Copeland 等/著	79.00 元
20	09657	Bond Markets: Analysis and Strategies	债券市场:分析和策略	第 5 版	Frank J. Fabozzi/著	62.00 元
21	09984	Money, Banking and Financial Markets	货币、银行与金融市场	第 1 版	Stephen G. Cecchetti/著	65.00 元

22	09767	Takeovers, Restructuring and Corporate Governance	接管、重组与公司治理	第 4 版	J. Fred Weston 等/著	69.00 元
23	13206	Management of Banking	银行管理	第 6 版	S. Scott MacDonald 等/著	66.00 元
24	10933	International Corporate Finance	国际财务管理	第 8 版	Jeff Madura/著	69.00 元
25	13204	Financial Markets and Institutions	金融市场和金融机构	第 7 版	Jeff Madura/著	78.00 元
26	05966	International Finance	国际金融	第 2 版	Ephraim Clark/著	66.00 元
27	05965	Principles of Finance	金融学原理(含 CD-ROM)	第 2 版	Scott Besley 等/著	82.00 元
28	10916	Risk Management and Insurance	风险管理和保险	第 12 版	James S. Trieschmann 等/著	65.00 元
29	05963	Fixed Income Markets and Their Derivatives	固定收入证券市场及其衍生产品	第 2 版	Suresh M. Sundaresan/著	72.00 元

会计学精选教材 · 英文影印版

	书号	英文书名	中文书名	版次	编著者	定价
30	17348	Advanced Accounting	高级会计学	第 10 版	Paul M. Fischer 等/著	79.00 元
31	14752	Advanced Accounting	高级会计学	第 9 版	Joe Ben Hoyle 等/著	56.00 元
32	17344	Management Decisions and Financial Accounting Reports	中级会计：管理决策与财务会计报告	第 2 版	Stephen P. Baginski 等/著	56.00 元
33	13200	Financial Accounting: Concepts & Applications	财务会计:概念与应用	第 10 版	W. Steve Albrecht 等/著	75.00 元
34	13201	Management Accounting: Concepts & Applications	管理会计:概念与应用	第 10 版	W. Steve Albrecht 等/著	55.00 元
35	13202	Financial Accounting: A Reporting and Analysis Perspective	财务会计：报告与分析	第 7 版	Earl K. Stice 等/著	85.00 元
36	12309	Financial Statement Analysis and Security Valuation	财务报表分析与证券价值评估	第 3 版	Stephen H. Penman/著	69.00 元
37	12310	Accounting for Decision Making and Control	决策与控制会计	第 5 版	Jerold L. Zimmerman/著	69.00 元
38	05416	International Accounting	国际会计学	第 4 版	Frederick D. S. Choi 等/著	50.00 元
39	14536	Managerial Accounting	管理会计	第 8 版	Don R. Hansen 等/著	79.00 元

营销学精选教材 · 英文影印版

	书号	英文书名	中文书名	版次	编著者	定价
40	13205	Services Marketing: Concepts, Strategies, & Cases	服务营销精要：概念、战略与案例	第 3 版	K. Douglas Hoffman 等/著	63.00 元
41	13203	Basic Marketing Research	营销调研基础	第 6 版	Gilbert A. Churchill, Jr. 等/著	66.00 元
42	12305	Selling Today: Creating Customer Value	销售学:创造顾客价值	第 10 版	Gerald L. Manning, Barry L. Reece/著	52.00 元
43	11213	Analysis for Marketing Planning	营销策划分析	第 6 版	Donald R. Lehmann 等/著	32.00 元
44	09654	Market-based Management: Strategies for Growing Customer Value and Profitability	营销管理：提升顾客价值和利润增长的战略	第 4 版	Roger J. Best/著	48.00 元
45	09655	Customer Equity Management	顾客资产管理	第 1 版	Roland T. Rust 等/著	55.00 元
46	09662	Business Market Management: Understanding, Creating and Delivering Value	组织市场管理：理解、创造和传递价值	第 2 版	James C. Anderson 等/著	45.00 元
47	10013	Marketing Strategy: A Decision Focused Approach	营销战略：以决策为导向的方法	第 5 版	Orville C. Walker, Jr. 等/著	38.00 元
48	05971	Marketing	市场营销学(含 CD-ROM)	第 6 版	Charles W. Lamb Jr. 等/著	80.00 元
49	10983	Principles of Marketing	市场营销学	第 12 版	Louis E. Boone 等/著	66.00 元
50	11108	Advertising, Promotion, & Supplemental Aspects of Integrated Marketing Communication	整合营销传播：广告、促销与拓展	第 7 版	Terence A. Shimp/著	62.00 元

51	11251	Sales Management: Analysis and Decision Making	销售管理: 分析与决策	第 6 版	Thomas N. Ingram 等/著	42.00 元
52	11212	Marketing Research: Methodological Foundations	营销调研:方法论基础	第 9 版	Gilbert A. Churchill, Jr. 等/著	68.00 元

人力资源管理精选教材 · 英文影印版

	书号	英文书名	中文书名	版次	编著者	定价
53	08536	Human Relations in Organizations: Applications and Skill Building	组织中的人际关系: 技能与应用	第 6 版	Robert N. Lussier/著	58.00 元
54	08131	Managerial Communication: Strategies and Applications	管理沟通: 策略与应用	第 3 版	Geraldine E. Hynes/著	38.00 元
55	07408	Human Resource Management	人力资源管理	第 10 版	Robert L. Mathis 等/著	60.00 元
56	07407	Organizational Behavior	组织行为学	第 10 版	Don Hellriegel 等/著	48.00 元

国际商务精选教材 · 英文影印版

	书号	英文书名	中文书名	版次	编著者	定价
57	14176	International Business	国际商务	第 4 版	John J. Wild 等/著	49.00 元
58	12886	International Marketing	国际营销	第 8 版	Michael R. Czinkota 等/著	65.00 元
59	06522	Fundamentals of International Business	国际商务基础	第 1 版	Michael R. Czinkota 等/著	45.00 元
60	11674	International Economics: A Policy Approach	国际经济学: 一种政策方法	第 10 版	Mordechai E. Kreinin/著	38.00 元
61	06521	International Accounting: A User Perspective	国际会计: 使用者视角	第 2 版	Shahrokh M. Saudagaran/著	26.00 元

MBA 精选教材 · 英文影印版

	书号	英文书名	中文书名	版次	编著者	定价
62	12838	Quantitative Analysis for Management	面向管理的数量分析	第 9 版	Barry Render 等/著	65.00 元
63	12675	The Economics of Money, Banking, and Financial Markets	货币、银行和金融市场经济学	第 7 版	Frederic S. Mishkin/著	75.00 元
64	11221	Analysis for Financial Management	财务管理分析	第 8 版	Robert C. Higgins/著	42.00 元
65	12302	A Framework for Marketing Management	营销管理架构	第 3 版	Philip Kotler/著	42.00 元
66	14216	Excellence in Business Communication	卓越的商务沟通	第 7 版	John V. Thill 等/著	73.00 元
67	12304	Understanding Financial Statements	财务报表解析	第 8 版	Lyn M. Fraser 等/著	34.00 元
68	10620	Principles of Operations Management	运作管理原理	第 6 版	Jay Heizer 等/著	72.00 元
69	05429	Introduction to Financial Accounting and Cisco Report Package	财务会计	第 8 版	Charles T. Horngren 等/著	75.00 元
70	16407	Introduction to Management Accounting	管理会计	第 14 版	Charles T. Horngren 等/著	79.00 元
71	11451	Management Communication: A Case-Analysis Approach	管理沟通: 案例分析法	第 2 版	James S. O'Rourke/著	39.00 元
72	10614	Management Information Systems	管理信息系统	第 9 版	Raymond McLeod 等/著	45.00 元
73	10615	Fundamentals of Management	管理学基础:核心概念与应用	第 4 版	Stephen P. Robbins 等/著	49.00 元
74	10874	Understanding and Managing Organizational Behavior	组织行为学	第 4 版	Jennifer M. George 等/著	65.00 元
75	15177	Essentials of Entrepreneurship and Small Business Management	小企业管理与企业家精神精要	第 5 版	Thomas W. Zimmerer 等/著	68.00 元
76	11224	Business	商务学	第 7 版	Ricky W. Griffin 等/著	68.00 元
77	11452	Strategy and the Business Landscape: Core Concepts	战略管理	第 2 版	Pankaj Ghemawat/著	18.00 元
78	13817	Managing Human Resources	人力资源管理	第 5 版	Luis R. Gomez-Mejia 等/著	60.00 元
79	09663	Financial Statement Analysis	财务报表分析	第 8 版	John J. Wild 等/著	56.00 元

经济学前沿影印丛书

	书号	英文书名	中文书名	版次	编著者	定价
80	09218	Analysis of Panel Data	面板数据分析	第 2 版	Cheng Hsiao/著	48.00 元
81	09236	Economics, Value and Organization	经济学、价值和组织	第 1 版	Avner Ben-Ner 等/著	59.00 元
82	09217	A Companion to Theoretical Econometrics	理论计量经济学精粹	第 1 版	Badi H. Baltagi/著	79.00 元
83	09680	Financial Derivatives: Pricing, Applications, and Mathematics	金融衍生工具:定价、应用与数学	第 1 版	Jamil Baz 等/著	45.00 元

翻译版教材可供书目

重点推荐

	书号	英文书名	中文书名	版次	编著者	定价
1	14749	A Monetary History of The United States, 1867—1960	美国货币史(1867—1960)	第 1 版	米尔顿・弗里德曼(Milton Friedman)等/著	78.00 元
2	06693	The World Economy: A Millennial Perspective	世界经济千年史	第 1 版	安格斯・麦迪森(Angus Maddison)/著	58.00 元
3	14751	The World Economy: Historical Statistics	世界经济千年统计	第 1 版	安格斯・麦迪森(Angus Maddison)/著	45.00 元
3	10004	Fundamental Methods of Mathematical Economics	数理经济学的基本方法	第 4 版	蒋中一(Alpha C. Chiang)等/著	52.00 元
4	08088	Fundamentals of Economics	经济学基础	第 5 版	曼昆(N. Gregory Mankiw)/著	65.00 元
5	15089	Principles of Economics	经济学原理(微观经济学分册)	第 5 版	曼昆(N. Gregory Mankiw)/著	54.00 元
6	15090	Principles of Economics	经济学原理(宏观经济学分册)	第 5 版	曼昆(N. Gregory Mankiw)/著	42.00 元
7	15088	Study Guide for Principles of Economics	曼昆《经济学原理》学习指南	第 5 版	大卫・R. 哈克斯(David R. Hakes)/著	48.00 元

经济与金融经典入门教材译丛

	书号	英文书名	中文书名	版次	编著者	定价
8	11274	Fundamentals of Investments: Valuation and Management	投资学基础:估值与管理	第 3 版	Charles J. Corrado 等/著	76.00 元
9	09320	Public Finance: A Contemporary Application of Theory to Policy	财政学:理论在政策中的当代应用	第 8 版	David N. Hyman/著	78.00 元
10	09847	Microeconomics for Today	今日微观经济学	第 3 版	Irvin Tucker/著	58.00 元
11	09750	Macroeconomics for Today	今日宏观经济学	第 3 版	Irvin Tucker/著	66.00 元

管理学经典入门教材译丛

	书号	英文书名	中文书名	版次	编著者	定价
12	10006	Marketing: An Introduction	营销学导论	第 1 版	Rosalind Masterson 等/著	58.00 元
13	10003	Information Technology and Management	信息技术与管理	第 2 版	Ronald L. Thompson 等/著	68.00 元
14	11152	Management: Skills and Application	管理学:技能与应用	第 11 版	Leslie W. Rue 等/著	55.00 元

经济学精选教材译丛

	书号	英文书名	中文书名	版次	编著者	定价
15	15917	Microeconomics	微观经济学	第 1 版	B. Douglas Bernheim 等/著	89.00 元
16	13812	Macroeconomics: Theories and Policies	宏观经济学:理论与政策	第 8 版	Richard T. Froyen/著	49.00 元
17	13815	World Trade and Payments: An Introduction	国际贸易与国际收支	第 10 版	Richard E. Caves 等/著	69.00 元
18	13814	Macroeconomics	宏观经济学	第 2 版	Roger E. A. Farmer/著	46.00 元
19	12289	Microeconomic Theory: Basic Principles and Extensions	微观经济理论:基本原理与扩展	第 9 版	Walter Nicholson/著	75.00 元
20	11222	Economics: Principles and Policy	经济学:原理与政策(上、下册)	第 9 版	William J. Baumol 等/著	96.00 元

21	10992	The History of Economic Thought	经济思想史	第 7 版	Stanley L. Brue 等/著	59.00 元
22	13800	Urban Economics	城市经济学	第 6 版	Arthur O'Sullivan/著	49.00 元

管理学精选教材译丛

	书号	英文书名	中文书名	版次	编著者	定价
23	14519	Operations Management: Goods, Services and Value Chains	运营管理:产品、服务和价值链	第 2 版	David A. Collier 等/著	79.00 元
24	11210	Strategic Management of E-business	电子商务战略管理	第 2 版	Stephen Chen/著	39.00 元
25	10005	Management Fundamentals: Concepts, Applications, Skill Development	管理学基础:概念、应用与技能提高	第 2 版	Robert N. Lussier/著	75.00 元

会计学精选教材译丛

	书号	英文书名	中文书名	版次	编著者	定价
26	14531	Fundamentals of Financial Accounting	财务会计学原理	第 2 版	Fred Phillips 等/著	82.00 元
27	14532	Managerial Accounting	管理会计	第 8 版	Don R. Hansen 等/著	99.00 元

金融学精选教材译丛

	书号	英文书名	中文书名	版次	编著者	定价
28	16298	International Corporate Finance	国际财务管理	第 9 版	Jeff Madura/著	82.00 元
29	13806	Principles of Finance	金融学原理	第 3 版	Scott Besley 等/著	69.00 元
30	12317	Management of Banking	银行管理	第 6 版	S. Scott MacDonald 等/著	78.00 元
31	12316	Multinational Business Finance	跨国金融与财务	第 11 版	David K. Eiteman 等/著	78.00 元
32	10007	Capital Budgeting and Long-Term Financing Decisions	资本预算与长期融资决策	第 3 版	Neil Seitz 等/著	79.00 元
33	10609	Money, Banking, and Financial Markets	货币、银行与金融市场	第 1 版	Stephen G. Cecchetti/著	75.00 元
34	11463	Bond Markets, Analysis and Strategies	债券市场:分析和策略	第 5 版	Frank J. Fabozzi/著	76.00 元
35	10624	Fundamentals of Futures and Options Markets	期货与期权市场导论	第 5 版	John C. Hull/著	62.00 元
36	09768	Takeovers, Restructuring and Corporate Governance	接管、重组与公司治理	第 4 版	J. Fred Weston 等/著	79.00 元

营销学精选教材译丛

	书号	英文书名	中文书名	版次	编著者	定价
37	12301	Principles of Marketing	市场营销学	第 12 版	Dave L. Kurtz 等/著	65.00 元
38	15716	Selling Today: Creating Customer Value	销售学:创造顾客价值	第 10 版	Gerald L. Manning/著	62.00 元
39	13795	Analysis for Marketing Planning	营销策划分析	第 6 版	Donald R. Lehmann/著	35.00 元
40	13811	Services Marketing: Concepts, Strategies, & Cases	服务营销精要:概念、战略与案例	第 2 版	K. Douglas Hoffman 等/著	68.00 元
41	12312	Customer Equity Management	顾客资产管理	第 1 版	Roland T. Rust 等/著	65.00 元
42	16316	Marketing Research: Methodological Foundations	营销调研:方法论基础	第 9 版	Gilbert A. Churchill, Jr. 等/著	62.00 元
43	11229	Market-based Management: Strategies for Growing Customer Value and Profitability	营销管理:提升顾客价值和利润增长的战略	第 4 版	Roger J. Best/著	58.00 元
44	10010	Marketing Strategy: A Decision-Focused Approach	营销战略:以决策为导向的方法	第 5 版	Orville C. Walker, Jr. 等/著	49.00 元
45	11226	Business Market Management: Undertstanding, Creating and Delivering Value	组织市场管理:理解、创造和传递价值	第 2 版	James C. Anderson 等/著	52.00 元

人力资源管理精选教材译丛

	书号	英文书名	中文书名	版次	编著者	定价
46	16619	Human Relations in Organizations: Applications and Skill Building	组织中的人际关系:技能与应用	第 6 版	Robert N. Lussier/著	75.00 元
47	10276	Human Resource Management	人力资源管理	第 10 版	Robert L. Mathis/著	68.00 元
48	15982	Fundamentals of Organizational Behavior	组织行为学	第 11 版	Don Hellriegel 等/著	56.00 元
49	09274	Managerial Communication: Strategies and Applications	管理沟通:策略与应用	第 3 版	Geraldine E. Hynes/著	45.00 元
50	10275	Supervision: Key Link to Productivity	员工监管:提高生产力的有效途径	第 8 版	Leslie W. Rue 等/著	59.00 元

国际商务精选教材译丛

	书号	英文书名	中文书名	版次	编著者	定价
51	16334	International Economics: A Policy Approach	国际经济学:政策视角	第 10 版	Mordechai E. Kreinin/著	45.00 元
52	14525	International Business	国际商务	第 4 版	John J. Wild 等/著	62.00 元
53	10001	Fundamentals of International Business	国际商务基础	第 1 版	Michael R. Czinkota 等/著	58.00 元

全美最新工商管理权威教材译丛

	书号	英文书名	中文书名	版次	编著者	定价
54	16318	Essentials of Managerial Finance	财务管理精要	第 14 版	John V. Thill 等/著	88.00 元
55	16319	Understanding and Managing Organizational Behavior	组织行为学	第 5 版	Jennifer M. George 等/著	75.00 元
56	13810	Crafting and Executing Strategy: Concepts and Cases	战略管理:概念与案例	第 14 版	Arthur A. Thompson 等/著	48.00 元
57	14518	Management Communication: A Case-Analysis Approach	管理沟通:案例分析法	第 3 版	James S. O'Rourke/著	44.00 元
58	16549	Quantitative Analysis for Management	面向管理的数量分析	第 9 版	Barry Render 等/著	85.00 元
59	13790	Case Problems in Finance	财务案例	第 12 版	W. Carl Kester 等/著	88.00 元
60	13807	Analysis for Financial Management	财务管理分析	第 8 版	Robert C. Higgins/著	42.00 元
61	14515	Understanding Financial Statements	财务报表解析	第 8 版	Lyn M. Fraser 等/著	34.00 元
62	13809	Strategy and the Business Landscape	战略管理	第 2 版	Pankaj Ghemawat/著	25.00 元
63	16171	Principles of Operations Management	运作管理原理	第 6 版	Jay Heizer 等/著	86.00 元
64	13500	Managerial Economics	管理经济学	第 3 版	方博亮、武常岐、孟昭莉/著	80.00 元
65	16011	Managerial Economics: A Problem Solving Appreach	管理经济学:一种问题解决方式	第 1 版	Luke M. Froeb 等/著	35.00 元
66	11609	Management: The New Competitive Landscape	管理学:新竞争格局	第 6 版	Thomas S. Bateman 等/著	76.00 元
67	09690	Product Management	产品管理	第 4 版	Donald R. Lehmann 等/著	58.00 元
68	12885	Entrepreneurial Small Business	小企业创业管理	第 1 版	Jerome A. Katz 等/著	86.00 元

经济与管理经典教材译丛

	书号	英文书名	中文书名	版次	编著者	定价
69	06415	Business Economics	企业经济学	第 2 版	Maria Moschandreas/著	47.00 元
70	08651	International Finance	国际金融	第 2 版	Ephraim Clark/著	68.00 元
71	07048	Fundamentals of Investment Appraisal	投资评估基础	第 1 版	Steve Lumby 等/著	28.00 元
72	07047	Electronic Commerce and the Revolution in Financial Markets	金融市场中的电子商务与革新	第 1 版	Ming Fan 等/著	36.00 元
73	06455	Management Accounting	管理会计	第 3 版	Robert S. Kaplan 等/著	52.00 元
74	08621	Advertising, Promotion, & Supplemental Aspects of Integrated Marketing Communications	整合营销传播:广告、促销与拓展	第 6 版	Terence A. Shimp/著	58.00 元
75	08101	International Accounting: A User Perspective	国际会计:使用者视角	第 2 版	Shahrokh M. Saudagaran/著	32.00 元
76	08323	E-Commerce Management: Text and Cases	电子商务管理:课文和案例	第 1 版	Sandeep Krishnamurthy/著	45.00 元

增长与发展经济学译丛

	书号	英文书名	中文书名	版次	编著者	定价
77	05742	Introduction to Economic Growth	经济增长导论	第 1 版	Charles I. Jones/著	28.00 元
78	05744	Development Microeconomics	发展微观经济学	第 1 版	Pranab Bardhan 等/著	35.00 元
79	05743	Development Economics	发展经济学	第 1 版	Debraj Rag/著	79.00 元
80	06905	Endogenous Growth Theory	内生增长理论	第 1 版	Philippe Aghion 等/著	75.00 元

国际经典教材中国版系列

	书号	英文书名	中文书名	版次	编著者	定价
81	11227	International Financial Management	国际金融管理	第 1 版	Michael B. Connolly,杨胜刚/著	38.00 元

教师反馈及课件申请表

McGraw-Hill Education，麦格劳-希尔教育出版公司，美国著名图书出版与教育服务机构，以出版经典、高质量的理工科、经济管理、计算机、生命科学以及人文社科类高校教材享誉全球，更以丰富的网络化、数字化教学辅助资源深受高校教师的欢迎。

为了更好地服务于中国教育发展，提升教学质量，2003 年**麦格劳-希尔教师服务中心**在北京成立。在您确认将本书作为指定教材后，请您填好以下表格并经系主任签字盖章后寄回，**麦格劳-希尔教师服务中心**将免费向您提供相应教学课件或网络化课程管理资源。如果您需要订购或参阅本书的英文原版，我们也会竭诚为您服务。

书号/书名：			
所需要的教学资料：			
您的姓名：			
系：			
院/校：			
您所讲授的课程名称：			
每学期学生人数：	______人 ______年级	学时：	
您目前采用的教材：	作者：______ 出版社：______ 书名：______		
您准备何时用此书授课：			
您的联系地址：			
邮政编码：		联系电话（必填）	
E-mail:（必填）			
您对本书的建议：		系主任签字 盖章	

我们的联系方式：

经济与管理图书事业部
北京市海淀区成府路 205 号 100871
联系人：徐 冰 张 燕
电话：010-62767312 / 62767348
传真：010-62556201
电子邮件：em@pup.pku.edu.cn
xubingjn@yahoo.com.cn
网址：http://www.pup.cn

Education

麦格劳-希尔教育出版公司教师服务中心
北京市海淀区清华科技园科技大厦 A 座 906 室
北京 100084
传真：010-62790292
教师服务热线：800-810-1936
教师服务信箱：instructor_cn@mcgraw-hill.com
网址: http://www.mcgraw-hill.com.cn